普通高等教育"十一五"国家级规划教材

高等职业教育新形态系列精品教材

国际货运代理与报关实务
（第4版）

庄佩君　主　编

马仁锋　高　妞　方　诚　吴健富　刘　阳　副主编

电子工业出版社
Publishing House of Electronics Industry
北京·BEIJING

内 容 简 介

目前国际贸易环境愈加复杂，国际货运代理业的发展机遇与挑战并存。同时，发展环境和市场的变化也对国际货运代理业提出了新的要求。

本书根据国际货运代理的新变化和特点，结合实际运营和操作，系统地介绍了国际货运代理与报关的基本理论和操作实务。本书的主要内容包括：国际货运代理概述、国际货运代理企业、国际贸易基础知识、国际贸易结算、国际海运代理、班轮运价与管理、国际航空货运代理、国际陆路货运代理、国际多式联运代理、报关与报检实务、国际货物运输保险。另外，本书还有大量实践和操作性较强的实训项目，以及丰富的案例，力求使读者提升知识应用能力，达到学以致用的目的。

本书内容翔实、实务性强、知识体系鲜明，既可作为高职、高专和应用型本科院校国际货物运输、报关、物流管理、对外贸易及相关专业的学生教材，也可供上述专业领域的从业人员参考使用。

未经许可，不得以任何方式复制或抄袭本书之部分或全部内容。
版权所有，侵权必究。

图书在版编目（CIP）数据

国际货运代理与报关实务 / 庄佩君主编. -- 4 版.
北京 : 电子工业出版社, 2025. 1. -- ISBN 978-7-121-48315-8

I．F511.41；F752.5

中国国家版本馆 CIP 数据核字第 2024LQ8877 号

责任编辑：张云怡
印　　刷：三河市良远印务有限公司
装　　订：三河市良远印务有限公司
出版发行：电子工业出版社
　　　　　北京市海淀区万寿路 173 信箱　　邮编：100036
开　　本：787×1092　1/16　印张：22.25　字数：567 千字
版　　次：2004 年 8 月第 1 版
　　　　　2025 年 1 月第 4 版
印　　次：2025 年 1 月第 1 次印刷
定　　价：65.00 元

凡所购买电子工业出版社图书有缺损问题，请向购买书店调换。若书店售缺，请与本社发行部联系，联系及邮购电话：(010) 88254888，88258888。
质量投诉请发邮件至 zlts@phei.com.cn，盗版侵权举报请发邮件至 dbqq@phei.com.cn。
本书咨询联系方式：(010) 88254573，zyy@phei.com.cn。

前 言

党的二十大报告明确要求实施科教兴国战略，强化现代化建设人才支撑；强调深化教育领域综合改革，加强教材建设和管理。"一带一路"倡议为我国贸易发展营造了良好的外部环境，有效地拓展了国际贸易发展空间。市场带来的机遇和挑战要求我国的国际货运代理行业跟随上游企业一起"走出去"，实现国际化运营，这也对国际货运代理人才培养提出了新要求。目前，为满足国际货运代理业对从事一线国际货运代理运营业务的人才的需求，我国需要培养大量的国际货运代理人才，尤其是操作层面的高质量人才。

为了响应党的号召，并适应时代与市场的需求，我们经过充分调研和论证，在《国际货运代理与报关实务》（第3版）的基础上精心编写了本书。本书第1版自2004年出版以来，受到了国内众多院校广大师生的肯定和好评，并于2007年出版了第2版、2012年出版了第3版，成为普通高等教育"十一五"国家级规划教材。

由于国际货运代理具有操作性和实务性强的特点，从事国际货运代理业务的人员不仅需要具备国际贸易、国际货物运输等相关知识，还应具备经济和法律等交叉学科的知识。也就是说，国际货运代理的业务已超越了其原来的代理业务范围，成为国际贸易、全球供应链组织的重要组成部分，从业人员所需知识的范畴也超越了其代理的业务范围。毕业生的实践能力至关重要，同时视野和创新潜力也很重要。因此，高职、高专和应用型本科专业应定位于高级技术应用型专门人才培养。

在上述思政和专业指导思想下，本书从高职、高专和应用型本科学生的知识结构、接受能力与未来工作岗位的需求出发，在基础理论知识"够用"的前提下，突出岗位应用和实践技能，将基础理论、实务操作应用和具体案例有机地联系起来，体现了理论与实务相结合，以及理论与案例、法规相结合的特点，为学习国际货运代理知识的人员提供了很好的理论基础与实务框架。

本书由浅入深地从基本概念到实务应用做了介绍，详尽地叙述了国际货运代理基本理论和操作实务。本书按国际货运代理人才培养的知识板块分为11个学习项目：国际货运代理概述、国际货运代理企业、国际货物贸易基础知识、国际贸易结算、国际海运货运代理、班轮运价与管理、国际航空货运代理、国际陆路货运代理、国际多式联运代理、报关与报检实务和国际货物运输保险。在每个学习项目中都明确了知识目标和技能目标，并将每个学习项目分为若干学习任务。同时，本书每个项目都配备了思维导图，以将各学习任务的中心主题与各项内容的关系及层级简洁有效地表现出来，帮助读者理解各学习项目和任务、增强记忆并形成清晰的思维方式。另外，每个项目结束时都附上了案例、思政园地、学习

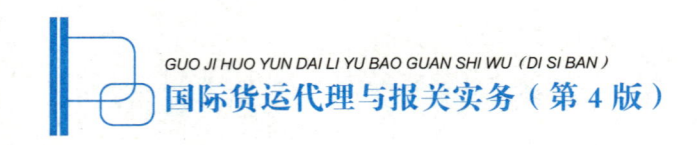

小结、课后练习及项目实训，以帮助读者巩固所学知识。

本书由宁波大学科学技术学院庄佩君教授担任主编并全面负责，宁波大学马仁锋教授、宁波大学科学技术学院高妞老师、浙江交通职业技术学院方诚教授、广西工业职业技术学院吴健富老师和宁波大学刘阳老师担任副主编，参与编写的还有范芳芳、陈良和李晓宁。来自货运代理行业的企业专家郑芳和王小青高级经济师，也为本教材的编写做出了很多贡献。

本书在编写过程中借鉴、引用了大量国内外有关物流和货运代理、国际贸易和法律等方面的资料及业界研究成果，并得到了有关专家、教授的指导，在此一并致谢。由于编者水平有限，书中难免存在不足之处，恳请广大专家和读者批评指正。

编　者

2024 年 1 月

目 录

项目 1 国际货运代理概述 1
任务 1 认知国际货运代理 2
一、国际货运代理的基础知识 2
二、国际货运代理人的法律地位和责任 5
三、国际货运代理行业组织 8
任务 2 了解国际货运代理业的发展状况 10
一、国际货运代理业的基础知识 10
二、国际货运代理业的发展过程 11
三、我国国际货运代理业的发展过程 13
任务 3 了解国际货运代理人 16
一、国际货运代理人的概念与性质 16
二、国际货运代理人的分类及服务对象 17

思政园地 18
学习小结 18
课后练习 18
项目实训 20

项目 2 国际货运代理企业 21
任务 1 认知国际货运代理企业 22
一、国际货运代理企业简介 22
二、国际货运代理企业的分类 22
三、国际货运代理企业的组织结构 24
四、国际货运代理企业的盈利模式 25
任务 2 熟悉国际货运代理企业的业务和规范 27
一、国际货运代理企业批准的业务范围 27
二、国际货运代理企业的经营规范 31
任务 3 理解国际货运代理业务的行为规范 32
一、无船承运业务的行为规范 32
二、航空货物运输销售代理业务的行为规范 35

　　　　三、航空快递业务的行为规范 35
　　　　四、代理报关业务的行为规范 35
　思政园地 38
　学习小结 38
　课后练习 38
　项目实训 39

项目3　国际贸易基础知识 40
　任务1　了解国际贸易基础知识 41
　　　　一、国际贸易与国际货运代理的关系 41
　　　　二、国际贸易的分类 43
　　　　三、国际贸易方式 45
　任务2　掌握国际贸易术语 46
　　　　一、国际贸易术语概述 46
　　　　二、国际贸易术语解释 51
　　　　三、国际贸易术语的比较和选择 58
　任务3　理解国际贸易合同中与国际货运代理相关的条款 60
　　　　一、国际贸易合同的订立 60
　　　　二、国际贸易合同中的相关条款 61
　思政园地 69
　学习小结 69
　课后练习 69
　项目实训 71

项目4　国际贸易结算 72
　任务1　了解汇付与托收 74
　　　　一、汇付 74
　　　　二、托收 75
　任务2　理解信用证的基本概念 77
　　　　一、信用证的含义、特点与作用 77
　　　　二、信用证的主要内容 79
　　　　三、信用证的风险 81
　　　　四、跟单信用证统一惯例 81
　任务3　了解信用证的当事人与信用证的种类 82
　　　　一、信用证的当事人 82
　　　　二、信用证的种类 88
　任务4　熟悉信用证的操作实务 97
　　　　一、信用证的收付程序 97

二、信用证的催证、审证和改证 ··· 100
思政园地 ··· 109
学习小结 ··· 109
课后练习 ··· 109
项目实训 ··· 110

项目 5　国际海运代理 ·· 111
任务 1　认知国际海运代理 ·· 112
　　一、国际海运的特点 ·· 112
　　二、国际海运船舶的经营方式 ··· 114
　　三、国际海运代理业务 ·· 117
任务 2　熟悉杂货班轮货运代理实务 ·· 119
　　一、杂货班轮货运代理的业务流程 ··· 119
　　二、传统杂货班轮运输单证 ·· 123
任务 3　掌握集装箱班轮货运代理实务 ·· 133
　　一、集装箱整箱货班轮货运代理的业务流程 ·· 133
　　二、集装箱拼箱货班轮货运代理的业务流程 ·· 135
　　三、集装箱班轮运输单证 ·· 139
任务 4　掌握班轮运输提单 ·· 152
　　一、提单的操作要点 ·· 152
　　二、提单的签发 ·· 160
思政园地 ··· 167
学习小结 ··· 167
课后练习 ··· 167
项目实训 ··· 168

项目 6　班轮运价与管理 ·· 169
任务 1　认知班轮运价 ·· 170
　　一、班轮运价的特点 ·· 171
　　二、班轮运价表的种类及其形式 ··· 171
　　三、班轮运价表的基本内容 ·· 173
　　四、班轮运价的构成 ·· 173
任务 2　理解班轮运价的有关规定和条款 ·· 176
　　一、运费支付 ·· 176
　　二、支付货币 ·· 176
　　三、费率变更 ·· 177
　　四、意外条款 ·· 177
　　五、运费更正 ·· 177

　　　　六、责任限额 ·· 177
　　　　七、超限额提单责任条款 ··· 178
　　　　八、回运货物 ·· 178
　　任务3　掌握班轮运费的计算标准与方法 ·· 178
　　　　一、运费的计算 ··· 178
　　　　二、运费的更正 ··· 179
　　　　三、集装箱运费及相关费用 ·· 180
思政园地 ··· 188
学习小结 ··· 188
课后练习 ··· 188
项目实训 ··· 190

项目7　国际航空货运代理 ··· 191

　　任务1　了解国际航空货运业务 ··· 192
　　　　一、航空货运的概念及特点 ·· 192
　　　　二、国际航空货运的组织形式 ··· 193
　　　　三、国际航空货运代理的类型 ··· 194
　　　　四、航空货运代码 ··· 195
　　任务2　熟悉国际航空货运代理业务 ·· 195
　　　　一、国际航空货运出口代理业务 ·· 195
　　　　二、国际航空货运进口代理业务 ·· 201
　　任务3　掌握航空货运单相关知识 ·· 208
　　　　一、航空货运单的基础知识 ·· 208
　　　　二、航空货运单的操作要点 ·· 210
　　　　三、航空货运单的发展趋势——电子航空货运单 ························· 213
　　任务4　掌握航空货运费用相关知识 ·· 214
　　　　一、航空运费 ·· 214
　　　　二、声明价值附加费及其他费用 ·· 217
思政园地 ··· 219
学习小结 ··· 220
课后练习 ··· 220
项目实训 ··· 221

项目8　国际陆路货运代理 ··· 223

　　任务1　掌握国际公路货运代理业务 ·· 224
　　　　一、国际公路货运的基础知识 ··· 224
　　　　二、国际公路货运合同与运单 ··· 227
　　　　三、国际公路货运业务 ··· 229

　　　　　四、国际公路货运的费用 ·················· 235
　　任务 2　掌握国际铁路货运代理业务 ·················· 237
　　　　　一、国际铁路货运的基础知识 ·················· 237
　　　　　二、国际铁路货物联运运单 ·················· 239
　　　　　三、国际铁路货运业务 ·················· 241
　　　　　四、国际铁路货物联运新形式 ·················· 246
　　　　　五、国际铁路货运的费用 ·················· 246
　思政园地 ·················· 249
　学习小结 ·················· 249
　课后练习 ·················· 249
　项目实训 ·················· 250

项目 9　国际多式联运代理 ·················· 251

　　任务 1　认知国际多式联运 ·················· 252
　　　　　一、国际多式联运概述 ·················· 252
　　　　　二、国际多式联运的组织形式 ·················· 255
　　任务 2　认知国际多式联运经营人 ·················· 261
　　　　　一、国际多式联运经营人的概念及特点 ·················· 261
　　　　　二、国际多式联运经营人具备的条件 ·················· 262
　　　　　三、国际多式联运经营人的责任归属 ·················· 263
　　任务 3　掌握国际多式联运操作实务 ·················· 264
　　　　　一、国际多式联运的程序 ·················· 264
　　　　　二、国际多式联运单据 ·················· 266
　　　　　三、国际多式联运的运价及全程运费结算 ·················· 269
　　　　　四、国际多式联运事故处理 ·················· 272
　思政园地 ·················· 276
　学习小结 ·················· 276
　课后练习 ·················· 276
　项目实训 ·················· 277

项目 10　报关与报检实务 ·················· 278

　　任务 1　认知报关与报检 ·················· 279
　　　　　一、报关概述 ·················· 279
　　　　　二、报检概述 ·················· 283
　　任务 2　了解出入境货物报检 ·················· 285
　　　　　一、入境货物报检 ·················· 285
　　　　　二、出境货物报检 ·················· 287
　　任务 3　熟悉一般进出口货物报关实务 ·················· 289

　　　　一、一般进出口货物概述…………………………………………………289
　　　　二、一般进出口货物的报关程序…………………………………………289
　　任务 4　掌握报关单的相关知识………………………………………………296
　　　　一、报关单概述……………………………………………………………296
　　　　二、报关单的操作实务……………………………………………………297
　思政园地……………………………………………………………………………313
　学习小结……………………………………………………………………………314
　课后练习……………………………………………………………………………314
　项目实训……………………………………………………………………………315

项目 11　国际货物运输保险……………………………………………………316
　　任务 1　认知国际货物运输保险………………………………………………317
　　　　一、保险概述………………………………………………………………317
　　　　二、国际货物运输保险概述………………………………………………321
　　　　三、国际货物运输保险的承保范围………………………………………321
　　　　四、国际货物运输保险的基本原则………………………………………323
　　任务 2　熟悉国际货物运输保险合同…………………………………………325
　　　　一、国际货物运输保险合同的订立………………………………………325
　　　　二、国际货物运输保险合同的内容………………………………………325
　　　　三、国际货物运输保险合同的变更………………………………………327
　　　　四、国际货物运输保险合同的终止………………………………………327
　　任务 3　掌握国际货物运输保险的险别与条款………………………………327
　　　　一、我国货物运输保险的险别与条款……………………………………327
　　　　二、伦敦保险协会海运货物运输保险条款………………………………332
　　任务 4　掌握国际货物运输保险实务…………………………………………334
　　　　一、确定保险险别…………………………………………………………334
　　　　二、确定保险金额…………………………………………………………335
　　　　三、办理投保手续和交付保险费…………………………………………336
　　　　四、取得保险单据…………………………………………………………337
　　　　五、保险索赔………………………………………………………………338
　　　　六、保险理赔………………………………………………………………339
　思政园地……………………………………………………………………………343
　学习小结……………………………………………………………………………343
　课后练习……………………………………………………………………………343
　项目实训……………………………………………………………………………344

Project 1 项目 国际货运代理概述

思维导图

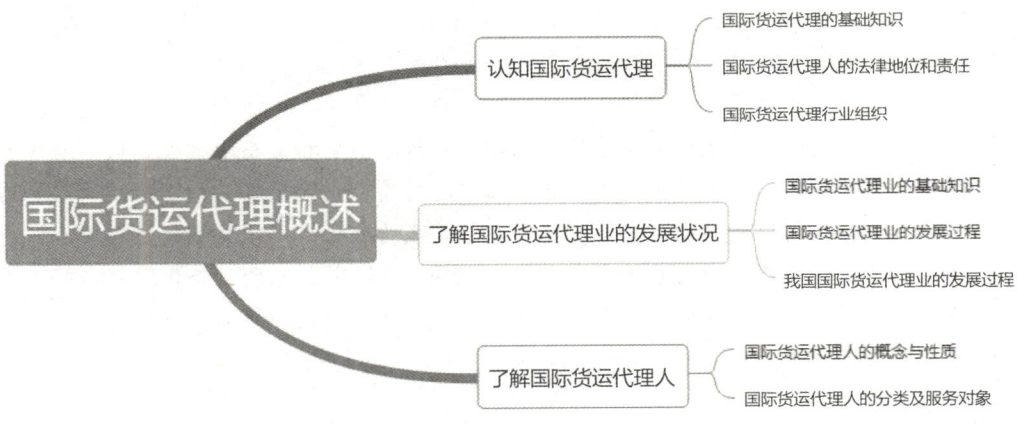

知识目标

1. 认知国际货运代理，了解国际货运代理业和国际货运代理人。
2. 了解国际货运代理的国内外行业组织和发展历史。
3. 理解国际货运代理人的法律地位和责任。

技能目标

1. 能够解释国际货运代理的定义及国际货运代理人的法律地位和责任。
2. 能够解释国际货运代理行业组织的功能。
3. 能够区分不同类型的国际货运代理人及其服务对象。
4. 能够解释国际货运代理人的概念及其在货运组织中的作用。

案例导入

新闻1：2019年10月1日至5日，国际货运代理协会联合会世界大会（FWC）在南非开普敦举行，会议主题为"技术和物流交汇"。大会聚集了800名与会者和60家参展商，大会讨论的议题包括货运代理合同管理、风险缓解、安全技术与物流安全的结合、运输便利化和物流、全球和区域视角，以及海关贸易的连通性等。

新闻2：中国"一带一路"倡议的实施助力国际货物运输（简称货运）代理行业发展迎来大好局面。首先，"一带一路"倡议缓解了货运需求疲软的现状，我国国际货运代理百强企业的营业收入从2014年的3475.5亿元发展到2019年的4450亿元左右。其次，"一带一路"倡议正帮助世界打造一个更加智慧化、数字化的全球物流和运输网络。具体来看，我国国际货物运输的"可视化"程度逐渐提高，电子数据交换系统（Electronic Data Interchange System，EDIS）、全球定位系统（Global Positioning System，GPS）等高新技术的相继出现，可以为企业提供完整的仓储、运输、装卸等环节信息，从而更加有效地提升工作效率。

新闻3：浙江省"一带一路"国际物流联盟于2018年12月成立。该联盟由原浙江省国际货运代理物流协会、宁波市国际货运代理协会和义乌市国际货代物流协会等共同倡议并发起。这也是浙江省实施《浙江省打造"一带一路"枢纽行动计划》的工作举措之一，其以建设国际性商贸物流枢纽强省为目标，以服务进出口贸易、促进开放型经济和现代物流业发展为方向，积极支持"义新欧"班列常态化运营，努力推进海、陆、空、铁多式联运国际物流资源整合，加快完善国际运输体系，着力提升公共服务能力。

请思考：
1. 国际货运代理业正在关注哪些问题？
2. "一带一路"倡议如何影响到世界、中国和区域性国际货运代理业的发展？
3. 有哪些国际和区域性货运代理行业组织？

Mission 任务 1　认知国际货运代理

一、国际货运代理的基础知识

（一）国际货运代理的概念及性质

国际货物运输是国家与国家、国家与地区之间的长途运输。其中间环节很多，涉及面很广，情况十分复杂。买卖双方必须借助海、陆、空、铁等不同的运输方式和不同的交通工具才能实现货物的流动。绝大多数货主或承运人，限于人力、物力，很难亲自处理每一项具体运输业务，而且极可能出现因某一环节的疏漏或不谙相关办理手续而事倍功半，甚至造成一定的经济损失，因此，委托代理成为一种新形式。

为了适应这种需要，在国际货物运输领域里产生了很多从事代理业务的代理行或代理人。国际货运代理一词来源于英文"The Freight Forwarder"，指国际货运代理业务或国际货运代理企业。目前，国际上对国际货运代理还没有统一的定义。

中华人民共和国商务部（简称商务部）作为我国境内国际货运代理业的主管部门，对国际货运代理业进行了界定：国际货运代理业是指接受进出口货物收货人（Cosignee）、发货人（Consignor）的委托，以委托人的名义或者以自己的名义，为委托人办理国际货物运输及相关业务并收取服务报酬的行业。

国际货运代理协会联合会在《国际货运代理业示范规则》中对国际货运代理的定义如下：各类与运输、拼装、积载、管理、包装或分拨相关的服务，以及相关的辅助和咨询服务，包括但不仅限于海关和财政业务、官方的货物申报、为货物进行保险、取得有关货物的单证或支付相关费用等。

货运代理起初只作为"佣金代理"，货运代理人只代表货主安排货物的装卸、储存及货物在境内的运输，同时从事为客户报关、收取费用等日常业务。随着国际贸易和国际运输的发展，货运代理的服务范围不断扩大，为客户提供的服务也从传统的基础性服务，如订舱和报关等，扩展至全方位的系统性服务，包括货物的全程运输和配送服务。

国际货运代理人是"国际货运中间人"，既代表货方，保护货方的利益，又协调承运人进行承运工作。国际货运代理人既可以扮演"代理"角色，也可以扮演"当事人"角色。当然，国际货运代理人在扮演不同角色时，其权利、义务是不同的。国际货运代理业属于社会产业结构中的第三产业。

（二）国际货运代理的分类

国际货物运输委托代理关系至少涉及委托人、代理人两方当事人，委托代理关系的内容与委托人授予代理人的权限范围、委托代理人办理的事项、代理人服务的地域范围等密切相关，这些因素都可以用来区别国际货运代理类型，作为划分国际货运代理类型的标准。按照不同的标准，可以对国际货运代理进行不同的分类，如表1-1所示。

表1-1 国际货运代理的分类

分类标准	内容	内涵
委托人的性质	货主代理	代表货主办理货物报关、交接、仓储、调拨、包装、转运、订舱等业务，与货主的关系是委托和被委托的关系
	承运人代理	接受从事国际运输业务的承运人的委托，为了承运人的利益办理国际货物运输及相关业务，并收取相应报酬的国际货运代理
委托代理人的数量	独家代理	委托人授予一个代理人在特定的区域或者特定的运输方式或服务类型下，独家代理其从事国际货物运输业务和/或相关业务的国际货运代理
	普通代理	委托人在特定的区域或者特定的运输方式或服务类型下，同时委托多个代理人代理其从事国际货物运输业务和/或相关业务的国际货运代理

续表

分类标准	内容	内涵
被授予代理人的权限范围	全权代理	委托人委托代理人办理某项具体国际货物运输业务和/或相关业务，并授予其根据委托人的意志灵活处理相关事宜权利的国际货运代理
	一般代理	委托人委托代理人办理某项具体国际货物运输业务和/或相关业务，要求其根据委托人的意志处理相关事宜的国际货运代理
委托人委托办理的事项	专项代理	委托人委托代理人办理某一票或某一批货物的全部国际运输事宜，提供配套的相关服务的国际货运代理
	综合代理	委托人委托代理人办理某一票或某一批货物的某一项或某几项国际运输事宜，提供规定项目的相关服务的国际货运代理
代理人的层次	总代理	委托人授权代理人作为在某个特定地区的全权代表，委托其处理委托人在该地区的所有货物运输事宜及其他相关事宜的国际货运代理
	分代理	总代理人指定的在总代理区域内的具体区域代理委托人办理货物运输事宜及其他相关事宜的国际货运代理
运输方式	水运代理	提供水上货物运输服务及相关服务的国际货运代理。这种代理还可以具体划分为海运代理和河运代理两种类型
	空运代理	提供航空货物运输服务及相关服务的国际货运代理
	陆运代理	提供公路、铁路、管道运输等货物运输服务及相关服务的国际货运代理
	联运代理	提供联合运输货运服务及相关服务的国际货运代理，包括海空联运代理、海铁联运代理、空铁联运代理等
代理业务的内容	国际货运综合代理	接受进出口货物收货人、发货人的委托，为委托人办理国际货物运输及相关业务，并收取服务报酬的代理
	国际船舶代理	接受船舶所有人、经营人或承租人的委托，在授权范围内代表委托人办理与在港国际运输船舶及船舶运输有关的业务，并收取服务报酬的代理
	报关代理	接受进出口货物收货人、发货人或国际运输企业的委托，代为办理进出口货物报关、纳税、结关等事宜，并收取服务报酬的代理
	报检代理	接受其代理人委托，代为办理进出口商品的卫生检验、动植物检疫事宜，并收取报酬的代理

（三）国际货运代理人的作用

从事国际货运代理业务的人员需要通晓国际贸易环节，精通各种运输业务，熟悉有关法律、法规，业务关系广泛，信息来源准确、及时，与各种运输方式的承运人、仓储经营人、保险人，以及港口、机场、车站、堆场、银行等相关机构及海关、检验检疫、进出口管制等有关政府部门存在着密切的业务关系。国际货运代理无论是对于进出口货物的收货人和发货人，还是对于承运人和港口、机场、车站、仓储经营人都有重要的桥梁及纽带作用。国际货运代理不仅可以促进国际贸易和国际运输事业的发展，而且可以为国家提供外汇来源，对于本国国民经济的发展和经济全球化都有重要的推动作用。在国际货物运输服务方面，对委托人或货主而言，国际货运代理至少可以发挥以下作用。

1. 组织协调

国际货运代理人历来被称为"运输的设计师"、"门到门"运输的组织者和协调者。国际货运代理人凭借其拥有的运输知识及其他相关知识，组织运输活动，设计运输路线，选择运输方式和承运人，协调货主、承运人、仓储经营人和保险人、银行、港口、机场、车站、堆场经营人，以及海关、检验检疫、进出口管制等有关当局的关系。因此，货主可以省去亲自办理这些事情的时间，减少许多不必要的麻烦。

2. 提供专业服务

国际货运代理人的本职工作是利用自身专业知识和经验，提供国际货物运输中的货物承揽、交运、拼装、集运、接卸、交付等服务。国际货运代理人可以接受委托人的委托，办理货物的保险、海关、检验检疫、进出口管制等手续，有时甚至可以代理委托人支付运费、垫付税金和政府规费。国际货运代理人通过向委托人提供各种专业服务，可以使委托人不必在自己不够熟悉的业务领域花费过多的心思和精力，使不便或难以依靠自己力量办理的事宜得到恰当、有效的处理，有助于提高委托人的工作效率。

3. 沟通控制

国际货运代理人拥有广泛的业务关系、发达的服务网络、先进的信息技术手段，可以随时保持货物运输关系人之间，以及货物运输关系人与其他有关企业、部门的有效沟通，对货物运输的全过程进行准确跟踪和控制，保证货物安全、及时地运抵目的地，顺利办理相关手续，准确送达收货人，并应委托人的要求提供全过程的信息服务及其他相关服务。

4. 咨询顾问

国际货运代理人通晓国际贸易环节，精通各种运输业务，熟悉有关法律法规，了解世界各地有关情况，信息来源准确、及时。其可以针对货物的包装储存、装卸和照管，货物的运输方式、路线和费用，货物的保险、进出口单证和价款的结算，领事、海关、检验检疫、进出口管制等有关当局的要求向货主提出明确、具体的咨询意见，协助货主设计、选择适当处理方案，使货主避免或减少各种风险、周折和不必要的费用支出。

5. 降低成本

国际货运代理人掌握着货物的运输、仓储、装卸、保险等市场行情信息，与货物的运输关系人、仓储保管人，以及港口、机场、车站、堆场经营人和保险人有着长期、密切的友好合作关系，拥有丰富的专业知识和业务经验。利用有利的谈判地位和娴熟的谈判技巧，国际货运代理人可以选择货物的最佳运输路线、运输方式，以及最佳仓储保管人、装卸作业人和保险人，争取公平、合理的费率，甚至可以通过集运效应使所有相关方受益，从而帮助货物运输关系人降低业务成本、提高经营效益。

6. 资金融通

国际货运代理人与货物的运输关系人、仓储保管人、装卸作业人及银行、海关等相互了解、关系密切、长期合作、彼此信任。国际货运代理人可以代替收货人、发货人支付有关费用、税金，提前与承运人、仓储保管人、装卸作业人结算有关费用，凭借自己的实力和信誉向承运人、仓储保管人、装卸作业人及银行、海关提供费用、税金担保或风险担保，可以帮助委托人融通资金、减少资金占压、提高资金利用效率。

二、国际货运代理人的法律地位和责任

（一）国际货运代理人的法律地位的识别方法

国际货运代理人的法律地位是指作为国际货运代理人的法律地位和作为当事人的法律

地位。国际货运代理人的法律地位不同，所承担的法律责任亦不同。

国际货运代理人的法律地位及其相应的权利和义务由有关国家法律决定。目前，在我国尚未制定专门的货运代理法律的情况下，涉及国际货运代理的纠纷通常适用《中华人民共和国民法典》（简称《民法典》）有关代理的规定，涉及国际货运代理为承运人或多式联运经营人或仓储保管人时，则适用《中华人民共和国国际货物运输代理业管理规定》、《中华人民共和国国际货物运输代理业管理规定实施细则》、《中华人民共和国海商法》（简称《海商法》）和《中华人民共和国海事诉讼特别程序法》等有关法律的规定。

对于国际货运代理人不同的法律地位，要根据具体业务来区分，根据所属国法律来认定。具体可通过以下几种方法认定。

1. 收入取得的方式

区分国际货运代理人身份的一个重要标志，就是其从托运人那里取得的是佣金还是运费差额（或者运价差价）。

（1）代理人。

国际货运代理人如果从托运人（Shipper）那里得到的是佣金，或者从承运人那里得到的是经纪人佣金，则被视为代理人。

（2）当事人。

若国际货运代理人从不同的运费费率差价中获取利润，则被视为当事人。

这里问题的关键是合同条款的规定，即国际货运代理人与托运人之间的委托合同条款一定要写明委托人要求国际货运代理人从事的一切业务活动属于何种性质，以及收取的费用是代理佣金还是差价。

2. 提单签发的方式

在国际货运代理人签发自己的提单（Bill of Lading，BIL），且在合同中没有明确说明其仅为代理身份的情况下，通常会被视为承运人，承担当事人的责任。

在某案件中，国际货运代理人代承运人签发了一份提单，同时真正的承运人（船公司）也签发了一份提单。认定代理人的关键在于：在国际货运代理人与托运人之间签订的委托合同中，清清楚楚地规定了前者仅为代理人。根据该合同，可以明确国际货运代理人的代理身份和代理责任。

不过签发多式联运提单和无船承运人提单的国际货运代理人会被视为多式联运经营人和无船承运人，即当事人，且须承担承运人的责任。

3. 经营运作的方式

国际货运代理人若以自己的名义签订运输合同，并通过向托运人收取一笔纯粹的运费，转而向其他承运人支付较之收取的运费略低的运费，从这两笔运费的差价中赚取适当的利润，或者将诸多委托人的货物合并装入一个集装箱，从事拼箱、混装服务，以取得更多的收益，则对委托人来说，其身份为当事人，且须承担承运人的责任。

4. 习惯做法与司法认定

习惯做法是指国际货运代理人有时会作为托运人的代理人行事，如为了尽快替委托人订妥舱位，国际货运代理人通常以自己的名义与承运人订立合同，承担当事人的责任。在此情况下，若货物没有按时到达装货地点，根据所属国司法机关的认定，承运人可以向国际货运代理人要求亏舱费的赔偿，国际货运代理人赔付后可转向其委托人索赔。也就是说，国际货运代理人只要以自己的名义行事，即使本身没有过失，也会因其当事人的身份而承担责任，同时其享有向过失方进行追偿的权利。

综上所述，国际货运代理人究竟是作为代理人还是缔约当事人，取决于具体情况、具体事实和所属国的法律。法院或仲裁机构往往会综合考虑国际货运代理人与委托人之间的全部情况，包括合同、电话、来往信件、电传、传真、电子邮件、费率和所签发的提单、海运单、航空货运单、铁路运单、公路运单，以及以往的业务情况等进行判断。尽管如此，还是有一些可供参考的用以判断国际货运代理人身份的标准。比如，在合同文件中表明国际货运代理人义务特性的方式；支付方式：国际货运代理人是按运费加其他费用，外加一笔钱进行结算，还是从运费结算中按一定的百分比提取费用，或者收取包括一切费用在内的总运费；提单签发方式；托运人是否已知道实际承运其货物的运输公司；当事人双方过去相互交往的方式等。

在我国司法实践中，法院在审理货运代理纠纷、确定国际货运代理人法律地位及责任时往往会考虑下列因素：国际货运代理人是以被代理人的名义行事，还是以自己的名义行事的；国际货运代理人在办理货物运输时，所使用的运输工具或货物储存仓库是否属于自己；国际货运代理人所签发单证的性质、该单证以谁的名义签发及其是否签发过多式联运提单或无船承运人提单；国际货运代理人所办理的货物是否在其实际掌管之下；国际货运代理人是否在被代理人授权范围内从事活动，如有越权行为，是否被追认；国际货运代理人在安排货物运输及办理其他业务的过程中本身有无过失；国际货运代理人与托运人的运输合同中有无明确规定货运代理应承担的责任条款及保证条款；国际货运代理人实际扮演的是代理人，还是当事人，或是二者兼而有之。

（二）国际货运代理人的责任分类

参照国际惯例，以及我国有关法律、法规及具体业务实践，国际货运代理人的责任通常是按其不同身份和合同约定进行划分的，如表1-2所示。

表1-2 国际货运代理人的责任分类

责任类别	负责情况	免责情况	备注
作为纯粹代理人的责任	国际货运代理人在货物文件或数据上出现过错，造成损失	国际货运代理人免责事由包括：(1) 客户疏忽或过失所致；(2) 客户或其代理人在搬运、装卸、仓储及其他处理中所致；(3) 货物的自然特性或潜在缺陷所致，如破损、泄漏、自燃、腐烂等或对冷热等特别敏感；(4) 货物包装所致；(5) 货物标志或地址信息不确切所致；(6) 货物内容申报不准确所致；(7) 不可抗力所致	委托人对货代理征询业务或处理意见时，必须予以答复，对要求国际货运代理人所做的工作亦应及时给予各种明确指示。如因指示不及时或不当而造成损失，则国际货运代理人不承担任何责任
作为仓储经营人的责任	如果国际货运代理人经营仓储业务，使用自己的仓库，签发仓单、收取仓储费用，则他以仓储经营人身份承担当事人责任	《民法典》规定，保管人验收货物后，如发生货物的品种、数量、质量不符合约定的情况，保管人应承担损害赔偿责任	参见《民法典》

续表

责任类别	负责情况	免责情况	备注
作为无船承运人的责任	无船承运人属于契约承运人，对托运人来说是承运人。当国际货运代理人以承运人身份接受托运人货载，签发自己的提单或其他运输单证、收取运费，并通过实际船舶经营人完成国际海运时，其既担承运人责任，也享受承运人权利和义务	—	无船承运人与海运实际承运人享受的权利与义务有些区别。例如，后者可以享受海事赔偿责任限制，而无船承运人不可以
作为多式联运经营人的责任	1980年《联合国国际货物多式联运公约》规定，多式联运经营人对货物的责任期间，是指包括自接管货物之时起到交付货物时止，由其掌管货物的全部期间。多式联运经营人也应对其受雇人，以及他为履行多式联运合同而使用其服务的任何其他人在规定范围内行事的作为或不作为负赔偿责任	对于发货人、收货人，多式联运经营人对货损、货差承担责任，除非能证明他为避免货损货差或延期交货已采取了所有适当的措施（延期交货责任，视提单条款而定）	对于多式联运过程中发生货物灭失或损坏，如能查知是在哪段发生的，其责任将适用该段的国际公约或国家法律规定；如无法得知，则国际货运代理人根据货物灭失或损坏价值，承担赔偿责任
作为第三方物流经营人的责任	国际货运代理人作为第三方物流服务提供者时，其责任由双方签订的物流服务合同条款予以确定，通常承担合同当事人的责任	—	—

另外，有些国际货运代理人从事的业务范围较为广泛，法律关系亦相对复杂。加之我国在国际货运代理方面的法律尚不健全，故国际货运代理人在从事不同的业务、以不同的身份出现时，所享有的权利和承担的义务亦不相同。也就是说，国际货运代理人处于不同的法律地位，所承担的法律责任不同。对于国际货运代理人法律地位的确认，不能简单化，而应视具体情况具体分析。例如，除代委托人报关、报检、安排运输外，国际货运代理人还用自己的雇员，以自己拥有的车辆、船舶、飞机、仓库及装卸工具来提供服务，或陆运阶段为承运人、海运阶段为代理人。在这些情况下，国际货运代理人是以"混合"身份出现的，有时须承担代理人的责任；有时被视同当事人，须承担当事人的责任。

三、国际货运代理行业组织

（一）国际货运代理协会联合会

国际货运代理协会联合会（International Federation of Freight Forwarders Associations，FIATA）也被称为"菲亚塔"，总部设在瑞士苏黎世，是一个非营利性质的世界性国际货运代理行业组织。根据1999年10月26日会员代表大会修改的章程，FIATA的宗旨是保障和提高国际货运代理业在全球的利益。

除在第二次世界大战期间被迫中断活动外，FIATA自成立以来一直比较活跃，主要负责起草、提供各国立法时参考的示范条例。另外，FIATA还制定了运送指示、运输凭证、收货凭证、托运人危险品运输证明、仓库收据、可转让联运提单、不可转让联运单、发货人联运重量证明8种单证格式，培训了数万名学员。

FIATA涉及大约150个国家的货运代理业，其会员由109个协会成员和超过5500个个体成员组成，总体代表着具有全球40 000家货运代理和物流公司的一个大行业。在中国，FIATA拥有中国国际货运代理协会和我国台湾地区、香港特别行政区的货运代理协会3个一般会员，并在大陆拥有79个个体会员、在台湾地区拥有41个个体会员、在香港特别行政区拥有71个个体会员。

FIATA的最高权力机构是会员代表大会。会员代表大会的主要职责是修改章程，批准会员入会和退会；审定年度工作报告、财务报告、财务预算和审计长的报告；增加或修改大会议程；批准解除主席团，选举或罢免主席团成员、主席、秘书长和司库；选举或罢免已入选的主席团扩大会议成员、审计人员；选举或罢免各机构主席、各常设委员会负责人及其副职人员；授予或取消名誉会员资格；决定会员等级类型和摊派的费用数额；审定有关商业交易规则和条件；决定机构的建立、清算及合并；决定该联合会的解散及解散后财产的分配。

会员代表大会下设主席团，主席对外代表FIATA、对内负责FIATA的管理，并根据FIATA的章程和会员代表大会决议完成有关工作。其中，代表权通常由主席团的2名成员共同行使。

主席团扩大会议由主席团成员（包括主席、上届主席、3位副主席、秘书长、司库）、各研究机构主席、常设委员会负责人和会员代表大会从一般会员或团体会员推荐的候选人中选举的12名副主席组成，任期两年，可以连选连任。主席团扩大会议每年至少召开两次，由主席或从扩大会议成员中选举产生的副主席主持，以多数票通过决议。在赞成票和反对票相当的情况下，主席拥有最终决定权。主席团扩大会议的主要职责是向主席团提出建议，在专业领域和地区事务中向秘书处提供支持，接受年度报告；确定各研究机构和常设委员会的工作计划；协调各研究机构和常设委员会的工作；组织研究机构和常设委员会的共同工作；指定某些会员参与不同地区的相关活动，保护地区利益；指定某些会员在不同的国际组织中代表FIATA，并提供相关报告。

（二）中国国际货运代理协会

中国国际货运代理协会（China International Freight Forwarders Association，CIFA）于2000年9月6日在北京正式成立，属于非营利性的社团法人，是FIATA的国家级会员。该协会是经国家主管部门批准的，从事国际货运代理业务在中华人民共和国境内注册的国际货运代理企业，以及从事与国际货运代理业务有关的单位、团体、个人自愿结成的非营利性的、具有法人资格的全国性行业组织，受商务部和中华人民共和国民政部（简称民政部）的指导和监督。

为了维护国际货运代理业的经营秩序、保护国际货运代理企业的合法权益、促进我国国际货运代理业的健康发展，早在1994年，中华人民共和国对外贸易经济合作部（简称对外贸易经济合作部）就做出了筹建CIFA的决定，并于2000年3月开始筹备。2000年9月

6日，CIFA在北京正式成立，2000年11月1日在民政部批准登记。2001年年初，CIFA代表中国国际货运代理业加入FIATA。

CIFA的宗旨是维护我国国际货运代理业的利益，保护会员企业的正当权益；促进我国国际货运代理业的健康发展，更好地为我国对外经济贸易事业服务。CIFA的业务范围如下：协助政府主管部门依法规范国际货运行业的经营行为，整顿行业秩序；开展行业市场调研，编制行业统计报告；组织行业培训及行业发展研究；承担政府主管部门委托的部分职能；为会员企业提供信息咨询服务；代表全行业加入FIATA，开展同行业国际交流。

了解国际货运代理业的发展状况

一、国际货运代理业的基础知识

（一）国际货运代理业的概念及性质

国际货运代理业（Industry of International Freight Forwarding）是指接受进出口货物收货人、发货人的委托，以委托人的名义或以自己的名义，为委托人办理国际货物运输及相关业务并收取服务报酬的行业。

（二）国际货运代理的业务范围

国际货运代理的业务范围很广，通常为接受客户的委托，完成货物运输的某一个环节或与此有关的各环节的任务。除非客户（发货人或收货人）想亲自参与各种运输过程和办理单证手续，否则，国际货运代理企业可以直接或通过其分支机构及其雇佣的某个机构为客户提供各种服务，也可以利用其在海外的代理人提供服务。

国际货运代理的服务对象包括：发货人（出口商）、收货人（进口商）等货方，海关、检验检疫等国家管理部门，船公司、航空公司、汽车公司、铁路公司等实际承运人，仓库、港口、机场等储存、装卸单位；在物流服务中还包括工商企业等。我国的国际货运代理企业可以作为代理人或当事人从事下列全部或部分经营活动。

（1）揽货（CanVassion）、订舱（含租船、包机、包舱）、托运、仓储、包装。

（2）货物的监装、监卸、集装箱拆箱、分拨、中转及相关的短途运输服务。

（3）报关、报检，以及办理保险。

（4）缮制签发有关单证、交付运费、结算及交付杂费。

（5）国际展品、私人物品及过境货物运输代理。

（6）国际多式联运、集运（含集装箱拼箱）。

（7）国际快递（不含私人信函）。

（8）咨询及其他国际货运代理业务。

除以上各项业务外，现在的国际货运代理企业还可以从事第三方国际物流服务、无船承运业务等。

二、国际货运代理业的发展过程

（一）世界国际货运代理业的发展历史

国际货运代理是社会经济关系复杂化和社会分工发展的产物，也可以说国际货运代理是国际贸易和国际运输发展的直接结果。随着人类社会从产品经济向商品经济的过渡，人们的经济贸易往来越来越频繁，涉及的地域逐渐扩大，贸易环节逐渐增加，社会经济关系日趋复杂，社会分工也逐渐细化。10世纪，欧洲开始出现以报关行名义从事运输代理服务的货运代理人，随着公共仓库的建立、海上贸易规模的扩大及欧洲交易会的举办，国际货运代理业逐步发展起来。13世纪，欧洲的一些咖啡馆里开始出现根据国际贸易货主的需要探听运输信息、选择承运人、组织和安排货物运输，并代为办理相关业务手续的货运代理人。最初，货运代理人依附于货主，接受收、发货人的委托，办理货物的仓储、交运、装卸、运输、接收、通关等手续，并收取一定的佣金。到了16世纪，为了稳定客户、收取差价，相当数量的货运代理企业开始向客户签发自己的提单、运单，出具自己的仓储收据。18世纪，开始出现将多个托运人发往同一目的地的货物集中向承运人托运，并为客户办理货物投保手续的货运代理企业。此后，货运代理业逐步发展成一个为运输关系当事人提供中间性服务的独立行业。

19世纪初，交通运输业的革命标志着机械运输业的开端。此后，海洋运输和铁路运输迅速发展，国际货运代理业日益繁荣，并逐步在国民经济发展中取得一定的地位。随着国际货运代理业的繁荣和向专业化方向发展，国际货运代理人之间逐渐产生联合、合作和加强行业自律的愿望，欧美各国纷纷成立国际货运代理行业组织，并于1880年1月19日在德国莱比锡成功地举行了第一次国际货运代理协会代表大会。

20世纪以后，随着货运代理制度和运作方式的改革，以及国际货运代理业的振兴，国际货运代理人之间的国际合作获得较大发展。1926年5月31日，16个国家的货运代理协会在奥地利的维也纳成立了FIATA这一非营利性民间组织，其目的是保障和提高国际货运代理业在全球的利益。1965年，FIATA在瑞士的苏黎世设立了总部秘书处，以协调全球货运代理业的活动，加强与其他国际组织的联系与合作。1977年，FIATA又在印度孟买设立了亚洲秘书处，以关注亚洲地区的货运代理业，与该地区的货运代理人和国家行业组织建立直接的长期联系。

20世纪30年代以后，更多运输方式相继崛起并迅速发展。随着航空运输的发展，各国开始出现专门从事航空运输业务的货运代理人，其向货主提供办理托运或提取货物的服务，以及向航空公司提供揽货、制单服务，并且从事集运业务。为了保证安全、定期、经济的航空运输，促进直接或间接从事航空运输业务的企业之间的合作，统一国际航空运输规章制度，以便开展代理业务，1945年4月16日，国际航空运输协会（International Air Transport Association，IATA）这一非政府性组织成立了。IATA的主要活动之一就是召开货运代理会议，讨论航空货运代理业务。

这些国际货运代理行业组织的诞生，不仅加强了不同国家国际货运代理人的交流、规范了国际货运代理人的业务行为、维护了国际货运代理人的利益，也促进了世界国际货运代理业的发展。自20世纪50年代以后，国际货运代理业的发展又进一步提高了对国际贸易运输的需求。

（二）世界国际货运代理业的现状

20世纪50年代以来，随着世界各国经济贸易往来的日益频繁、跨国经济活动的增加、世界经济一体化进程的加快，国际货运代理业在世界范围内迅速发展，国际货运代理人队伍不断壮大，并促进了国际经济贸易发展。2022年，全球国际货运代理的市场规模达到了1.2万亿美元，同比增长14.3%。其中，海运是国际货运代理的主要业务，占总市场规模的58%，约为6960亿美元；空运是国际货运代理的次要业务，占总市场规模的28%，约为3360亿美元；陆运是国际货运代理的辅助业务，占总市场规模的14%，约为1680亿美元。2022年，中国国际货运代理业的市场规模约为29476.3亿元，同比增长11.42%；远洋货运量为41.51亿吨，远洋货物周转量为101977亿吨公里。

从全球货运代理业的竞争情况来看，在海运货运代理市场，德迅以438.6万TEU[①]的年货量排名第一，中国外运以389万TEU的年货量排名第二，DHL以329.4万TEU的年货量排名第三；在空运货运代理市场，德迅以223.2万吨的年货量排名第一，DHL以190.2万吨的年货量排名第二，DSV以155.8万吨的年货量排名第三。

全球国际货运代理行业竞争格局较为分散，头部企业市占率较低，但具有规模效应和品牌优势。这些头部企业通过并购整合、服务创新、数字化转型等方式提升竞争力。中国国际货运代理业的竞争格局也较为分散，头部企业的市占率较低，但具有本土化和政策优势。2020年，中远海运物流在全球范围内拥有超过1000个办事处，覆盖200多个国家和地区。

（三）世界国际货运代理业的发展趋势

目前，国际货运代理企业除提供一般的海上空运服务外，还根据客户的行业特点、成本目标、生产流程、供应链网络等信息提供综合物流解决方案。世界国际货运代理业的发展趋势如下所述。

（1）**大型国际货运代理企业开始大规模兼并和收购**。比如，2023年，总部位于荷兰的AIT全球物流集团收购了环球运输方案集团（GTS）。AIT全球物流集团是世界领先的全球供应链管理企业；GTS是知名的国际货运代理企业，专注于海运备件物流，在亚欧、中东和北美16个国家有分公司600家，服务于世界2000多个港口，仓储总面积达45000m^2。通过这次兼并，AIT全球物流集团的业务网络范围内增加了日本、希腊和北欧国家，并且提升了其在中国、荷兰和新加坡的专业服务能力。

（2）**国际货运代理企业正在向第三方物流企业转型**。伴随着全球经济一体化的发展，跨国公司在世界范围内的贸易活动日益频繁，对运输的需求也从最初的"港口到港口"运输发展为"门到门"运输，并将海、空、陆等多种运输方式综合运用到物流服务领域。事实上，业界领先的货运代理企业，都正在或已经完成了向物流企业或供应链管理企业的转

---

① TEU：Twenty-feet Equivalent Unit 的缩写，是以长度为20英尺的集装箱为国际计量单位，也称国际标准箱单位。TEU通常用来表示船舶装载集装箱的能力，也是集装箱和港口吞吐量的重要统计、换算单位。

型，以此来适应客户不断变化的多层次需求。

（3）信息技术在货运代理业中得到了广泛的应用。借助高速发展的数据库和网络技术，几乎所有大型货运代理企业都提供了在线跟踪功能，有的甚至提供了在线打印提单、在线订舱、在线支付运费、在线库存管理、在线供应链管理等增值服务。

（4）"数字化货运代理"将成为国际货运代理业的新趋势。数字化货运代理是使用数字平台即时连接托运人和承运人，将全过程可视化的货运代理模式。未来10年，货运代理业将实现数字化变革，整个行业将变得更经济、更高效。"数字化货运代理"的特点如下：① 共享实时状态，货运代理企业通过数字平台自动提供足够透明、及时的更新信息，以获得更快的响应；②和其他第三方系统集成到一个平台上，通过数字化货运代理的协作资源，利用最新技术共享数据；③有效减少预订工作；④自动化工作流程和人工智能处理单证；⑤实现全球端到端可视化方案。

三、我国国际货运代理业的发展过程

（一）我国国际货运代理业的发展历史

虽然随着国际贸易的发展，我国逐渐出现具有国际货运代理人性质的报关行，但是在鸦片战争以前，我国国际货运代理业发展得十分缓慢。

1840年鸦片战争以后，我国引进了国际贸易、航运、保险、海关等行业，具有现代意义的国际货运代理制度才开始在我国出现。但是，当时我国的国情限制了民族资本主义的发展，运输、代理、报关等业务基本上处于分散经营状态。从事仓储、代理运输、代理报关等国际货运代理业务的企业"各自为政"，只能在官办国际货运代理企业和外资国际货运代理企业的夹缝中艰难生存。这段时期的国际货运代理业一直没有在我国成为一个有影响力的行业。

中华人民共和国成立以后，国家更加重视国际货运代理工作。例如，中国对外贸易运输总公司整合了原有港口、口岸货物运输机构，合并了中国进出口公司各口岸办事处和中国进出口公司各港口分公司的运输业务及人员，统一办理进出口货物在港口和陆运、空运口岸的报关、报检、报验、接交、仓储、调拨工作，按照货物的合理流向进行分运。1955年4月以后，该公司负责进出口货物的订舱、配载、仓储、代运、报关、报检报验等国际货运代理业务。

1956年以后，随着国家对私营工商业社会主义改造的完成，私营运输行、报关行等从事国际货运代理业务的企业，有的被并入当地外贸公司的储运科，有的被并入所在地中国对外贸易运输公司分公司，逐渐形成了全国国际货运代理业务集中统一管理、垄断经营的局面。

1956—1984年，中国对外贸易运输总公司一直作为各专业进出口公司的国际货运总代理，根据各进出口公司的委托，办理其经营的进出口货物的代理业务。我国的国际货运代理业务基本上处于中国对外贸易运输总公司独家垄断经营的状态。但是，其经营活动的范围却更深、更广，从最初的铁路货运代理，发展到海上汽车、航空、多式联运等货运代理；从最初的"站到站""港到港"服务，延伸到"门到门"服务。

1984年年底，中华人民共和国对外经济贸易部（简称对外经济贸易部）批准成立中港合资华贸有限公司（现名为港中旅华贸国际物流股份有限公司），标志着我国开始向境外投资者开放货运代理服务市场，打破中国对外贸易运输总公司独家垄断的局面。联邦快递（中国）有限公司、天地国际运输代理（中国）有限公司等的成立，标志着我国国际货运代理市场逐渐对外开放，形成了多家竞争的局面。

我国国际货运代理市场的开放，吸引了多种投资主体的进入，带来了不同国际货运代理企业的竞争，壮大了国际货运代理人的队伍，促进了我国国际货运代理业的发展。但是，由于相关管理制度相对滞后，管理措施也不够完善，我国国际货运代理业出现了一些混乱现象。为加强对国际货运代理业的监督、管理，对外经济贸易部于1988年发布了《关于审批国际货运代理企业有关问题的规定》，明确了国际货运代理企业的主管部门、设立国际货运代理企业的条件、审批机关、审批权限、审批程序；1990年发布了《关于国际货物运输代理行业管理的若干规定》，系统规定了国际货物运输代理行业管理的有关问题。这两个规章的发布，标志着我国对国际货运代理业的管理开始规范化。

此后，为了加强对国际货运代理业的管理，规范国际货运代理企业的行为，保障货主、承运企业、国际货运代理企业的合法权益，我国相关部门先后批准了一系列法规性文件，并陆续发布一系列行业规章。这些文件的发布，进一步规范了我国国际货运代理市场的秩序，促进了我国国际货运代理业的健康、稳定发展。同时，各地相继成立国际货运代理协会。自1992年9月24日上海市国际货运代理协会成立起，至今已有21个省、自治区、直辖市、沿海开放城市成立了地方国际货运代理协会。为了协调国际货运代理业发展过程中的全局问题，CIFA于2000年9月6日正式成立。CIFA的成立，标志着我国政府对国际货运代理业的管理进入了一个政府监管和行业自律并重的新阶段。

（二）我国国际货运代理业的现状

我国国际货运代理业起步较晚、历史较短，但由于国家重视、政策鼓励、规范发展，我国国际货运代理业发展得十分迅速。截至2022年6月，在我国主管部门登记备案的国际货运代理企业已达3万多家，从业人员超过200万人，且以每年5%～10%的比例递增。其中，沿海地区国际货运代理企业占货运代理企业总数量的比例接近80%，而其他所有地区总共占20%左右。这些企业遍布全国各省、自治区、直辖市，分布在30多个领域，国有、集体、外商投资、股份制等多种经济成分并存，已经成为我国对外贸易运输事业的重要力量，对我国对外贸易和国际运输事业的发展，乃至整个国民经济的发展做出了不可磨灭的贡献。目前，我国80%的进出口贸易货物运输和中转业务、90%的国际航空货物运输业务都是通过国际货运代理企业完成的。

综观我国国际货运代理业的发展历程和现实状况，至少存在以下几个特点。

（1）政府部门多头管理，政策法规不够统一，开放程度有待扩大。虽然国际货运代理法规已经明确了商务部作为我国国际货运代理业的主管部门，但是公路、水路、铁路、航空、邮政等运输主管部门和联合运输主管部门根据与本行业有关的法律、法规、规章，对国际货运代理企业的设立及其业务活动仍在进行着不同程度的管理。人们开办国际货运代理企业、从事国际货物运输代理业务，不仅要遵守国际货运代理法规和规章，还要遵守有关公路运输、水路运输、铁路运输、航空运输、联合运输代理的法规、规章和邮政法规、规章。此外，目前我国有关政策、法规、规章仍然要求国际货运代理企业的一方股东必须是进出口贸易企业、国际运输企业或国际货运代理企业，并且这样的股东要持有多数股权，尚不允许全部由其他企业或公民个人直接投资设立国际货运代理企业。

（2）**国际货运代理企业分布的地域、领域较为广泛，多种经济成分并存，发展不够均衡。** 虽然全国所有省、自治区、直辖市均有国际货运代理企业的存在，但沿海地区的国际货运代理企业数量较多，业务发展较为迅速，内陆地区的国际货运代理企业数量较少，业务发展较为缓慢。虽然国际货运代理企业分布于30多个领域，多种经济成分并存，但都要受到国家政策、法规的限制。绝大多数国际货运代理企业都属于进出口贸易企业和交通运输企业，国有企业、外商投资的国际货运代理企业在数量、规模上占绝对优势，而其他企业作为主要投资者的国际货运代理企业、其他经济成分的国际货运代理企业数量很少，而且规模多数较小。

（3）**国际货运代理企业的服务网络不够健全，服务质量参差不齐，国际竞争能力较弱，经营秩序有待规范。** 目前，很少有国际货运代理企业拥有完善的全球业务网络，绝大多数国际货运代理企业缺乏国际业务网络，多数国际货运代理企业没有国内业务网络。由于缺乏专业人员、业务人员不足、没有统一的行业规范，国际货运代理企业之间服务质量参差不齐，加之资金、市场、信息网络等方面的原因，我国国际货运代理企业的总体国际竞争能力较弱。虽然有关部门多次清理国际货运代理企业、整顿国际货运代理市场秩序、打击非法经营活动，但是由于种种原因，我国整个国际货运代理业的经营秩序仍然不够理想，还有待进一步规范。

（4）**多数国际货运代理企业历史较为短暂，服务项目单调，资产规模、经营规模较小，专业人才匮乏。** 由于我国国际货运代理业的历史较短，长期以来独家经营，绝大多数国际货运代理企业成立不足10年，服务功能较少，因而不能提供有关法规和规章允许的所有服务。从资产规模、经营规模角度来看，大型/集团型国际货运代理企业的数量较少，中小型国际货运代理企业占70%以上，多数国际货运代理企业缺乏精通有关业务的专业人才，现有专业人员有待进行普遍的规范化培训。

（三）我国国际货运代理业发展趋势

当前国际形势促使我国对外经贸转型升级的速度加快，航运电商、供应链管理的发展使传统货运代理企业的经营面临前所未有的压力。与此同时，随着"一带一路"建设提速，互联互通、产能合作、产业园区等重大项目联动开发催生了工程物流、中欧班列、跨境电商等新兴专业物流的爆发式增长。国际货运代理企业伴随上游企业加快"走出去"，加强海外网络布局，深度开展海外属地化物流和第三国业务，国际化经营水平显著提升，这使得我国国际货运代理企业有了新的发展趋势，如下所述。

（1）**货运代理业向第三方物流甚至第四方物流有效转变。** 移动互联网已经深刻改变了我们的生活，移动互联网市场正进入高速发展通道。今后，货运代理客户不仅能实时地进行货物跟踪，或登录平台获得相应服务，还能获得简捷化服务，如通过智能手机下载企业的物流App，轻松实现下单、在线订舱、获取资讯等。这种蓝图的描绘，无疑是信息技术的发展对国际货运代理业提出的新要求。

（2）**新型的货运代理联盟组织形式出现**。在互联网环境下，竞争的特质化和服务的强化，使一些竞争实力较弱的国际货运代理企业被逐步挤出市场，或被迫与平台企业整合，或被其他竞争对手所并购。

（3）**国际货运代理企业逐渐向平台化、数字化、生态化和智能化转型**。国际货运代理业对国际贸易业的依赖性较高，行业发展受全球宏观经济和国际贸易情况的影响大。自2020年起，国际贸易市场变得不稳定，导致国际货运代理业务需求有所减少。国际货运代理企业只有依靠新型货运代理平台适应物流供应链，为客户提供更多增值服务，才能真正提高其核心竞争力。

任务3　了解国际货运代理人

一、国际货运代理人的概念与性质

"国际货运代理人"在国际上虽然没有公认、统一的定义，但在一些权威机构出版的工具书中均有一定的解释。联合国亚太经合会的解释为："货运代理人代表客户取得运输，而本人并不起承运人的作用。"国际货运代理人协会对国际货运代理人的定义为："国际货运代理人是根据客户的指示，并为客户的利益而取得货物运输的人，其本人不是承运人。"对于英文"FORWARDER"一词国内也有多种译法，如"货运代理人""货运经纪人""货运代理行"。国外对货运代理人一词也理解不一，如"关税代理人""清关代理人""关税经营人""海运代理人"等。尽管在字面上对国际货运代理人一词的理解不一，但其含义是相同的，即充当代理的角色。他们替客户安排货物运输、代收代付运费，以及办理进出口报关、检验等业务。但由于国际货运代理业的发展，有时国际货运代理人不再以代理人的身份出现，而直接以承运人的身份与客户订立运输合同，或直接签发自己的提单给客户，这就是国际货运代理人发展的又一个方向——无船承运人。但从目前国际货运代理人所从事的业务活动及其与客户之间的关联来看，其性质主要有以下几点。

（1）根据与客户订立的协议或合同，或根据客户的指示从事业务。货运代理人应尽力完成客户的委托，尤其是在授权范围内。如违反这一服务准则而造成损失，则货运代理人应承担责任。

（2）作为承运人完成或组织完成货物运输并承担责任（这是指国际货运代理人充当无船承运人，并由其签发全程货运单证，收取运费时）。

（3）作为经营人完成或组织完成货物运输，但不承担运输责任（这是指由他人签发全程货运单证，或委托他人完成或组织完成货物运输时）。

（4）如实汇报一切业务事项，如对客户有任何隐瞒或所提供的资料不实而造成损失的，客户有权向货运代理人追索并撤销代理合同或协议。

（5）货运代理人在与客户订立的合同或协议有效期内，既不可以将代理行为让第三方知悉，也不可以将代理权转让他人。

二、国际货运代理人的分类及服务对象

（一）国际货运代理人的分类

国际货运代理人的业务范围有大有小，大的兼办多项业务，如海运、陆运、空运及多式联运货运代理业务；小的则专办一项或两项业务，如某些空运货运代理和速递公司。较常见的国际货运代理人主要有以下几类。

（1）**租船订舱代理**。这类国际货运代理人与国内外货方有广泛的业务关系，其主要工作是为托运人办理租船订舱业务。

（2）**货物报关代理**。有些国家对这类国际货运代理人应具备的条件规定得较严格，如美国规定其须向有关部门申请登记，必须是美国公民，且在考试合格、获得执照后才能营业。

（3）**转运及理货代理**。其办事机构一般设在中转站及港口。

（4）**储存代理**。其负责办理货物保管、整理、包装和保险等业务。

（5）**集装箱代理**。其负责办理装箱、拆箱、转运、分拨，以及集装箱租赁和维修等业务。

（6）**多式联运代理，或称无船承运人**。它是与货主签订多式联运合同的当事人。不管一票货物运输要经过多少种运输方式、要转运多少次，多式联运代理必须对全程运输（包括转运）负总的责任。无论是国内还是国外，对多式联运代理的资格认定都比其他代理要严格一些。

（二）国际货运代理人的服务对象

国际货运代理人为货主提供服务，并根据服务项目、数量和质量从货主那里获得劳务报酬。以海上货运为例，在班轮运输（Liner Shipping）的情况下，国际货运代理人负责订舱，首先向货主收取劳务费，然后向船公司托运货物并支付运费，而不是从实际承运人那里获得收益。在租船运输（Tramp Shipping）的情况下，货主先程租、支付运费，国际货运代理人再程租或期租，并向船公司支付运费或租金，国际货运代理人也并未从实际承运人那里获得利益。

由此可见，国际货运代理人完全是为货主服务的，其服务内容均与国际贸易合同执行及国际贸易运输组织有关，从目的和动机来看纯属商业行为，而与实际承运人的工作，包括装载、搬运、积载、运送、卸载等具体运输环节毫无关系。

案例：

> **货运代理公司作为代理人时的地位及责任**
>
> 新闻1：某货运代理公司接受某货主的委托办理出口货物运输事宜。货物抵达目的地前，该货运代理公司在获得货主电话要求（后来否认）后，指示外轮代理公司凭提单传真件和银行保函放货，外轮代理公司在通知船公司时忽略了要求银行保函这一重要条件，造成国外收货人提货后不付款，货主损失惨重诉至法院。一审法院认为，见正本提单放货是船公司及其代理的行业惯例和法定义务，无单放货与货运代理的指示没有因果关系。但二审法院认为，货运代理作为原告的代理，擅自指

示外轮代理公司、船公司无单放货，而货主的损失与此指示有直接因果关系，应赔偿货主的全部损失。在此案中，该货运代理公司的做法实际上是不符合船公司见正本提单方可放货的货运实践的。作为代理人，该货运代理公司应当取得货主的书面授权，使其行为后果归属于货主，以避免本不应该承担的责任。

新闻2：某外运租船公司与山西省某货主签订了《煤炭运输协议》，同时，该外运租船公司又以货主代理的身份与某船公司签订了一份与前述运输协议完全一致的租船合同，只是运费差0.1美元/吨。海事仲裁委员会在审理船公司与货主的租船合同纠纷时，判定该外运租船公司没有得到货主的明确授权，无权代理，应为独立的合同当事人，即货运代理同时签订两个背对背的合同时，应分别承担两个合同中的当事人义务。

新闻3：某货主委托某货运代理公司进行上海到香港的出口运输，该货运代理公司未经授权签发了某提单抬头人的提单，同时以提单抬头人的名义委托某船公司实际承运。该船公司向该货运代理签发了自上海到南美某港口的提单。这样该货主虽手持提单却已经丧失了货物的控制权，法院判决该货运代理公司双重代理违法，应赔偿货主的全部损失。

思政园地

本章从国际经济和贸易角度介绍了国际货运代理基础知识、行业和代理人，从宏观视角引导学生理解该行业的重要性、发展状况及需求。这也是实现社会主义核心价值观中"敬业"要求的宏观理解基础。教师可以通过引导案例及其宏观背景介绍，培养学生进入货运代理业的热情，使其产生成为货运代理人的职业向往。同时，教师应带领学生理解我国"一带一路"倡议等政策，激发学生的民族自豪感。

本项目主要介绍了国际货运代理的概念、性质、分类和作用；国际货运代理人的法律地位和责任、货运代理行业组织；国际货运代理业的发展状况；国际货运代理人的概念、性质、分类及服务对象。通过本项目内容的学习，读者可以了解国际货运代理的基础知识，为以后的学习做好铺垫。

一、单选题

1. 下列有关国际货运代理人的表述不正确的是（　　）。
   A．国际货运代理人是委托合同的当事人
   B．国际货运代理人是进出口货物收、发货人的代理人

C．国际货运代理人是进出口货物收、发货人的委托人

D．国际货运代理人是进出口货物收、发货人的受托人

2．按照我国法律的规定，明知委托事项违法，货运代理人为了自身利益仍然进行货运代理活动的，则（　　）。

A．委托人和货运代理人都负连带责任

B．货运代理人不负被追偿责任

C．货运代理人不负连带责任

D．被代理人不负被追偿责任

3．国际货运代理人与货主之间的关系被称为（　　）。

A．委托代理关系　　　　　　B．承托关系

C．运输合同关系　　　　　　D．买卖合同关系

4．国际货运代理人为货主办理代理业务时，收取的报酬是（　　）。

A．差价　　　B．运费　　　C．佣金　　　D．租金

5．下列关于 FIATA 的描述，不正确的是（　　）。

A．是非营利性质的国际性货运代理行业组织

B．是政府间的国际性货运代理行业组织

C．维护国际货运代理人的利益，促进行业发展

D．协调全球货运代理行业的活动

6．国际货运代理人在签发自己的提单时，称为（　　）。

A．货主代理人　　B．托运人代理　　C．收货人代理　　D．承运人

7．CIFA 于（　　）在北京成立。

A．1999 年 9 月 6 日　　　　B．2000 年 9 月 6 日

C．2001 年 9 月 6 日　　　　D．2002 年 9 月 6 日

8．为加强对国际货运代理业的管理，规范国际货运代理企业的行为，（　　）先后发布了有关货运代理业管理的文件。

A．省级人民政府　　　　　　B．商务部

C．商务院　　　　　　　　　D．对外贸易经济合作部

二、多项选择题

1．我国国际货物运输组织体系包括（　　）。

A．货主　　　　　　　　　　B．承运人

C．装卸公司和理货公司　　　D．运输代理人

2．货运代理的主要业务有（　　）。

A．订舱揽货代理　　　　　　B．货物装卸代理

C．货物报关报检代理　　　　D．提供有关国际贸易运输咨询

3．国际货运代理人所从事的业务范围非常广泛，通常为接受客户的委托、完成货物运输的某一个环节或与此有关的各环节的任务，其服务对象有（　　）。

A．出口商　　　B．进口商　　　C．船公司　　　D．航空公司

4. 国际货运代理人可从事的业务主要有（　　）。
   A．代为客户订舱
   B．代为客户报关、报检，以及办理保险
   C．代为客户制单
   D．代为客户安排内陆疏运
5. CIFA 的主要业务范围有（　　）。
   A．协助政府主管部门依法规范国际货运代理企业的经营行为
   B．开展行业市场调查，编制行业统计
   C．组织行业培训及行业发展研究
   D．为会员企业提供信息咨询服务
6. 国际货运代理企业的作用表现为（　　）。
   A．组织协调　　　　　　　　　B．提供专业服务
   C．沟通控制　　　　　　　　　D．咨询顾问

三、简答题

1. FIATA 的性质和作用是什么？
2. 国际货运代理人的性质和作用是什么？
3. 国际货运代理的作用是什么？

我国 A 贸易公司委托同一城市的 B 货运代理公司办理一批从宁波舟山港运至釜山港的服装货物相关事宜。A 贸易公司向 B 货运代理公司提供了正确的货物名称和服装货物的性质，B 货运代理公司为此签发了公司的 HOUSE B/L 给 A 公司。随后，B 货运代理公司以托运人的身份向船公司办理该批货物的订舱和出运手续。为了节省运费（B 货运代理公司已投保责任险），B 货运代理公司未告知船公司该批货物为服装。船公司按通常货物处理并装载于船舱内，结果在海运过程中，因海上风浪造成船舶受损，该批货物全部丢失并给其他货主造成了巨大损失。请根据我国有关法律规定回答下列问题：

（1）A 贸易公司、B 货运代理公司、船公司在这次事故中的责任如何划分？
（2）承运人是否应对其他货主的损失承担赔偿责任，为什么？

Project 2 项目 国际货运代理企业

思维导图

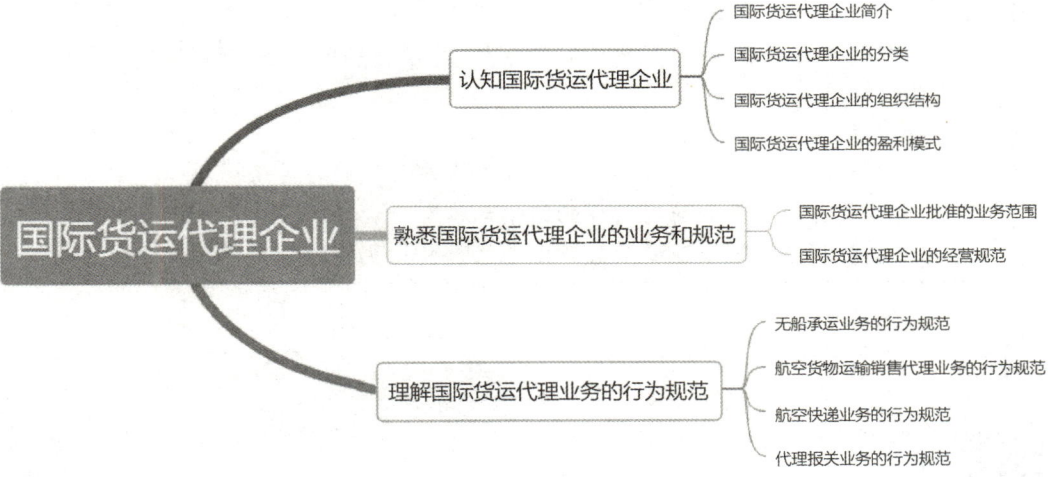

知识目标

1. 理解国际货运代理企业的分类及盈利模式。
2. 了解国际货运代理企业的组织结构。
3. 熟悉国际货运代理企业的业务范围和经营规范。
4. 掌握不同国际货运代理业务的行为规范。

技能目标

1. 能够解释国际货运代理企业的组织结构和盈利模式。
2. 能够分析国际货运代理企业的经营规范。
3. 能够根据行为规范分析无船承运人业务的特点。
4. 能够解释航空货物运输销售代理业务的行为规范。

案例导入

宁波中远海运物流有限公司

宁波中远海运物流有限公司成立于2002年，为中远海运物流有限公司旗下区域公司之一，而中远海运物流有限公司隶属于中国远洋海运集团有限公司（简称中远海运集团）。宁波中远海运物流有限公司是中远海运集团"3+4"产业生态之一物流产业集群下的综合物流服务企业，下设21家法人单位、6家分公司。

宁波中远海运物流有限公司的综合实力位居中远海运物流系统前列，资产规模及盈利能力保持快速增长。其主要业务范围涵盖以下3方面：（1）港口物流，包括船舶代理、集装箱物流、仓储物流、场站服务、海铁联运、进出口关务等；（2）冷链物流，包括冷链国际运输、冻品清关、多温区仓储、冷链铁路、低温配送等；（3）全程供应链物流，包括保税物流、国际多式联运、跨境电商等。

作为整合物流服务提供商，宁波中远海运物流有限公司以"做最强的物流服务商"为目标，秉承"服务客户最优 回报股东最大"的经营理念，为国内外客户提供全程物流解决方案，提升供应链管理品质，为全球国际贸易商提供海运代理服务，实现客户价值最大化。

请思考：
1. 国际货运代理企业是怎样的企业？有哪些不同的类型？
2. 国际货运代理企业有怎样的组织结构？
3. 国际货运代理企业的业务范围包括哪些？主要的盈利模式是什么样的？

Mission 任务 1　认知国际货运代理企业

一、国际货运代理企业简介

国际货运代理企业既可以作为代理人从事国际货运代理业务，接受进出口货物收货人、发货人或其代理人的委托，为委托人办理国际货物运输及相关业务并收取服务报酬，也可以作为独立经营人从事国际货运代理业务，接受进出口货物收货人、发货人或其代理人的委托，签发运输单证、履行运输合同并收取运费及服务费。

二、国际货运代理企业的分类

（一）以投资主体、所有制形式为分类标准

（1）全民所有制国际货运代理企业。它是指由全民所有制单位单独或与其他全民所有制单位共同投资设立的国际货运代理企业，即国有国际货运代理企业，如国有独资的中国

对外贸易运输（集团）总公司、中国租船有限公司、中国邮政速递服务公司等。

（2）**集体所有制国际货运代理企业**。它是指由集体所有制单位投资设立的国际货运代理企业。

（3）**私人所有制国际货运代理企业**。它是指由私营企业或个人投资设立的国际货运代理企业，即私营国际货运代理企业。

（4）**股份制国际货运代理企业**。它是指由不同所有制成分的多个投资主体共同投资设立的混合所有制国际货运代理企业，如中外运空运发展股份有限公司、锦程国际物流集团股份有限公司等。

（5）**外商投资国际货运代理企业**。它是指由境外投资者以中外合资、中外合作或外商独资形式设立的国际货运代理企业。

（二）以企业的成立背景为分类标准

（1）**以对外贸易运输企业为背景的国际货运代理企业**。这类企业主要有中国对外贸易运输（集团）公司及其分、子公司，控股、合资公司。该类国际货运代理企业的特点是一业为主，多种经营，经营范围较宽，业务网络发达，实力雄厚，人力资源丰富，综合市场竞争能力较强。

（2）**以实际承运人企业为背景的国际货运代理企业**。其主要是指由公路、铁路、海上、航空运输部门或企业投资或控股的国际货运代理企业，如中国外轮代理有限公司、中远国际货运有限公司等。这类国际货运代理企业的特点是专业化经营，与实际承运人关系密切，运价优势明显，运输信息灵通，方便货主，在特定运输方式下的市场竞争能力较强。

（3）**以外贸、工贸公司为背景的国际货运代理企业**。其主要是指由各专业外贸公司或大型工贸公司投资或控股的国际货运代理企业，如五矿物流集团有限公司、君正国际仓储运输有限公司（原中化国际仓储运输公司）等。这类国际货运代理企业的特点是货源相对稳定、处理货物和单据的经验丰富、对某些类型货物的运输代理竞争优势较明显，但多数规模不大、服务功能不够全面、服务网络不够发达。

（4）**以仓储、包装企业为背景的国际货运代理企业**。其主要是指由仓储、包装企业投资、控股的国际货运代理企业或为增加经营范围而成立的国际货运代理企业。这类国际货运代理企业的特点是凭借仓储优势揽取货源、对于特种物品的运输代理经验丰富，但多数规模较小、服务网点较少、综合服务能力不强。

（5）**以港口、航道、机场企业为背景的国际货运代理企业**。其主要是指由港口、航道、机场企业投资、控股的国际货运代理企业。这类国际货运代理企业的特点是与港口及机场等关系密切、港口及场站作业经验丰富、对集装货物的运输代理具有竞争优势、人员素质及管理水平较高，但服务内容较为单一、缺乏服务网络。

（6）**以境外国际运输、运输代理企业为背景的国际货运代理企业**。其主要是指由境外国际运输或运输代理企业以合资或合作方式在中国境内设立的外商投资国际货运代理企业。这类国际货运代理企业的特点是国际业务网络较为发达，信息化程度、人员素质、管理水平较高，服务质量较好。

（7）**其他背景的国际货运代理企业**。其主要是指其他投资者投资或控股的国际货运代理企业。这类国际货运代理企业的特点是投资主体多样，经营规模、经营范围不一，人员

素质、管理水平、服务质量参差不齐。

三、国际货运代理企业的组织结构

（一）国际货运代理企业的组织结构介绍

直线—职能制组织结构也叫生产区域制，或直接参谋制，它建立在直线制和职能制的基础上，吸取这两种形式的优点，取长补短。

这种组织结构把企业管理机构和人员分为两类：一类是直线领导机构和人员，按命令统一原则对各级组织行使指挥权，如国际货运代理企业中的总经理、运输部及部长、外贸部及部长等；另一类是职能机构和人员，按专业化原则，从事组织的各项职能管理工作，如国际货运代理企业中的车队人员、业务员、报关报检员及单证员等。

以某国际货运代理企业为例，其组织结构如下所述。

（1）**总经理办公室**：主要负责企业经营管理及业务协调、投资管理、文秘、档案及公司日常事务工作，同时负责本区域信息系统的建设和维护、行政管理、安全保卫和固定资产管理等，并为企业提供后勤服务。

（2）**海运部**：主要负责集装箱订舱、散杂货订舱、配载、发运、装箱、集港、进出口租船业务和无船承运业务，同时负责代办报关报检、货物交接、集拼分拨、短途汽运、运杂费结算、运输保险及相关咨询服务。

（3）**空运部**：负责航空运输货物的进出口业务。另外，空运部还可以承担集中托运和包舱包板运输的代理任务，具体包括市场销售、委托运输、审核单证、配舱、订舱、进出口报关、出仓单、提装板箱、签单、交接发运、航班跟踪、信息服务、代理预报、交接单、理货与仓储、理单与到货通知、发货送货与转运、费用结算等。

（4）**陆运部**：主要承担国际铁路货物联运和国际多式联运业务。

（5）**客服部**：负责协调企业各业务部门在业务处理过程中因为各种原因与客户产生的各类争议和纠纷，负责查明原因、协助业务部门做好善后工作，并制定纠纷解决的可行性方案，报副总经理审批后实施。

（6）**财务部**：主要负责财务管理、资产管理、预算管理，为企业提供会计信息和会计资料，负责内部审计。

（7）**人力部**：负责人力资源规划、培训、招聘、劳动合同管理、薪酬福利管理、职级评定和绩效考评、工会工作、员工档案、出国审批与签证等。

（二）国际货运代理企业组织结构分析

直线领导机构及相关人员在自己的职责范围内有一定的决定权和对所属下级的指挥权，并对自己部门的工作负全部责任；而职能机构及相关人员是直线指挥人员的参谋，不能直接对部门内的相关人员发号施令，只能进行业务指导。

1. 优点

这种组织结构既保证了企业管理体系的集中统一，又可以在各级行政负责人的领导下充分发挥各专业管理机构的作用。

2. 缺点

（1）这种组织结构是典型的"集权式"结构，权力集中于最高管理层，下级缺乏必要的自主权。

（2）各职能部门之间横向联系较差，容易产生脱节和矛盾。

（3）这种组织结构建立在高度的"职权分裂"基础上，各职能部门与直线领导机构之间如果目标不统一就容易产生矛盾。

（4）信息传递路线较长，反馈较慢，难以适应环境的迅速变化。

四、国际货运代理企业的盈利模式

在国际货运代理业中，针对不同的货运情况，盈利模式主要包括以下几种。

（一）传统代理服务模式

代理服务模式是国际货运代理企业最原始、最初级的盈利模式。其主要业务如下：一是为货主提供单纯的代理服务，为货主代理订舱、报关、报检，以及代办保险、提货等业务；二是为承运人提供代理服务，代表承运人接受托运、签发提单、办理放货手续，并办理船舶进出港口和水域的申报手续，安排引水、泊位等代理服务。在代理服务模式下，国际货运代理企业主要通过赚取佣金获得盈利，其盈利计算公式如下：

$$盈利=代理佣金-成本消耗$$

代理服务模式的优点是业务简单，对运营设定要求和经营管理水平的要求较低。代理服务模式的风险较低，国际货运代理企业只需要谨慎、勤勉、忠实地行使代理权，其代理事项所产生的权利与义务都归属于委托人。

（二）无船承运服务模式

在无船承运服务模式下，国际货运代理企业以国际货运服务当事人的身份与货主企业订立委托代理合同，与承运人订立运输合同，提供仓储、运输服务，签发自己的提单并承担从接受货物到交付货物为止的责任，通过赚取运费差价获得盈利的盈利模式。其盈利计算公式如下：

$$盈利=货主企业运费-承运人运费-成本消耗$$

在无船承运服务模式下，国际货运代理企业要承担向承运人提供集中托运任务，并对货主发挥承运当事人的作用。这种盈利模式的风险较大，国际货运代理企业需要承担承运人和托运人的双重责任，即国际货运代理企业对货主承担按时、完整交付货物的承运人责任，并对承运人承担托运人提供正确货运资料及给付运费的责任。

（三）集拼经营服务模式

集拼经营服务模式，即国际货运代理企业为小批量多批次货物运输提供拼箱和拆箱、内陆运输及中转经营服务，通过赚取拼箱费、拆箱费、中转服务费获得盈利的盈利模式。其盈利计算公式如下：

$$盈利=拼箱费+拆箱费+中转服务费-成本消耗$$

在集拼服务模式下，国际货运代理企业提供揽货、拼箱、报关、办理保险、拆箱服务及短途运输服务。这种盈利模式的风险较大，国际货运代理企业不仅要签发提单，承担承运人的责任，而且要代理报关、报检、保险，承担代理人的责任，还要向承运人进行托运，承担托运人的责任。但集拼服务模式的利润较高，成为国际货运代理企业的发展重点。

（四）国际多式联运服务模式

在国际多式联运服务模式下，国际货运代理企业以国际多式联运经营人的身份与发货人签订一份国际多式联运合同，对全程运输负责，结合使用多种运输方式，签发一张多式联运单证，计收全程运费。在国际多式联运服务模式下，国际货运代理企业主要通过赚取运费差额获得盈利。其盈利计算公式如下：

$$盈利=国际多式联运运费-各区段运输费用-成本消耗$$

在国际多式联运服务模式下，国际货运代理企业承担的风险较高，其责任期间自接管货物之时起到交付货物，对货主须承担承运人的责任，须对其受雇人或代理人在其受雇范围内的作为或不作为承担对货主的赔付责任，或者为履行国际多式联运合同而使用第三方服务，承担因第三方的作为或不作为对货主的赔付责任。这要求国际货运代理企业具有更加全面的风险评估体系和风险防范体系。国际多式联运服务模式对国际货运代理企业的实力要求高，即国际货运代理企业要拥有多样化的运输方式及覆盖面全的运输网络。

（五）仓储经营服务模式

仓储经营服务主要指国际货运代理企业为货主提供的货物存储、加工、包装、信息服务、保税仓储等服务。

在仓储经营模式下，国际货运代理企业经营仓库，为货物提供普通储存服务，收取仓租费用；国际货运代理企业经营保税仓库，为转口贸易货物、外商暂存货物、加工贸易进口料件提供保税仓储服务，通过收取仓租获得盈利，同时在提供普通储存服务、保税仓储服务的基础上，提供简单加工、分装、包装、贴标签和物流信息等增值服务。其盈利计算公式如下：

$$盈利=仓租费+增值服务费用-人工费用-水电费-仓储设施设备折旧费-仓储设施设备维修费$$

在仓储经营服务模式下，国际货运代理企业承担货物入库验收、货物存放期间保管、存放期满返还保管货物的义务。如因保管不当导致货物损毁、灭失，则应由国际货运代理企业承担赔付责任。

在国际货运代理企业的运营中，一般采用多样化的盈利模式。例如，广州外轮代理有限公司，致力于发展多样化的盈利模式。该公司的盈利方式主要包括4种：一是为承运人提供代理服务，如办理船舶进出港口业务、组织货物装载、代办船舶供应事宜、代办船舶租赁业务、代签提单及运输契约、代收运费等；二是为货主提供代理服务，如为货主代订舱、代理报关、报检、代办保险等；三是为货主提供仓储服务，广州外轮代理有限公司共有4个仓库可以满足货主的仓储需求，分别为黄埔南岗仓、白云区塘阁仓、铁联仓、芳村仓库；四是提供多式联运服务，广州外轮代理有限公司对外提供揽货业务，在签订货运代理合同后，提供海、陆、空国际多式联运服务。

Mission 任务 2　熟悉国际货运代理企业的业务和规范

一、国际货运代理企业批准的业务范围

（一）国际货运代理企业的经营范围

根据《中华人民共和国国际货物运输代理业管理规定》、《中华人民共和国外商投资国际货运代理业管理办法》和《中华人民共和国国际货物运输代理业管理规定实施细则》（试行）的有关规定，国际货运代理企业可以接受委托，作为代理人或者独立经营人从事下列全部或部分经营活动。

（1）揽货、订舱（含租船、包机、包舱）、托运、仓储、包装。
（2）货物的监装、监卸、集装箱装拆箱、分拨、中转及相关的短途运输服务。
（3）报关、报检、报验、保险。
（4）缮制签发有关单证、交付运费、结算及交付杂费。
（5）国际展品、私人物品及过境货物运输代理。
（6）国际多式联运、集运（含集装箱拼箱）。
（7）国际快递（不含私人信函）。
（8）咨询及其他国际货运代理业务。

但是，这些并不是每家国际货运代理企业都会被批准的经营范围。由于各国际货运代理企业的具体情况有所不同，相关部门批准的国际货运代理业务经营范围也有所不同。同时，由于我国实行商务部主管部门主管，其他相关部门依职权参与管理的国际货运代理业务管理体制，国际货运代理企业实际从事上述范围内的某些业务仍需要到其他相关部门办理审批、登记、注册手续。因此，各国际货运代理企业实际经营的国际货运代理业务范围，应当以商务部及其他相关部门批准、登记、注册的经营范围为准。此外，国际货运代理企业还可以根据实际需要扩大经营范围，兼营其他业务。其兼营的其他业务，依照有关法律、法规和规章，需要由有关主管部门审查、批准的，应当向相关主管部门办理审批手续，并在工商行政管理机关登记；不需要由相关主管部门审批的，也应向工商行政管理机关申请登记。

基于以上原因，目前商务部颁发的《中华人民共和国国际货物运输代理业管理规定实施细则》将国际货运代理企业的经营范围界定为"揽货、订舱（含租船、包机、包舱）、托运、仓储、包装；货物的监装、监卸、集装箱装拆箱、分拨、中转及相关的短途运输服务；报关、报检、报验、保险；缮制签发有关单证、交付运费、结算及交付杂费；国际展品、私人物品及过境货物运输代理；国际多式联运、集运（含集装箱拼箱）；国际快递（不含私人信函）；咨询及其他国际货运代理业务"。工商行政管理机关颁发的《企业法人营业执照》

通常将国际货运代理企业的经营范围简化为"承办海运、陆运、空运进出口货物的国际运输代理业务（未取得专项许可的项目除外）"。《中华人民共和国国际货物运输代理企业批准证书》关于国际货运代理企业经营范围的表述后半段是对前半段内容的具体解释，二者并无本质上的差异。如果国际货运代理企业兼营其他业务，其《企业法人营业执照》也会根据有关主管部门的批准、许可文件或该企业的直接申请登记，加以相应记载。因此，各国际货运代理企业的具体业务经营范围，最终应以工商行政管理机关颁发的《企业法人营业执照》列明的经营范围为准。

（二）国际货运代理企业的业务内容

国际货物运输代理企业的经营范围是对其依法可以从事的业务活动的原则概括。在遵守有关法律、法规和规章，遵循有关主管部门批准、工商行政管理机关登记的经营范围的前提下，国际货物运输代理企业还可以根据服务对象、服务类别、服务方式等不同分类标准，将其经营范围内的业务活动具体化，体现为具体的业务内容，以便明确在具体业务活动过程中国际货物运输代理企业与其他各方当事人的权利、义务关系。

实践中，国际货物运输代理企业的业务内容按服务对象可分为以下几类。

1. 作为货主代理人，为发货人办理的业务

按进出口程序和业务内容的不同，此类业务可分为出口货运代理业务和进口货运代理业务。

（1）出口货运代理业务的主要内容如下所述。

① 查询、提供车次、船期、航班、运价等信息，以及出口货物的报关、报检、报验和装运港、中转港、目的港装卸、运输规定。

② 根据发货人的货物运输要求，选择运输路线、运输方式和适当的承运人，安排货物运输、转运，争取优惠运价，确认运费及其他相关费用。

③ 接收、审核发货人提供的货物运输资料、单证，并及时提醒发货人准备符合货物进出口地所属国家或地区要求的货物运输文件、单证。

④ 代为填写、缮制货物运输单据，以备办理通关、报检、报验等出口手续。

⑤ 向选定的承运人租赁运输工具，洽订车辆、舱位。

⑥ 安排货物从发货人处或发货人指定的其他处到货物起运车站、港口或机场的短途运输，将货物交付承运人或其代理人。

⑦ 办理出运货物的包装、仓储、称重、计量、检尺、标记、刷唛、进站、进港、进场手续。

⑧ 办理出运货物的装箱、拼箱、理货、监装事宜。

⑨ 办理货物的运输保险手续。

⑩ 办理货物的通关、报检、报验等手续，支付有关费用。

⑪ 查询、掌握货物装载情况及运输工具离开车站、港口、机场的时间，及时向委托人报告货物出运信息。

⑫ 向承运人或其代理人领取运单、提单及其他收货凭证，及时交给发货人或按其指示处理。

⑬ 向承运人、承运人的代理人、其他有关各方、各有关当局交付、结算运费、杂费、税金、政府规费等款项。

⑭ 联系承运人或其在货物起运地、目的地的代理人,掌握运输情况,监管运输过程,及时向发货人通报有关信息。

⑮ 记录货物的残损、短缺、灭失情况,收集有关证据,协助发货人向有关责任方、保险公司索赔。

⑯ 发货人委托办理的其他事项。

(2) 进口货运代理业务的主要内容如下所述。

① 保持与承运人或其在货物运输目的地的代理人的联系,随时查询,及时掌握货物动态及运抵目的地的信息,并及时通报收货人。

② 保持与收货人的联系,接收、审核其提供的运输单据,协助其准备提货文件,办妥相关手续,做好提货、接货准备。

③ 向承运人、承运人的代理人及其他有关各方支付运费、杂费。

④ 办理货物的报关、纳税、结关、报检、报验等手续,代为支付有关税金和费用。

⑤ 办理货物的提取、接收、拆箱、监卸、查验等手续。

⑥ 安排货物的倒载、仓储、转运、分拨等事宜。

⑦ 安排货物从卸货地到收货人处或其指定处所的短途运输。

⑧ 向收货人或其指定的其他人交付货物及有关单据。

⑨ 记录货物的残损、短缺、灭失情况,收集有关证据,协助收货人向有关责任方、保险公司索赔。

⑩ 收货人委托的其他事项。

2. 作为承运人的代理人,为承运人办理的业务

按进出口业务流程的不同,此类业务可分为出口货物承运人办理的业务和为进口货物承运人办理的业务。

(1) 为出口货物承运人办理的业务主要包括如下几项。

① 回复托运人关于陆运车辆班次、海运船舶船期、空运飞机航班、运价、运输条件等相关事宜的查询。

② 承揽货物,组织货载,接受托运人的包车、租船、包机、订车、订舱等要求,与其洽谈、预订车辆、船舶、飞机、舱位,并签订运输合同。

③ 填写、缮制货物入仓、进站、进港、进场单据或集装箱、集装器放行单,安排货物入仓、进站、进港、进场或装箱。

④ 协助承运人或车站、码头、机场进行车辆、船舶、飞机配载,以及装车、装船、装机。

⑤ 审核车站、码头、场站汇总的货物清单,缮制货物出口运单、提单等单证,并向海关申报集装箱、集装器、货物情况。

⑥ 向航次租船的船舶承租人签发滞期或速遣通知。

⑦ 向托运人签发运单、提单,收取运费、杂费。

⑧ 办理货物、集装箱的中转手续。

⑨ 汇总出口货物运输单据,审核有关费用,办理支付、结算手续。

⑩ 向委托人转交货物运输文件、资料，并报告出口货载、用箱、费用等情况。

⑪ 向货物的目的地车站、港口、机场承运人代理传送货物运输文件、资料，传递运输信息。

⑫ 承运人委托的其他事项。

（2）为进口货物承运人提供的业务主要包括如下几项。

① 取得、整理、审核进口货物运输单据。

② 向收货人或通知人传达货物到站、到港、运抵信息，通知其提货。

③ 填写、缮制进口货物运输单据，办理集装箱、集装器、货物进口申报手续。

④ 通知、协助车站、港口、机场安排卸货作业。

⑤ 安排集装箱的拆箱，货物的转运、查验、交接。

⑥ 收取运费、杂费及其他相关费用，办理放货手续。

⑦ 汇总进口货物运输单据，审核有关费用，办理支付、结算手续。

⑧ 承运人委托的其他事项。

3. 作为独立经营人，为客户办理的有关业务

按经营人身份的不同，此类业务的业务内容也不相同。

（1）以缔约承运人、无船承运人和多式联运经营人的身份提供货物运输服务，其主要业务内容如下所述。

① 在货物的起运地或其他地点与托运人或其代理办理货物的交接手续，签发收货凭证、提单、运单。

② 确定运输方式、运输路线，与实际承运人、分包承运人签订货物运输合同。

③ 安排货物运输，跟踪监管货物运输过程。

④ 必要时，对装载货物的集装箱进行保险，对货物的运输投保承运人责任险。

⑤ 通知在货物转运地的代理人，与分包承运人进行联系，申办货物的过境、换装、转运手续，办理相关事宜。

⑥ 定期向发货人、收货人或其代理人发布货物的位置及状况信息。

⑦ 在货主提出要求时，安排货物的中途停运。

⑧ 通知收货人或其代理人货物运抵目的地的时间，安排在货物目的地的代理人办理通知提货、交货手续。

⑨ 向货主或其代理人收取、结算运费、杂费。

⑩ 办理货物的索赔、理赔手续。

（2）以仓储保管人的身份提供服务，其业务内容为货物仓储服务，具体如下所述。

① 清点货物数量，检查货物包装和标志，与货主或运输人员办理货物交接手续。

② 根据货主的要求，代其检验货物的品质。

③ 根据验收结果，办理货物入库手续。

④ 根据货物的性质、特点、保管要求，分区、分类按货位编号合理存放、堆码、苫垫。

⑤ 编制保管账卡，定期或根据临时需要进行盘点，并做好盘点记录。

⑥ 妥善保管货物，及时保养、维护。

⑦ 根据货主的要求，整理货物原件包装，进行零散货物的组配、分装。

⑧ 审核货主填制的提货单（Oelivery Order）或调拨单等出库凭证，及时在保管账卡中进行登记。

⑨ 配货、包装、刷唛，集中到理货场所等待运输。

⑩ 复核货物出库凭证，向货主或承运人交付货物，核销储存货量。

（3）以专业顾问的身份提供货物运输咨询服务，其业务内容如下所述。

① 向客户提供有关法律、法规、规章、惯例及运输信息。

② 就货物的运输路线、运输方式、运输方案提出意见和建议。

③ 就货物的包装、装载形式、方式、方法提出意见和建议。

④ 就货物的进出口通关、清关、领事、商品检验、动植物检疫、卫生检验的要求提供咨询意见。

⑤ 就货物的运输单证和银行要求提出意见及建议。

⑥ 就货物的运输保险险种、保险范围等提供咨询意见。

⑦ 就货物的理赔、索赔提出意见和建议。

⑧ 客户提出咨询的其他事项。

二、国际货运代理企业的经营规范

（一）行业规范遵守内容

（1）国际货运代理企业应当按照原对外贸易经济合作部颁发的《中华人民共和国国际货物运输代理企业批准证书》及工商行政管理机关颁发的《企业法人营业执照》列明的经营范围和经营地域从事经营活动，从事《中华人民共和国国际货物运输代理业管理规定》及其实施细则规定的经营范围以内的有关业务，依照有关法律、行政法规的规定，需要经过有关主管机关批准、登记、注册的，还应当向有关主管机关办理批准、登记、注册手续。

（2）国际货运代理企业应当使用《中华人民共和国国际货物运输代理企业批准证书》记载的企业名称和企业编号从事国际货运代理业务，依照国家有关规定确定收费标准，并在主要办公文具及单证上印制企业名称及企业编号，在营业地点公布收费标准。

（3）国际货运代理企业应当遵循安全、迅速、准确、节省、方便的经营方针，为进出口货物的收货人、发货人提供服务。国际货运代理企业在作为代理人接受委托办理有关业务时，应当与进出口收货人、发货人签订书面委托协议，并以双方所签订的书面协议作为解决业务纠纷、争议的依据。在这种情况下，国际货运代理企业可以在向货主收取此代理费的同时从承运人处取得佣金。国际货运代理企业在作为独立经营人从事多式联运、无船承运业务时，应当向货主签发运输单证，与实际承运人签订运输合同，并以所签运输单证、运输合同作为解决有关纠纷、争议的依据。在这种情况下，国际货运代理企业应当按照有关运价的规定向货主收取费用，但是不得从实际承运人处取得佣金。国际货运代理企业在作为独立经营人，负责履行或组织履行国际多式联运合同时，其责任期间自接收货物时起至交付货物时止，其承担责任的基础、责任限额、免责条件，以及丧失责任限制要按照有关多式联运的法律规定来确定。

（4）国际货运代理企业应当在每年3月底前，向所在地区对外经济贸易主管部门报送上一年度的经营情况资料，并对报送的资料、统计数据的真实性负责。从事我国台湾地区海峡两岸间货运代理业务的国际货物运输代理企业，还必须于每月3日前向省、自治区、直辖市和经济特区人民政府对外经济贸易主管部门报送业务统计报表。

（5）**国际货运代理企业从事国际货运代理业务，必须使用税务机关核准的发票**。根据《中华人民共和国增值税暂行条例》，跨境的国际货物运输代理服务适用增值税零税率。国际货运代理企业在同货主和实际承运人结算运杂费时，必须出具正式发票；在同实际承运人结算运杂费时，也必须取得正式发票。

（6）**国际货运代理提单实行登记编号制度和责任保险制度**。《中华人民共和国国际货物运输代理业管理规定实施细则》规定，凡在我国境内签发的国际货运代理提单必须报商务部登记，并在单据上注明批准编号；须到经中国人民银行批准开业的保险公司投保责任保险。

国际货运代理企业可以使用 CIFA 参照国际惯例制定的国际货运代理标准交易条款，也可以自行制定交易条款，但是必须经有关部门批准后才能使用。国际货运代理企业之间还可以相互委托办理全部或部分国际货运代理业务。

（二）行业规范中禁止违背的内容

国际货运代理企业不得将规定范围内的注册资本挪作他用；不得出借、出租或转让批准证书和国际货物运输代理业务单证；不得直接转让或变相转让国际货运代理经营权；不得允许其他单位、个人以该国际货运代理企业或其营业部的名义从事国际货运代理业务；不得与不具有国际货运代理业务经营权的单位订立任何协议而使之可以单独或与之共同经营国际货运代理业务，收取代理费、佣金或者获得其他利益；不得接受非法货运代理提供的货物，不得为非法货运代理代办订舱；不得以发布虚假广告、分享佣金、退返回扣或其他不正当竞争手段从事经营活动。

除此之外，国际货运代理企业应加强对国际货运代理提单的管理工作，禁止出借提单，如遇遗失、版本修改等情况应当及时向有关部门报备。

Mission 任务 3 理解国际货运代理业务的行为规范

一、无船承运业务的行为规范

（一）我国无船承运业务制度变迁

自2001年起，我国开始实行无船承运业务制度，国际货运代理企业在通过相关部门审批后，可以以"无船承运人"的身份签发提单，进入国际海运市场。

我国对无船承运业务的管理曾实行过保证金制度，其变迁经历如下所述。

（1）2001年12月，中华人民共和国交通部（简称交通部，2008年交通运输部成立，不再保留交通部）颁布的《中华人民共和国国际海运条例》第七条和第八条规定：经营无船承运业务,应当向国务院交通主管部门办理提单登记,并交纳保证金(人民币 80 万元),或者购买相同最高赔偿金额的责任保险。从此以后,国际货运代理企业经过审批后,被允许以"无船承运人"的身份签发提单,进入国际海运市场。

(2) 2013 年 10 月 12 日,中华人民共和国交通运输部(简称交通运输部)发布了《关于试行无船承运业务经营者保证金保函制度操作办法的通知》。2016 年 2 月 6 日,《中华人民共和国国际海运条例》第二次修订后规定:"经营无船承运业务,应当向国务院交通主管部门办理提单登记,并交纳保证金。"

(3) 2019 年 2 月 27 日,国务院发布《国务院关于取消和下放一批行政许可事项的决定》,对《中华人民共和国国际海运条例》中的无船承运人的管理制度进行了重大的调整:取消对无船承运业务的审批制度、将对无船承运业务只进行备案办理、取消无船承运人保证金责任保险制度。

(二)无船承运业务备案制度

1. 法人资格和备案要求

在中国境内经营无船承运业务,应当在中国境内依法设立企业法人,并以该企业法人的名义向国务院交通主管部门办理提单登记。无船承运业务经营者使用两种或两种以上的提单的,各种提单均应登记。

经营者变更备案。无船承运业务经营者变更企业名称、企业迁移、变更出资人或歇业、终止经营,应当向原资格许可、登记机关备案。其中,变更企业名称的,由原资格许可、登记机关换发相关经营许可证或者经营资格登记证;企业终止经营的,应当将有关许可、登记证书交回原许可、登记机关。

2. 提单登记和变更备案

无船承运业务经营者申请提单登记时,提单抬头名称应当与申请人名称相一致。提单抬头名称与申请人名称不一致的,申请人应当提供说明该提单确实为申请人制作、使用的相关材料,并附带申请人对申请登记提单承担承运人责任的书面声明。

无船承运业务经营者的登记提单发生变更的,应当于新的提单使用之日起 15 日前,将新的提单样本格式向交通运输部备案。

没有取得无船承运业务经营资格者,不得接受其他无船承运业务经营者的委托,为其代理签发提单。任何单位和个人不得擅自使用无船承运业务经营者已经登记的提单。

3. 运价备案

无船承运业务经营者的运价,应当按照规定格式向国务院交通主管部门备案。无船承运业务经营者运价本上载明的运价为公布运价,自国务院交通主管部门受理备案之日起满 30 日生效。国际船舶运输经营者与货主、无船承运业务经营者约定的运价为协议运价,自国务院交通主管部门受理备案之时起满 24 小时生效。无船承运业务经营者应当执行生效的备案运价。

4. 运费发票管理

中国无船承运业务经营者及其分支机构在中国境内收取运费、代为收取运费及其他相关费用,应当向付款人出具中国税务机关统一印制的专用发票。在中国境内注册,并依法办理无船承运业务备案的企业,可以向税务机关申请办理领购、使用《国际海运业运输专用发票》的事宜。申请领购《国际海运业运输专用发票》的企业，必须凭税务登记证件和交通运输部的批准文件（证书），并持省、自治区、直辖市交通主管部门出具的《国际海运企业批准通知单》，到当地主管税务机关办理领购《国际海运业运输专用发票》的事宜。已经领购《国际海运业运输专用发票》的企业，不得再办理领购《国际货物运输代理业专用发票》。从事无船承运业务的国际货运代理企业在开具《国际海运业运输专用发票》时，必须在"费用明细"栏中分别列明运费（含多式联运全程运费）及其他服务收费项目。当费用同时用人民币和外币结算时，必须按单一币种分别填开发票。用外币结算费用时，除以外币金额填开发票外，还应在备注栏中按当天的外汇牌价注明人民币的合计金额。当进行多票运输费用结算或按月（季）费用结算时，不便全部列明的"船名／航次""到（离）港日期""运输起讫地点""提单号""费率"等栏的内容可以省略，但涉及费用内容的不得省略。

（三）无船承运经营者之间关系

1. 中国法人企业

中国法人企业投资设立的独资子公司或控股公司，在其母公司依法取得无船承运业务经营资格后，独资子公司或控股公司签发其母公司提单的，可以按照分支机构的条件对独资子公司或控股公司进行资格登记。但是，由独资子公司或控股公司制作并使用本公司名称签发提单的，不适用上述规定。

2. 境外无船承运业务经营者

境外无船承运业务经营者与其投资设立的中外合资公司，可以在下列两种方式中选择一种申请无船承运业务资格登记。

（1）境外无船承运业务经营者在华设有中外合资公司。这类企业可以以合资公司的身份申请无船承运业务经营资格，提交属于该合资公司制作并使用的提单格式样本。境外同一无船承运业务经营者在中国境内投资设立有多家中外合资公司的，如果这些合资公司制作并使用名称相同的提单，则可对其中一家以总公司名义申请资格登记，其他公司按照分支机构条件办理资格登记。如果该境外无船承运业务经营者在中国境内从事业务，则必须另行依法取得经营资格。

境外无船承运业务经营者在华设立的中外合资公司，可以以境外无船承运业务经营者的在华分支机构身份申请经营资格。境外无船承运业务经营者投资设立的中外合资公司，不制作并使用本公司提单的，在该境外无船承运业务经营者依法取得在中国经营无船承运业务的资格后，可以将中外合资公司按照该境外无船承运业务经营者的在华分支机构办理资格登记。但是，这类合资公司不得制作并使用本公司提单。

（2）在中国境内没有经营性分支机构的境外无船承运业务经营者。这类经营者应当委托在当地具有无船承运业务经营资格的经营者代理签发提单业务。中国无船承运业务经营者在没有设立分支机构的地区从事无船承运业务，需要委托代理签发提单的，应当委托具有无船承运经营资格的代理人签发提单。无船承运业务经营者应当在交通运输部指定的媒体上公布其在中国境内签发提单的代理人，并及时将公布代理事项的媒体名称向交通运输部备案。公布事项包括代理人名称、注册地、住所、联系方式等。代理人发生变动的，应当于有关代理协议生效前 7 日内公布上述事项。

在中国委托代理人提供进出中国港口国际货物运输服务的外国无船承运业务经营者，

应当在中国境内委托一个联络机构，由该联络机构负责代表该外国企业与中国政府有关部门就《中华人民共和国国际海运条例》及其实施细则规定的有关管理与法律事宜进行联络。需要注意的是，其委托的联络机构应当向交通运输部备案。

二、航空货物运输销售代理业务的行为规范

民用航空运输销售代理人应当在获准的代理业务类别范围内经营民用航空运输销售代理业务，在其营业地点公布各项营业收费标准，并将此标准报民航地区行政管理机构备案。

民用航空运输销售代理人可以在获准的代理业务类别范围内与中华人民共和国境内有经营权的任何民用航空运输企业签订空运销售代理合同，从事民用航空运输销售代理经营活动。民用航空运输销售代理人与民用航空运输企业按照平等互利的原则，协商确定空运销售代理手续费标准，但是民航行政主管部门和物价主管部门规定法定标准的除外。民用航空运输销售代理人在签订空运销售代理合同后，应当严格履行空运销售代理合同规定，及时将空运销售代理合同报民航地区行政管理机构备案。

民用航空运输销售代理人在委托代理经营活动中，必须遵守国家关于航空运输价格和运输销售代理服务费用的规定，应当遵守民航行政主管部门的规章制度，防止业务差错和人为原因造成的运输等级事故，维护公众利益；不得实施不正当竞争行为，不得将航空运输票证转让他人代售或在未登记注册的营业地点填开航空运输票证。

民用航空运输销售代理人应当按年度将其经营情况报民航地区行政管理机构备案。兼营空运销售代理业务的销售代理人，应当将经营空运销售代理业务的收支，独立设立账户和设置账簿。

三、航空快递业务的行为规范

经民航地区行政管理机构批准，航空快递企业可以在机场设立航空快件专门接收站点，集中办理托运或提取航空快件的手续。但是，航空快件专门接收站点所需作业通道，以及作业、海关监管和安检场所的安排和建设，应当按照规定的程序报请有关部门批准。进港、出港的航空快件，应当通过该专门接收站点统一向航空承运人托运或提取。

航空快件发件人向航空快递企业交运航空快件时，航空快递企业可以要求发件人出具单位介绍信或其他有效证件，要求国际航空快件的发件人提供商业发票、品质说明、装箱单等报关所需的有关文件。航空快递企业和发件人可以约定航空快件在递送过程中毁损、灭失或延误时的损害赔偿责任，但是不得免除故意或重大过失情况下的责任。

航空快件的发件人、收件人与航空快递企业应当按照约定办理航空快件的交运、承运和交付手续。航空快递企业收运航空快件以后，应当及时组织运输，及时交付，并负责提供全部地面专递运输和运输过程状况的信息服务。

进出境快件运营人不得承揽、承运《中华人民共和国禁止进出境物品表》所列物品。如有发现，不得擅作处理，应当立即通知海关并协助海关进行处理。

四、代理报关业务的行为规范

（一）报关企业的义务

报关企业从事报关服务，应当履行以下义务。

（1）**报关企业的资格和备案**：报关企业应当取得市场主体资格，且在海关办理报关单位备案后，可在中华人民共和国境内办理报关业务。

（2）**遵守法律、行政法规、海关规章的各项规定**。依法履行代理人职责，配合海关监管工作，不得违法滥用报关权。

（3）**依法建立账簿和营业记录**。真实、准确、完整地记录其受委托办理报关业务的所有活动，详细记录进出口时间、收发货单位、报关单号、货值、代理费等内容，完整保留委托单位提供的各种单证、票据、函电，接受海关稽查。

（4）**报关企业应当与委托方签订书面的委托协议**。委托协议应当载明受托报关的企业名称、地址、委托事项、双方责任、期限、委托人的名称、地址等内容，并经双方签章确认。

（5）**报关企业不得以任何形式出让其名义，供他人办理报关业务**。

（6）**对于代理报关的货物涉及走私违规，应当接受或者协助海关进行调查**。

报关企业向海关递交的纸质进出口货物报关单（简称报关单）必须加盖本单位在海关备案的报关专用章。报关专用章应当按照海关总署统一规定的要求刻制。报关专用章启用前应当向海关备案。报关企业的报关专用章仅限在其标明的口岸地或者海关监管业务集中地使用，每一口岸地或者海关监管业务集中地报关专用章应当只有1枚。

（二）进出境快件的代理报关

进出境快件运营人申请办理进出境快件代理报关业务的，应当按照海关对国际货物运输代理企业的注册管理规定在所在地海关办理登记手续。

进出境快件运营人代理进出境快件通关应当在经海关批准的专门监管场所内进行，专门监管场所内应设有符合海关监管要求的专用场地、仓库和设备。如因特殊情况需要在专门监管场所以外进行的，须事先征得所在地海关同意。进出境快件通关应当在海关正常办公时间内进行，如需在海关正常办公时间以外进行的，须事先征得所在地海关同意。

进境快件自运输工具申报进境之日起14日内，出境快件在运输工具离境3小时之前，应当向海关申报。进出境快件运营人应当按照海关的要求采用纸质文件方式或电子数据交换方式向海关办理进出境快件的报关手续，向海关传输或递交进出境快件舱单或清单，海关确认无误后接受申报。需要提前报关的，应当提前将进出境快件运输和抵达情况书面通知海关，并向海关传输或递交舱单或清单，海关确认无误后接受预申报。进出境快件运营人在办理进出境快件报关手续时，应当按照规定分别向海关提交有关报关单证，并办理相应的报关、纳税手续。

海关查验进出境快件时，进出境快件运营人应派员到场，并负责进出境快件的搬移、开拆和重封包装。海关对进出境快件中的个人物品实施开拆查验时，进出境快件运营人应通知进境快件的收件人或出境快件的发件人到场。收件人或发件人不能到场的，进出境快件运营人应向海关提交其委托书，代理履行收件人或发件人的义务，并承担相应法律责任。

进出境快件运营人从事进出境专差快件经营业务，除应当按有关规定办理登记手续外，还应当将进出境专差快件的进出境口岸、时间、路线、运输工具、航班、专差本人的详细情况、标志等向所在地海关登记。如有变更，应当于变更前5个工作日向所在地海关登记，取得《中华人民共和国海关进出境专差快件登记证书》，凭此办理进出境专差快件报关业务。进出境专差快件应按行李物品方式托运，使用专用包装，并在总包装的显著位置标注运营人名称和"进出境专差快件"字样。

进出境快件运营人不得以任何形式出租、出借、转让本企业的进出境快件报关权，不得代理非本企业承揽、承运的货物、物品的报关。未经海关许可，不得将未办结海关手续的进出境快件移出海关监管场所，不得进行装卸、开拆、重换包装、更换标记、提取、派送和发运等作业。

案例：

货运代理企业为制造业提供第三方物流服务

案例背景：某家电企业在国外有较长的历史，品牌也有相当的知名度。其于20世纪90年代初进入我国国内市场，并建有生产厂。其产品种类齐全、质量比较好，但国内消费者对其品牌比较陌生，并且国内同类产品之间的竞争激烈。为打开我国国内市场，该企业制定了一个长期战略，不依靠那种"广告轰炸"的方式，而是采取"精耕细作、加强服务"的策略来赢得市场。该企业在我国各地设有30多家分公司或办事处，负责销售和售后服务。

原来该企业负责物流业务，总部根据分公司或办事处的申请发货，各分公司（办事处）负责销售和仓储管理，总部只能依靠分公司的报表了解销售和库存情况。这样运营了两年后，总部失控了：

（1）各分公司的物流成本大幅增加（需有人负责仓库、车辆、司机等的管理）；

（2）库存大量增长，坏机现象严重；

（3）销售回款逐步下降，呆账坏账太多；

（4）总部难以掌控和及时了解各地情况。

于是，该企业决定运用第三方物流模式。

解决方式：中国国际海运集装箱（集团）股份有限公司（简称中集）在接受该企业的委托后，首先根据其情况制定相应的物流方案——"配合销售、加强服务、总部控制、透明及时"。

该企业的产品需要在全国各地销售，涉及区域范围广，而且各地市场的特点不同，服务要求也不同。中集利用本系统网点多、服务网络覆盖面广、功能齐全的优势，组织有关企业参与该项目。中集总部与各所属分公司成立项目组，总部管理协调，一体化管理。

该企业物流部只需与中集项目组单点接触，减轻了业务负担。为改变失控局面，双方根据业务特点制定严密的业务流程，并在物流业务中启用"中集物流信息管理系统"，通过该系统发出调拨、出库、配送或退货指令，并可以随时随地查询各物流中心的发生情况、库存、指令执行等。在操作保障方面，由该企业所在地的中集分公司负责货物的铁路集装箱、铁路快件、公路整车、零担运输，各地的中集物流中心负责货物的库存管理、配送及其他服务。

第三方物流的优势：

（1）产品物流信息得到及时的反馈；

（2）库存下降40%；

（3）取消各分公司办事处的物流管理人员，减少人员成本；

（4）物流环节减少；

（5）物流过程中风险降低，坏机差错损失降为零；

（6）物流服务质量提高，成本降低。

思政园地

本章从中观角度培育学生对货运代理企业的组织结构、不同类别货运代理企业的经营体系、业务规范的理解。教师可结合我国和国际上货运代理企业的发展现状，激发学生在货运代理领域中的创新创业精神；结合案例引导学生重视行业规范、培养职业道德和社会责任。

学习小结

本项目介绍了国际货运代理企业的概念、分类、组织结构、盈利模式；阐述了国际货运代理企业的主要业务范围和经营规范；讲解了国际货运代理业务的行为规范。

课后练习

一、单选题

1. 在国际货运代理业中，针对不同的货运情况，国际货运代理企业会采用不同的盈利模式，以下关于国际货运代理企业盈利模式的表述错误的是（　　）。

   A. 代理服务模式是国际货运代理企业最原始、最初级的盈利模式

   B. 在无船承运服务模式中，国际货运代理企业承担起向承运人提供集中托运任务并对货主发挥承运当事人的作用

   C. 在仓储经营服务模式中，国际货运代理企业承担货物入库验收、货物存放期间保管、存放期满返还保管货物的义务

   D. 在国际货运代理企业的运营中，一般采用单一的盈利模式

2. 在国际货运代理业务实际操作中，国际货运代理企业提供的服务可以根据服务对象的不同划分为多种类别，以下哪项不属于这些类别？（　　）

   A. 作为货主代理人，为发货人提供的服务

   B. 作为承运人的代理人，为承运人提供的服务

   C. 作为独立经营人，为客户提供的有关服务

   D. 作为多式联运经营人，为承运人提供的服务

3. 根据《中华人民共和国国际海运条例》的规定，国际货运代理企业经营无船承运业务，应当向（　　）报备。

   A. 国务院交通主管部门　　　　　　B. 商务部
   C. FIATA　　　　　　　　　　　　D. CIFA

二、多项选择题

1. 国际货运代理企业可以根据不同的标准进行分类,以投资主体、所有制形式为标准,国际货运代理企业的主要类型包括（　　）。
   A. 全民所有制国际货运代理企业　　B. 集体所有制国际货运代理企业
   C. 股份制国际货运代理企业　　　　D. 外商投资国际货运代理企业

2. 关于国际货运代理企业组织结构的分析,以下哪些是直线领导机构和职能机构的特点?（　　）
   A. 直线领导机构在自己的职责范围内有决定权和指挥权
   B. 职能机构可以直接对下级部门发号施令
   C. 直线领导机构对自己部门的工作负全部责任
   D. 职能机构是直线指挥人员的参谋,只能进行业务指导

3. 关于无船承运经营者之间的关系,以下表述正确的是（　　）。
   A. 中国法人企业的独资子公司或控股公司在取得资格后,可以签发母公司提单
   B. 境外无船承运业务经营者在华设立的中外合资公司,不得制作并使用本公司提单
   C. 在中国境内没有经营性分支机构的境外无船承运业务经营者,必须委托具有资格的代理人签发提单
   D. 境外无船承运业务经营者在华设立的中外合资公司,可以以总公司名义申请资格登记

4. 下列属于国际货物运输代理企业的经营范围的是（　　）。
   A. 国际展品运输代理　　　　B. 国际多式联运
   C. 私人信函快递业务　　　　D. 报关、报检

三、简答题

1. 申请国际货运代理企业应具备哪些条件?
2. 国际货运代理企业的业务范围是什么?
3. 国际货运代理企业作为仓储经营人的业务范围是什么?
4. 国际货运代理企业的行为规范有哪些?

项目实训

2019年宁波某进出口公司（简称进出口公司）委托日本某株式会社宁波办事处（简称办事处）出运4票货物至日本。办事处接受委托后以自己的名义委托宁波港东南物流有限公司（简称货运代理）代办运输。货运代理依约完成代理业务,并向承运人垫付了海运费9000美元,另在代理活动中产生包装费40 000元。货物出运后,进出口公司即按办事处开具的运费账单向办事处支付了全部运费及其他费用。货运代理因向办事处催讨运费未果,遂向某海事法院起诉。

如果你是法院判决人员,你会怎么判?

Project 3 项目 国际贸易基础知识

思维导图

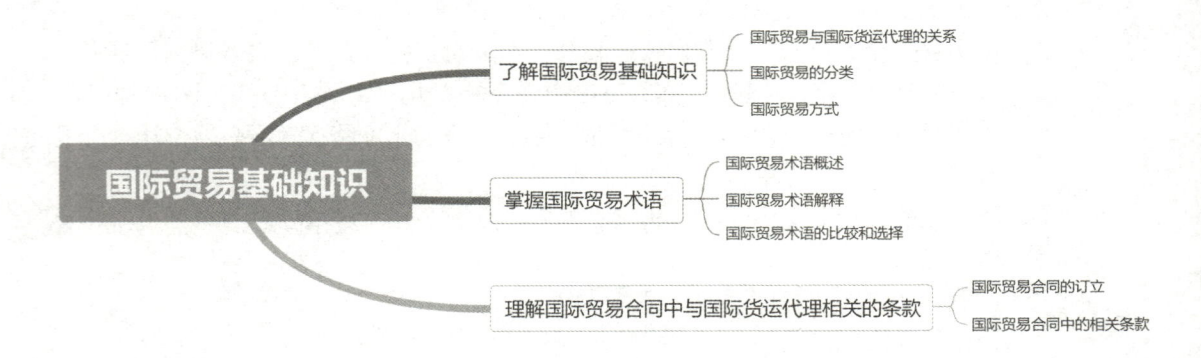

国际贸易基础知识
- 了解国际贸易基础知识
  - 国际贸易与国际货运代理的关系
  - 国际贸易的分类
  - 国际贸易方式
- 掌握国际贸易术语
  - 国际贸易术语概述
  - 国际贸易术语解释
  - 国际贸易术语的比较和选择
- 理解国际贸易合同中与国际货运代理相关的条款
  - 国际贸易合同的订立
  - 国际贸易合同中的相关条款

知识目标

1. 了解国际贸易需求与国际货运代理需求的关系、国际物流与国际贸易的相互促进关系。
2. 理解国际贸易术语的含义和作用。
3. 了解主要国际贸易术语解释中不同贸易术语的含义、买卖双方的责任,以及使用不同术语时应该注意的问题。
4. 了解国际贸易术语的产生及发展、有关国际贸易术语解释的国际惯例。
5. 掌握 FCA、CPT、CIP 与 FOB、CFR、CIF 之间的区别及联系。
6. 熟悉与国际货运代理相关的国际贸易合同条款。

技能目标

1. 能够在熟悉与掌握贸易术语的基础上,结合具体案例对承运人、买卖双方、托运人等各相关方的权利、责任和风险等进行划分。
2. 能够区分不同贸易术语的特点和作用。

Project 3 项目 3 国际贸易基础知识

案例导入

国际运输中的责任与风险

2018年3月6日，马士基航运旗下（M/V Maersk Honam 地中海航线 AE11 441W 航次）"马士基浩南"轮发生严重火灾，大火发生在阿曼塞拉莱东南约900海里处。火灾发生后"马士基浩南"轮被印度海岸警卫队控制。3月10日，"马士基浩南"轮的火情得到基本控制。船上共计装载了7860个集装箱，折算成标准箱为12416TEU[相当于长、宽、高都为20ft（英尺，1ft≈0.3048m）的集装箱]。火灾导致的损失惨重，所有在航程中拥有经济利益的各方将按比例分摊事故造成的损失。事故调查与损失确定需要时间，但货主的损失已成定局，包括可能的货损、逾期交货、共同海损，货运代理人和无船承运人也面临客户的索赔。

案例分析：

该案例中，在使用FOB、CIF和CFR等不同术语进行交易的情况下，对货主、承运人、托运人、买方等各相关方的责任和风险划分存在着很大的区别，对各方的利益产生了很大的影响。

请思考：

1. 不同的贸易术语是怎样划分买卖双方各自的责任和风险的？
2. 使用不同的贸易术语需要注意什么样的问题？
3. 应该如何选用不同的贸易术语？

Mission 任务 1 了解国际贸易基础知识

一、国际贸易与国际货运代理的关系

国际贸易亦称"世界贸易"，泛指世界各国（或地区）的商品和劳务（或货物、知识和服务）的交换活动。国际贸易由各国（地区）的对外贸易构成，是世界各国对外贸易的总和。

对外贸易是指一国（或地区）同其他国家（或地区）所进行的商品、技术和服务的交换活动。提到对外贸易时，要指明特定的国家（或地区），如中国的对外贸易等。某些岛国如英国、日本等也称对外贸易为海外贸易。

（一）国际贸易需求与国际货运代理需求的关系

随着国际贸易需求的增长，人们对国际运输产生了强烈的需求，同时对国际货运代理服务产生了更高的需求。

经济全球化趋势对国际货运代理的影响是各国经济日益依赖于对外贸易，由国际贸易

派生的国际运输与货运代理的需求量也日益提高，货源结构也发生着变化。世界经济区域集团化趋势影响着国际运输与货运代理需求，欧洲、北美洲、东南亚等区域的经济共同体、自由贸易区的建立，使区域内的海运货源分布得更密集、数量更多。经济知识化趋势也影响着国际运输与货运代理需求。知识经济与工业经济的不同主要表现在以下几方面。

（1）生产资料与劳动一体化，创造"知识价值"最重要的生产资料不再是设备/工具，而是人的知识、智力。

（2）知识价值成为衡量商品和服务有效性的原则，知识含量决定商品和服务"价值"。

（3）投资向知识和智力开发倾斜。

（4）企业管理高度信息化、市场化、综合化，国际贸易货物日益向重量轻、体积小、价值高方向转变，运输量会逐渐下降。

国际货运代理需求是国际贸易需求的派生需求，国际货运代理业务是在国际贸易合同履行的基础上开展的。因此，国际货运代理从业人员只有在了解国际贸易相关知识的基础上，才能提供高质量的国际货运代理服务，以满足国际贸易发展的需要。

（二）国际物流与国际贸易的相互促进关系

国际物流，是一种跨越国界的物流概念。它是指合理地组织物品在不同国家或地区间的流动，也就是发生在不同国家和地区的物流活动。国际物流是随着国际贸易的发展而逐渐发展起来的，同时是影响国际贸易发展的重要因素。国际物流的飞速发展，有效地降低了国际贸易的交易成本，为国际贸易的发展提供了诸多便利条件。国际贸易的进一步发展也不断对国际物流提出新的要求。

1. 国际贸易对国际物流的促进作用

（1）国际贸易促进了国际物流的产生与发展。

随着国际贸易的不断发展，世界经济全球化进程加快，全球贸易一体化促使国际物流不断向现代化的国际物流转变。可以说，国际贸易的不断发展促使国际物流朝着现代化物流的方向不断发展。

（2）国际贸易促进国际物流系统的不断完善。

随着国际贸易竞争的日趋激烈，各企业能否很好地控制物流成本对国际贸易的成败起到了越来越关键的作用。对物流成本的关注促使生产企业越来越注重部门整合，越来越多的企业选择了物流外包。这也促使物流企业不断优化，以降低成本、提高效率。竞争使国际物流系统不断地得到完善。

（3）国际贸易的发展对国际物流不断提出新的需求。

世界经济一体化对国际物流提出了物流无界的需求。近年来，国际物流在运输上实现了集装箱化的革命性变革，同时大力推动了集装箱多式联运的发展。物流全球一体化的无国界需求必将促使相对落后的国家和发展中国家在物流硬件设施的建设上做出更大的努力。

2. 国际物流对国际贸易的发展具有反向带动作用

（1）国际物流成本的改变对国际贸易产生影响。

国际贸易因地区间不同的比较优势而产生。当国际物流成本发生变化时，在需求差异不大的消费市场间，贸易的方向会因物流成本的变动而发生变动，产品销售会更倾向于物流成本较低的市场。当跨国企业在为工厂及采购中心选址时,物流成本已经被认为是比较重要的考虑因素。因此,对于吸引外资、扩大出口,有效降低国际物流成本已经成为一个关键点。

(2) 现代国际物流促进国际贸易的发展。

国际物流是伴随着国际贸易的产生而产生的,但从诞生之日起,国际物流就没有停止过自身的独立发展,并且已经得到了不断的发展、壮大。国际物流的现代化发展对国际贸易的发展起到了重要的促进作用。随着现代国际物流一体化进程的不断推进,国际化的专业物流企业不断涌现,为其他跨国企业在专业细分、物流外包和降低物流成本方面提供了越来越多的选择。

(3) 高效的国际物流是国际贸易发展的保证。

在贸易环境日益激烈、产品生命周期日益缩短的情况下,企业不可能孤军奋战,只有通过与供应商、生产商、贸易商、代理商的紧密合作,才能跟上瞬息万变的市场需求,在竞争中立于不败之地。而这些,都需要有一个高效、全面的物流和供应链系统作为支撑。

二、国际贸易的分类

(一) 按是否经由第三国划分

1. 直接贸易

直接贸易(Direct Trade)指在货物生产国将货物直接出口到消费国、消费国直接进口生产国的货物时两国之间发生的贸易,即由进、出口两国直接完成贸易,是没有第三国的中间商参与的贸易活动。

2. 间接贸易

间接贸易(Indirect Trade)是直接贸易的对称,是指商品生产国与商品消费国通过第三国进行买卖商品的贸易活动。生产国是间接出口,消费国是间接进口,第三国是转口。

3. 转口贸易

转口贸易又称中转贸易(Intermediary Trade)或再输出贸易(Re-Export Trade),是指国际贸易中进出口货物的买卖不是在生产国与消费国之间直接进行的,而是通过第三国转手进行的贸易活动,这种贸易对中转国来说就是转口贸易。

转口贸易的经营方式大体上可分为两种:一是从生产国输入商品,然后由该商人将商品销往商品的消费国;二是直接转口,即转口商仅参与商品的交易过程,但商品还是从生产国直接运往消费国。从事转口贸易的大多数是地理位置优越、运输便利、信息灵通、贸易限制少的国家或地区,如新加坡、中国香港等。

4. 过境贸易

过境贸易(Transit Trade)指甲国向乙国运送商品,由于地理位置的原因必须通过第三国。对第三国来说虽然没有直接参与此项交易,但商品要进出该国的国境或关境并经过海关统计,从而构成了该国进出口贸易的一部分。例如,A国经过B国国境向C国运送贸易商品,对于B国而言就是过境贸易。

过境贸易分为两种:一是直接过境贸易,指运输外国商品的船舶、火车、飞机等在进入本国国境后并不卸货，而在海关等部门的监督下继续输往国外的贸易；二是间接过境贸易，指外国商品运到国境后，先存放在海关保税仓库，然后未经加工改制从海关保税仓库提出，再运出国境的贸易。过境贸易与转口贸易的区别：一是过境贸易中第三国不直接参与商品交易过程，转口贸易则须由转口商人来完成交易手续的办理；二是过境贸易通常只收取少量手续费，如印花税等，而转口贸易则以营利为目的，有一个正常的商业加价环节。

（二）按商品形态不同划分

1. 商品贸易

商品贸易（Commodity Trade）是指物质商品的进出口贸易活动。由于物质商品是看得见、摸得着的，因此商品贸易又被称为有形贸易（Visible Trade）。

2. 服务贸易

服务贸易（Service Trade）又称劳务贸易，是指国与国之间互相提供服务的经济交换活动，如金融服务、旅游服务、保险服务等。与有形贸易相对应，服务贸易又被称为无形贸易（Invisible Trade）。

货物贸易与服务贸易之间的紧密联系体现在两方面。一是货物贸易启动了服务贸易，而服务贸易又促进了货物贸易的发展。二是随着科学技术的发展及服务业水平的提高，服务已被"物质化"，并具备了可储存性，这种服务被称为物化服务。例如，计算机软件技术被"物化"到软盘中，购买软件技术的服务可通过购买软盘来进行。

货物贸易与服务贸易之间存在一个重要的区别：货物贸易要经过海关办理通关手续，从而显示在海关的贸易统计上；而服务贸易不经过海关，通常不显示在海关的贸易统计上。

（三）按清偿工具不同划分

1. 自由结汇贸易

自由结汇贸易（Free-Liquidation Trade）又称现汇结算贸易（Cash Settlement Trade），是指用国际货币进行商品或劳务价款结算的贸易方式。作为清偿手段的货币必须能在国际金融市场上自由兑换。常见的国际通用货币有美元、欧元、英镑、日元和瑞士法郎，我国港澳地区常用的货币是港元。

2. 易货贸易

易货贸易（Barter Trade）是指以经过计价的货物作为清偿工具的贸易活动，也称换货贸易或对销贸易。易货贸易大多是因贸易双方缺少外汇，不能利用现汇结算而产生的。

（四）按统计标准不同划分

1. 总贸易

总贸易（General Trade）是以货物经过国境作为统计进出口的标准。凡进入国境的商品一律被列为进口，称为总进口；凡离开国境的商品一律被列为出口，称为总出口。这意味着总贸易将过境贸易纳入了统计范围。采用总贸易体系统计进出口的国家和地区包括中国、日本、英国、美国、加拿大及澳大利亚等。

2. 专门贸易

专门贸易（Special Trade）是以货物经过关境作为统计进出口的标准。只有进入关境的商品才被列为进口,称为专门进口;离开关境的商品则被列为出口,称为专门出口。这意味着专门贸易未将过境贸易纳入统计范围。采用专门贸易体系统计进出口的国家和地区有德国、法国、意大利、瑞士及奥地利等。

三、国际贸易方式

国际贸易方式指国际贸易中采用的各种方式。随着国际贸易的发展,国际贸易方式日趋多样化,除逐笔售定方式外,常见的还有包销、代理和寄售方式,以及拍卖、展卖、招标、期货交易与对销贸易等方式。本节重点介绍包销、代理和寄售这3种贸易方式。

(一)包销

1. 包销的含义

包销(Exclusive Sales)又称独家经销(Sole Distribution),指出口商(供货商)通过包销协议把某一种或某一类货物在某一个地区和一定期限内的独家专营权给予国外商人(进口商、包销商)的贸易方式。双方当事人通过包销协议建立起一种较为稳固的购销关系。供货人和包销人之间是一种买卖关系,即供货人是卖方,包销人是买方,货物由包销人购买、自行销售、自负盈亏,包销人承担货价涨跌及库存积压的风险。

包销协议是明确出口商和包销商之间的权利与义务的书面文件。独家专营权是指出口商在一定时期和一定地区内,只向包销人报价成交、销售某种货物,而包销人在此期间和在此地区内也不得购买他人的同样或类似的货物。

包销商品的范围不宜太大,一般为一类商品或几类商品,或同类商品中的几个品种或几个型号。包销数量或金额是指包销商承购货物的数量或金额,也指出口商供货的数量或金额,它对双方有同等的约束力。包销地区是指包销商进行销售的地理范围,通常有以下约定方法:确定一个国家或几个国家,或者确定一个国家中的几个城市或一个城市。包销期限即给予独家专营权的期限,通常规定为一年,最长不超过两年。

2. 包销的特点

包销方式的优点:有利于调动包销商经营的积极性,有利于利用包销商的销售渠道达到巩固和扩大市场的目的,有利于减少多头经营产生的自相竞争。

包销方式的缺点:如果出口商不适当地运用包销方式,可能使出口商的经营活动受到不利影响或者出现包而不销的情况;包销商还可能利用其垄断地位操纵价格和控制市场。

包销需要注意的事项:慎重选择包销商;适当规定包销商品的范围、地区及时间;在协议中应规定中止或索赔条款。

(二)代理

1. 代理的含义

国际贸易中的代理是指以委托人为一方,以接受委托的代理人为另一方达成代理协议,规定代理人在约定时间和地区内,以委托人的名义和资金从事业务活动,并由委托人直接负责由此而产生的后果的贸易方式。代理人同委托人之间不是买卖关系,而是代理关系;代理人不垫付资金、不承担风险和不负盈亏,只获取佣金。

代理协议也称代理合同，是用以明确委托人和代理人之间权利与义务的法律文件。协议内容由双方当事人按照契约自由原则，根据双方合意加以规定。常见的销售代理协议主要包括代理的商品和区域、代理人和委托人的权利与义务、佣金的支付等内容。

2. 代理的特点

代理人只能在委托人授权范围内从事业务活动；代理人一般不以自己的名义与第三方签订合同；代理人通常运用委托人的资金从事业务活动；代理人不管交易过程中的盈亏，只获取佣金；代理人只介绍生意、招揽订单，而不承担履行合同的责任。

（三）寄售

1. 寄售的含义

寄售（Consignment）是指寄售人（Consignor）先将货物运往国外寄售地，委托当地的代售人（Consignee）按照寄售协议规定的条件，替寄售人销售，在货物出售后，由代售人向寄售人结算货款的一种贸易方式。寄售双方是一种委托关系，而不是买卖关系；代售人只能根据委托人的指示处置货物，货物的所有权在寄售地出售之前仍属于委托人；代售人不承担代售货物的一切费用和风险，仅为赚取佣金。

2. 寄售的特点

委托人先将货物运至目的地市场，然后经代售人在寄售地向当地买主销售，是典型的凭实物进行买卖的现货交易，这样可以大大节省交易时间、减少风险和费用，以及为买主提供便利；对寄售人来说，寄售有利于开拓市场和扩大销路；代销人在寄售方式中不需要垫付资金，也不承担风险，有利于调动客户的积极性；对于寄售人来说，承担的贸易风险较大，资金周转期长，收汇不够安全。

Mission 任务 2 掌握国际贸易术语

一、国际贸易术语概述

（一）国际贸易术语的含义与作用

1. 国际贸易术语的含义

国际贸易术语（Trade Terms）又称贸易术语或价格条件（Terms of Price）。它用一个简短的概念或英文缩写字母来表明商品的价格构成，以及买卖双方在货物交接过程中有关责任、费用和风险的划分。例如，FOB（Free on Board，装运港船上交货）就是一种贸易术语。

在国际贸易中采用某种专门的贸易术语，主要是为了确定交货条件，即说明买卖双方在交接货物方面各自承担责任、费用和风险的划分。例如，按照FOB条件成交与按照DES

（按目的港船上交货）条件成交，由于交货条件不同，买卖双方各自承担的责任、费用和风险就有很大区别。同时，贸易术语也可用来表示商品的价格构成因素，特别是货价中所包含的从属费用。由于其价格构成因素不同，所以成交价格应有所区别。不同的贸易术语表明买卖双方各自承担不同的责任、费用和风险，而责任、费用和风险的大小又会影响成交商品的价格。一般来说，凡使用出口国内交货的各种贸易术语，卖方承担的责任、费用和风险都比较小，所以商品的售价就比较低；反之，凡使用进口国交货的各种贸易术语，卖方承担的责任、费用和风险都比较大，这些因素必然要反映到成交价格上，所以在进口国交货的价格就相对较高。

贸易术语就是在长期贸易实践的基础上来解决以上问题的，如下所述。

（1）卖方在什么地方、以何种方式交货？（Point of Delivery）

（2）风险在什么时候、什么地点转移？（Risks）

（3）由谁办理运输保险和通关过境的手续？（Procedures）

（4）由哪一方承担上述费用？（Costs）

（5）双方需要提交哪些单据？（Documents）

由此可见，贸易术语具有两重性：一方面表示交货条件，另一方面表示成交价格的构成因素。

2．国际贸易术语的作用

贸易术语的作用主要表现在以下几个方面。

（1）有利于买卖双方洽商交易和订立合同。

由于每种贸易术语都有其特定的含义，因此，买卖双方只要商定按何种贸易术语成交，即可明确彼此在交接货物方面所应承担的责任、费用和风险。这样就简化了交易手续、缩短了洽商交易的时间，从而有利于买卖双方迅速达成交易和订立合同。

（2）有利于买卖双方核算价格和成本。

买卖双方在确定成交价格时，必须考虑采用的特定贸易术语中包含哪些从属费用，这就有利于买卖双方进行比价和加强成本核算。

（3）有利于买卖双方解决合同争议。

买卖双方在商订合同时，如对合同条款考虑欠周，对某些事项未做规定，并由此产生争议，在此情况下，可以援引有关贸易术语的一般解释来处理。因为贸易术语的一般解释已成为国际贸易惯例，是买卖双方普遍遵循的行为准则。

（二）国际货物贸易术语的产生及发展

国际贸易具有运输路程远、涉及面广、环节复杂、手续多、风险大，以及大多不能当面清点和交接货物等特点。货物自卖方所在地运往买方所在地往往要经过长途运输、多次装卸和存储，其间必然会涉及以下问题。

（1）何时何地办理货物的交接？

（2）由谁租船、订舱和支付运费？

（3）由谁办理货运保险？

（4）由谁承担货运途中可能出现的各种风险？

（5）由谁办理进出口许可证及通关过境的手续？

（6）买卖双方应交接哪些有关的单据？

为此，买卖双方在洽谈价格时，一定要同时明确以上问题。在国际贸易实践中，逐渐归纳出一些贸易术语，简单、明确地便把这些责任义务划分清楚了。

比如，中方使用"FOB 青岛"术语出口一批货物，则中方负责办理出口许可证，负责将货物运到青岛港码头船舶吊钩可及之处，承担货物越过船舷之前的风险损失；买方则负责租船订舱、办理保险，承担货物越过船舷之后的风险损失，并负责卸货、办理进口手续等。由此可见，贸易术语大大简化了交易磋商的内容、缩短了成交的过程、节省了业务费用，对促进国际贸易的发展功不可没。

国际贸易术语是国际贸易发展到一定历史阶段的必然产物。它是伴随着国际贸易进程，在一定条件下才出现的，并将随着国际贸易的发展不断向前发展。在中世纪的国际商品交易中，海上贸易大多采用商人自己备船送货到国外出售的方式，或者采用商人到海外自行在当地采购货物后自己负责运回国内的方式。无论采用哪种方式，都由货主承担货物运输途中的全部风险、责任和相应的费用开支。这些贸易方式是与当时的国际贸易条件相适应的，那时并不具备产生贸易术语的必备条件。直至 18 世纪末 19 世纪初，才出现了 FOB 术语。后来，随着科技的进步，以及通信、运输工具的发展，国际贸易条件发生了巨大变化，如轮船公司、保险公司和银行参与了国际贸易业务。到了 19 世纪中叶，以 CIF（Cost Insurance and Freight，成本、保险费加运费）为代表的凭单交货方式逐渐盛行，并成为国际贸易中较常用的方式，国际贸易术语也随之发展起来。可见，贸易术语是一定贸易历史条件下的产物，其经历了漫长的贸易实践的检验，最终为各国贸易界所认可并得到广泛应用。为避免某些商业团体、国际组织对某种贸易术语的理解或解释发生争议或纠纷，陆续出现了一些有关贸易术语的解释规则，这些解释规则被越来越多的国家和地区所接受及使用。

（三）有关国际贸易术语的国际惯例

目前，有关国际贸易术语解释的、有较大影响的国际惯例有 3 种，如下所述。

1. 《1932 年华沙—牛津规则》

该规则是由国际法协会（International Law Association）所制定的。该协会于 1928 年在华沙举行会议，制定了关于 CIF 买卖合同的统一规则，共 22 条，称为《1928 年华沙规则》。后该规则经过 1930 年纽约会议、1931 年巴黎会议和 1932 年牛津会议修订为 21 条，定名为《1932 年华沙—牛津规则》（Warsaw-Oxford Rules 1932，简称 W.O.Rules 1932）。该规则对 CIF 买卖合同的性质做了说明，并具体规定了在 CIF 合同中买卖双方所承担的费用、责任和风险。按照该规则，CIF 合同中的卖方所需承担的主要义务如下所述。

（1）必须提供符合合同规定的货物，并按港口的习惯方式，在合同规定的时间或期限内，在装运港将货物装到船上（Load the goods on board the vessel），承担货物损坏或灭失的风险，直到货物装上船时为止。

（2）必须根据货物的性质和预定航线或特定行业通用的条件，自负费用，订立合理的运输合同。该运输合同必须以"已装船"提单为证据。

（3）必须自负费用，向一家信誉良好的保险商或保险公司取得一份海运保险单，作为一项有效的、确实存在的保险合同的证明。除买卖合同特别规定外，该保险单必须按特定行业或预定航线上的惯例承保所有的风险，但不包括战争险；其保险金额按特定行业惯例予以确定，如无此惯例，则按 CIF 发票价值加预期利润的 10%计算。

（4）必须在货物装船后通知买方，说明船名、唛头和详尽细节。发出该通知的费用由买方负担。如买方未收到这种通知，或偶然遗漏发出通知，则买方无权拒收卖方提交的单据。

（5）必须尽早发送单据，并有责任以各种适当的方式将单据提交或使其得以提交给买方。所谓"单据"，是指提单、发票和保险单，以及根据买卖合同卖方有责任取得并提交买方的附属于这些单据的其他单据。

根据《1932 年华沙—牛津规则》，CIF 合同买方的主要义务如下：在正当的单据被提交时，买方必须接受单据，并按买卖合同规定支付价款；买方有权享有检查单据的合理机会和做该项检查的合理时间，但在正当的单据被提交时，买方无权以没有机会检验货物为借口，拒绝接受这种单据，或拒绝按照买卖合同的规定支付价款。

2.《1941 年美国对外贸易定义修正本》

1919 年，美国 9 个大商业团体制定了《美国出口报价及其缩写》（The U.S. Export Quotations and Abbreviations）。其后，因贸易习惯发生了很多变化，该定义在 1940 年举行的美国第二十七届全国对外贸易会议上进行了修订，并于 1941 年 7 月 31 日经美国商会、美国进口商协会和美国全国对外贸易协会所组成的联合委员会通过，被称为《1941 年美国对外贸易定义修正本》（Revised American Foreign Trade Definitions 1941）。该修正本对 6 种贸易术语做了解释，这 6 种贸易术语分别为 Ex（Point of Origin，产地交货）、FOB、FAS（Free Along Side，装运港船边交货）、C&F（Cost and Freight，成本加运费）、CIF、Ex Dock（Named Port of Importation，目的港码头交货）。

《1941 年美国对外贸易定义修正本》在美洲国家有较大影响。由于它对贸易术语的解释，特别是对 FOB 术语的解释与其他国际惯例的解释有所不同，因此，我国外贸企业在与美洲国家进出口商进行交易时应特别注意。

3.《国际贸易术语解释通则》

《国际贸易术语解释通则》（International Rules for the Interpretation of Trade Terms，简称 INCOTERMS）是国际商会（International Chamber of Commerce，ICC）为了统一对各种贸易术语的解释而制定的。最早的 INCOTERMS 产生于 1936 年，后来为适应国际贸易业务发展的需要，国际商会先后分别在 1953 年、1967 年、1976 年、1980 年、1990 年、2000 年、2010 年和 2020 年进行了 8 次修改与补充，以使这些规则更契合当前国际贸易实践的发展。

国际商会自 20 世纪 20 年代初开始对重要的贸易术语做统一解释的研究，1936 年提出了一套解释贸易术语的具有国际性的统一规则，定名为 INCOTERMS 1936，其副标题为 International Rules for the Interpretation of Trade Terms，故译作《1936 年国际贸易术语解释通则》。

INCOTERMS 的历次修订主要是为了使其适应当代的商业实践。1980 年的修订是为了适应运输技术——集装箱运输和多式联合运输的发展；1990 年的修订是为了适应使用日益广泛的电子数据交换（Electronic Data Interchange，EDI）；2000年的修订是为了适应国际货物贸易的发展。鉴于INCOTERMS在世界上已得到广泛的承认，国际商会为巩固其在世界范围内的地位，决定尽量避免改变。因此，在2000年的修订中，对INCOTERMS 1990版本的修改很少；而在2010年的修订中，除D组贸易术语外，对INCOTERMS 2000版本的修改也很少。

国际商会在2019年9月正式公布了INCOTERMS 2020。这是现行INCOTERMS自2010年生效以来进行的第一次修订。INCOTERMS 2020已于2020年1月1日起生效。

小贴士

INCOTERMS 2000、2010和2020修改之处，以及3者的关系

1. INCOTERMS 2010相较于INCOTERMS 2000的变化

INCOTERMS 2010删去了INCOTERMS 2000中的4个术语：DAF（Delivered at Frontier，边境交货）、DES（Delivered Ex Ship，目的港船上交货）、DEQ（Delivered Ex Quay，目的港码头交货）、DDU（Delivered Duty Unpaid，未完税交货），新增了2个术语：DAT（Delivered at Terminal，在指定目的地或目的港的集散站交货）、DAP（Delivered at Place，目的地交货），即用DAP取代了DAF、DES和DDU这3个术语，以及用DAT取代了DEQ，且扩展至适用于一切运输方式。

修订后的INCOTERMS 2010取消了"船舷"的概念，卖方承担货物装上船为止的一切风险，买方承担货物自装运港装上船后的一切风险，并在FAS、FOB、CFR和CIF等术语中加入了货物在运输期间被多次买卖（连环贸易）的责任义务的划分。

2. INCOTERMS 2020相较于INCOTERMS 2010的变化

在FCA术语中就提单问题引入了新的附加机制，即在FCA（Free Carrier，货交承运人）术语下添加已装船批注。INCOTERMS 2020中的FCA A6/B6条款提供了一个新引入的附加选项：交易双方可以同意，买方将指示其承运人在将货物装上船前，先向卖方签发并交付已装船提单，然后由卖方向买方做出交单（通常是通过银行提交）。最后，应当强调的是，即使采用了这一机制，卖方对买方也不承担运输合同条款的义务。

CIF和CIP术语中的最低保险范围的规定有所不同。根据INCOTERMS 2010，在CIF和CIP这两种条件下，卖方有义务提供与由英国伦敦保险业协会所制定的《伦敦保险协会货物保险条款》（Institute Cargo Clauses，I.C.C.）（A）条款相对应的最低保险范围。这是一种基本的保险形式，只包括明确界定的损害赔偿。而在INCOTERMS 2020中，CIF术语继续要求卖方购买符合I.C.C.（C）条款要求的货物保险。但是，在适用CIP术语的贸易中，最低保险范围已经提高到I.C.C.（A）条款的要求（"一切险"，不包括除外责任）。其背后的原因是，CIF通常用于大宗商品，而CIP通常用于制成品。

DAT（运输终端交货）更改为DPU（卸货地交货）。在INCOTERMS 2020中，DAT（运输终端交货）指货物在指定港口或目的地的指定运输终端（包括港口）卸货后即视为交货。INCOTERMS 2020 进行了两项更改。第一，条款的显示顺序调整了。在 INCOTERMS 2020 中，DAP 列在 DPU 之前；而在 INCOTERMS 2020 中，DAT 列在 DAP 之前。第二，规则名称也已从 DAT 更改为 DPU。这个变更旨在强调目标位置可以是任何位置，而不一定是在某个港口或空港（Terminal）。

3. INCOTERMS 2000、INCOTERMS 2010 和 INCOTERMS 2020 之间的关系

INCOTERMS 新版本的修订和发布并不意味着之前更旧版本的失效，也不意味着旧版本的 INCOTERMS 不再适用。买卖双方完全可以在双方同意的情况下使用任意版本的贸易术语。

二、国际贸易术语解释

INCOTERMS 2020 共有 11 种贸易术语，按照所适用的运输方式划分为两大类，如表 3-1 所示。

表 3-1　2020 年国际贸易术语分类

适用于任一或多种运输方式的术语		适用海运和内河水运的术语	
EXW（Ex Works）	工厂交货	FAS（Free Alongside Ship）	装运港船边交货
FCA（Free Carrier）	货交承运人	FOB（Free on Board）	装运港船上交货
CPT（Carriage Paid To）	运费付至目的地	CFR（Cost and Freight）	成本加运费
CIP（Carriage and Insurance Paid to）	运费/保险费付至目的地	CIF（Cost Insurance and Freight）	成本、保险费加运费
DPU（Delivered at Place Unloaded）	目的地卸货后交货		
DAP（Delivered at Place）	目的地交货		
DDP（Delivered Duty Paid）	完税后交货		

INCOTERMS 2010 在长达 10 年的应用过程中逐渐为世界各国贸易界及法律界人士所接受和承认，而新修订的 INCOTERMS 2020 的具体使用规则和案例还有待实践的进一步检验，并且 INCOTERMS 2020 的出现并不意味着 INCOTERMS 2000 和 INCOTERMS 2010 不再适用。

INCOTERMS 2020 是国际商会根据国际货物贸易的发展对 INCOTERMS 2010 的修订版，而且改动不大，因此以下各节以 INCOTERMS 2010 对国际贸易术语的解释为基础，并概要阐述 INCOTERMS 2020 的修改之处。

（一）全能贸易术语

全能贸易术语是指适用于任一或多种运输方式的术语，包含 EXW、FCA、CPT、CIP，以及 INCOTERMS 2020 新命名的 DPU（旧称 DAT）、DAP 与 DDP 等 7 个术语。

1. EXW

EXW 即 EX Works（…named place）——工厂交货（……指定地），是指卖方在其所在场所（工厂、工场、仓库等）将货物置于买方处置之下时，即履行了交货义务。特别需要注意的是，卖方不承担将货物装上买方备妥的运输车辆或办理出口清关手续的责任，除非另有约定，买方承担自卖方所在地将货物运至预期目的地的全部费用和风险。因此，这个术

语是卖方义务最小、买方义务最大（Minimum Obligation）的术语，也是唯一的一个由买方负责出口清关的术语。

如果买方要求卖方在发货时负责将货物装上收货车辆，并负担一切装货费用和风险，则应在合同中用明确的词句做出规定。

本术语适用于任何运输方式。如买方不能直接或间接地办理出口手续，则不应使用本术语，而应使用 FCA 术语。

2. FCA

FCA 即 Free Carrier（...named place of delivery）——货交承运人（......指定交货地点），是指卖方只要将货物在合同规定的期限内，在指定地点交给由买方指定的承运人，并办理了出口报关手续，即完成了交货。这里的"承运人"指任何运输合同中承诺通过铁路、公路、空运、海运、内河运输或联合运输方式履行运输的人。

卖方的基本义务是在合同规定的日期或期限内，在指定装运港，将货物交给买方指定的承运人；办理出口清关手续；负责货物交给承运人之前的一切费用和风险。买方的基本义务是按合同支付价款；办理进口清关手续；办理运输，支付运费；办理保险，支付保险费，负责货交承运人之后的一切费用和风险。

人们在使用 FCA 术语时应注意以下几点。

第一，关于交货问题。

在 FCA 条件下，卖方在货交承运人时完成交货任务，买卖双方承担的风险也在此划分。但交货地点的选择会影响装卸货物的责任划分，主要区分是交货地点是否在卖方所在地。按照 INCOTERMS 2020 的规定，在 FCA 条件下，卖方交货的指定地点如为卖方货物所在地，则当货物被装上买方指定的承运人的运输工具时，交货完成；如指定的地点是在任何其他地点，则当货物在卖方运输工具上尚未卸货而交给买方指定的承运人处置时，交货即算完成。

第二，关于运输合同。

按照 INCOTERMS 2020 的规定，在 FCA 条件下，应由买方自付费用订立从指定地点承运货物的运输合同，并指定承运人。但 INCOTERMS 2020 又规定，当卖方被要求协助与承运人订立合同时，只要买方承担费用和风险，卖方也可以办理。当然，卖方也可以拒绝订立运输合同，如若拒绝，则应立即通知买方，以便买方另做安排。

第三，关于 FCA 术语下添加已装船提单。

国际商会在 INCOTERMS 2020 中对 FCA 规则进行修订时意识到了市场需求，同时注意到了 FCA 条款设想的交货点与船上提货单要求之间存在理论上的不一致。

为了解决这个问题，INCOTERMS 2020 中的 FCA A6/B6 条款提供了一个新引入的附加选项：交易双方可以同意，买方将指示其承运人在将货物装上船前，先向卖方签发并交付已装船提单，然后由卖方向买方做出交单（通常是通过银行提交）。最后，应当强调的是，即使采用了这一机制，卖方对买方也不承担运输合同条款的义务。

3. CPT

CPT 即 Carriage Paid to（…named place of destination）——运费付至（……指定目的地），是指当货物已被交给由卖方指定的承运人时，卖方即完成了交货。交货后，货物灭失或损坏的风险，以及由于发生事件而引起的任何额外费用，即从卖方转移至买方。但卖方必须支付将货物运至指定目的地所需的运费。

卖方的义务是订立将货物运往指定目的地的运输合同，并支付有关运费；负责按照合同规定的时间和地点，将符合合同规定的货物交给承运人，并及时通知买方；办理货物出口清关；承担货交第一承运人之前的一切风险和费用；移交有关的货运单据或电子数据。

买方的义务是办理货物进口清关；承担货交第一承运人之后的一切风险和费用；接受货运单据、支付货款并收取货物。

使用 CPT 术语需要注意以下问题。

第一，关于风险划分的界限问题。按照 CPT 术语成交的合同，虽然卖方要负责订立从起运地到指定目的地的运输契约，并支付运费，但是卖方承担的风险并没有延伸至目的地。货物自交货地点至目的地的运输途中的风险由买方承担，卖方只承担货物交给承运人控制之前的风险。在多式联运的情况下，卖方承担的风险自货物交给第一承运人控制时即转移给买方。

第二，关于责任和费用的划分问题。采用 CPT 术语时，由卖方指定承运人，自费订立运输合同，将货物运往指定的目的地，并支付正常运费。正常运费之外的其他有关费用，一般由买方负担。卖方将货物交给承运人之后，应向买方发出货物已交付的通知，以便买方在目的地办理货运保险和受领货物。如果双方未能确定买方受领货物的具体地点，则卖方可以在目的地选择最适合其要求的地点。

4. CIP

CIP 即 Carriage and Insurance Paid to（…named place of destination）——运费、保险费付至（……指定目的地）是指卖方除须承担在 CPT 术语下同样的义务外，还须对货物在运输途中灭失或损坏的买方风险取得货物保险，订立保险合同，并支付保险费。

按 CIP 术语成交，卖方除负有与 CPT 术语下相同的义务外，还须办理货物在运输途中的保险，即卖方除应订立运输合同和支付通常的运费外，还应负责订立保险合同并支付保险费。卖方将货物交给指定的承运人，即完成交货。

使用 CIP 术语应注意以下事项。

第一，关于风险和保险问题。按 CIP 术语成交的合同，卖方要负责办理货运保险，并支付保险费，但货物从交货地点运往目的地的运输途中的风险由买方承担。所以，卖方的投保仍属于代办性质。这跟 CIF 术语下卖方的投保性质是相同的。在适用 CIP 术语的贸易中，最低保险范围已经提高到 I.C.C.（A）条款的要求，即"一切险"，不包括除外责任。

第二，确定合理价格。与 FCA 相比，CIP 条件下卖方要承担较多的责任和费用。卖方要负责办理从交货地至目的地的运输，承担有关运费；办理货运保险，并支付保险费。这些都反映在货价之中。所以，卖方在对外报价时，应考虑运输距离、保险险别，以及各种运输方式和各类保险的收费情况，并要预计运价和保险费的变动趋势等，认真、仔细地核算成本和价格。

5. DPU

DPU 即 Delivered at Place Unloaded（…named place of destination）——卸货后交货（……指定目的地）。该术语是由 INCOTERMS 2010 中的 DAT 修改而成的，指卖方在指定的目的地卸货后即完成交货。DPU 适用于铁路、公路、空运、海运、内河航运或者多式联运等任何形式的贸易运输方式。卖方承担将货物运至指定的目的地的运输风险和费用（除进口费用外）。

而 DAT 即 Delivered At Terminal（…named terminal at port or place of destination）——运输终端交货（……指定港口或目的地的运输终端）。卖方支付将货物运至指定港口或目的地的运输终端所发生的运费；在指定港口或目的地的运输终端将符合合同约定的货物从抵达的运输工具上卸下交给买方处置时即完成交货，买方承担在运输终端交货之后的一切风险和费用。

将 DAT 修改为 DPU 的主要原因是强调卸货地不一定是"终点站"。

DAP 与 DPU 的主要区别：DPU 条件下的卖方需要承担卸货费，而 DAP 条件下的卖方不需要承担卸货费；如果卖方按照运输合同在目的地发生了卸货费用，除非双方另有约定，否则卖方无权向买方要求偿付，至于通关费则可协商；如果双方希望卖方办理进口清关、支付所有进口关税，并办理所有进口海关手续，则应当使用 DDP 术语。

6. DAP

DAP 即 Delivered At Place（…named place of destination）——目的地交货（……指定目的地）。该术语类似于 DAF、DES 和 DDU 术语，DAP 的交货地点既可以是两国边境的指定地点，也可以是目的港的船上，还可以是进口国内陆的某一地点。卖方的基本义务是在规定时间内将货物运到指定的交货地点，完成出口清关手续，并将货物置于买方的处置之下，即完成交货。

如果买卖双方希望由卖方办理进口所需的许可或其他官方授权，以及货物进口所需的一切海关手续，包括支付所有进口关税，则应该使用 DDP 术语。

7. DDP

DDP 即 Delivered Duty Paid（…named place of destination）——完税后交货（……指定目的地），是指卖方在指定的目的地办理进口清关手续，将在运输工具上把尚未卸下的货物交给买方，即完成交货。卖方须承担将货物运至目的地的一切风险和费用，办理进口清关手续，交纳进口税费。所以，DDP 术语是卖方承担责任、费用和风险最大的一种术语。DDP 术语适用于所有运输方式。

卖方在办理进口清关手续时，可以要求买方予以协助，买方应给予卖方一切协助，以取得进口所需的证件，但费用和风险仍由卖方负担。如果当事人希望由买方来承担货物进口的风险和费用，则应使用 DAP 术语。

（二）水运贸易术语

水运贸易术语是指适用于海运和内河水运的贸易术语，包含 FAS、FOB、CFR 和 CIF 4 个主要贸易术语。

1. FAS

FAS 即 Free Alongside Ship（…named port of shipment）——装运港船边交货（……指定装运港），是指卖方在指定的装运港码头或驳船上把货物交至船边，即完成了交货。买方必须自该时刻起，负担一切费用和货物灭失或损坏的一切风险。买卖双方负担的风险和费用均以船边为界。

如果买方所派的船只因故不能靠岸，卖方则要负责用驳船将货物运至船边，仍在船边交货，但装船的责任和费用由买方来负担。

2. FOB

FOB 即 Free on Board（…named port of shipment）——装运港船上交货（……指定装运港）是指当货物在指定装运港越过船舷时，卖方即完成了交货。指买方必须自该交货点起承担一切费用和货物灭失或损坏的风险。

卖方在指定装运港按合同规定日期或在规定期限内，将货物装到买方指定的船上或通过"取得"已交付至船上货物的方式交货，并及时通知买方承担货物在指定装运港交到船上之前的一切风险和费用；自付费用取得出口许可或其他官方授权、货物出口所需的一切海关手续；提交商业发票，以及证明已按本规则履行交货义务的交货凭证或相等的电子信息，协助买方取得运输凭证。

买方负责订立从指定装运港到目的港的运输合同，并将船名、装船点，以及（在需要时）其在约定期限内选择的交货时间向卖方发出充分通知；承担货物在指定装运港交到船上之后的一切风险和费用；自付费用取得进口许可或其他官方授权、办理货物进口和从他国过境运输所需的一切海关手续；按合同约定收取货物、接受交货凭证，支付价款。

使用 FOB 应注意如下问题。

（1）使用 FOB 术语时，卖方在装运港将货物装上船时完成交货，而载货船舶由买方负责租船订舱，所以买卖双方必须注意船货衔接问题。为了避免发生买方船到而卖方货未备妥或卖方备妥货物而不见买方载货船舶的情况，买卖双方必须相互给予充分的通知。例如，卖方及时将备货进度告知买方，以便买方适时租船订舱。买方租船订舱后也应及时将船名、航次、预计到达装运港的时间通知卖方，以便卖方做好交货准备。

（2）当使用集装箱运输货物时，卖方通常将货物在集装箱码头移交给承运人，而不是交到船上，这时不宜使用 FOB 术语，而应使用 FCA 术语。

（3）卖方装船后，必须及时向买方发出装船通知，以便买方及时办理投保手续。

（4）FOB 术语与 FCA 术语的异同。FOB 术语的价格构成模式与 FCA 术语类似，其运费均为价外运费，二者的合同性质都属于装运合同。它们主要的不同点如下：一方面，FOB 以货物在装运港装上船为交货及风险分界点，而 FCA 以货物在指定地点交给承运人为交货及风险分界点；另一方面，FCA 术语适用于任何运输方式，而 FOB 术语仅适用于海洋或内河运输。

3. CFR

CFR 即 Cost and Freight（…named port of destination）——成本加运费（……指定目的港），是指当货物在指定装运港越过船舷时，卖方即完成了交货。卖方必须支付将货物运至指定目的港所必需的费用和运费，但交货后货物灭失或损坏的风险，以及由于发生事件而引起的任何额外费用，自卖方转移至买方。CFR 术语要求卖方办理出口清关。

CFR 实际上就是在 FOB 的基础上，增加卖方安排运输并支付将货物运至指定目的港所必需的运费和其他费用，而买方就不需要承担 FOB 条件下的此项义务。

国际货运代理人应该注意的是，按 CFR 条件成交时，由卖方安排运输，由买方办理货运保险，如果卖方不及时发出装船通知，买方就无法及时办理货运保险，甚至有可能出现漏保货运保险的情况，因此卖方装船后务必及时向买方发出装船通知，否则，卖方应承担货物在运输途中的风险损失。

小贴士

CFR 的变形

按 CFR 术语成交的合同，如货物使用班轮运输，则运费由 CFR 合同中的卖方支付，在目的港的卸货费用实际上由卖方负担。大宗商品通常采用租船运输，如船方按不负担装卸费的条件出租船舶，则卸货费究竟由何方负担，买卖双方应在合同中订明。为了明确责任，可在 CFR 术语后加列表明卸货费由谁负担的具体条件，如下所述。

（1）CFR Liner Terms（CFR 班轮条件）。这是指卸货费按班轮办法处理，即买方不负担卸货费。

（2）CFR Landed（CFR 卸到岸上）。这是指由卖方负担卸货费，其中包括驳运费在内。

（3）CFR Ex Tackle（CFR 吊钩下交货）。这是指卖方负责将货物从船舱吊起卸到船舶吊钩所及之处（码头上或驳船上）的费用。在船舶不能靠岸的情况下，租用驳船的费用和货物从驳船卸到岸上的费用，概由买方负担。

（4）CFR Ex Ship's Hold（CFR 舱底交货）。这是指货物运到目的港后，由买方自行启舱，并承担货物从舱底卸到码头的费用。

应当指出，在 CFR 术语后加的附加条件，主要是为了明确卸货费由何方负担的问题。INCOTERMS 2020 对术语后加列的附加条件不提供公认的解释，建议买卖双方通过合同条款加以规定。

4. CIF

CIF 即 Cost，Insurance and Freight（…named port of destination）——成本、保险费加运费（……指定目的港）是指当货物在指定装运港越过船舷时，卖方即完成了交货。卖方必须支付将货物运至指定目的港所必需的费用，但交货后货物灭失或损坏的风险，以及由于发生事件而引起的任何额外费用，自卖方转移至买方。然而，在 CIF 术语中，卖方还必须为货物在运输中灭失或损坏的买方风险取得海上保险。因此，卖方必须订立保险合同，并支付保险费。

CIF 术语要求卖方办理货物出口清关。

CIF 术语只适用于海运和内河运输，如果双方当事人不拟以越过船舷作为完成交货，则应采用 CIP 术语。

根据 INCOTERMS2020 的规定，CIF 合同中买卖双方的主要义务如下所述。

（1）卖方的义务。

① 负责租船或订舱，支付货物从装运港到目的港的运费。

② 在合同规定的时间和装运港，将符合合同规定的货物装上船，并及时向买方发出装船通知。

③ 办理货物出口清关。

④ 办理货物运输保险，支付保险费。

⑤ 承担货物在指定装运港装上船前的一切风险和费用。

⑥ 移交有关的货运单据或电子数据。

（2）买方的义务。

① 接收货运单据、支付货款并收取货物。

② 承担货物在装运港装上船后的一切风险和费用。

③ 办理货物进口清关手续。

使用 CIF 术语需要注意以下问题。

（1）关于租船订舱的问题。INCOTERMS 2020 规定：卖方须按"通常的条件"（on usual terms），经"惯驶的航线"（by the usual route），用"通常用来运输该项合同货物那种类型的海轮"（in a seagoing vessel or inland waterway vessel appropriate of the type normally used for the transport of the goods of the contract description）。因此，买方一般无权提出关于限制船舶的国籍、船型、船龄，或者指定某船舶公司的要求。

（2）关于保险问题。当合同未对保险事项做出明示时，卖方只需投保最低险别（be required to obtain insurance only on minimum cover），而且卖方办理的保险属于代办性质。但在买方有要求并承担费用的情况下，卖方可加保战争险、罢工险等特殊附加险别。同时，最低保险金额应为合同规定的价款加 10%，并应采用合同货币，即 CIF 价的 110%。

CIF 术语继续要求卖方购买符合 I.C.C.（C）条款要求的货物保险。但是，在适用 CIP 术语的贸易中，最低保险范围已经提高到 I.C.C.（A）条款的要求，即"一切险"，不包括除外责任。其背后的原因是，CIF 通常用于大宗商品，而 CIP 更常用于制成品。

（3）关于象征性交货（Symbolic Delivery）问题。所谓象征性交货，是针对实际交货（Physical Delivery）而言的。前者指卖方只要按期在约定地点完成装运，并向买方提交合同规定的包括物权凭证在内的有关单证，就算完成了交货义务，而无须保证到货。后者则指卖方要在规定的时间和地点，将符合合同规定的货物提交给买方或其指定人，而不能以交单代替交货。

小贴士

CIF 的变形

在国际贸易中，大宗商品的交易通常采用程租船运输，在多数情况下，船公司是不负担装卸费的。因此，在 CIF 条件下，买卖双方容易在卸货费由何方负担的问题上产生争议。为了明确责任，买卖双方应在合同中对卸货费由谁负担的问题做出

> 明确、具体的规定。如果买方不愿负担卸货费，在商订合同时，可要求在 CIF 术语后加列 "Liner Terms"（班轮条件）或 "Landed"（卸到岸上）或 "Ex Tackle"（吊钩下交货）字样。如果卖方不愿负担卸货费，在商订合同时，则可要求在 CIF 术语后加列 "Ex Ship's Hold"（舱底交货）字样。
>
> 上述 CIF 术语后加列各种附加条件，同 CFR 术语后加列各种附加条件一样，主要是为了明确卸货费由谁负担。

三、国际贸易术语的比较和选择

（一）FCA、CPT、CIP 与 FOB、CFR、CIF 的比较

通过上述贸易术语的介绍，从买卖双方有关责任及费用来看，FCA 与 FOB 较为相似、CPT 与 CFR 较为相似、CIP 与 CIF 较为相似，但实际上，它们的含义和实用性差别甚大，主要反映在以下几方面。

1. 运输方式不同

FOB、CFR、CIF 适用于海上货物运输，也就是港至港交接（也有例外）。而 FCA、CPT、CIP 贸易术语适用于目的地或内陆交货地点，也就是由港口向内陆延伸以满足集装箱货物国际多式联运的需要。

2. 交货和风险转移的地点不同

FOB、CFR、CIF 的交货地点均为装运港，风险均已在装运港船上从卖方转移至买方。而 FCA、CPT、CIP 的交货地点须视不同的运输方式和不同的约定而定，既可以在卖方处由承运人提供的运输工具上，也可以在铁路、公路、航空、内河、海洋运输承运人或多式联运承运人的运输站或其他收货点。至于货物灭失或损坏的风险，则于卖方将货物交由承运人保管时，即自卖方转移至买方。

3. 货物运输区间不同

按照 FOB、CFR、CIF 术语，运输区间是"港到港"，即"装运港到目的港"，而按照 FCA、CPT、CIP 术语，运输区间往往是卖方内陆任何地点到买方内陆任何地点。因为运输区间扩大了，所以可以实行"门到门"交货。

4. 装卸费用负担不同

按照 FOB、CFR、CIF 术语，卖方承担货物到装运港船上为止的一切费用。但由于货物装船是一个连续作业，各港口的习惯做法又不尽相同，因此，在使用程租船运输的 FOB 合同中应明确装船费由何方负担，在 CFR 和 CIF 合同中则应明确卸货费由何方负担。而按照 FCA、CPT、CIP 术语，如使用海洋运输，并使用程租船装运，卖方将货物交给承运人时所支付的运费（CPT、CIP 术语）或由买方支付的运费（FCA 术语）已包含了承运人接管货物后在装运港的装船费和目的港的卸货费。这样，在 FCA 合同中的装货费的负担问题和在 CPT、CIP 合同中的卸货费的负担问题均已明确。

5. 货物运输单据不同

在 FOB、CFR、CIF 贸易术语中，提单必须在货物实际装船后签发，即签发已装船提

单。而在 FCA、CPT、CIP 贸易术语中，由于货物交接地点的改变，货物交接并不意味着货物被装上了运输工具，而是意味着在收到货物后即可签发提单，该提单通常是待装提单。

6. 在保险的险别上

在 FOB、CFR、CIF 贸易术语中，买卖双方投保的险别和区段仅以海运为限。而在 FCA、CPT、CIP 贸易术语中，由于其货物交接地点向两端延伸，保险责任也有所扩展。当然，对于投保什么样的险别、责任范围、要否加保，买卖双方应另有说明。

（二）选用贸易术语时应考虑的因素

1. 运输条件

买卖双方采用何种贸易术语，首先应考虑采用何种运输方式运送。在本身有足够的运输能力或安排运输无困难而且经济上又合算的情况下，可争取按由自身安排运输的条件成交，否则应酌情争取按由对方安排运输的条件成交。

2. 货源

国际贸易中的货物品种很多，不同类别的货物具有不同的特点，它们在运输方面有不同的要求，故安排运输的难易不同，运费开支大小也有差异。此外，成交量的大小，也直接涉及安排运输是否有困难和经济上是否合算的问题。

3. 运费

运费是货价构成因素之一，在选用贸易术语时，买卖双方应考虑货物经由路线的运费收取情况和运价变动趋势。一般来说，当运价看涨时，可以选用由对方安排运输的贸易术语成交，如因某种原因不能采用时，则应将运价上涨的风险考虑到货价中。

4. 运输途中的风险

在国际贸易中，货物一般要经过长途运输，且在运输途中可能会遇到各种自然灾害、意外事故等风险。因此，买卖双方在洽商交易时，必须根据不同时期、不同地区、不同运输路线和运输方式的风险情况，并结合购销意图来选用适当的贸易术语。

5. 进出口货物的清关手续

在国际贸易中，对于货物进出口的清关手续，有些国家规定只能由清关所在国的当事人安排或代为办理，有些国家则无此项限制。如果买方不能直接或间接办理出口清关手续，则不宜按 EXW 术语成交；如果卖方不能直接或间接办理进口手续，则不宜采用 DDP 术语。

6. 国外港口的装卸条件和港口习惯

各国的港口装卸条件不同，收费标准各异，港口的装卸作业习惯也有差别。对于装卸条件较差、装卸费用较高和习惯上须由买方承担装船费、卖方承担卸货费的港口，我方进口时应采用 FOB Stowed 或 FOB Trimmed 或 FOBST 贸易术语；出口时采用 CIF Ex Ship's hold 或 FOB Ex Ship's Hold 贸易术语。

7. 按实际需要，灵活掌握

选用贸易术语时，也要根据实际需要，做到灵活掌握。例如，有些国家为了支持本国保险事业的发展，规定在进口时须由本国办理保险。我方为了表示与其合作的意向，出口也可采用 FOB 或 CFR 贸易术语。又如，我方出口大宗商品时，国外买方为了争取到运费

和保险费的优惠,要求自行办理租船订舱和保险,为了发展双方贸易,也可采用 FOB 贸易术语。在进口贸易中,如进口货物的数量不大,也可采用 CIF 贸易术语。

Mission 任务 3 理解国际贸易合同中与国际货运代理相关的条款

一、国际贸易合同的订立

在订立国际贸易合同的过程中,买卖双方都可能向国际运输经营人与货运代理人咨询货物运输方面的问题,如运输方式、运输费用等。因此,国际货运代理人此时起到咨询顾问的作用,并能促进国际贸易合同的顺利订立。同时,国际货运代理人也应该了解国际贸易合同订立的过程。

所谓合同订立是指订约当事人就合同的主要条款达成合意。合同成立与合同订立之间有密切的联系,合同订立是缔约各方以成立合同为目的而相互接触、洽商的动态过程,是合同成立的前提;合同成立则是合同订立的静态结果,标志着合同的产生与存在。合同订立需要通过要约和承诺两个基本阶段。实践中,交易磋商有询盘、发盘、还盘和接受 4 个环节。

1. 询盘

询盘(Inquiry)是交易的一方为购买或销售货物而向对方提出的有关交易条件的询问。询盘通常由买方发出,发出询盘的目的既是探询价格和有关交易条件,也表示了一种交易愿望。但询盘也可以由卖方发出。

询盘的内容包括品质、规格、数量、包装、价格、装运及索取样品等。询盘多数用于询问价格,因此业务上常把询盘称作询价。由于询盘人的地位不同,询盘可分为两种:买方询盘,也称"邀请发盘";卖方询盘,也称邀请递盘。

2. 发盘

发盘(Offer)又称发价、报盘、报价,法律上称为要约,是交易的一方向另一方提出各项交易条件,并愿意按这些条件达成交易、签订合同买卖某种商品的表示。发出发盘的一方被称为发盘人或发价人,收到发盘的一方则被称为受盘人或被发价人。

发盘可以在收到询盘后发出,也可以直接发出。发盘可由卖方发出,称为售货发盘 (Selling Offer);也可由买方发出,称为购货发盘(Buying Offer)或递盘。

3. 还盘

还盘(Counter Offer)又称还价,是指受盘人对发盘条件不完全同意,而对原发盘提出修改的表示。还盘既是受盘人对发盘的拒绝,也是受盘人以发盘人的地位所提出的新发盘。一方的发盘经对方还盘以后即失去效力。

4. 接受

接受(Acceptance),法律上称之为承诺。它是指受盘人在接到对方的发盘或还盘后,同意对方提出的条件，愿意与对方达成交易，并且及时以声明的方式或某些行为表示出来。

接受和发盘一样，既属于商业行为，又属于法律行为。

二、国际贸易合同中的相关条款

国际贸易合同中有一些条款与货运代理业务关系密切，如运输条款；还有一些条款需要国际货运代理企业予以关注，如数量条款。国际贸易合同中的相关条款如下所述。

1. 商品的名称

在国际贸易中，看货成交的情况较少，买卖双方一般凭借对买卖的商品做必要的描述来确定交易的标的。买卖合同中的标的物条款一般比较简单，通常都是在"商品名称"或"品名"（Name of Commodity）的标题下，列明缔约双方同意买卖的商品名称，故又称之为"品名条款"。

2. 商品的品质

商品的品质，是指商品的自然属性，即使用价值，在合同中往往用商品物理的、化学的、生物的构造、成分、性能和外形来说明。商品品质的好坏同商品的价值直接联系在一起，因此"按质论价、优质优价"，以及正确地规定商品的品质条件是十分重要的。

（1）凭样品买卖。凭样品买卖是按货物样品确定买卖标的物的买卖，出卖人交付的货物应当与当事人保留的样品具有相同的品质。凭样品买卖，多适用于农产品，或者易于用肉眼观察的商品。由于科学技术日益发达，对商品检验的方法日臻完善，目前，在国际贸易中采用凭样品买卖的商品日益减少，有些商品虽然目前还需要凭样品买卖，但多数与凭文字说明的方法结合使用。

（2）凭规格买卖。凭规格买卖就是在交易过程中根据用文字说明的商品外形和内在某些特征来确定商品的品质，从而进行的买卖。商品的外形特征包括大小、长短、精细、杂净等指标，商品的内在特征包括化学成分、物理性能等。这些特征可以用肉眼来观察或用其他科学检验方法测定。在国际贸易中，凭规格买卖最为普遍，一般来说，此方法也较简便、准确。例如，硼砂纯度98%以上；安哥拉兔毛95%以上。

（3）凭标准买卖。在国际贸易中，有不少商品是凭标准买卖的。这种"标准"一般有两种：一种是国家标准，另一种是习惯标准。这两种买卖，都被称为凭标准买卖。凭标准买卖严格说来也是凭规格买卖，不过其需要引用现成的统一标准来加以说明。

（4）凭商标或牌号买卖。在国际贸易中，部分商品的品质是以商标或牌号来表示的。这是由于有商标或牌号的商品，其商标或牌号能代表一定的品质，采用固定的配料、制作方法、包装材料和方法。生产者或经销人为了维护自己的信誉与销路，一般都会注意保持产品质量的稳定性，经过长期的销售，其品质已为国际市场所熟悉。因此对于这类商品，凭样品或标准买卖已非必要，一般凭商标或牌号进行买卖，如梅林罐头、中华牌香烟等。凭牌号买卖的商品往往还可以同凭规格买卖方式结合起来使用，除商品牌号外，对其主要规格也要做文字说明，如天坛牌菠萝48×500g、帆船牌松香W级。同时，凭牌号买卖，交货时除牌号必须符合要求外，其品质性能不能具有妨碍商品销售的严重缺点。

3. 商品的数量

商品的数量条件一般应包括规定的数量的方法、衡量单位的选定、交货数量的标准和解决交货数量溢短的方法。

（1）规定数量的方法。确定任何一笔商品的交易数量通常有两种方法：一是定量法，二是约量法。定量法是指在交易或合同中明确一定单位的确切数量。这个数量表示卖方必须按量交货、不得多交或少交，否则视为违约。此种方法适用于价值较高的和易于精确衡量的商品，或者按包装单位和个数单位交货的商品。约量法是指在规定的交货数量前加上"约"字，这表示成交的数量是一个概数，卖方有权多交或少交百分之几，如有的卖方在合同中明确可以多交或少交 5%，这种方法的使用也较为广泛。

（2）确定交货数量的依据。国际贸易合同中除确定一定单位的数量外，还必须确定交货数量的依据。首先，应确定是装船数量还是到岸数量。装船数量是指以货物在装运时衡量的数量为双方交接的依据，至于货物装上运载工具后，在途中发生的短少及其他短少情况，卖方不负责任。到岸数量是指以货物运抵指定目的地时的数量为双方交接的依据，至于货物在途中的耗损和有关短少（除规定的免赔额外）由卖方承担。从上述的含义来看，目前由于保险及海运事业的发展与完善，一方面货运数量短少的情况也相对地减少，另一方面保险公司和船公司对一定情况下的数量短少会相应承担一部分责任，因此在目前的国际贸易中，买卖双方一般是按装运数量来进行买卖的。

（3）解决交货数量溢短的方法。在国际贸易中，履行合同时经常发生实际交货数量与合同成交数量不符的现象，其原因如下所述。

① 因包装不善而发生破损渗漏。

② 因自然条件的影响而发生损耗或溢短。

③ 因运输工具载量的限制而发生溢短。

解决上述原因造成的交货数量的溢短，大致有以下几种方法。

① 规定伸缩幅度：对合同交货数量规定的伸缩幅度，即卖方在规定幅度内可以多交或少交，不算违约。

② 规定免赔限度：装运数量和到岸数量不一样，当这个差额在免赔限度以内时，就可免除卖方的赔偿责任。

③ 有的在数量前加上"约"字，表示合同数只是一个概数，卖方可以多交或少交一定数量的货物。

4. 货物包装

（1）包装种类。目前我国出口商品多为包装货，也有部分为裸装货和散装货。裸装货是指某些商品在制造过程中已按一定的重量、大小、式样进行生产，其产品在形态上自成件数，比较规格化、标准化，如锡锭、铝锭等。另外，有些商品虽然本身不能自成件数，但只要稍加捆扎，在形态上也能成为件数，如各种规格的钢材、管材等。散装货是指货物根本不进行任何包装，本身在形态上也不自成件数，一般用专供装载某种类型商品的运载工具装载，如散装的谷物、豆类、石油等。

商品的运输包装从包装材料的质地来看可分为 3 种：软包装，如纸、包等；半软性包装，如篮、篓、筐、箩等；硬性包装，如桶、罐、箱等。合同中关于包装种类的规定涉及商品的价格、成本的计算，以及双方的责任，因此在洽谈包装条件时，买卖双方应通过谈判和签订合同明确包装的外形和材料、包装的方法,以及是否需要衬垫物等。

(2)包装的标志。包装标志又称唛头,是指包装外部所绘制的记号。这些记号主要是为了满足运输与交接的需要,以便出售人、托运人、承运人和收货人在托运、储存、调配、搬运过程中辨别货物,比较顺利地、安全完好地将货物运抵目的地。

唛头应易于辨认,其文字部分主要是分布在几何图形四周或空位,通常注明下列内容:收货人或发货人名称、目的地、合同号、包装件号。一般来说,合同号或发货人名称位于图形下方,件数位于目的地的下方。除此之外,对货物在运输过程中应注意的事项也应在包装上标示出来。例如,易燃品、易爆品、防雨、防火、有毒物品、不能倒置等。有些交易根据进口商的要求,唛头的基本内容需要附加其他内容,如商品的出产地或出产国别、发货港、货物名称及规格、许可证等。例如,有些国家规定进口货物的唛头必须刷注许可证号等,否则海关不予查验、放行。这些内容视交易的具体情况,由双方洽谈确定,达成协议的就在合同内明确反映出来。

在国际贸易中,包装一般由卖方供应,其费用也一般计算在价格内,不另外收取,但在个别情况下也有例外。

5. 商品的价格

贸易合同中的价格条款一般包括两项内容,即单价和总值。单价由4个部分组成,即计量单位、单位价格金额、计价货币和价格术语。例如,"每打200美元CIF旧金山"。总值是单价和数量的乘积即一批货物的总价。运输成本等因素影响着商品价格的确定。

(1)佣金与折扣。

在价格条款中,有时会有佣金或折扣的规定。

① 佣金。

佣金(Commission),是代理人或经纪人为委托人进行交易而收取的报酬。在国际货物买卖中,往往表现为出口商付给销售代理人、进口商付给购买代理人的酬金。

在价格条款中,对于佣金可以有不同的规定办法。通常在规定具体价格时,用文字明示佣金率,如"每公吨CIF新加坡85美元,佣金2%"(Per M/T US$85 CIFC2% Singapore)。有时,买卖双方在洽谈交易时,对佣金的给予虽已达成协议,却约定不在合同中表示出来。在这种情况下的价格条款中,只订明单价,佣金或折扣由一方当事人按约定另付。这种不明示的佣金,俗称"暗佣"。

关于佣金的计算方法有多种,其关键是如何确定计算佣金的基数。有的佣金是按总成交额计算的,有的佣金是按纯收入计算的,这需要在佣金合同中加以约定。其计算公式如下:

单位货物佣金额=含佣价×佣金率

净价=含佣价-单位货物佣金额

上述公式也可写成:

净价=含佣价×(1-佣金率)

假如已知净价,则含佣价的计算公式应为

含佣价=净价/(1-佣金率)

② 折扣。

折扣(Discount/Allowance)是卖方给予买方的价格减让。国际贸易中所使用的折扣种类较多，除一般折扣外，还有为扩大销售而使用的数量折扣，以及为特殊目的而给予的特别折扣等。

在价格条款中，对于折扣的规定办法，通常是在规定具体价格时，用文字明示折扣率，如"每公吨 35 美元 FOB 上海，折扣 2%"（Per M/T US$35 FOBD2% Shanghai）。折扣通常是以成交额或发票金额为基础计算出来的，其计算方法如下：

$$单位货物折扣额=原价（或含折扣价）\times 折扣率$$
$$卖方实际净收入=原价-单位货物折扣额$$

例如，某公司以"每公吨 520 美元 CIF 香港，含折扣 2%"的价格对外出口一批货物，那么，该公司每公吨扣除折扣的净收入=520×（1-2%）=509.6（美元）。

（2）主要贸易术语的价格换算。

在国际贸易业务中，买卖双方在洽商交易时，经常会出现一方当事人以某种贸易术语报价后，另一方当事人不同意而要求用其他的贸易术语进行改报的情况，这就涉及价格换算问题。以下是国际贸易中最常见的几种贸易术语（FOB、CFR、CIF、FCA、CPT 和 CIP）的换算方法：

① FOB 价换算为其他价。

$$CFR 价=FOB 价+国外运费$$
$$CIF 价=（FOB 价+国外运费）/（1-投保加成\times 保险费率）$$

② CFR 价换算为其他价。

$$FOB 价=CFR 价-国外运费$$
$$CIF 价=CFR 价/（1-投保加成\times 保险费率）$$

③ CIF 价换算为其他价。

$$FOB 价=CIF 价\times（1-投保加成\times 保险费率）-国外运费\quad CFR 价$$
$$=CIF 价\times（1-投保加成\times 保险费率）$$

④ FCA 价换算为其他价。

$$CPT 价=FCA 价+国外运费$$
$$CIP 价=（FCA 价+国外运费）/（1-保险加成\times 保险费率）$$

⑤ CPT 价换算为其他价。

$$FCA 价=CPT 价-国外运费$$
$$CIP 价=CPT 价/（1-保险加成\times 保险费率）$$

⑥ CIP 价换算为其他价。

$$FCA 价=CIP 价\times（1-保险加成\times 保险费率）-国外运费\quad CPT 价$$
$$=CIP 价\times（1-保险加成\times 保险费率）$$

6. 装运期限

在谈判和签订装运条件时，一般考虑以下内容。

（1）装运期限的规定。

装运期限是买卖合同的重要内容之一。在国际贸易中，由于双方各处一地，往往远隔重洋，因此卖方很难控制确切的交货时间，习惯上把货物装运的时间，即把货物装到出口船上或其他运输工具上作为卖方的交货时间。

装运期限规定的方法一般有以下几种。

① 规定明确的装运期限。

a. 规定不得迟于×月×日装运或者×月×日前装运；

b. 规定于×月或在几个月内装运；

c. 规定于信用证开立后若干天内装运。

由于这一类方法明确表示了双方的责任，被采用的也比较多。

② 具体规定装船期限。

a. 装运或即期装运，通常解释为合同生效两周内装运；

b. 尽速装运，实践中使用较少。

（2）装卸港口的规定。

合同中对装卸港口的规定方法有多种：有的规定具体的港口名称，有的经双方同意对具体港口名称不做规定；既可以规定一个范围，也可以规定两个及以上的范围，并在一定时间内确定最后卸货港。

（3）装运方式。

双方除明确运输方式（海运、铁路、空运或邮包）外，还须明确下列问题。

① 能否转运的问题。货物由出口装运地原船、原车一次运至进口国称为直运，而中途须经转船、转车运输则称为转运。货物经中途辗转，不仅费用会增加，交货时间也会延长，而且会增加货物损伤或意外损失的可能性，因此买卖双方在谈判中应明确能否允许货物中转。

② 分批装运问题。成交的商品，有的是一次交货的，有的是分批交货的。如果属于分批交货的情况，则装运条件中必须明确分批装运和分批付款的密切联系。从卖方的立场来讲，交货必须收回价款。因此，在分批装运的情况下要求买方分批付款，即按每批装运的实际货值付给价款，但为了明确责任，应在合同中加以规定。

③ 特殊装运要求。由于货物的性质不同，在装运方式上有特殊要求。例如，易腐的货物应装载在冷藏舱内，或要求装在船舶水线之下，有些货物要求装载于远离锅炉的货舱内，有些货物要求不得装载于舱面上等。这些特殊的装运要求，应事先明确，并在合同中加以规定。

④ 装运通知。在国际贸易合同中，一般都有"装运通知"的规定。从卖方来看，在货物装运完毕后发出装运通知是自己应尽的义务之一，其目的是便于买方掌握货物的装运情况，以便安排接运、转运、销售或生产等多项工作。而从买方来看，由于装运地和目的地往往相隔很远，买方迫切需要了解货物的装运情况，特别是在由买方负责投保的情况下，买方只有在了解船舶、开航日期和确切数量后才能向保险公司投保，因此装运通知就成为装运条件的重要内容之一。装运通知的内容一般包括合同号、货物名称、数量、金额、船名、开航日期、预计到达日期等。在洽谈和签订装运条件时，装运时间问题是需要重点关注的问题，它关系到能否按时、按质、按量对外执行交货任务。同时，装运时间掌握得好坏，也将影响价格的高低和成交额的大小。

案例1：

如何应深刻理解贸易术语的责任与费用划分

2002年11月8日，我国甲国贸股份有限公司与韩国乙株式会社签订出口各式夹克衫贸易合同，贸易术语为FOB。合同规定，付款方式为信用证，乙株式会社指定由韩国丙综合株式会社将该批货物从中国上海出运至韩国釜山，丙综合株式会社为此签发了以甲国贸股份有限公司为托运人的正本提单。托运人为甲国贸股份有限公司，通知方为丁股份有限公司，收货人为根据某银行指示。由于韩国乙株式会社一直没有付款买单，甲国贸股份有限公司现仍持有上述提单正本。经调查，涉案货物运抵目的港后，已由前述提单通知人以银行保函形式未凭正本提单向丙综合株式会社提取，即涉案货物已由丙综合株式会社在目的港未收回正本提单即向他人进行了交付。据此，2003年10月8日，甲国贸股份有限公司诉至我国海事法院，请求判令被告赔偿相应经济损失5.9598万美元及该款自2002年11月起的利息损失。

2004年6月25日，法院经审理后认为，本案是一起具有涉外因素的海上货物运输合同纠纷。本案原、被告双方在诉讼过程中均未主张适用外国法，同时争议双方均引用中国法律支持自己的诉辩主张，由此可视为纠纷诉至法院后争议双方已选择适用中国法律。此外，本案涉及的运输合同起运地、提单签发地均在我国境内，因此我国与本案争议具有密切的联系，根据国际私法中的最密切联系原则，本案也可以适用中国法律。综上所述，法院决定适用中国法律界定争议双方的权利和义务。

本案证据表明涉案货物正本提单项下货物已由通知人提供银行保函而未提交正本提单向被告提取货物，据此，被告的行为违反了海上货物运输合同中承运人应凭正本提单交付货物的航运惯例，理应就此向原告承担相应的赔偿责任。依照《海商法》第七十一条、第二百六十九条，《中华人民共和国民事诉讼法》第六十四条第一款的规定，判决如下：丙综合会社向我国甲国贸公司赔偿货款损失5.9598万美元及利息损失。

此外，依据被告乙株式会社提交的公司证明，其是一家从事国际货运代理业务的境外企业，但由于被告在本案中出具自己的提单承载涉案货物，因此其实际充当了无船承运人的角色。根据《中华人民共和国国际海运条例》第七条、第八百二十六条，以及《交通部关于实施〈中华人民共和国国际海运条例〉的公告》第一条、第三条的相关规定，其无权未经许可自行在我国境内签发提单从事无船承运人业务。鉴于被告的前述违法经营行为，在其向本案原告承担相应的经济损失赔偿责任的同时，应依法由我国相关职能部门对其擅自在我国境内签发提单从事无船承运人业务的行为予以查处。

案例分析：

在使用FOB术语时应注意以下几方面。

（1）FOB术语适用于水上运输方式。按这一贸易术语成交，卖方要在合同规定的装运港和期限内，将货物装上买方指派的船只，完成交货义务，并及时通知买方。货物在装船时越过船舷，风险即由卖方转移至买方。

（2）在 FOB 条件下，买方负责租船订舱，支付运费，并将船期、船名及时通知卖方。货物在装运港越过船舷后的其他责任、费用也都由买方承担，包括获取进口许可证或其他官方证件，以及办理货物入境的手续和费用。

（3）在 FOB 条件下，卖方要承担风险和费用，负责领取出口许可证或其他官方证件和办理出口手续。另外，卖方还要自费提供已方已按规定完成交货义务的证件。在买方要求并由其承担风险和费用的情况下，卖方可给予协助以取得提单或其他运输单据。

出口企业为规避 FOB 合同下被无单放货的风险，货主要尽量做到以下几点。

（1）签订出口合同时，应尽量签订 CIF 或 CFR 条款，力拒 FOB 条款，避免外商指定船公司、境外货运代理或无船承运人安排运输，由我方掌握安排运输的主动权；签约前应注意掌握外商的资信等情况。

（2）如果外商坚持选择 FOB 条款并指定船公司、境外货运代理或无船承运人安排运输，可接受知名的船公司，尽量避免接受指定的境外货运代理企业或无船承运人。如外商仍坚持指定境外货运代理企业或无船承运人，为不影响出口，我方必须严格按程序操作，对指定的境外货运代理企业或无船承运人的信誉要进行严格的调查，了解是否有我国合法代理人向交通运输部办理无船承运人资格的手续，同时货主应要求我国的货运代理企业或无船承运人出具保函，承诺被指定境外货运代理企业或无船承运人安排运输的货物到达目的港后必须凭信用证项下银行流转的正本提单放货，否则要承担无单放货的赔偿责任。只有这样，一旦出现无单放货，才能有依据进行索赔。但我方不能接受未经我国有关部门批准在华经营货运代理业务的货运代理企业或境外货运代理企业及资信情况不明的公司签发提单和安排运输。尤其需要注意的是，在 FOB 条款下，卖方以交出装船单证证明完成交货义务并取得货款，买方以付款取得装船单证实现提货的权利。

（3）境外货运代理提单必须委托经我国有关部门批准的货运代理企业签发，货主可要求代理签发提单的货运代理企业出具在目的港凭正本提单放货保函。在海运实务中，在提单尚未收到、货物已送至承运人指定或委托的装运港代理仓库的情况下，出口企业可要求其根据卖方的指令装船并出具保函的做法较为普遍。出口企业必须明确，在 FOB 合同中，运输由买方负责，即承运人由买方指定，故将货物送到承运人的装运港代理处就是将货物向买方交付。

（4）在 FOB 价格条款下，出口企业应力拒信用证条款中的"客户检验证书"等软条款（Soft Clause），该条款是信用证交易的特别条款，是银行承兑或垫付货款的前提条款。如果外商坚持使用"客户检验证书"，则出口企业可接受。但在发货前，出口企业应将"客户检验证书"的印鉴与外商在银行预留印鉴相比对，印鉴比对不一致必须拒绝发货。

（5）外商资信不明的，即使先前双方有贸易来往，在 FOB 贸易条款下，出口企业应尽可能在结汇成功后继续分批出口。尽量避免结汇未成而多次集中出口。出口企业的外贸人员需要强化信用证贸易和海上货物运输的实务操作能力。

出口企业应熟悉 FOB 条款。FOB 价格条款决定贸易合同的性质。在 FOB 价格条款下，卖方负责在贸易合同规定的期限和装运港将货物装上买方指定的船舶并通知买方；负责货物越过船舷前的一切费用和风险；负责办理货物出口手续并取得相应文件；负责提供相关的装运单据。买方负责订舱、租船和支付运费；将船名、船期及时通知卖方；承担货物越过船舷前的一切费用、风险和投保及费用；负责货物进口和收货手续；接收装运单据并按合同支付货款。若采用FOB条款，中小企业应严格依照现行的INCOTERMS对FOB条款的规定和解释签订贸易合同，谨防落入FOB陷阱。

案例2：

使用贸易术语不当致损案

某出口公司于1997年12月向日本出口30吨甘草膏，每吨40箱，共1200箱，每吨售价为1800美元，FOB新港，共54 000美元，即期信用证（Sight L/C），装运期为12月25日之前，货物必须装集装箱。该出口公司在天津设有办事处，于12月上旬将货物运到天津，由天津办事处负责订箱装船。不料，货物在天津存仓后的第三天，仓库于午夜时着火。当时风大火烈，抢救不及，1200箱甘草膏全部被焚。天津办事处立即通知内地公司总部并要求尽快补发30吨，否则无法按期交货。结果该出口公司因货源不济，只能要求日商将信用证的有效期和装运期各延长15天。

案例分析：

通过此案，我们应吸取如下教训。

（1）我国一些进出口公司的业务员长期以来不管采用何种运输方式，对外洽谈业务或报盘仍习惯用FOB、CFR、CIF 3种贸易术语。但在滚装运输、集装箱运输的情况下，船舷无实际意义时应尽量改用FCA、CPT和CIP 3种贸易术语。通过此案不难看到，如果外销员不更新知识、不会使用合适的贸易术语，是会造成损失的。可见，学习和掌握INCOTERMS特别是运用适用于任何运输方式的FCA、CPT、CIP贸易术语的必要性和重要性。

（2）该出口公司所在地正处在铁路交通的干线上，外运公司和中远公司在该市都设有集装箱中转站，既可接受拼箱托运也可接受整箱托运。假如此案中该出口公司当初采用FCA×××（该市名称）对外成交，在当地将1200箱甘草膏交给中转站，或者在自装集装箱后将重箱（指集装箱整箱）交给中转站，不仅可以将风险转移给买方，而且凭当地承运人（亦即中转站）签发的货运单据即可在当地银行办理议付结汇。而该出口公司偏要舍近求远、自担风险，先将货物运往天津，再装集装箱出口，这不仅加大了自身风险，而且推迟了收汇。

（3）随着国内外集装箱运输越来越发达、货运量越来越大，内地省市的出口单位应尽量利用设在当地的一些集装箱网点提供的货运服务，改变过去传统的做法，即在沿海港口设办事处，互相通过办事处办理货物出口。这种做法不仅会增加自身风险，而且费用较高，增加了出口商品的成本，降低了公司的效益。

思政园地

本章重点学习与国际货运代理相关的国际贸易基础知识，教师可以将相关术语的商业操作内含和案例相结合，使学生深刻理解其法律含义，引导学生树立踏实严谨的工作理念、形成诚实守信的工作作风。

学习小结

本项目对国际贸易与国际货运代理的关系、国际贸易的分类和国际贸易方式做了介绍；讲解了国际贸易术语的含义与作用、产生及发展，以及有关国际贸易术语的国际贸易惯例，对主要的国际贸易术语进行了阐释，并对国际贸易术语的比较和选择进行了说明，最后对国际贸易合同中与货运代理相关的条款进行了介绍。

课后练习

一、单选题

1. 下列术语中卖方不负责办理出口手续及支付相关费用的是（　　）。
   A．FCA　　　　　B．FAS　　　　　C．FOB　　　　　D．EXW

2. 象征性交货意指卖方的交货义务是（　　）。
   A．不交货　　　　　　　　　　B．既交单又实际性交货
   C．凭单交货　　　　　　　　　D．实际性交货

3. CIF Ex Ship's Hold 属于（　　）。
   A．内陆交货类　　　　　　　　B．装运港船上交货类
   C．目的港交货类　　　　　　　D．目的地交货类

4. 我方出口大宗商品，按 CIF 新加坡术语成交，合同规定采用租船运输，如我方不想负担卸货费用，则应采用的贸易术语变形是（　　）。
   A．CIF Liner Terms Singapore　　　B．CIF Landed Singapore
   C．CIF Ex Ship's Hold Singapore　　D．CIF Ex Tackle Singapore

5. 在以 CIF 和 CFR 术语成交的条件下，货物运输保险分别由卖方和买方办理，运输途中货物灭失和损坏的风险（　　）。
   A．前者由卖方负担，后者由买方负担　B．均由卖方负担
   C．前者由买方负担，后者由卖方负担　D．均由买方负担

6. 下列贸易术语中，可能属于空运方式的是（　　）。
   A．FOB　　　　　B．CIF　　　　　C．FAS　　　　　D．CIP

7. 采用 CPT 术语，如双方未能确定交接货物的具体地点，则最后货物的交接地点应由（　　）确定。
   A．买方　　　　　B．卖方　　　　　C．承运人　　　　D．双方另行协商

二、多项选择题

1. 若买卖双方以 CFR 卸至岸上术语成交，以下答案中正确的是（　　）。
   A. 卖方应承担货物运至目的港以前的一切风险
   B. 当货物卸至目的港，卖方的交货完毕
   C. 装运港的船上是买卖双方风险划分的界限
   D. 卖方在装运港船上完成交货义务

2. 贸易术语的性质是（　　）。
   A. 表示交货条件   B. 表示成交价格的构成因素
   C. 表示付款条件   D. 表示运输条件

3. 有关贸易术语的国际贸易惯例有（　　）。
   A.《2010 年通则》   B.《1932 年华沙——牛津规则》
   C.《1990 年美国对外贸易定义修订本》   D.《汉堡规则》

4. 在使用集装箱海运的出口贸易中，卖方采用 FCA 贸易术语比采用 FOB 贸易术语更为有利的具体表现是（　　）。
   A. 可以提前转移风险
   B. 可以提早取得运输单据
   C. 可以提早交单结汇，提高资金的周转率
   D. 可以减少卖方的风险责任

三、简答题

1. FOB 术语下买卖双方风险、责任、费用如何划分？
2. CIF 术语下买卖双方风险、责任、费用如何划分？
3. FOB 与 FCA 的主要区别是什么？
4. CIF 与 CIP 的主要区别是什么？
5. 选用价格术语时，买卖双方各应注意哪些问题？

四、案例分析题

1. 报价单上规定 USD1 500/MT CIF SHANGHAI@INCOTERMS 2010 意味着我方是进口还是出口？买卖双方的权利和义务，以及风险和费用如何划分？CIF SHANGHAI@INCOTERMS 2010 有何作用？

2. 西安市某公司出口新加坡一批货物，合同约定 FCA XI'AN，买方如期将租用的货车派至西安后，因出口公司当时订单太多、人手不够拒绝装车，买方因急需货物，只好雇用当地人装车，结果正在装车时下大雨淋湿了部分货物。请问买方是否有权要求卖方支付装车费用并赔偿货损？如果你是仲裁员，应该如何裁决？

3. 2018 年 6 月，我国某公司从东南亚某国 A 公司以 CIF NANJING 进口香米，由于风平浪静、距离较近，卖方没有办理保险便将货物运至南京。适逢国内香米价格下跌，请问

该公司是否可以以 A 公司没有办理保险、提交的单据不全为由拒绝收货和付款？

4．我国某公司与美国一家公司以 CFR Ex Ship's Hold 的条件成交了一笔生意，按照国际惯例，这批货物在目的港的卸货费用应当由谁来承担？

项目实训

我国青海省西宁市某出口公司于 2018 年 9 月向日本出口 30 吨冬虫夏草，每吨 50 箱，共 1500 箱，每吨售价为 20 000 美元。FOB 新港，共 600 000 美元，即期信用证付款，装运期为 9 月 28 日之前，货物必须装集装箱。该出口公司在天津设有办事处，于是在 9 月上旬便将货物运至天津，由天津办事处负责订箱装船。不料货物在天津存仓后的第二天，仓库着火，因抢救不及，1500 箱全部烧毁。办事处立即通知公司总部并要求尽快补发 30 吨，否则无法按期装船。

如果你是出口公司业务员，应该如何处理？

Project 项目 4 国际贸易结算

思维导图

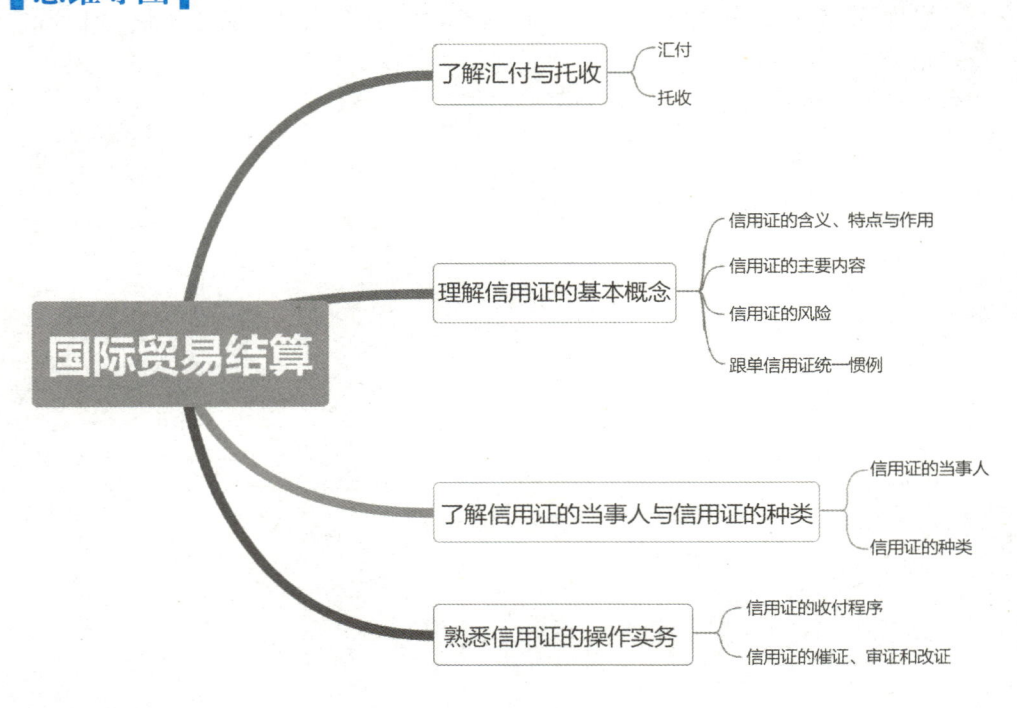

国际贸易结算
- 了解汇付与托收
  - 汇付
  - 托收
- 理解信用证的基本概念
  - 信用证的含义、特点与作用
  - 信用证的主要内容
  - 信用证的风险
  - 跟单信用证统一惯例
- 了解信用证的当事人与信用证的种类
  - 信用证的当事人
  - 信用证的种类
- 熟悉信用证的操作实务
  - 信用证的收付程序
  - 信用证的催证、审证和改证

知识目标

1. 了解汇付与托收的当事人，以及汇款和托收的方式。
2. 掌握信用证的含义、特点和主要内容。
3. 掌握信用证的当事人的类型、当事人之间的关系、当事人的责任与权利。
4. 了解汇付方式的优缺点和《托收统一规则》。
5. 了解使用信用证的风险、跟单信用证统一惯例和信用证的种类。

技能目标

1. 能够按照要求完成信用证收付程序的操作。
2. 能够进行信用证的催证、审证和改证等操作。

Project 4 国际贸易结算

案例导入

信用证与提单所有人权利间的相关性

中国建设银行（简称建行）广州荔湾支行与蓝粤能源公司于 2011 年 12 月签订了《贸易融资额度合同》和《关于开立信用证的特别约定》等相关附件，约定该行向蓝粤能源公司提供不超过 5.5 亿元的贸易融资额度，包括开立等值额度的远期信用证（Time L/C；Usance L/C）。粤东电力等担保人签订了保证合同等。2012 年 11 月，蓝粤能源公司向建行广州荔湾支行申请开立 8592 万元的远期信用证（简称信用证）。

为开立信用证，蓝粤能源公司向建行广州荔湾支行出具了信托收据，并签订了《保证金质押合同》。信托收据确认自收据出具之日起，建行广州荔湾支行即取得上述信用证项下所涉单据和货物的所有权，建行广州荔湾支行为委托人和受益人（Beneficiary），蓝粤能源公司为信托货物的受托人。信用证开立后，蓝粤能源公司进口了 164 998 吨煤炭。建行广州荔湾支行承兑了信用证并付款人民币 84 867 952.27 元。建行广州荔湾支行履行开证和付款义务后，取得了包括本案所涉提单在内的全套单据。蓝粤能源公司因经营状况恶化而未能付款赎单，故建行广州荔湾支行仍持有提单及相关单据。提单项下的煤炭因其他纠纷被广西防城港市港口区人民法院查封。建行广州荔湾支行向广东省广州市中级人民法院提起本案诉讼，请求判令蓝粤能源公司清偿信用证项下本金人民币 84 867 952.27 元及利息；确认信用证项下 164 998 吨煤炭归建行广州荔湾支行所有，并对处置提单项下煤炭所获价款有优先受偿权；粤东电力等担保人承担担保责任。

广东省广州市中级人民法院一审判决支持建行广州荔湾支行关于蓝粤能源公司还本付息及担保人承担相应担保责任的诉求，但以信托收据及提单交付不能对抗第三人为由，驳回建行广州荔湾支行关于请求确认煤炭所有权及优先受偿权的诉求。建行广州荔湾支行不服一审判决驳回煤炭所有权及优先受偿权诉求的判项，提起上诉。广东省高级人民法院二审判决驳回上诉，维持一审判决。建行广州荔湾支行不服二审判决，向最高人民法院申请再审，最高人民法院提审本案。

案例分析：

本案是一起具有涉外因素的远期跟单信用证开证纠纷，争议焦点是提单持有人的权利性质。在通过跟单信用证进行国际货物买卖的过程中，因付款而合法持有提单的开证行（Opening Bank；Issuing Bank）对提单项下的货物享有何种权利，司法实践中对该问题一直缺乏定论，众说纷纭。本案判决对提单的法律属性、信托收据的法律意义，以及提单持有人享有何种权利等疑难复杂问题做出了清晰的解答，对于统一该领域的法律适用具有重要指导意义。首先，本案判决明确了跟单信用证对应的提单具有债权凭证和所有权凭证双重属性，提单持有人的具体权利取决于提单流转所依据的原有法律关系，由此澄清了长期困扰司法实践的提单凭证法律属性之争。其次，本案判决将涉案的《贸易融资额度合同》、《关于开立信用证的特别约定》和信托收据等作为一个整体，通过合同体系解释，结合跟单信用证的基本机制和惯例，探究当事人的真实意思表示，从而认定开证行对提单享有质权，切实尊重当事人意思自治，依法保护开证行的优先受偿权。

请思考：
1. 什么是信用证？其主要特点和内容是什么？
2. 信用证支付有哪些风险？本案中提到了哪些风险？
3. 信用证涉及哪些当事人？其具体流程是怎样的？

Mission 任务 1　了解汇付与托收

一、汇付

汇付是指在订立商务合同后，进口商（汇款人）主动将货款交给进口地的银行（汇出行），要求银行用一定的结算工具通过一家出口地的银行（汇入行）把款项交付出口商（收款人）的行为。在汇款方式中，银行只负责按进口商的指示将货款交付出口商（汇出行对邮递中的延误、遗失、电讯失误等不负责任，对汇入行在办理汇款业务中的失误也不负责任；而汇入行仅根据双方银行的代理协议提供服务，只在代理协议内对汇出行承担解付款项的义务），银行对货物及代表货物的单据概不负责，所以汇款方式又被称为"单纯支付"方式。

（一）汇付的当事人

汇付业务涉及4个当事人，即汇款人、汇出行、汇入行和收款人。

汇款人是将款项交付当地银行，委托该银行对外汇出资金的付款人或债务人。在贸易结算中，汇款人通常是进口商，有时出口商在退款或支付赔款时也可能充当汇款人。

汇出行是汇款人当地的银行，通常是其开户行，它受汇款人委托，对国外代理行（Correspondent Bank）发出委托付款的指令，从而实现资金的汇出。

汇入行或解付行，是汇出行的海外联行或代理行，通常位于汇款收款人所在地。该银行受汇出行的委托，接受汇出行的资金偿还，并将汇款资金解付给收款人。汇入行经办的汇款业务也称汇入汇款。

收款人或受益人，是接受汇款的收款人或债权人，既可能是接受捐赠的当事人，也可能是贸易结算中的出口商或供货人。

（二）汇款方式

根据银行间委托付款指令的传递方式不同（有电信、信函和汇票3种方式），汇款有电汇、信汇和票汇3种方式。

电汇（T/T），是指汇出行以电信方式将委托付款指令发送给汇入行，指示其支付汇款资金给收款人的汇款方式。

信汇（M/T），是指汇出行签发信汇委托书，或付款委托书，并以航空信邮寄给汇入行，指示后者向收款人解付资金的汇款方式。

票汇（D/D），是指汇出行应汇款人要求签发即期银行汇票，交由汇款人转交收款人以向汇入行提示领款的汇款方式。票汇业务中使用的付款指令是一张即期银行汇票，由汇出行作为出票人，由汇入行作为付款人，由汇款收款人作为汇票的收款人。

（三）汇付的优缺点

汇付的主要优点是手续简单、费用低廉。由于汇款与物权转移不挂钩，因此不需准备货运单据，无论是贸易汇款还是非贸易汇款，银行都一视同仁，只负责转移资金，且由于银行不垫款、不承担风险，因此手续费很低。

汇付的主要缺点是资金负担不平衡。在预付货款中，买方的资金被占压，卖方只需动用部分自有资金甚至不动用自有资金，仅利用买方预付款就可以备货出运并盈利；在赊账贸易中，卖方资金被占压，买方可以享受延期付款的商业信用，如果买方能较早地将货物转售并收回货款，甚至不动用自己的资金就能赚取转口利润。汇付的商业风险较大，因为汇款交易凭借的是双方的商业信用，在买方预付货款之后，或者卖方将赊销货物出运后，他们就失去了制约对方的有效手段，若对方违约不交货或不付款，则他们可能会承担钱货两空的巨大风险。

二、托收

托收是指出口商（债权人）将开具的汇票（随附或不随附货运单据）交给其所在地的银行，委托该行通过它在进口商（债务人）所在地的分行或代理人向进口商收取货款的行为。

根据《托收统一规则》第二条，托收是指由接到委托指示的银行办理金融单据和（或）商业单据，以便取得承兑或付款，或凭承兑或付款交出商业单据，或凭其他条件交付单据。

（一）托收的当事人

托收方式的当事人一般有委托人（或出票人）、托收行、代收行和付款人。

委托人，即债权人，其为开出汇票委托银行向国外付款方收款的人，通常为出口商。

托收行，指接受委托人的委托，转托国外银行代为收款的银行。托收行又称寄单行，通常是出口商所在地的银行。

代收行，指接受托收行的委托，代向付款方收款的银行。

付款人，即债务人，指汇票上的付款人，通常是进口商。

另外，提示行也被视为托收方式的当事人之一。提示行是指跟单托收项下向付款人提示汇票和单据的银行。代收行既可以委托与付款人有往来账户关系的银行作为提示行，也可以自己兼任提示行。

（二）托收的方式

1. 光票托收

光票托收是指不附有商业单据的金融单据的托收。商业单据是指发票、运输单据、所有权文件或其他类似的文件，或者不属于金融单据的任何其他单据。金融单据是指汇票、本票、支票或其他类似的可用于取得款项支付的凭证。光票托收的汇票有即期和远期之分。对于即期汇票，代收行在收到汇票后，应立即向付款人提示要求付款。付款人如无拒付理由，应立即付款赎票。对于远期汇票，代收行在收到汇票后应向付款人提示承兑，以肯定到期付款的责任。付款人如无拒绝承兑的理由即应承兑。承兑后代收行取回原票，在到期日再做出付款提示要求付款。如付款人拒绝承兑或付款，除托收委托书另有规定外，应由代收行在法定期限内做成拒绝证书，并及时将拒付情况通知托收行转交委托人，以便委托人采取适当措施。在实践中，由于光票托收业务中的汇票和本票金额一般不大，故大多为即期付款，远期付款的则比较少。

2. 跟单托收

跟单托收是指将汇票连同所附货运单据一起交给银行，委托其代收款项的托收。

跟单托收是一种逆汇方式。出口商以出票法向进口商索取货款，其结算工具——跟单汇票的流转方向与资金的流动方向相反。出口商按买卖合同规定发货装船后，成为该笔交易的债权人。当其取得提单和其他单据后，开具汇票，填写托收申请书，送交托收行取得回执。托收行缮制托收委托书，随附跟单汇票寄交国外代收行。代收行按照委托书的指示，向付款人提示跟单汇票。付款人按照交单条件以 D/P（Documents against Payment，付款交单）或 D/A（Documents against Acceptance，承兑交单）方式付款。付款人取得相关单据，凭该单据向船公司提货，代收行将收妥的票款贷记托收行账户，并发出贷记通知。托收行收到贷记通知后将票款收入出口商账户，从而使资金从债务人流向债权人，即完成一笔托收汇款，结清了债务。

跟单托收分为付款交单和承兑交单两种方式。

付款交单，是指被委托的代收行只有在进口商付清票款之后，才能将货运单据交给进口商的一种方式。付款交单多指即期付款交单，即单据寄到进口地的代收行，由代收行提示给进口商见票，在进口商审核有关单据无误后，立即付款赎单，以使票款和物权单据两清。远期付款交单是指进口商见票审单无误后，立即承兑汇票，于到期日付款赎单。承兑的目的是给进口商准备资金的时间。同时，为维护出口商的权益，在付款之前，物权单据仍由其委托的银行代为掌握。但远期付款交单的时限应短于载货船只航程时间，一般应为30～45 天，最长不能超过 60 天。代收行必须在付款后才能交单，不得擅自改成承兑交单方式。

承兑交单，是指被委托的代收行于付款人承兑汇票之后，将货运单据交给付款人，付款人在汇票到期时，履行付款义务的一种方式。承兑交单方式只适用于远期汇票的托收。

（三）《托收统一规则》

在国际贸易中，各国银行在办理托收业务时，由于当事人各方对权利、义务和责任的解释不同，各国银行的具体业务做法也有差异，往往会产生误会、争议和纠纷。国际商会为调和各有关当事人之间的矛盾，以利于商业和金融活动的开展，于 1958 年草拟了《商业单据托收统一规则》，并于 1967 年订立及公布该规则。为了适应国际贸易发展的需要，1978年国际商会对该规则进行了修订，并改名为《托收统一规则》。1995 年，国际商会再一次对《托收统一规则》进行了修订，并将其作为第 522 号出版物，于 1996 年起实施。《托收统一规则》自公布实施以来,被各国银行采纳和使用。但应指出,有关当事人只有在事先约定的条件下,才受该规则的约束。另外,银行在托收业务中只提供服务,不提供信用。

Mission 任务 2　理解信用证的基本概念

信用证是银行有条件的书面付款承诺,即开证行根据开证申请人(Applicant)的要求开给受益人履行信用证条件时付款的承诺文件。

一、信用证的含义、特点与作用

(一)信用证的含义

信用证(Letter of Credit,L/C)又称信用状,是出证人以自身名义开立的一种信用文件。就广义而言,它是指由银行或其他人应客户请求做出的一项书面保证(Written Engagement),按此保证,出证人(The Issuer)承诺在符合信用证所规定的条件下,兑付汇票或偿付其他付款要求(Other Demands for Payment)。在国际贸易中使用的信用证都是由银行开立的,它是指开证行应申请人的要求并按其指示,向第三者开具的载有一定金额、在一定期限内凭符合规定的单据付款的书面保证文件。在国际贸易中,信用证通常是开证行根据进口商的请求和指示,授权出口商凭所提交的符合信用证规定的单据开立的以该行或其指定银行(Nominated Bank)为付款人的不超过规定金额的汇票。开证行向进口人或其指定银行收款,并保证向出口商或其指定人进行付款,或承兑并支付出口商开立的汇票。在国际贸易中,信用证是常见的 3 种结算方式之一,也是开证行对卖方的一种有条件的付款承诺,只要卖方提交符合信用证规定的单据,开证行将保证向卖方付款,这是一种银行信用。

《跟单信用证统一惯例》(国际商会第 600 号出版物)(简称 UCP600)第二条对信用证做了以下定义:"信用证是指按任何安排,不论其如何命名或描述,该安排是不可撤销的,从而构成开证行承付相符交单的确定承诺。承付是指:a. 见单即付,如果信用证为即期付款信用证(Sight Payment L/C);b. 承担延期付款的责任和到期付款,如果信用证为延期付款信用证(Deferred Payment L/C);c. 承兑由受益人出具的汇票和到期付款,如果信用证为承兑信用证(Acceptance L/C)。"

(二)信用证的特点

1. 开证行负首要付款责任(Primary Liabilities for Payment)

信用证支付方式是由开证行以自己的信用作为保证,所以,作为一种银行保证文件的信用证,开证行要负首要的即第一性的付款责任。按照 UCP600 第二条的规定,凭规定的单据在符合信用证条款的情况下,开证行向受益人进行付款,或承兑受益人开立的汇票,并在承兑到期日付款,或对于延期付款信用证,承诺延期付款并在承诺付款到期日付款。由此可见,开证行是信用证的首先付款人,出口商(一般为信用证受益人)可凭信用证直接向开证行或其指定银行取款,而无须先找进口商(信用证的开证申请人)。在信用证业务中,开证行对受益人的付款责任不仅是第一性的责任,而且是一种独立的、终局的责任。即使进口商在开证后失去偿付能力,只要出口商提交的单据符合信用证条款,开证行也要负责付款。即使开证行付款后发现有误,也不能向受益人和索偿行进行追索。

2. 信用证是一项自足文件(Self-sufficient Instrument)

信用证虽然是根据买卖合同开立的,但信用证一经开立,就成为独立于买卖合同之外的约定,信用证的各当事人的权利和责任完全以信用证中所列条款为依据,不受买卖合同的约束。出口商提交的单据即使符合买卖合同的要求,但若与信用证条款不一致,仍会遭银行拒付。对此,《UCP 600》第四条明确规定:"信用证按其性质是一项与凭此开立信用证的销售合同或其他合同不相连的交易。即使信用证中援引这类合同,银行也与之毫无关系并不受其约束。"该条又进一步指出:"银行对承付、议付或履行信用证下任何其他义务的承诺,不受申请人提出的因其与开证行之间或与受益人之间的关系而产生的索赔或抗辩的约束。"

3. 银行只处理纯单据业务(Pure Documentary Transaction)

银行处理信用证业务时,只凭单据,不管货物,只审查受益人所提交的单据是否与信用证条款相符,以决定其是否履行付款责任。UCP600第五条明确规定:"银行所处理的是单据,而不是可能与单据有关的货物、服务或其他履约行为。"在信用证业务中,只要受益人提交符合信用证条款的单据,开证行就应承担付款责任,进口商也应接受单据并向开证行付款赎单。如果进口商付款后发现货物有缺陷,则可凭单据向有关责任方提出损害赔偿要求,而与银行无关。但是,值得注意的是,根据UCP600第十四条和第三十四条的规定,银行虽有义务审核交单,但这种审核只是用以确定单据表面上是否符合信用证条款,开证行只凭表面上符合信用证条款的单据付款、承担延期付款责任、承兑汇票或议付。同样,开证申请人也根据表面上符合信用证条款的单据承担接受单据并对履行以上责任的银行进行偿付的义务。这里,"表面上"(On Face)一词的含义是要求单据同信用证对单据的叙述完全相符。换言之,仅是对于单据的文字叙述,而不是指质量、正确性或有效性。受益人提交的单据可能是假冒或伪造的,但如果其文字叙述与信用证条款一致,而且无论是总体上和相互之间都一致,就会构成合格的提示。据此理由,UCP600第三十四条强调指出:银行对任何单据的格式、完整性、准确性、内容真实性、虚假性或法律效力,以及单据上规定的或附加的一般或特殊条件概不负责;对于任何单据所代表的货物、服务或其他履约行为的描述、数量、重量、质量、状态、包装、交付、价值,以及发货人、承运人、货运代理人、收货人、货物的保险人或任何其他人的诚信、行为、疏漏、清偿能力、履约能力或资信情况也不负责。

此外,需要特别注意的是,银行虽然只根据表面上符合信用证条款的单据承担付款责任,但这种"符合"的要求十分严格,在表面上不能有任何差异。也就是说,银行在信用证业务中是按照"严格符合的原则"(The Doctrine of Strict Compliance)办事的。

(三)信用证的作用

采用信用证方式结算,有关当事人可分别得到以下好处。

1. 出口商可以得到的好处

对出口商来说,只要按信用证条款的规定发运货物,并向指定银行提交单据,就意味着收取货款有了保障。而且在货物装运前,出口人有时还可凭信用证向银行申请打包贷款(Packing Credit),在货物装运后将汇票和单据交议付行(Negotiating Bank)议付,通过押汇可及时收取货款,这样有利于加速资金周转。

2. 进口商可以得到的好处

对进口商来说,申请开证时只需缴纳少量押金或凭开证行授予的授信额度开证,有些国家的银行对信誉良好的开证申请人还可免收押金。大部分或全部货款待单据到达后再行支付,这就减少了资金的占用。如开证行在履行付款义务后,进口商筹措资金有困难,还可开立信托收据要求开证行准予借单先行提货出售或使用,以后再向开证行付款。而且,通过信用证上所列条款,可以控制出口商的交货时间,以及保证所交货物装运前的质量和数量等符合检验要求,并按规定的方式交付货物及所需的单据、证件,从而保证进口商收到的货物符合销售、使用时令和买卖合同的规定。

3. 银行可以得到的好处

对银行来说,开证行只承担保证付款责任,它贷出的是信用而不是资金,在对出口商或议付行交来的跟单汇票偿付前,已经掌握了代表货物的单据,并有开证申请人缴纳的押金,故并无多大风险,即使尚有不足,仍可向进口商追偿。至于出口地的议付行,议付出口商提交的汇票及(或)单据有开证行担保,只要出口商交来的汇票、单据符合信用证条款的规定,就可以对出口商进行垫款、叙做出口押汇,还可从中获得利息和手续费等收入。此外,通过信用证业务,可带动保险、仓储等业务,为银行增加收益。

总之,信用证方式在国际贸易结算中可以起到以下两方面的主要作用。

一是安全保障作用。通过信用证方式可以缓解买卖双方互不信任的矛盾,而且可以使本来彼此不熟悉或并不十分了解的买卖双方,以及资历和声誉一般的中小企业通过采用信用证方式结算货款来顺利地进行交易。

二是资金融通作用。在信用证业务中,银行不仅提供信用和服务,而且可以通过打包贷款、叙做出口押汇(议付)向出口商融通资金;可以通过凭信托收据借单、叙做进口押汇向进口商进行资金融通。

二、信用证的主要内容

信用证根据具体的情况有不同的格式,国际上并没有统一的规定。一般来说,信用证的主要内容有如下几点。

1. 信用证类型及信用证号码

按照 UCP600 的规定,信用证均为不可撤销信用证。信用证号码一般由开证行编写,以便进行业务管理和查询。

2. 开证日期和开证地点

信用证上的日期为开证银行出具信用证的日期,开证地点为开证行所在地。

3. 开证行名称及地址

开证行名称及地址一般在信用证上印就，通常还应写明开证行的电报、电传、SWIFT等内容。

4. 开证申请人的名称和地址

开证申请人即贸易合同中的进口商，其名称和地址应在信用证中详细列明。

5. 受益人的名称和地址

受益人的名称和地址应与贸易合同中出口商的名称和地址相符。

6. 通知行的名称和地址

通知行（Advising Bank；Notifying Bank）是由开证行指定，向受益人通知信用证的银行，一般是受益人所在地的银行，其名称和地址应在信用证中详细列明。

7. 信用证有效期和有效地点

这是指信用证的到期日和到期地点，到期地点一般是指银行[议付行、付款行（Paging Bank）等]所在地。

8. 信用证金额

信用证金额应以文字大写、数字小写，大小写应相符；应标明币种，并使用ISO制定的货币代号表示。按UCP600的规定，如果金额前有"ABOUT"或"APPROXIMATELY"字样，则表示信用证金额可以有10%的增减幅度。

9. 信用证的兑付方式

信用证的兑付方式有4种：即期付款、延期付款、承兑、议付。具体采用哪种兑付方式，应在信用证中列明。

10. 汇票条款

如果信用证需要提交汇票，应在信用证中列明汇票出票人、付款人、付款期限、出票条款、出票日期等；如果不需要汇票，则无此项内容。

11. 装运条款

装运条款中应列明装运港或起运地、卸货港或目的地、是否允许分批装运、是否允许转运及装运期限等。

12. 单据条款

单据条款中应列明受益人应提交的单据名称、份数及单据制作的具体要求等。信用证下提交的单据一般包括商业发票、运输单据、保险单据、重量单、装运单、商品检验证、原产地证书等。

13. 货物描述

信用证应列明货物的名称、规格、数量、单价、包装、价格条件、总金额等。

14. 偿付方式和寄单条款

信用证上要规定是单到付款，还是指定偿付行（Reimbursing Bank）付款，或指定付款行付款，并说明寄单方式及开证行收单地址。

三、信用证的风险

尽管信用证有许多优点，但这种支付方式并不能给进出口双方提供绝对的安全。所以，不能寄希望于信用证来保证各方当事人免除可能承担的风险。

1. 进口商所承担的风险

由于信用证的开证行以提交相符单据为付款条件，并且只管单据，不过问货物，受益人即使不根据事实、不按合同规定实际交货并伪造单据，甚至制作根本没有货物的假单据，照样可以取得货款，这时进口商就成为欺诈行为的受害人。

2. 出口商所承担的风险

对出口商而言，国际市场价格下跌后，可能需要承担进口商延迟开证或拒绝开证的风险。如果开证行倒闭或无力偿付有追偿权的银行已议付的出口商的单据，出口商就必须向议付行还款，并且只能依据商业合同的要求进行还款。

3. 银行所承担的风险

信用证交易所涉及的银行也会遇到一些风险。例如，如果进口商破产无力偿付或拒绝偿付单据，则开证行将会受损。由出口商所在地的银行承兑或议付的单据，一旦遇到开证行无力偿付或拒付的情况，其也会遭遇同样的厄运。

由于以上风险，进出口商在用信用证进行交易时，必须确认对方的财力及信誉是否良好。

假冒信用证虽然很少，但是其危险性很大。信用证一般是通过出口商所在的国家、地区的通知行寄交的。如果不是这样寄交的，如信用证是直接从海外寄给出口地公司的，那么出口地公司应该小心查明它的来历；如果信用证是从本地某个地址寄出，要求出口地公司把货运单据寄往海外的，而且出口地公司并不了解对方指定的那家银行，那么出口地公司应先联系银行查实。

四、跟单信用证统一惯例

国际商会为了减少因解释或操作不同而引起的争端，于 1929 年制定了《商业跟单信用证统一规则》（Uniform Regulations for Commercial Documentary Credit），对跟单信用证的定义、有关名词和术语，以及信用证业务的有关各方的权利及义务做了统一的解释，并建议各国银行采用。但由于此规则仅反映了个别国家的银行的观点，因而只被极少数国家的银行采用。为此，国际商会于 1931 年组织专门小组进行修改，于 1933 年颁布了第 82 号出版物——第一个跟单信用证的惯例《商业跟单信用证统一惯例》（Uniform Customs and Practice for Commercial Documentary Credits）。其后，随着国际贸易的发展、新的运输技术和运输方式的出现和广泛运用，以及为解决在使用该惯例过程中暴露的问题，国际商会又对其做过多次修改，并颁布过多种版本。首次修订本颁布于 1951 年，编为 151 号出版物。1962 年颁布的第二次修订本第 222 号出版物，改称《跟单信用证统一惯例》（Uniform Customs and Practice for Documentary Credits，UCP）。后来，国际商会又先后分别以第 290 号、第 400 号、第 500 号和第 600 号 4 个出版物颁布第三、第四、第五和第六个修订本。2003 年 5 月，国际商会授权国际商会银行技术与实务委员会（简称银行委员会）开始对 UCP500 进行修订。在修订之初，银行委员会所做的全球调查显示，多达 70%的单据在首次提交时被发现与信用证条款不符而遭银行拒收。如任凭这种情况继续发展下去,将使跟单信用证这一长久被承认和广泛应用的国际贸易结算方法难以维持及增加其在市场中的应用份额。在上述调查中,银行委员会还发现,有些在信用证审单中的不符点是含糊的和不确切的。这说明,在跟单信用证实务中,单据审核的标准有待改进和明确。为此,银行委员会在 UCP500 的修订过程中,投入大量工作修订了一份 UCP500 的配套文件——《跟单信用证单据审核国际标准银行实务》(International Standard Banking Practice for the Examination of Documents under Documentary Credits,ISBP),这是国际商会第 645 号出版物。该出版物的最新版本 UCP600 于 2007 年 7 月正式实施时面世。银行委员会认为,国际银行和贸易界如能充分、正确地应用 UCP600 与 ISBP(645 号出版物)将会提高单据审核的质量,从而促进跟单信用证在国际贸易中被更广泛地应用及推广。银行委员会花了 3 年时间对 UCP500 进行修订,通过广泛征求各国各有关方面的意见,对修订稿几易其稿,终于在 2006 年 11 月颁布了国际商会第 600 号出版物——《跟单信用证统一惯例》(2007 年修订本),并定于 2007 年 7 月 1 日起实施。新版本的英文全称为 Uniform Customs and Practice for Documentary Credits (2007 revision) ICC Publication No.600,简称 UCP600。

2006 年 10 月 25 日,在巴黎举行的国际商会银行技术与实务委员会 2006 年秋季例会上,以点名(Roll Call)形式,经 71 个国家和地区银行委员会以 105 票(其中,7 个国家各有 3 票权重,20 个国家和地区各有 2 票权重,44 个国家各有 1 票权重。值得一提的是,中国内地有 3 票权重、中国香港有 2 票权重、中国台湾有 2 票权重)赞成,UCP600 最终得以通过。

Mission 任务 3 了解信用证的当事人与信用证的种类

一、信用证的当事人

(一)当事人的类型

信用证的基本当事人主要有 3 个,即开证申请人、开证行和受益人。如果信用证是由开证行为满足其本身的业务需要主动开立的,则这类信用证的基本当事人中就不存在开证申请人,而只有开证行和受益人。此类信用证通常被称作双名信用证。此外,还有其他当事人,即通知行、议付行、付款行、偿付行、保兑行(Confirming Bank)等。

1. 基本当事人

(1)开证申请人。

开证申请人又称开证人(Opener)、出账人(Accountee),是指向银行提出申请开立信用证的人,一般为进口商,即买卖合同中的买方。开证申请人为信用证交易的发起人。

(2) 开证行。

开证行是指应开证申请人的请求或代表其自身开立信用证的银行,一般是进口地的银行。开证申请人与开证行的权利和义务以开证申请书为依据。信用证一经开出,按信用证规定的条款,开证行负有承担付款的责任。

(3) 受益人。

受益人是指信用证上所指定的有权使用该信用证的人,一般为出口商,即买卖合同中的卖方。受益人通常也是信用证的收件人,有按信用证规定签发汇票向所指定的付款行索取价款的权利,但也在法律上以汇票出票人的地位对其后的持票人负有担保该汇票必获承兑和付款的责任。

2. 其他当事人

(1) 通知行。

通知行是指按开证行的请求,通知信用证的银行。通知行一般是出口商所在地的银行,而且通常是开证行的代理行。通知行如愿意将信用证通知受益人,则应鉴别信用证的表面真实性,如不愿通知或无法鉴别,则必须毫不迟延地告知开证行;如无法鉴别而又决定通知受益人,则在通知时必须告知其未能鉴别该证的表面真实性。除此之外,通知行无须承担承付或议付的任何责任。

(2) 议付行。

议付行又称押汇银行、购票银行或贴现银行,是指根据开证行的授权人或贴现受益人开立和提交的符合信用证规定的汇票及(或)单据的银行。开证行既可以在信用证中指定议付行,也可以在信用证中不具体指定议付行。在不指定议付行的情况下,所有银行均是有权议付的银行。议付行审单无误,即可垫付汇票及(或)单据的款项,在扣减垫付利息后将净款付给受益人。在信用证业务中,议付行通常是以受益人的指定人和汇票的善意持票人的身份出现的,因此它对作为出票人的信用证受益人的付款有追索权。

(3) 付款行。

付款行是开证行授权进行信用证项下付款或承兑,并支付受益人出具的汇票的银行。付款行通常是汇票的受票人,也称受票行(Drawee Bank)。开证行一般兼为付款行,但付款行也可以是接受开证行委托的代为付款的另一家银行。例如,开立的信用证是以第三国货币支付时,通常指定在发行该货币的国家的银行为付款行。这种付款行又称代付行(Paying Bank Agent)。付款行如同一般的汇票受票人,一经付款,即使事后发现有误,对收款人也无追索权。

(4) 偿付行。

信用证的偿付行又称信用证清算银行(Clearing Bank),是指受开证行的指示或授权,对有关代付行或议付行的索偿予以照付的银行。偿付行接受开证行的委托或授权,凭代付行或议付行的索偿电讯或航邮进行偿付。但此偿付不视作开证行终局性的付款,因为偿付行并不审查单据,不负单证不符之责。开证行在见单后若发现单证不符时,可直接向寄单的议付行、代付行追回已付讫的款项。根据UCP600第十三条b、c款的规定,开证行在向偿付行发出指示或授权时,不应以索偿行必须向偿付行提供与信用证条款相符的证明为先决条件;如偿付行未能进行偿付,开证行并不能解除其提供偿付的任何义务;如偿付行未能于第一次提示时即按信用证规定或双方同意的方式进行偿付,开证行应承担代付行或议付行(索偿行)的任何利息损失。

(5)保兑行。

保兑行是指应开证行请求或授权对信用证加具保兑的银行,它具有与开证行相同的责任和地位。保兑行在信用证上加具保兑后,即对受益人独立负责,承担必须付款或议付的责任。在已经付款或议付之后,不论开证行倒闭还是无理拒付,都不能向受益人追索。在实际业务中,保兑行通常由通知行兼任,但也可由其他银行加具保兑。

(6)承兑行。

承兑行(Accepting Bank)是指对承兑信用证项下的汇票,经审单确认与信用证规定相符时,在汇票正面签字承诺到期付款的银行。承兑行既可以是开证行本身,也可以是通知行或其他指定的银行。如果承兑行在承兑汇票后倒闭或丧失付款能力,则由开证行承担最后的付款责任。

(7)转让行。

转让行(Transferring Bank)是应受益人(在转让信用证时又称第一受益人)的委托,将可转让信用证(Transferable L/C)转让给信用证的受让人(第二受益人)的银行。转让行一般为通知行,但也可以是议付行、付款行或保兑行。

(8)第二受益人。

第二受益人(Second Beneficiary)是接受转让的可转让信用证的受益人,又称信用证的受让人或被转让人(Transferee),一般为提供货物的生产者或供应商。而可转让信用证的转让人(Transferor),即第一受益人(First Beneficiary)通常是中间商或买方驻卖方所在地的代理人。第二受益人受让信用证后,不能再将可转让信用证转让给其他人使用,但允许转回给信用证第一受益人,即信用证的原受益人。

此外,信用证上还可能出现一些其他的当事人,如转开行、局外议付行等。

在上述信用证的当事人中,付款行、承兑行、议付行、偿付行和转让行均为开证行的指定银行。按照 UCP600 第二条的规定,指定银行是指可获信用证兑付的银行,若在信用证可为银行兑付的情况下,则为任何银行。

在信用证交易中,买方委托往来银行开立信用证,并约定进行各种事务处理。由于信用证的独立抽象性和单据交易原则,因而产生了各当事人之间的法律关系。

(二)信用证的当事人之间的关系

在信用证的当事人之间的关系中,开证行作为信用证的开具者,起着"中枢"的作用,围绕着信用证,在所涉及的当事人之间建立起一套多边关系。

1. 申请人与受益人的关系

申请人与受益人的关系通常是以书面形式订立的商务合同确立的,申请人应根据买卖合同的付款条件,向银行申请开立信用证。

2. 申请人与开证行的关系

申请人与开证行的关系是以开证行申请书确立的。开证行的开证以开证申请人所付出的一定代价为前提，因此，开证行在接受了申请人的开证申请书后便承担了在一定条件下必须向受益人付款的责任。

3. 开证行与受益人的关系

开证行与受益人的关系体现在信用证上。当开证行开立信用证通知受益人，并在信用证上做了交单的付款承诺后，开证行对受益人就承担了付款的义务。这表明开证行既有履行信用证规定的义务，也有交单收款的权利。

4. 开证行与通知行的关系

这是一种委托代理关系。通知行的代理责任只限于通知信用证和证明它的表面真实性，不承担议付或代付方的义务。只有在信用证指定通知行议付或通知行愿意充当议付行的情况下，即从议付时开始，通知行才会以议付行的身份与开证行打交道。

5. 通知行与受益人的关系

通知行应合理、谨慎地查核信用证的表面真实性，迅速、正确地将信用证通知给受益人。若通知行因疏忽造成延误而使受益人遭受损失，则受益人可借助《民法典》中的相关规定要求通知行承担责任。

6. 开证行与偿付行的关系

偿付行是开证行的付款代理人，偿付关系是根据两家银行的代理合同所确定的。

7. 开证行与议付行的关系

在指定议付和自由议付的情况下，开证行与议付行是委托代理关系。议付行之所以有权向开证行凭正确的单据要求偿付，是因为其接受了信用证上开证行负责文句中对议付行的邀请。

8. 开证行与保兑行的关系

这是根据代理合同的规定所确定的。在没有事先议妥的情况下，保兑行可不履行开证行的加保要求。但保兑行一经允诺，对受益人来说，保兑行与开证行一样，二者都处于同责同权的地位。

9. 保兑行与受益人的关系

一旦保兑行对信用证加具保兑，则它将对受益人承担一项独立的义务。在此，保兑行一方面作为开证行的代理人，另一方面又以当事人的身份对受益人负责。如果受益人所交单据与信用证条款规定的一致，则保兑行必须承认并支付该信用证规定的金额，并享有追偿权。

10. 议付行与受益人的关系

议付行对受益人并不承担必须议付的义务。议付行对受益人享有追偿权，如果开证行拒付汇票，或开证行倒闭，则议付行有权向受益人要求偿还其付出的款额。

（三）信用证的当事人的责任与权利

1. 开证申请人

开证申请人是向银行申请开立信用证的人，一般是进口商。进口商与出口商之间的权利和义务通常以签订的合同为依据，双方严格履行合同条款。如果合同规定以信用证方式结算，则进口商应在合同规定的期限内，通过进口商所在地的银行开立符合合同规定的信用证。

信用证开立之后，进口商有凭单付款的责任和验单、退单的权利。开证申请人的责任首先是保证付款。开证申请人必须记住信用证是付款的承诺，它为受益人取得付款提供了保证。如果出口商不利用这种保证，就意味着其放弃了这项权利。然而，在信用证执行完毕后，开证申请人必须还清所有该信用证业务中的款项。

信用证开立时需要开证申请人填写开证申请书，这既是对外执行委托指示，也是与开证行签订的付款代理合同。根据此合同，开证行是代理人，而开证申请人是负主要责任的委托人。

由于信用证在开证行与受益人和其他当事人之间流通，具有一定的"流通性"，因此信用证的内容要像票据那样，措辞必须非常严谨，不能含糊不清、模棱两可，以免有关当事人遭受损失。事实上，只有信用证的内容简洁，才容易做到单证一致，对于所有当事人来说都可以省时、省力，并提高业务处理效率，对于垫款的银行来说风险也要小些。内容简洁的信用证的可接受性也要好些，反之，内容复杂的信用证的可接受性差，有些银行根本不愿意议付这种信用证。

在信用证业务中，开证申请人开信用证，就是为付款做了保证，它像贷款一样使用了银行信用，因此，一定要有抵押，以防不测。传统的抵押方式是抵押证书，除保证银行的一切损失由开证申请人赔偿外，还要向银行交付一定比例的押金。

开证行为了执行开证申请人的指示而利用另一方银行或其他银行的服务，这是代开证申请人办理的，其风险应当由该开证申请人承担。同时，开证申请人也应受外国法律和惯例加之于银行的一切义务与责任的约束，并承担由此而产生的赔偿责任。

2. 开证行

银行在受顾客（开证申请人）的指示或自行开立信用证后便成为开证行。开证行通过开证承担根据受益人提交的正确的单据付款的全部责任。在这里，开证行的保证代替了开证申请人的保证，即银行信用代替了商业信用。

开证行所承担的责任中最重要的一项是它必须合理、小心地审核一切单据，以确定单据表面上是否符合信用证条款。开证行的这项责任是与开证申请人所承担的根据正确单据付款的义务相对应的。只有当单据与信用证条款和条件一致时，开证申请人才向开证行偿付货款。

开证行不能利用受益人与开证申请人之间的合同关系，拒绝向受益人付款或拒收以它为付款人的汇票。如果单据表面上与信用证条款相符，开证行就必须履行其向受益人付款或向已代表它付款的代理行偿付的义务。

开证行不得以下述理由或借口拒绝付款。

（1）开证申请人没有提供足够的保证金或其他方式的担保。

（2）开证申请人已倒闭或无偿付能力。

（3）开证申请人与其他当事人之间有阴谋。

开证行一旦付款完毕，不得以任何理由向受益人追索。

3. 受益人

受益人是信用证中规定的第三者，该信用证是它得到付款的保证。受益人被授权使用该信用证,其一般是出口商。

开证申请人与受益人的关系是从进口商、出口商的关系中产生的。当他们签订销售合同时便在该合同中具体规定,进口商必须负责安排开立以出口商为受益人的跟单信用证,并注明双方一致同意信用证的各项条件。因此,申请人与受益人,即进口商与出口商首先要受销售合同的约束。然而,在信用证业务中,申请人与受益人之间没有直接的关系,也不受销售合同的约束。

受益人根据信用证的要求备齐单据后,向一家当地银行交单,这家银行可以是开证行指定的议付行或付款行。只要单据与信用证相符,受益人就能从银行处取得货款。在信用证业务中,银行处于开证申请人与受益人之间,开证申请人、受益人都与该银行有关系,但该银行实际上并不接触进出口双方之间订立的销售合同。另外,受益人在任何情况下都不得利用银行之间或开证申请人与开证行之间存在的合同关系。

4. 保兑行

保兑行在经开证行授权或应其请求对信用证加以保兑后,即构成开证行以外的保兑行的保兑责任,并以向保兑行提交规定的单据且符合信用证条款为条件。

如果另一家银行经开证行授权或应其请求对信用证加以保兑,但它不准备照办,则它必须毫不迟延地通知开证行。除非开证行在授权或请求保兑时另有规定,通知行可不加保兑地将信用证相关事宜通知受益人。

5. 通知行

通知行的工作是把已经开立信用证的相关事宜通知受益人,以使受益人能够备货和制作信用证内所规定的单据。

通知行一般在出口商所在地,并且可能是开证行的分行或代理行。通知行根据开证行的指示把信用证转递给出口商。它只对证实该信用证的内容负责。

通知行应合理、谨慎地审核信用证的表面起初性,如果通知行不能确定该信用证的表面起初性,则它必须毫不迟延地通知开证行和受益人。

必须指出的是,通知行在负责通知受益人信用证相关事宜的前提下,并不承担对受益人的付款义务。然而,如果通知行通知了错误的信用证信息,给受益人造成了损失,则其应对此负责。

6. 议付行

议付行是准备向受益人购买信用证下单据的银行。议付行可以是通知行或其他被指定的愿意议付该信用证的银行。如果在信用证中没做特别的指定,受益人可以向任何愿意履行该项业务的银行交单议付。

议付行购买受益人的单据和汇票是建立在开证行保证偿付的基础上的,但信用证各条款必须圆满履行。议付行在查核所有单据并确认所有单据已备齐后便留下单据,将净收入(信用证面值减去折扣)交付受益人。这实际上是议付行给受益人提供了资金融通。

议付行并不一定是开证行的代理行,有的银行自己选择购买受益人的单据,并自行承担风险。议付行在此之后再作为单据持有人向开证行要求偿付。在整个过程中,议付行对受益人有追索权,如果开证行拒付该单据,或开证行倒闭,议付行有权向受益人要求偿还付款,但由开证行或保兑行议付或付款的,不能向受益人追偿。

7. 付款行

付款行是在信用证中规定应负付款责任的银行。它既可以是开证行,也可以是在信用证中由开证行指定的一家银行。通知行除向受益人通知信用证已开立外,还可能被授权根据受益人提交的正确的单据向其付款或承兑其开立的汇票。在这种情况下,通知行就变成了付款行。付款行在向受益人付款后,可从开证行那里得到偿付。从法律上来看,付款行实际上成了开证行的代理行。

8. 偿付行

偿付行是指根据信用证支付货款后应向其做出偿付的银行。偿付行是开证行授权做出偿付的银行。

偿付行是开证行的偿付代理人,它既不负责审单,也不接受单据,不与受益人发生关系,只凭开证行的授权书对议付行或付款行进行偿付。

开证行不应要求索偿行向偿付行提供单证与信用证条款相符的证明。如果索偿行未收到偿付行的偿付,则开证行不能免除其本身偿付的责任。

如果偿付行未能在第一次提示时偿付,或未能按信用证规定或依情况按双方同意的方式履行偿还义务,则开证行应承担索偿行的利息损失。

偿付行的费用由开证行承担。然而,如果此项费用由另一方承担,则开证行有责任在原信用证和偿付授权书中注明。如果偿付行的费用由另一方承担,则由偿付行在信用证支用时代为收取。如果信用证未被支付,则偿付行的费用将由开证行承担。

在信用证交易中,一个银行可以起多种作用。例如,开证行将信用证直接交给受益人,该银行同时扮演着通知行的角色;通知行和付款行可能是同一个银行,如果通知行对信用证加以保兑,则它又变成了保兑行;等等。

二、信用证的种类

按照UCP600第三条的解释,即使未做明示,信用证也是不可撤销的,因此现已无可撤销信用证和不可撤销信用证之分。信用证可从以下不同角度进行分类。

(一)跟单信用证和光票信用证

根据付款凭证的不同,信用证可分为跟单信用证和光票信用证(Clean Credit)两种。

1. 跟单信用证

跟单信用证是指凭跟单汇票或仅凭单据付款、承兑或议付的信用证。这里的"单据"是指代表货物所有权或证明货物已装运的货运单据,即运输单据及商业发票、保险单据、商检证书、产地证书、包装单据等。根据UCP600第一条的规定,跟单信用证的适用范围包括备用信用证。备用信用证项下的"单据"泛指任何依据信用证规定所提供的用以记录或证明某一事实的书面文件。

2. 光票信用证

光票信用证是指开证行仅凭受益人开具的汇票或简单收据而无须附带货运单据付款的信用证。

国际贸易货款结算主要使用跟单信用证，光票信用证通常用于企业之间的货款清偿和非贸易的费用结算。

（二）保兑信用证和非保兑信用证

按其是否有另一家银行参加负责保证兑付，可分为保兑信用证（Confirmed L/C）与非保兑信用证（Unconfirmed L/C）两种。

1. 保兑信用证

保兑信用证是指另一家银行，即保兑行应开证行请求，对其所开信用证加以保证兑付的信用证。经保兑行保兑的信用证，保兑行保证凭符合信用证条款规定的单据履行向受益人或其指定人付款的责任，而且付款或议付后对受益人或其指定人无追索权。使用这种信用证，会有开证行与保兑行两家银行对受益人负责。因此，一般来说，保兑信用证对出口商的安全收汇是有利的。在实践中，保兑行通常由通知行担任，但通知行是一家银行，保兑行是另一家银行的情形也不少见。按照 UCP600 的解释，信用证一经保兑，即构成保兑行在开证行承诺以外的一项确定的承诺（A Definite Undertaking），保兑行对受益人承担必须付款或议付的责任。保兑行不是以开证行的代理人的身份，而是以"本人"（Principal）的身份对受益人独立负责，并对受益人负首先付款的责任的。受益人不必先向开证行要求付款，而可直接向保兑行交单索偿。因此，在首先付款的责任方面，保兑行与开证行负相同责任。保兑行与开证行的关系，相当于开证行与开证申请人的关系。保兑行有必须议付或付款之责，而在议付或付款后，即使开证行倒闭或拒付，都不能向受益人追索。总之，无论开证行发生什么变化，在信用证的有效期内都不能撤销保兑行对信用证的保兑责任。在实际业务中，为发挥保兑行的作用，开证行一般均应向保兑行办理交单议付手续。

2. 非保兑信用证

非保兑信用证是指未经除开证行外的其他银行保兑的信用证。

（三）即期付款信用证、延期付款信用证、承兑信用证和议付信用证

按兑付方式的不同，信用证又可分为即期付款信用证、延期付款信用证、承兑信用证和议付信用证（Negotiation L/C）4 种。UCP600 第六条 b 款规定："信用证必须规定它是否可以以即期付款、延期付款、承兑或议付方式兑付。"

1. 即期付款信用证

即期付款信用证是指规定受益人开立即期汇票随附单据，或者不需要汇票仅凭单据向指定银行提示，请求付款的信用证。对于这种信用证，开证行、保兑行（如有的话）或指定付款行承担即期付款的责任。即期付款信用证的付款行有时由指定通知行兼任。如规定需要使用汇票，则以指定银行为汇票付款人。

2. 延期付款信用证

延期付款信用证又称迟期付款信用证，或称无承兑远期信用证，是指仅凭受益人提交的单据，经审核单证相符确定银行承担延期付款责任起，延长一段时间及至付款到期日付款的信用证。确定付款到期日的方法有 3 种：①交单日后若干天；②运输单据显示的装运日期后若干天；③固定的将来某一日期。这种信用证的受益人不开具汇票，也无须开证行承兑汇票，因此也不能贴现。在实践中，买卖双方大多进行的是金额较大的资本货物的交

易,而且付款期限较长,一年或数年不等,所以常与政府出口信贷相结合。按照 UCP600 第七条 a.iii 款和第八条 a.i.e 款的规定,如果信用证规定为延期付款,则开证行和保兑行(如有保兑)应按信用证规定所能确定的到期日付款。

3. 承兑信用证

承兑信用证是指信用证指定的付款行在收到符合信用证规定的远期汇票和单据时,先在汇票上履行承兑手续,在汇票到期日再行付款的信用证。按照 UCP600 第六条 c 款的规定,不得开立以开证申请人为汇票付款人的信用证,付款人仅限于被指定的银行。这种信用证又称银行承兑信用证(Banker's Acceptance L/C)。承兑信用证通常适用于远期付款的交易。

4. 议付信用证

议付信用证是指开证行在信用证中,邀请其他银行买入汇票及(或)单据的信用证,即允许受益人向某一指定银行或任何银行交单议付的信用证。通常在单据符合信用证条款的条件下,议付行扣去利息后将票款付给受益人。议付信用证按是否限定议付行,又可分为公开议付信用证和限制议付信用证两种。前者是指任何银行均可办理议付;后者则指仅由被指定的银行办理议付。议付与付款的主要区别之一:议付行在议付后因单据与信用证条款不符等原因而不能向开证行收回款项时仍可向受益人追索,而指定的付款行和开证行、保兑行一经付款,即再无权向受益人追索。对保兑行在议付信用证项下的责任,UCP600 第八条 a.ii 款做了如下规定:"议付,无追索权,如果信用证的兑付是由保兑行议付。"

(四)即期信用证和远期信用证

按付款时间的不同,信用证可分为即期信用证和远期信用证。

1. 即期信用证

即期信用证是指开证行或其指定的付款行在收到符合信用证条款的汇票及(或)单据后即予付款的信用证。使用即期信用证方式付款时,进口商在开证行或其指定付款行对受益人或议付行付款后,也须立即偿付由开证行垫付的资金,赎出单据,而不能如远期信用证那样,可获得进一步的资金融通。在即期信用证中,有时还带列电汇索偿条款(T/T Reimbursement Clause),即开证行允许议付行用电报、电传或 SWIFT 网络传递方式通知开证行或指定付款行,说明各种单据与信用证规定相符,开证行或指定付款行、偿付行应立即以电汇方式将款项拨交议付行。由于电讯传递较邮寄快,因此,信用证带列电汇索偿条款的,出口方可加快收回货款,但进口方要提前付出资金。付款后如发现收到的单据与信用证规定不符,开证行或付款行对议付行有追索的权利。这是因为此项付款是在未审单的情况下进行的。即期付款信用证和即期议付信用证都是即期信用证。

2. 远期信用证

远期信用证是指开证行或其指定的付款行在收到符合信用证条款的汇票及(或)单据后,在规定期限内保证付款的信用证。其主要作用是便于进口商的资金融通。承兑信用证、延期付款信用证和远期议付信用证都是远期信用证。使用远期信用证时,其远期利息或远期汇票贴现利息和费用一般均由受益人承担。目前,在实际业务中,还有一种远期信用证,它规定远期汇票可按即期议付。这通常是由于进口商为了融资方便，或利用银行承兑汇票以取得比银行放款利率较低的优惠贴现率，在与出口商订立即期付款的合同后，要求开证行承兑信用证，该信用证中规定受益人应开立远期汇票，而这种远期汇票可即期付款，所有贴现和承兑费用由买方负担。由于这种信用证的贴现费用由买方负担，因此又被称为"买方远期信用证"（Buyer's Usance L/C）。在我国，人们习惯称它为"假远期信用证"（Usance Credit Payable at Sight）。使用这种信用证，对受益人来说，能够即期收款，但要承担一般承兑信用证汇票到期遭到拒付时被追索的风险。这种信用证的汇票付款人既可以是开证行，也可以是出口地或第三国银行。开证申请人为了利用费用较低的资金，往往选择贴现率比较低的地方的银行开证，或指定其为付款行。对开证申请人来说，只有在远期汇票到期时才需要向银行付款。因此，使用这种"远期"信用证，实际上是开证行或贴现银行为进口商融通资金。

（五）可转让信用证与不可转让信用证

按受益人是否有权转让给其他人使用，信用证可分为可转让信用证和不可转让信用证（Untransferable L/C）两种。

1. 可转让信用证

可转让信用证是指信用证特别规定是可转让的。可转让信用证可按受益人（第一受益人）的请求，使其全部或部分供另一受益人（第二受益人）兑付。可转让信用证只能转让一次。如信用证被允许分批装运、支款，在累计不超过信用证金额的前提下，可以分成几个部分分别转让，即可同时转让给几个第二受益人，各项转让金额的总和将被视为信用证的一次转让。信用证只能按原证规定的条款办理转让，但信用证的金额和单价、到期日、运输单据出单日期后必须交单的最后期限（交单日）、装运期限等项可以减少、提前或缩短。保险加保比例可以增加到原信用证要求保足的金额。第一受益人的名称可替代开证申请人的名称，但如果原信用证特别要求在除发票外的其他单据上注明开证申请人的名称，则该项要求必须予以满足。进口商开立可转让信用证，意味着其同意出口商将交货、交单义务由出口商指定的其他人来履行，但并不等于买卖合同也已被转让。当发生第二受益人不能交货，或者交货不符合合同规定、单据不符合买卖合同的要求时，原出口商仍要承担买卖合同规定的卖方责任。

在要求转让行办理转让手续时，第一受益人有权要求受让人（第二受益人）将单据交给转让银行，以便把自己开立的按原信用证的单价及金额所制作的汇票、发票替换受让人的汇票、发票，从而获取差额。按照 UCP600 第三十八条的规定，转让行是指转让信用证的指定银行，或是指在信用证可为任何银行兑付的情况下，由开证行特别授权转让，并办理转让信用证的银行。开证行可作为转让行。转让行转让信用证时要收取转让手续费。除非在转让时另有规定，一切费用（如佣金、手续费、成本或开支）必须由第一受益人支付。对进口商来说，使用可转让信用证要承担一定的风险。因为进口商对受让人的资信和经营能力并不了解，对受让人提供的货物能否符合买卖合同要求也无把握。所以，除非有特殊需要和第一受益人的可靠保证，进口商一般不会同意开立可转让信用证。这也就是 UCP600 做出"只有开证行特别规定为'可转让'的信用证才能转让"规定的原因。

2. 不可转让信用证

不可转让信用证是指受益人无权转让给其他人使用的信用证。凡在信用证上没有注明"可转让"字样的信用证，均为不可转让信用证。不可转让信用证只限于受益人本人使用。

（六）循环信用证

循环信用证（Revolving L/C）是指受益人在一定时间内利用规定金额后，能够重新恢复信用证原金额并再度使用，周而复始，直至达到该证规定次数或累计总金额用完为止的信用证。循环信用证一般适用于货物大宗单一、可定期分批均衡供应、分批支款的长期合同。对进口商来说，使用循环信用证可节省逐笔开证的手续和费用、减少押金，有利于资金周转；对出口商来说，使用循环信用证既可减少逐批催证和审证的手续，又可获得收回全部货款的保障。

循环信用证的循环方式通常有以下 3 种。

（1）自动循环（Automatic Revolving），即受益人在规定时期内装运货物议付后，无须等待开证行通知，信用证即可自动恢复到原金额供再次使用。例如，在信用证中规定以下条款："本信用证项下的总金额于每次议付后自动循环。"（The total amount of this credit shall be restored auto-matically after date of negotiation.）又如，在信用证中规定："本信用证项下的支付金额于每次议付后自动恢复，直至用完全部金额××美元为止。"（The amounts paid under this credit again available to you automatically until the total of the payments reaches US$…）

（2）半自动循环（Semi-automatic Revolving），即受益人每次装货议付后在若干天内，开证行未提出不能恢复原金额的通知，信用证即自动恢复到原金额。例如，在信用证中规定如下条款："每次议付后 7 天之内，议付银行未接到停止循环的通知时，本信用证项下尚未用完的余额可增至原金额。"（Should the negotiating bank not be advised of stopping renewal within seven days after each negotiation , the unused balance of this credit shall be increased to the original amount.）

（3）非自动循环（Non-automatic Revolving），即受益人每次装货议付后，需经开证行通知，信用证才能恢复原金额使用。例如，在信用证中规定："每次议付后，必须待收到开证行的通知，方可恢复到原金额。"（The amount shall be reinstated after each negotiation only upon receipt of issuing bank's notice stating that the credit might be renewed.）

此外，循环信用证还有可累积使用（Cumulative）和不可累积使用（Non-cumulative）两种用法。前者允许受益人在其一批货物因故未交时，在下一批补交，并可连同下一批可交货物一起议付。后者是指信用证未明确允许可累积使用，即不能累积使用。如因故未能及时装出的部分及原来规定的以后各批货物，未经开证行修改信用证，均不能再装运出口。

（七）对开信用证

对开信用证（Reciprocal L/C）是易货交易或来料来件加工装配业务中较多采用的一种结算方式。由于双方顾虑对方只使用权利而不履行义务，于是采用相互开立信用证的办法，将进口和出口联结起来。其特点是第一张信用证的受益人、开证申请人分别是第二张回头信用证的开证申请人、受益人。第一张信用证的开证行也就是回头证的通知行；第二张信用证的通知行一般也是回头证的开证行。两证金额既可以相等，也可以不等；两证既可以同时生效,也可以先后生效。

在来料来件加工装配业务中,为避免垫付外汇,出口商在进口原料、配件时可争取开立远期信用证,在出口成品时可争取开立即期信用证,以便用收到的加工出口的货款来偿付应付到期原料、配件的货款。

(八)对背信用证

对背信用证(Back-to-back L/C)有时也被译作背对背信用证、转开信用证、从属信用证、桥式信用证,是指原证受益人要求原证的通知行或其他银行以原证为基础和担保,另行开立的一张内容相似的新信用证。对背信用证通常是由中间商为转售他人货物、从中图利,或两国不能直接进行交易,需要通过第三国商人以此种办法开展贸易而开立的。对背信用证的受益人既可以是国外的,也可以是国内的,其装运期、到期日可较原证规定提前,其金额和单价等可较原证规定减少,但货物的质量、数量必须与原证一致。对背信用证的开证申请人通常以原证项下取得的款项来偿付对背信用证开证行已垫付的资金。因此,对背信用证的开证行除要以原证用作开新证的抵押外,为防止原证发生意外收不到款,一般还要求开证申请人缴纳一定数额的押金或提供担保物。由于受原证的约束,对背信用证的受益人如要求修改内容则必须征得原证开证申请人和开证行的同意,因此对背信用证的修改比较困难,用时也较长。即使发现单证不符,也必须征得原证开证行的同意才能进行修改。因此,对背信用证的受益人在处理业务时必须特别谨慎,不能疏忽。

(九)预支信用证

预支信用证(Anticipatory L/C)是指允许受益人在货物装运交单前预支货款的信用证,有全部预支和部分预支两种。部分预支信用证上可预支的部分,多为包括在信用证总额之内的、买方付给卖方的定金。在预支信用证项下,受益人预支的方式有两种:一种是向开证行预支,即出口商在货物装运前开具以开证行为付款人的光票,由议付行买下并向开证行索偿;另一种是向议付行预支,即由出口地的议付行垫付货款,待货物装运后交单议付时扣除垫款本息,将余额支付给出口商。如果货物未装运,则由开证行负责偿还议付行的垫款和利息。如果开证申请人在开立大额预支信用证时担心受益人预支后不履行供货义务,则可在预支条款中加列受益人必须提供银行保函或备用信用证的条款,以保证受益人不履约时退还已预支的款项。为引人注目,这种预支货款的条款,在以往常用红字标注,因此俗称"红条款信用证"(Red Clause L/C)。目前,我国在补偿贸易中有时会采用这种信用证。

(十)SWIFT 信用证

1. SWIFT 信用证简介

SWIFT 是环球银行金融电讯协会(Society for Worldwide Interbank Financial Telecommunication)的简称。该协会是一个国际银行同业间非营利性的国际合作组织,于1973 年 5 月在比利时成立,董事会为最高权力机构,专门从事传递各国之间非公开性的国际金融电讯业务,包括外汇买卖、证券交易、开立信用证、办理信用证项下的汇票业务及托收等,同时兼理国际账务清算和银行间的资金调拨。该组织的总部设在布鲁塞尔,并在荷兰阿姆斯特丹和美国纽约分别设立交换中心(Swifting Center),以及为各参加国开设的集线中心(National Concentration),为国际金融业务提供快捷、准确、优良的服务。目前,已有 2000 多家分设在不同国家和地区（包括我国在内）的银行参加该协会并采用该协会电讯业务的信息网络系统，使用时必须依照《SWIFT 使用手册》规定的标准，否则会被自动拒绝。因此，SWIFT 具有安全可靠、高速度、低费用、自动加核密押等特点，能为客户提供快捷、标准化、自动化的通信服务。

凡依据国际商会所制定的电讯信用证格式、利用 SWIFT 网络系统设计的特殊格式（Format）、通过 SWIFT 网络系统传递的信用证的信息（Message），即通过 SWIFT 开立或通知的信用证称为 SWIFT 信用证，也称环银电协信用证。

采用 SWIFT 信用证必须遵守《SWIFT 使用手册》的规定，使用《SWIFT 使用手册》规定的代号（Tag），而且信用证必须符合 UCP600 的规定。在信用证中可以省去银行的承诺条款（Undertaking Clause），但不能免去银行所应承担的义务。过去进行全电开证[①]时，都采用电报或电传开证的方式，各国银行标准不一，条款和格式也各不相同，而且文字烦琐。采用 SWIFT 开证后，信用证具有了标准化、固定化和统一格式的特性，且传递速度快，成本也较低，因此银行乐于在开立信用证时使用此方法。SWIFT 信用证现在已被西欧、北欧、美洲和亚洲等地区的银行广泛使用。在我国银行的电开信用证或收到的信用证电开本中，SWIFT 信用证也已占据了很大比重。

2. SWIFT 信用证的特点

（1）SWIFT 需要会员资格。我国的大多数专业银行都是其成员。

（2）SWIFT 的费用较低。同样多的内容，SWIFT 的费用只有 TELEX（电传）的 18% 左右，只有 CABLE（电报）的 2.5% 左右。

（3）SWIFT 的安全性较高。SWIFT 的密押比电传的密押可靠性强、保密性高，且具有较高的自动化水平。

（4）SWIFT 的格式具有标准化。对于 SWIFT 电文，SWIFT 组织有统一的要求和格式。

3. SWIFT 电文的表示方式

（1）项目表示方式。SWIFT 由项目（FIELD）组成，如 59 BENEFICIARY（受益人）就是一个项目，59 是项目的代号。项目既可以用两位数字来表示，也可以用两位数字加上字母来表示，如 51a APPLICANT（申请人）。不同的代号表示不同的含义。项目还规定了一定的格式，各种 SWIFT 电文都必须按照这种格式表示。

在 SWIFT 电文中，一些项目是必选项目（MANDATORY FIELD），一些项目是可选项目（OPTIONAL FIELD）。必选项目是必须要具备的，如 31D DATE AND PLACE OF EXPIRY（信用证有效期）；可选项目是另外增加的项目，并不一定每份信用证都有，如 39B MAXIMUM CREDIT AMOUNT（信用证最大限制金额）。

（2）日期表示方式。SWIFT 电文中的日期表示为 YYMMDD（年月日）。例如，1999 年 5 月 12 日，表示为 990512；2000 年 3 月 15 日，表示为 000315。

（3）数字表示方式。在 SWIFT 电文中，数字不使用分格号，小数点用逗号","表示。例如，5,152,286.36 表示为 5152286,36；4/5 表示为 0,8；5% 表示为 5 PERCENT。

[①] 全电开证：开证行将信用证的全部条款以电报方式或电传方式开给通知行。

(4) 货币表示方式。美元：USD；英镑：GBP；欧元：EUR；日元：JPY；港元：HKD；澳大利亚元：AUD；加拿大元：CAD；人民币：CNY。

4. 信用证中常见项目的表示方式

SWIFT 项下开立跟单信用证的 MT 格式一般有 17 种：开立信用证时使用 MT700/701 格式；信用证预先通知用 MT705 格式；信用证修改用 MT707 格式；通知由第三家银行开立跟单信用证用 MT710/711 格式；转让跟单信用证用 MT720/721 格式；确认收妥跟单信用证并证实已通知受益人用 MT730 格式；发报行通知收报行有关单据已被开证申请人同意用 MT732 格式；发报行通知收报行单证不符的拒付通知用 MT734 格式；发报行授权收报行偿付信用证项下款项，即偿付授权用 MT740 格式；发报行向收报行索偿用 MT742 格式；发报行通知收报行有关单据不符点，即所谓"电提"用 MT750 格式；发报行授权收报行在单据没有其他不符点的情况下，可以付款、承兑、议付，该报文是对 MT750 的答复，用 MT752 格式；发报行通知收报行单证相符，已对有关单据进行付款、承兑、议付，并已按批示寄单，即所谓"通知电"用 MT754 格式；发报行通知收报行，已进行了偿付、付款用 MT756 格式。我们一般所接触的是 MT700、MT701 和 MT707 这 3 种格式。目前开立 SWIFT 信用证一般使用的格式代号为 MT700 和 MT701，修改信用证的格式代号为 MT707，以下是这 3 种格式的常见项目的简介（见表 4-1、表 4-2、表 4-3）。

表 4-1　MT700 的格式及项目

M/O（必选/可选）	Tag（代号）	Field Name（栏位名称）
M	27	SEQUENCE OF TOTAL（合计次序）
M	40A	FORM OF DOCUMENTARY CREDIT（信用证编号）
M	20	DOCUMENTARY CREDIT NUMBER（货物及/或劳务描述）
O	23	REFERENCE TO PRE-ADVICE（预通知的编号）
O	31C	DATE OF ISSUE（开证日期）
M	31D	DATE AND PLACE OF EXPIRY（到期日及地点）
O	51a	APPLICANT BANK（申请人的银行）
M	50	APPLICANT（申请人）
M	59	BENEFICIARY（受益人）
M	32B	CURRENCY CODE, AMOUNT（币别代号、金额）
O	39A	PERCENTAGE CREDIT AMOUNT TOLERANCE（信用证金额加减百分率）
O	39B	MAXIMUM CREDIT AMOUNT（最高信用证金额）
O	39C	ADDITIONAL AMOUNTS COVERED（可附加金额）
M	41A	AVAILABLE WITH…BY…（向……银行押汇/议付）
O	42C	DRAFTS AT…（汇票期限……）
O	42A	DRAWEE（付款人）
O	42M	MIXED PAYMENT DETAILS（混合付款指示）
O	42P	DEFERRED PAYMENT DETAILS（延迟付款指示）
O	43P	PARTIAL SHIPMENTS（分批装运）
O	43T	TRANSSHIPENT（转运）
O	44A	LOADING ON BOARD/DISPATCH/TAKING IN CHARGE AT/FROM…（由……装运）

续表

M/O（必选/可选）	Tag（代号）	Field Name（栏位名称）
O	44B	FOR TRANSPORTATION TO…（装运至……）
O	44C	LATEST DATE OF SHIPMENT（最后装运日）
O	44D	SHIPMENT PERIOD（装运期间）
O	45A	DESCRIPTION OF GOODS AND/OR SERVICES（货物及/或服务描述）
O	46A	DOCUMENTS REQUIRED（应具备单据）
O	47A	ADDITIONAL CONDITIONS（附加条件）
O	71B	CHARGES（费用）
O	48	PERIOD FOR PRESENTATION（提示期间）
M	49	CONFIRMATION INSTRUCTIONS（保兑指示）
O	52A	ISSUING BANK（开证行）
O	53A	REIMBURSEMENT BANK（清算银行）
O	78	INSTRUCTIONS TO THE PAYING,ACCEPTING,NEGOTIATION BANK（对付款、承兑、议付银行的指示）

注：M/O 为 Mandatoryandatory 与 Optional 的缩写，前者是指必选项目，后者是指可选项目。

表 4-2　MT701 的格式及项目

M/O（必选/可选）	Tag（代号）	Field Name（栏位名称）
M	27	SEQUENCE OF TOTAL（合计次序）
M	20	DOUCUMENTARY CREDIT NUMBER（信用证编号）
O	45B	DESCRIPTION GOODS AND/OR SERVICES（货物及/或劳务描述）
O	46B	DOCUMENTS REQUIRED （应具备单据）
O	47B	ADDITIONAL CONDITIONS（附加条件）

表 4-3　MT707 的格式及项目

M/O（必选/可选）	Tag（代号）	Field Name（栏位名称）
M	20	SENDER'S REFERENCE（信用证号码）
M	21	RECEIVER'S REFERENCE（收报行编号）
O	23	ISSUING BANK'S REFERENCE（开证行的号码）
O	26E	NUMBER OF AMENDMENT（修改次数）
O	30	DATE OF AMENDMENT（修改日期）
O	31C	DATE OF ISSUE（开证日期）
O	31E	NEW DATE OF EXPIRY（信用证新的有效期）
O	32B	INCREASE OF DOCUMENTARY CREDIT AMOUNT（信用证金额的增加）
O	33B	DECREASE OF DOCUMENTARY CREDIT AMOUNT（信用证金额的减少）
O	34B	NEW DOCUMENTARY CREDIT AMOUNT AFTER AMENDMENT（信用证修改后的金额）
O	39A	PERCENTAGE CREDIT AMOUNT TOLERANCE（信用证金额上下浮动允许的最大范围的修改）
O	39B	MAXIMUM CREDIT AMOUNT（信用证最大限制金额的修改）
O	39C	ADDITIONAL AMOUNTS COVERED（额外金额的修改）

续表

M/O（必选/可选）	Tag（代号）	Field Name（栏位名称）
O	44A	LOADING ON BOARD/DISPATCH/TAKING IN CHARGE AT/FORM（装船、发运和接收监管的地点的修改）
O	44B	FOR TRANSPORTATION TO…（货物发运的最终地的修改）
O	44C	LATEST DATE OF SHIPMENT（最后装船期的修改）
O	44D	SHIPMENT PERIOD（装船期的修改）
O	52A	APPLICANT BANK（信用证开证的银行）
M	59	BENEFICIARY（BEFORE THIS AMENDMENT）（信用证的受益人）
O	72	SENDER TO RECEIVER INFORMATION（附言）

Mission 任务 4　熟悉信用证的操作实务

一、信用证的收付程序

信用证的收付程序随信用证类型的不同而有所差异，但就其基本流程而言，大体要经过申请开证、开证、通知、议付、索偿、偿付、赎单等环节。由于在以信用证方式结算的情况下，结算工具（汇票、单据、索偿证明等）的流向与资金流向相反，因此信用证的收付程序也属于逆汇。现以最为常见的即期跟单议付信用证为例，简要说明其收付程序，以及各环节的具体内容。

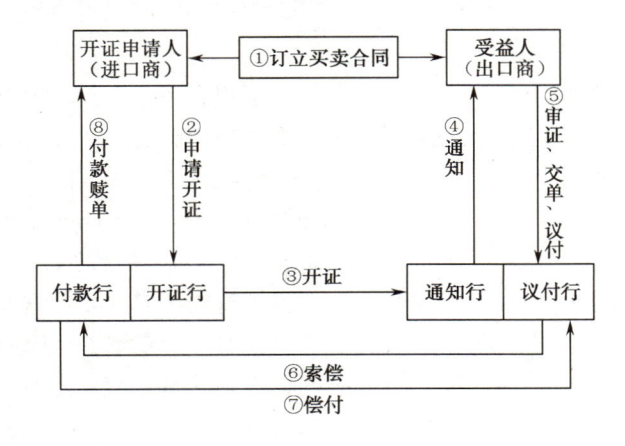

即期跟单议付信用证的收付程序示意图，如图 4-1 所示。

图 4-1　即期跟单议付信用证的收付程序示意图

各环节的具体内容分述如下。

（一）订立买卖合同

进出口双方先就国际货物买卖的交易条件进行磋商，达成交易后订立国际货物买卖合同。合同明确规定进口商以信用证方式支付货款，其中一般还应规定开证行的资信地位，以及信用证的类型、金额、到期日、信用证开立并送达卖方的日期等。

（二）申请开证

开证申请人，即进口商，在买卖合同规定的期限内向所在地的银行申请开立信用证（简称开证）。开证申请人在申请开证时要递交开证申请书。开证申请书除明确提出请开证行按所列条件开立信用证的要求及受益人的名称和地址、信用证的类型与到期日和到期地点外，主要应包括两方面的内容：一是要求开证行在信用证上列明的条款，其基本内容是要求受益人提交的符合买卖合同的单据条款，是开证行用于向受益人或其指定人（如议付行）付款的依据；二是开证申请人向开证行的保证与声明。在后一部分内容中，开证申请人承认在其付清货款前，开证行对单据及其所代表的货物拥有所有权，必要时，开证行可以出售货物，以抵付开证申请人的欠款；承认开证行有权接收"表面上合格"的单据，对于因伪造单据而造成的货物与单据不符或货物中途灭失、受损、延迟到达的情况，开证行概不负责；保证单据到达后如期付款赎单，否则，开证行有权没收开证申请人所交付的押金，以充当开证申请人应付价款的一部分；承认电讯传递中如有错误、遗漏或单据邮递遗失等，银行概不负责。

开证申请人在申请开证时，应向开证行交付一定比例的保证金（也称押金）或其他担保品。押金的多少视开证申请人的资力和信誉、市场动向、商品销售的滞畅而定。

开证申请人在填写开证申请书时，应严格履行买卖合同中规定的买方义务。开证申请书中所列条款不能与买卖合同规定的条款相矛盾，所列条款的表述必须符合 UCP600 的规定。对于开立信用证所需单据的名称、份数及传递方法等均应本着既完整、明确，又简单、适用的原则。开证申请人不要将与信用证无关的内容和买卖合同中过多的细节写入开证申请书，更不能将含糊不清的、模棱两可的、可做弹性解释的或有争议的内容写入开证申请书。

（三）开证

开证是指开证行在接收开证申请人提交的开证申请书后，必须按申请书规定的内容向指定的受益人开立信用证，并将信用证直接邮寄或用电讯方式通知出口地的代理银行（通知行）转递或者通知受益人。

信用证的开立方式有信开（Open by Airmail）和电开（Open by Teletransmission）两种。前者是指开证行在开证时开立正本一份和副本若干份，邮寄给通知行。如另指定代付行或偿付行，开证行则还须向代付行和（或）偿付行邮寄授权书。后者是指由开证行将信用证的内容加注密押后用电报或电传等电讯工具通知受益人所在地的代理行，请其转知受益人。

随着国际电讯事业的发展，为了争取时间、加快传递速度，上述信用证的"信开"方式已越来越多地被"电开"及环球银行金融电讯协会的方式（by SWIFT Message）所替代。此外，开证行还可用"简电开证"（Open by Brief Cable）的方法，即用简略的电讯将信用证的某些主要内容或"详情后告"等类似的词语，以电讯方式通过通知行预先通知受益人。这种简电信用证也称预通知信用证（Pre-advised Credit）。按照惯例，对于这种预通知信用证，开证行必须承担使其生效的不可撤销责任。因此,开证行在发出预通知后,应随即电告该证的全文,使之生效。受益人在向议付行办理议付时,必须将这两种电开信用证的正本一并递交议付行。而在未收到全文时,即信用证正式生效前,只能供受益人备货、洽订运输工具参考。

(四)通知

通知行在收到信用证后,应立即核对开证行的签字与密押,经核对证实无误,除留存副本或复印件备查外,必须尽快将信用证转交受益人。如收到的信用证是以通知行本身为收件人的,则通知行应以自己的通知书格式照录信用证全文通知受益人。

按照 UCP600 第九条的规定,信用证可经由通知行通知受益人,而该通知行不承担承付或议付的任何责任。但如该行愿意通知,则应鉴别通知的信用证的表面真实性。如该行不愿通知,则必须毫不迟延地告知开证行;如通知行无法鉴别信用证的表面真实性,其必须毫不迟延地通知开证行说明它无法鉴别,如通知行仍决定通知受益人,则必须告知受益人未能鉴别该证的真实性。UCP600 做此规定的原因是,如当通知行鉴别信用证的表面真实性发生困难时应按规定的办法处理,防止影响业务的正常进行。

(五)审证、交单、议付

受益人在收到经通知行转来的信用证后,应立即根据买卖合同和 UCP600 对其进行认真审核,主要审核信用证中所列条款与买卖合同中所列条款是否相符。如发现信用证中所列条款有差错、时间有矛盾、概念不清、词义不明、数字有误等与买卖合同不符、不能接受或无法照办的内容,均应通知开证申请人,要求修改信用证。如开证申请人同意修改,则开证申请人应向开证行提交修改申请书;如开证行同意修改,即据以制成修改通知书函寄或电告通知行,经通知行审核签字或密押无误后转知受益人。信用证修改通知书的传递方式相同。

受益人收到信用证经审查无误,或需要修改但已经收到修改通知书认可后,即可根据信用证或经过修改认可的规定发运货物。在货物发运完毕后,缮制并取得信用证所规定的全部单据,开立汇票连同信用证正本(如经修改的还须连同修改通知书)在信用证规定的交单期和信用证的有效期内,递交有权议付的通知行或与自己有业务往来的其他有权议付的银行或信用证限定的议付行办理议付。

所谓"议付"(Negotiation)就是由议付行向受益人购进由其出具的汇票及所附单据的行为。根据 UCP600 第二条的规定:"议付是指指定银行在其获得偿付的银行工作日当天或之前,通过对受益人预付款或者表示同意向受益人提前付款的方式购买相符提示项下的汇票和/或单据。"议付实际上是议付行在受益人向议付行提交符合信用证条款单据的前提下,对受益人的垫款。所以,议付也是银行叙做的"出口押汇"业务。由于在议付时要扣除一个来回邮程的利息,因此它也是一种汇票的"贴现"行为。在我国,习惯上将议付称作"买单"。议付行办理议付后成为汇票的善意持票人,如遇开证行拒付,有向其前手出票人即受益人进行追索的权利。

议付行一般为出口地的银行,它可以由开证行在信用证中指定,如在信用证中未指定,则可由受益人酌情选择通知行或与其有往来的其他银行担任议付行。

议付行在议付后,通常在信用证正本背面做必要的有关议付事项的记录,俗称"背批"。其目的主要是防止超额和重复议付。

(六)索偿

索偿就是议付行办理议付后,根据信用证的规定,凭单向开证行或其指定银行(付款或偿付行)请求偿付的行为。其具体做法如下:由议付行按信用证要求将单据连同汇票和索偿证明(证明单据符合信用证规定)分次以航邮方式寄给开证行或其指定的付款行。如果信用证指定偿付行,则开证行应在开出信用证后立即向偿付行发出偿付授权书(Reimbursement Authorization)通知授权付款的金额、有关信用证号码、有权索偿的押汇与偿付费用由何方承担等内容。议付行在办理议付后,一面把单据分次直接寄给开证行,一面给偿付行发出索偿书(Reimbursement Claim),说明有关信用证的开证行名称和信用证号码,声明已按信用证规定进行议付,并请求按指明的方法进行偿付。偿付行收到索偿书后,若索偿金额不超过授权书金额就应立即根据索偿书的指示向议付行付款。

凡信用证规定有电汇索偿条款的,议付行就需要以电讯方式向开证行、付款行或指定的偿付行进行索偿。

(七)偿付

在信用证业务中,偿付(Reimbursement)是指开证行或被指定的付款行或偿付行向议付行进行付款的行为。

开证行或指定的付款行收到议付行寄来的汇票和单据后,经核验认为与信用证规定相符,应立即将票款偿付议付行。如果发现单据与信用证规定不符,则可以拒付,但应在不迟于收到单据的次日起5个营业日内通知议付行,表示拒绝接收单据。

如果信用证指定付款行或偿付行,则由信用证指定的银行向议付行进行偿付。

(八)付款赎单

开证行在履行偿付责任后,应立即向开证申请人出示单据。开证申请人在核验单据无误后,办理付款手续。如果开证申请人在申请开证时曾交付押金,则开证行应在开证申请人付款时予以扣减。如果开证申请人在申请开证时曾提交其他抵押品,则应在付款后由开证行退还。开证申请人付款后,即可从开证行取得全套单据,包括可用于向承运人提取货物的运输单据。若此时货物已经到达,则开证申请人可凭运输单据立即向承运人提货。若货物尚未到达,则开证申请人应先查询到货日期,在到货时凭单提货。

二、信用证的催证、审证和改证

在履行以信用证付款的合同时,对信用证的掌握、管理、使用直接关系到我国对外政策的贯彻和收汇的安全。信用证的掌握、管理、使用主要包括催证、审证和改证等多项内容,这也是履行合同的一项重要工作。

(一)催证

如果在出口合同中买卖双方约定采用信用证方式,则买方应严格按照合同的规定开立信用证,这是卖方履约的前提。但在实际业务中,国外进口商在市场发生变化或资金发生短缺的情况时,往往会拖延开证。对此,我们应催促对方迅速办理开证手续。特别是大宗商品交易或因买方要求而特制的商品交易,更应结合备货情况及时进行催证。必要时,也可请我国驻外机构或有关银行协助代为催证。

(二) 审证

从理论上来讲,国外来证应与买卖合同相符。但在很多实际业务中,买方开立的信用证并非与合同完全相符。分析原因,无外乎有两种:工作疏忽或故意。无论是哪种原因造成的不符,都会给卖方履行合同、安全收汇造成隐患。对此,出口商必须提高警惕,做好对国外来证的审核工作。

1. 审证的依据

审证是指对国外进口方通过银行开立的信用证的内容进行全面审核,以确定是接受还是修改的行为。审核的依据是货物买卖合同和 UCP600。

2. 审证的内容与重点

审核信用证是银行(通知行)与出口企业的共同责任,只是各有侧重。

(1) 银行审证。

在实际业务中,银行重点审核开证行的政治背景、资信能力、付款责任、索汇路线及信用证的真伪等。具体包括以下几个方面。

① 从政策上审核:主要审核信用证的各项内容是否符合我方的方针政策,以及是否有歧视性内容。若有,则必须根据不同情况同开证行交涉。审核内容还包括开证行所在国是否与我国有往来关系、对我国的政治态度如何、开证行的政治背景、该行对我国是否持友好态度等。

② 审查开证行的经营作风和资信情况:审核信用证的金额是否与开证行的资信状况相符,如果是保兑信用证,则对保兑行的资信情况也要进行审查。一般,银行开立信用证的最高金额是其总资产的 15/10000,超出此金额则信用证付款就没有保证,而对世界排名在前 500 的大银行一般无金额控制。

③ 索汇路线是否合理:如果索汇路线和索汇方法迂回曲折,就会影响收汇时间甚至不能安全收汇。例如,某银行开立的美元信用证,由美国之外地区的分行偿付或付款,这样收汇速度就比较慢,并对卖方不利,一般就需要提请修改。

④ 审查信用证性质和开证行付款责任:信用证的付款责任取决于信用证的种类,不能接受来证上有"可撤销"字样的信用证。对有些信用证,如意大利的来证,虽然其注明"不可撤销",但同时注明"THIS L/C WILL BE EFFECTIVE UPON IMPORT LICENCE/SAMPLE ARRIVING…(这张信用证将在进口许可证/样品到达时生效)"或"UNDER SEPARATE COVER(另函详)"等限制性条款,只能在接到生效通知书或信用证详细条款后才能使用。

⑤ 审核信用证的印鉴、密押是否相符:凡是信开信用证都须审核印鉴是否相符,电开信用证须核对密押是否正确,但对于通过 SWIFT 开立的信用证,则无须核对密押。

⑥ 审核信用证的有效期和到期地点:有效期和到期地点直接关系到我国出口商与银行能否及时交单、索汇。因此,信用证有效期应与合同的运输期相协调,有效期一般要比装运期晚 15 天左右。另外,因银行和出口商通常难以准确地控制寄单所需时间,容易发生交单延误,故一般不能接受在国外开证行所在地到期的信用证。

⑦ 审核信用证条款之间是否相互矛盾：信用证条款应前后一致，不能相互矛盾。例如，在采用 CFR、CPT、FOB、FCA 等术语的情况下要求卖方提供保险单，采用 CIF、CIP 术语但遗漏了保险条款，采用空运方式却要求投保海运险等都是错误的。另外，提单份数必须是"全套"。

（2）出口企业审证。

以上几项主要是银行审证的重点，出口企业对此只需做复核性审核，其审证重点主要应放在下述几项。

① 对信用证金额与货币的审核：审核信用证金额是否与合同金额一致，大、小写金额是否一致。如果合同订有溢短装条款，则应审核信用证金额是否包括溢短装部分的金额、信用证使用的货币是否与合同规定的计价货币和支付货币一致。

② 对有关货物条款的审核：主要是对商品的品质、规格、数量、包装等依次进行审核。如果发现信用证的内容与合同规定的不一致，则不应轻易接受，原则上要求改证。

③ 对信用证的装运期、有效期和到期地点的审核：信用证的装运期必须与合同规定的相同；信用证的有效期一般规定在装运期限后 7～15 天，以方便卖方制单。关于信用证的到期地点，通常要求规定在中国境内，对于在国外到期的信用证，我们一般不接受，应要求修改。

④ 对开证申请人、受益人的审核：开证申请人的名称和地址应仔细审核，以防错发错运。受益人的名称和地址也必须正确无误，以免影响收汇。

⑤ 对单据的审核：主要对来证中要求提供的单据种类、份数及填制方法等进行审核。如果发现有不正常规定或我方难以办到的条款，则应要求对方修改。

⑥ 对其他运输条款、保险、商检等条款的审核：仔细审核信用证对分批装运、转船、保险险别、投保加成，以及商检条款的规定是否与合同规定的相符，如有不符，则应要求对方修改。

⑦ 对特殊条款的审核：审证时，如发现超越合同规定的附加或特殊条款，一般不应轻易接受。如果对我方无太大影响，则可酌情接受一部分。详见后文有关"软条款"的叙述。

（三）改证

1. 改证的原则及注意的问题

改证是对已开立的信用证进行修改的行为。在实际业务中，出口企业若通过审证发现与合同不符而我方又不能接受的条款，则应及时向开证申请人提出修改要求，并在收到改证通知确定无误后发货。对可改可不改的内容，则可酌情处理。例如，合同允许分批装运，而来证不准分批，如果此时货物已全部备妥，且能一次出运，就无须改证。

在改证过程中，如果同一信用证上需要做出多处修改，则应做到一次向国外客户提出，尽量避免因考虑不周而多次改证。对通知行转来的同一修改通知书，如修改内容有两处以上，出口企业只能全部接受或全部拒绝，不能只接受其中一部分。

2. 信用证改证函

出口方在审核信用证时，若发现有不符合买卖合同规定或不利于出口方安全收汇的条款，则可及时联系进口方通过开证行对信用证进行修改。一封规范的改证函，通常包括以下几个方面的内容。

（1）感谢对方通过银行开具的信用证。

（2）列明信用证中的不符之处和不能接受的条款，并说明如何改正。例如，PLEASE DELETE THE CLAUSE "BY DIRECT STEAMER" AND INSERT THE WORDING "TRANSSHIPMENT AND PARTIAL SHIPMENT ARE ALLOWED"或 PLEASE EXTEND THE DATE AND THE VALIDITY OF THE L/C TO…AND…RESPECTIVELY。

（3）感谢对方的合作，提醒信用证修改书应于某日前到达，以便按时装运等。例如，THANK YOU FOR YOUR KIND COOPERATION，PLEASE SEE TO IT THAT THE L/C AMENDMENT REACHES US BEFORE…FAILING WHICH WE SHALL NOT BE ABLE TO EFFECT PUNCTUAL SHIPMENT.

（四）信用证中的"软条款"

1. "软条款"简介

信用证中的"软条款"，在我国有时也被称为"陷阱条款"（Pitfall Clause），是指在不可撤销的信用证中加列一种条款，使出口商不能如期发货。根据此条款，开证申请人（买方）或开证行具有单方面随时解除付款责任的主动权，即买方完全控制整笔交易，受益人处于受制人的地位，是否付款完全取决于买方的意愿。这种信用证实际变成了随时可以撤销或永远无法生效的信用证，导致银行中立担保付款的职能完全丧失。带有此种条款的信用证实质上是变相的可撤销信用证，极易造成单证不符而遭开证行拒付。买方凭借信用证"软条款"还可以骗取卖方的保证金、质押金、履约金、开证费等。

信用证支付方式自产生以来，尽管迅速成为国际贸易的主要支付方式，但随之而来的外贸合同诈骗也屡见不鲜。少数不法外商不断变换手法，利用信用证中的"软条款"，以及我国一部分外贸业务人员积极扩大出口的良好愿望和经验不足的弱点，给我国企业造成重大经济损失。

2. "软条款"的特征

"软条款"具有极大的隐蔽性，主要有以下特征。

（1）来证金额较大，大多在50万美元以上。

（2）来证含有制约受益人权利的"软条款"，常见的"软条款"归纳如下。

① 在开证申请人（买方）通知船公司、船名、装船日期、目的港、验货人等之后，受益人才能装船。此条款使卖方装船完全由买方控制。买方在获得保证金、质押金、履约金、开证费等后，若借故刁难，拒绝签发检验证书，或不通知装船，则会使出口企业无法取得全套单据议付，白白遭受损失。

② 信用证开出后暂不生效，待进口许可证签发后通知生效，或待货样经申请人确认后生效。此条款使出口货物能否装运完全取决于进口商，出口商则处于被动地位。出口商只有在收到信用证之后才能投产，生产难安排，装期紧，出运有困难。

③ 1/3正本提单寄给开证申请人。买方可能持此提单先行将货提走。

④ 记名提单，承运人可凭收货人合法身份证明交货，不必提交本提单。

⑤ 信用证到期地点在开证行所在国，有效期在开证行所在国。采用此条款可能出现卖方延误寄单，单据寄到开证行时已过议付有效期的情形。

⑥ 信用证限制运输船只、船龄或航线等条款。

⑦ 含空运提单的条款，提货人签字就可提货，不需要交单，货权难以控制。有的信用证规定提单发货人为开证申请人或客户，不法商人可能利用此特殊条款进行无单提货。

⑧ 品质检验证书必须由开证申请人或其授权者签发，由开证行核实，并与开证行印签相符。采用买方所在国家的商品检验标准，此条款使得卖方的商品由于采用本国标准，而无法达到买方所在国家的标准，使信用证失效。买方获得保证金、质押金、履约金、开证费等后，若借故刁难，拒绝签发检验证书，则会使出口企业无法取得全套单据议付，白白遭受损失。

⑨ 收货收据必须由开证申请人签发或核实。在此条款下，可能出现买方拖延验货，使信用证失效的情形。

⑩ 既规定允许提交联运提单，又规定禁止转船。这种条款是自相矛盾的，易引发争端。

⑪ 规定受益人不易提交的单据，如国内信用证的运输单据，国内信用证下的货运单据通常不代表货权，不能背书转让。这可能会给受益人带来提交有效单据的困难。

⑫ 一票货物，信用证要求就每个包装单位分别缮制提单。

⑬ 设置质量检验证书障碍，伪造质检证书。

⑭ 本证经当局（进口国当局）审批才能生效，未生效前，不许装运。

⑮ 易腐货物要求受益人先寄一份提单，持此单可先行提货。

⑯ 货款必须于货物运抵目的地经外汇管理局核准后付款。

⑰ 卖方议付时须提交买方在目的港的收货证明。

⑱ 产地证书签发日晚于提单日期。这会被怀疑未经检验，先装船，装船后再检验。

⑲ 延期付款信用证下受益人交单在先，银行付款在后，风险大，应加具保兑。

⑳ 不接受联合发票，进口国拒绝接受联合单据。

㉑ 信用证规定指定货运代理出具联运提单。当一程海运后，二程境外改空运时，容易被收货人不凭正本联运提单提货。

㉒ 信用证规定受益人在货物装运后如不及时寄 1/3 提单，则开证申请人不会寄出客检证。这会使受益人难以议付单据。

㉓ 信用证中货物一般为大宗建筑材料和包装材料，如"花岗石、鹅卵石、铸铁井盖、木箱和纤维袋"等。

㉔ 买方要求出口企业按合同金额或开证金额的 5%～15%预付保证金、质押金、履约金、开证费等给买方指定代表或中介人。

3. "软条款"的防范

（1）首先要认真审证，做到及早发现"软条款"。在贸易过程中，我方在收到信用证后应立即与合同核对，检查信用证条款是否与合同条款一致，能否办得到。发现问题后要马上与开证申请人联系对信用证做修改，不要等到货物已上船才发现情况不妙，那时一旦对方不肯修改信用证，我方就陷入了被动局面。

（2）其次是尽量要求对方客户从一些大的、信誉较好的银行开证。由于这些银行一般很注意自身的声誉，会很严肃、认真地对待"软条款"问题，相对来说风险会小得多。要及时识破不法外商与一些开证行相互勾结设下的圈套。

（3）调查、了解外商企业，包括企业的资信及其在商界的声誉状况。这是涉及生意时避免找错伙伴的重要前提。

（4）要明白涉外商务中的银行信用和商务合同是两回事，要特别注意审查信用证条款中的要求、规定是否与签约的买卖合同中的相符。例如，货物装运期、付款期限、付款行都必须写明，最重要的是审核该信用证是否为无法执行的信用证。

（5）签订的买卖合同应有买卖双方承担风险的责任保证，同时应该有第三方、第三国做担保人并进行公证，不能听信单方面的任何承诺。

（6）在签订合同时，要力争客户同意由我国的商检机构来进行商品检验。近几年来，我国的商检机构在国际上的知名度越来越高，信用度也越来越高，各国贸易商对其检验结果大多愿意承认。

跟单信用证的格式举例如下。

```
Department:    A              SWT023B01              Sep/No:    004951
Message                       Received On: 2006-05-15/16:56:50
15.03    16:38
33062 BOCSH A CN*
33062 BOCSH A CN
XXXXX
LOCAL TIME MON MAY 15 16:09:20 2006
TO:      BANK OF CHINA, NINGBO
SWIFT CODE:   BKCHCNBJA300
FROM:    NAT'L AGRICULTURAL COOPERATIVE FED'N, SEOUL
TEST-KEY:    SEE 72 FIELD（CAL FOR 116188）
MUR:    000000000482161
MESSAGE-TYPE:    700 ISSUE OF A DOCUMENTARY CREDIT
+27:    SEQUENCE OF TOTAL                1/1
+40A:   FORM OF DOCUMENTARY CREDIT       IRREVOCABLE
+20:    DOCUMENTARY CREDIT NUMBER        JC968509MU00158
+31C:   DATE OF ISSUE                    060515
+31D:   DATE AND PLACE OF EXPIRY         060715 CHINA
+50:    APPLICANT                        YFM INTERNATIONAL LIMITED
                                         NO. 90,MOSQUE ROAD, SEOUL, KOREA
+59:    BENEFICIARY                      NINGBO HAIZHOU CO., LTD.
        1125 YANCHANG ROAD
        NINGBO CHINA
+32B:   CURRENCY CODE, AMOUNT:           USD14400
+41D:   AVAILABLE WITH.. BY..            ANY BANK
        BY NEGOTIATION
: 42C:  DRAFTS AT..                      60DAYS AFTER SIGHT
: 42A:  DRAWEE                           AMERICAN EXPRESS BANK LTD.,
                                         NEW YORK
```

: 43P: PARTIAL SHIPMENTS   NOT ALLOWED
: 43T: TRANSSHIPMENT   NOT ALLOWED
: 44A: LOADING ON BOARD/DISPATCH/
TAKING IN CHARGE AT/FROM...   CHINA PORT
: 44B: FOR TRANSPORTATION TO...   BUSAN KOREA
: 44C: LATEST DATE OF SHIPMENT   060708
: 45A: DESCRIPTION OF GOODS AND/OR SERVICES
+TRADE TERMS: CIF BUSAN KOREA   ORIGIN：CHINA
                + Sports Jacket
                MY6158   720PCS
: 46A: DOCUMENTS REQUIRED
                +SIGNED COMMERCIAL INVOICE IN QUADRUPLICATE
                +PACKING LIST IN QUADRUPLICATE SHOWING PIECE
                LENGTH PER PACKAGE
                +FULL SET OF CLEAN ON BOARD OCEAN BILLS OF LADING MADE
                OUT TO THE ORDER OF NATIONAL AGRICULTURAL COOPERATIVE
                FEDERATION MARKED 'FREIGHT PREPAID' AND NOTIFY ACCOUNTEE
                +INSURANCE POLICY OR CERTIFICATE IN DUPLICATE, ENDORSED
                IN BLANK FOR 110PCT OF THE INVOICE VALUE, EXPRESSLY
                STIPULATING THAT CLAIMS ARE PAYABLE IN THE CURRENCY OF
                THE DRAFT, ALSO INDICATION A CLAIMS SETTLING AGENT IN
                KOREA AND INSURANCE MUST INCLUDING INSTITUTE CARGO
                CLAUSE: ALL RISKS, WAR RISKS AND SRCC
                +COPY OF FAX/TLX SENT TO APPLICANT ON SHIPMENT
                DATE ADVISING SHIPPING DETAILS
ADDITIONAL CONDITION
: 47A: +BILLS OF LADING ARE INDICATED NAME ADDRESS AND
TELEPHONE NUMBER OF CARRYING
VESSEL'S AGENT AT PORT OF DESTINATION.
: 71B: CHARGES   EXCEPT OTHERWISE STATED, ALL BANKING
CHARGES OUTSIDE KOREA INCLUDING REIMBURSING BANK'S CHARGES ARE FOR
BENEFICIARY'S ACCOUNT
: 48:   PERIOD FOR PRESENTATION   DOCUMENTS TO BE PRESENTED WITHIN 21
DAYS AFTER THE DATE OF SHIPMENT BUT IN ANY EVENTS WITHIN THE CREDIT
VALIDITY
+49：   CONFIRMATION INSTRUCTIONS   WITHOUT
: 53A: REIMBURSING BANK   AMERICAN EXPRESS BANK LTD.,
                                         NEW YORK

: 78:　INSTRUCTIONS TO THE PAYING/ACCEPTING/NEGOTIATING BANK
　　　　+THIS CREDIT IS AVAILABLE AT SIGHT BASIS, WITH ACCEPTANCE
　　　　COMM. AND DISCOUNT CHARGES FOR APPLICANT'S ACCOUNT
　　　　+PLS CLAIM REIMBURSEMENT BY FORWARDING BENEFICIARY'S
　　　　TIME DRAFT AND A COPY OF B/L TO THE REIMBURSING BANK
　　　　+T/T REIMBURSEMENT NOT ALLOWED
　　　　+ALL DOCUMENTS MUST BE FORWARDED IN TWO CONSECUTIVE
　　　　LOTS BY INT'L COURIER SERVICE TO THE FOLLOWING ADDRESS:
　　　　NATIONAL AGRICULTURAL COOPERATIVE FEDERATION INTERNATIONAL
　　　　BANKING
　　　DEPARTMENT 75, l-KA, CHUNGJEDNG-RD, JUNG-KU, SEOUL, KOREA
　　　　+THIS CREDIT IS SUBJECT TO UCP, ICC PUBLICATIONS NO.500 （1993 REVISION）
: 72:　SENDER TO RECEIVER INFORMATION TEST　　　S70314
　　　　　　　　　　　　　　　　WITH HANIL BANK, SEOUL
　　　　　　　　　　　　　　　　PLS CONTACT THEM FOR
　　　　　　　　　　　　　　　　TESTKEY VERIFICATION

+END OF MESSAGE+
33062 BOCSH A CN
15-MAY-2006 at 16: 56 from EXTEL

案例1：

开证行是否承担责任

　　A 公司与外商就某商品按 CIF 和即期信用证付款条件达成一项数量较大的出口合同。该合同规定 11 月装运，但未规定具体开证日期，后因该商品的市场价格趋降，外商便拖延开证。A 公司为防止延误装运，从 10 月中旬起多次电催开证，终于使该外商在 11 月 6 日开来信用证。但由于该信用证来得太晚，A 公司在安排装运时遇到了困难。A 公司要求外商对信用证的装运期和议付有效期进行修改，分别推迟 1 个月。但外商拒不同意，并以 A 公司未能按期装运为由单方面宣布解除合同，A 公司也就作罢。请问 A 公司如此处理是否适当，应从中吸取哪些教训？

案例分析：
　　A 公司应吸取的教训主要有如下几点。
　　（1）在合同中未规定信用证的开证日期，不妥。
　　（2）按照惯例，即使合同未规定开证期限，买方也应于装运期前开出信用证，若买方未及时开出信用证，卖方应保留索赔权。
　　（3）对于外商以 A 公司未能按时装运为由，单方面宣布解除合同，A 公司有权以"买方晚开证，卖方有权将装运期相应推迟"为由对其进行追责。

案例2：

单证不符，货主无法结汇与承运人无关案

要点提示：本案中发货人提供的单据与信用证不符，使其不能结汇、收回货款。货物起运后，开证行传真发货人予以书面解释，但发货人未通知承运人及时将货物留置，致使收货人提走货物而拒付货款。发货人起诉承运人，要求承运人赔偿其全部损失。法院认为，承运人已完整、正常地完成了运输合同的责任和义务，发货人无法结汇与承运人无关，承运人不应承担赔偿责任。

案情介绍：

某运输公司于1996年11月承办了一项由武汉发往蒙古国的运输业务，这是一项以信用证结汇的贸易运输业务。发货人是湖北某县外贸局，收货人是中国台湾聚金贸易公司在蒙古国的代理商。此票货物于正常的时间、完整的数量及良好的外包装交给了发货人书面所指示的收货人。交货后，发货人一直未能结汇、收回货款，其原因是发货人所提供的单证与收货人的信用证有多处不符。自货物起运后的第三天起，开证行接连7次传真发货人要求予以书面解释，但均被其具体经办人私自扣押，既不上报单位领导，也不通知运输公司及时将货物留置，致使台商在蒙古国的代理钻了该国经贸制度不完善和人熟地熟的空子，将货物全部提走而拒付货款，造成发货人钱货两空，由此蒙受近60万元的损失。发货人在无法从收货人处收回货款的情况下，向某市中级人民法院起诉某运输公司，要求其赔偿此票货物的全部损失。

处理结果：

某市中级人民法院一审判决和省高级人民法院二审判决均裁定：驳回原告请求，并认定被告已完整正常地履行了全部运输合同的责任和义务，不应承担赔偿责任。

案例分析：

根据我国与周边国家签订的《国际铁路货物联运协定》，承运人从承运货物时起，至到站交付运单与货物时止，对于货物运到逾期及因货物全部或部分灭失或毁损所发生的损失负责。本案承运人将货物于正常的时间、完整的数量及良好的外包装交给了发货人书面指示的收货人，已完成了运输合同项下的全部义务。发货人因单证与信用证不符而无法结汇已超出了承运人在运输合同项下的义务范围，责任不在承运人，因此承运人不应对此承担赔偿责任。

此案带给我们的启示：虽然信用证结汇是较为安全的结汇手段，但是对某些国家的贸易和运输来说，却并非完全如此。因此，在进行陆桥运输或国际铁路货物联运时，必须在运输操作上多一层防备、多一道警戒线，更加严格地按正常程序办事，甚至要事先考虑制定一些保护自己合法权益的条款、措施及应急办法。尤其是在进行边境易货贸易与运输时，更要小心、谨慎。

我们平时要严格地执行正规的货运操作制度和程序，注意积累和整理有关的来往函电，并且一般都要求文字材料、书面确认，以便日后产生纠纷时可作为有力的证据。

纠纷发生后，我们要认真熟悉案情，周密调查事实，明确自己的法律地位，分

析自己有无责任及责任的大小，然后做出正确的判断及合理的决定，绝不能凭主观想象或个体权威去决定有无责任。依据法律，该赔的就赔，不该赔的坚决不赔，即使打官司也要维护自己的合法权益。本案问题出在委托人公司内部，其经办人未及时处理问题，以致造成很难挽回的损失。其损失与承运人无关，所以承运人无须承担责任。

思政园地

本章重点学习与国际货运代理息息相关的国际贸易结算知识，尤其是信用证。教师可引导学生理解交易业务情境，提高培育学生的风险意识和职业能力，培养学生严谨细致的工作作风，保证国家和企业利益。

学习小结

本项目主要对国际结算的 3 种主要方式——汇付、托收和信用证进行了介绍。对汇付和托收详细阐述了相关当事人和两种结算方式的分类等，对信用证分别从含义、特点、作用、主要内容、风险、当事人、种类和操作实务等多个方面进行了讲解。

课后练习

一、单选题

1. 在托收项下，单据的缮制通常以（　　）为依据。如有特殊要求，应参照相应的文件或资料。
    A．信用证　　　　B．发票　　　　C．合同　　　　D．提单
2. 信用证经保兑后，保兑行（　　）。
    A．只有在开证行没有能力付款时，才承担保证付款的责任
    B．和开证行一样，承担第一性付款责任
    C．需要和开证行商议决定双方各自的责任
    D．只有在买方没有能力付款时，才承担保证付款的责任
3. 出口商开具的汇票，如遭付款人拒付，（　　）。
    A．开证行有权行使追索权　　　　B．保兑行有权行使追索权
    C．议付行有权行使追索权　　　　D．付款行有权行使追索权
4. 承兑是（　　）对远期汇票表示承担到期付款责任的行为。
    A．付款人　　　B．收款人　　　C．出口商　　　D．议付行
5. 信用证上若未注明汇票的付款人，根据UCP500的解释，汇票的付款人应是（　　）。
    A．开证申请人　　B．开证行　　　C．议付行　　　D．出口商

二、多选题

1. 在信用证业务的有关当事人之间，存在契约关系的有（   ）。
   A．开证申请人与开证行　　　　B．开证申请人与受益人
   C．开证行与受益人　　　　　　D．开证申请人与通知行
   E．开证申请人与议付行
2. 信用证契约中的当事人是（   ）。
   A．开证行　　　B．开证申请人　　　C．受益人　　　D．通知行
   E．保兑行
3. 在信用证的基本当事人中，受益人可以是（   ）。
   A．卖方　　　　B．受信方　　　　C．进口商　　　　D．出口商

三、简答题

1. 信用证的特点是什么？
2. 简述信用证的主要类型及其含义。
3. 简述托收的性质、分类和特点。
4. 信用证业务涉及哪几方当事人？

四、案例分析题

1. A、B 两家食品进出口公司共同与某外商成交出口货物一批，两家公司约定各交货 50%，各自结汇，由 B 公司对外签订合同。事后，外商开来以 B 公司为受益人的不可撤销信用证，证中未注明"可转让"字样，但规定允许分批装运，B 公司在收到 L/C 后，及时通知了 A 公司，两家公司按照 L/C 的规定各出口了 50%的货物并以各自的名义制作了有关的结汇单据。请问，两家公司的做法是否妥当？它们能否顺利结汇？为什么？

2. 我国某出口公司 A 与另一国的进口公司 B 之间签订了一份进出口贸易合同。合同中规定：支付条款为装运月前 15 天电汇付款。但是，在后来的履约过程中，B 公司延至装运月中才从邮局寄来银行汇票一张，并声称货款已汇出。为保证按期交货，A 公司于收到汇票次日即将货物托运，同时委托 C 银行代收票据。1 个月后，A 公司接到 C 银行的通知，因该汇票是伪造的，已被退票。此时，货物已抵达目的港，并已被 B 公司凭 A 公司自行寄去的单据提走。事后，A 公司进行了追偿，但 B 公司早已人去楼空，A 公司承受了较大的损失。请问，A 公司在本案中的失误是什么？

项目实训

某出口公司收到一份国外开来的 L/C，该出口公司按该 L/C 的规定进行了货物装运，但在尚未将单据送交当地银行议付之前，突然接到开证行的通知，称开证申请人已经倒闭，因此开证行不再承担付款责任。

如果你是该出口公司的相关负责人，应该如何处理？

项目 5 国际海运代理

思维导图

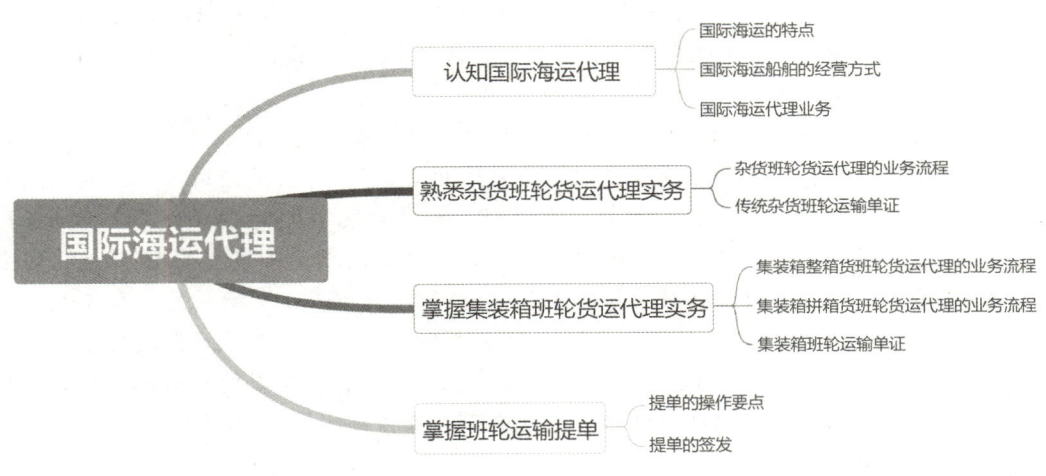

国际海运代理
- 认知国际海运代理
  - 国际海运的特点
  - 国际海运船舶的经营方式
  - 国际海运代理业务
- 熟悉杂货班轮货运代理实务
  - 杂货班轮货运代理的业务流程
  - 传统杂货班轮运输单证
- 掌握集装箱班轮货运代理实务
  - 集装箱整箱货班轮货运代理的业务流程
  - 集装箱拼箱货班轮货运代理的业务流程
  - 集装箱班轮运输单证
- 掌握班轮运输提单
  - 提单的操作要点
  - 提单的签发

知识目标

1. 了解国际海运的特点和国际海运船舶的经营方式。
2. 了解杂货班轮货运代理的业务流程与涉及的相关单证。
3. 了解集装箱货班轮货运代理的业务流程与涉及的相关单证。
4. 了解班轮运输提单的操作要点。

技能目标

1. 能够针对海运业务进行海运提单的填写和相关的模拟操作。
2. 能够熟悉杂货班轮货运代理和集装箱班轮货运代理的相关单证在贸易流程中的流转及使用。

案例导入

国际海运代理业的流程及转委托

某年12月，A公司与买方签订购销合同，约定由A公司向其分批出口800吨鲜香菇。为履行上述合同，A公司于次年10月向B货运代理公司发出订舱委托书，委托B货运代理公司办理包括装箱、陆路拖车、报关报检、订舱在内的货运代理事宜，订舱委托书中载明冷藏集装箱设定温度为0℃。

B货运代理公司在接受委托后，转委托C公司安排集卡装载冷藏集装箱空箱前往A公司指定的河南工厂装货并将货物陆运至连云港，以及完成报关报检、订舱等出口货运代理事宜。当货物运至仁川港后，买方发现货损，委托汎韩检定株式会社进行检验。汎韩检定株式会社分别于同年12月20日、21日、24日对存放于冷藏海关保税仓库内的上述货物进行检验。汎韩检定株式会社在核对冷藏集装箱温度记录数据时发现，集卡司机在中国陆运期间未将电源连接至集装箱上，认定货损原因系陆运操作粗心所致。上述货物损失总计达到92 325.65美元。

A公司向法院提起诉讼，请求判令B货运代理公司赔偿全部货损。B货运代理公司辩称，A公司的诉请并无事实与法律依据，涉案货物已在目的港交付收货人，所有权已转移，A公司无权主张赔偿；A公司知晓B货运代理公司转委托陆运事宜，故A公司应直接向C公司追偿；涉案货运代理合同系无偿合同，B货运代理公司已完成A公司委托的货运代理事宜且在履约过程中无重大过错，不应承担赔偿责任。

案例分析：

在海货代理实务中，层层转委托的连环代理现象屡见不鲜。受托人在转委托时一般应征得委托人的明示同意或以行为表达的默示同意，否则应对第三人的行为承担责任。本案例中，A公司和B货运代理公司并未就B货运代理公司安排陆路拖车事宜明确约定转委托权限。A公司虽事后被告知陆路拖车事宜系B货运代理公司转委托案外人处理，但并无证据显示A公司对此已表示明确同意；而仅根据A公司知晓B货运代理公司将陆路拖车事宜转委托C公司且未表示反对的事实，并不足以推定A公司已同意此转委托。故在此情形下，涉案货物陆路拖车事宜的相关责任仍应由作为合同相对方的B货运代理公司直接向A公司承担。

请思考：
1. B货运代理公司作为国际海货代理除了承担以上业务，还应该承担什么业务？
2. 国际海货代理具体的业务流程是怎样的？
3. 国际海货代理涉及的相关业务单证有哪些？

Mission 任务 1 认知国际海运代理

一、国际海运的特点

国际海运是指使用船舶通过海上航道在不同的国家和地区的港口之间运送货物的一种运输方式，是国际物流中主要的运输方式之一。国际海运具有与陆路运输、航空运输、国内海运不同的特点（见表 5-1）。

表 5-1 五大运输方式优缺点的比较

运输方式	优点	缺点
水运	成本低，能进行低成本、大批量、远距离的运输	运输速度慢，受港口、水位、季节、气候等影响较大，风险大
公路运输	灵活性强，公路建设期短，投资较低，易于因地制宜，可实现"门到门"运输	运输成本较高、运输量较小
铁路运输	速度快，运输不太受自然条件限制，载运量大，运输成本较低	灵活性差，只能在固定线路上实现运输，需要以其他运输手段来配合和衔接
航空运输	速度快，不受地形的限制，在许多火车、汽车都达不到的地区可依靠航空运输	成本太高，普通货物运输不适用
管道运输	运输过程中可避免散失、丢失等损失，运输量大，连续性强	灵活性差，运输货物较单一

（一）运输量大

船舶的载运能力远远强于火车、汽车和飞机。国际海运的运输量大，特别适合大宗货物的运输。国际货运是在全世界范围内进行商品交换的，地理位置和条件决定了国际海运是国际货运的主要手段。

（二）通过能力大

国际海运的航线四通八达，不像公路运输、铁路运输和航空运输要受道路、轨道和航线的限制。例如，若遇到政治、经济及自然等条件的变化，船舶可随时改选最有利的航线来完成运输任务。

（三）运输成本低

船舶的航道天然形成，除建设港口和购置船舶外，水域航道几乎不需要投资。另外，船舶的运输量大，船舶经久耐用且节省燃料，所以货物的单位运输成本相对低廉。据统计，对于同一批货物，国际海运的费用一般约为铁路运费的 1/5、公路运费的 1/10、航空运费的 1/30，这就为低值大宗货物的运输提供了有利的竞争条件。

（四）货物适应性强

船舶的货舱容积大，可以运载各种体积庞大的货物。无论是形状规则的集装箱，还是散货和其他超重大货，都可以通过船舶运输。而且国际海运的船型种类繁多，能够满足多种货物类型的运输需求。

（五）运输速度慢

船舶体积大，水流阻力大，加之装卸时间（Laytime）长，其运输速度与其他运输方式相比较慢。例如，集装箱船的船速多为 20 节[①]，散货船航速为 15~16 节，油轮航速为 15~17 节。

（六）运输风险大

船舶在海上航行受自然气候和季节性的影响较大，随时都有遭遇狂风、巨浪、暴风、

---

① "节"是速度单位，用于测量轮船的航速，表示轮船每小时行驶的海里数。1 节=1 海里/小时=1.852 公里/小时。

雷电、海啸等不可抗的自然灾害袭击的可能，其遇险可能性比陆路运输与沿海运输要大很多。国际海运还存在社会风险，如战争、罢工、贸易禁运等。另外，船舶航行日期也不容易准确地预计。

二、国际海运船舶的经营方式

（一）班轮运输

1. 班轮运输的概念及特点

班轮运输又称定期船运输，是指船公司按照事先制定的船期表，利用船舶在特定的航线上和固定的港口之间定期为非特定的众多货主提供经常性的货物运输服务，并按照运价本的规定计收运费的营运方式。

班轮运输的特点可以概括为以下几点。

（1）"四固定"。一是固定船期表，即船舶按照预先公布的船期来运营，一般情况下能够按时将货物从起运港迅速运至目的港。因此货主可以在预知船舶离港时间（Estimated Time of Departure，ETD）和抵港时间（Estimated Time of Arrival，ETA）的基础上组织、安排货源，保障收货人及时收货。二是固定航线，有利于船公司发挥航线优势及稳定货源。三是固定挂靠港口，为多港卸货的货主提供便利。四是固定运费率，且运费率透明，有利于维持班轮运输市场的良性竞争。

（2）"一负责"。货物由承运人负责配载、装卸，承运人的责任区间为"船舷至船舷"或"钩至钩"，即从货物装上船起到货物卸下船止。

（3）提单是运输合同的证明。承运人和货主在货物装船之前通常不书面签订运输合同，而是以货物装船后承运人签发的提单作为二者之间运输合同的证明，即承运人与货主之间的权利、义务和责任豁免通常以提单背面条款为依据并受国际公约制约。

（4）货主分散且不确定，适用于小批量货物的运输。在班轮运输中，货主往往分散且不确定，货物一般是件杂货和集装箱货，对货量没有要求，货主按需订舱即可，因此班轮运输能满足小批量货物的运输需求。

（5）货物类型适应性强。班轮运输船舶的技术性能较好、设备较齐全、船员素质较高并且管理制度较完善，既能满足普通件杂货的运输要求，又能满足危险货物、超限货物、鲜活易腐货物等特殊货物的运输需求，并且能较好地保证货运质量。

（6）接受和交付货物的地点。在杂货班轮运输中，除非订有协议允许托运人在船边交货和收货人在船边提货，否则承运人应在装货港指定的码头仓库接收货物，并在卸货港的码头或仓库向收货人交付货物。在集装箱班轮运输中，通常承运人在装货港集装箱堆场接收货物，并在卸货港集装箱堆场交付货物。如果是拼箱货（Less than Container Load，LCL）则由集拼经营人在装货港集装箱货运站接收货物，并在卸货港集装箱货运站交付货物。

（7）承运人与货主之间既不规定装卸时间，也不计算滞期费（Demurrage）和速遣费（Despatch）。在堆场或货运站交接货物的情况下，承运人与货主会约定交接时间，而不规定装卸船时间；在船边交货或提取货物时，承运人与货主也仅约定托运人或收货人需要按照船舶的装卸速度交货或提取货物，否则，货主应赔偿承运人因降低装卸速度或中断装卸作业所造成的损失。

2. 班轮运输的种类

（1）杂货班轮运输。

杂货班轮运输是一种历史悠久的班轮运输形式。杂货的全称为件杂货，又称普通货物，是可以以件计量的货物，分为裸装货和包装货。裸装货是指没有包装或无法包装的货物，如钢材、原木、木材、板材、机械设备、交通工具等；包装货是指可以用包、袋、箱等包装起来运输的货物，如钢材制品、铁制品、木材制品、玻璃制品、工艺品、纸类、棉花、天然橡胶、皮革制品、服装制品、塑料制品、袋装水泥、袋装化肥、袋装粮食、文具、日用品等。

对货主而言，杂货班轮运输具有以下优点。

① 能及时、迅速地将货物发运和运达目的港。由于货主及货运代理能根据船期表预知货物的发运和到达时间，因此能保证货物的供需要求。

② 能适应小批量零散件杂货对国际海运的需要。货主或货运代理能够随时向班轮公司托运货物，而不论货物的批量大小，因此可以节省货物等待集中的时间和仓储费用。

③ 能满足各种货物对国际海运的要求，并能较好地保证货运质量。

④ 通常班轮公司都负责转运工作。货主或货运代理企业可以要求班轮公司安排货物的转运工作，从而满足货物特殊的运输需求。

（2）集装箱班轮运输。

集装箱班轮运输随着集装箱的发展和应用而逐渐形成，目前已成为班轮运输的主要形式之一。集装箱货按照交接形式分为整箱货（Full Container Load，FCL）和拼箱货。整箱货是指一个集装箱中装载的货物只属于一个发货人和一个收货人；拼箱货是指将不同发货人的货物拼装入一个集装箱，并且拆箱后将货物分别交给各自的收货人。

对货主而言，集装箱班轮运输除具有与杂货班轮相似的优点外，在运输速度、货运质量等方面更具有优势。但是，目前大多数班轮公司不接受小批量的拼箱货运输订单，因此需要集拼经营人来安排小批量的拼箱货运输。

（二）租船运输

1. 租船运输的概念及特点

租船运输又称不定期船运输，即根据货源情况安排船舶就航的航线，组织货物运输。这是一种按照出租人和承租人之间签订的租船运输合同进行货物运输的基本运营方式。

租船运输的特点如下所述。

（1）租船运输是根据租船合同组织运输的，没有既定的船期表，没有固定的航线，装卸港也不固定，出租人和船舶承租人双方的责任、义务、权利由租船合同订明，租船合同条款是解决争议的依据。

（2）适用于大宗散货的整船运输，如粮食、化肥、石油、煤炭、矿砂、钢材、木材等。这类货物的特点是批量大、价格低廉，不需要包装或只需要比较简单的包装。

（3）运价不固定。国际租船市场的行情会影响租船运输的租金或运费水平的高低。世界经济状况、船舶运力供求关系、季节性气候条件及国际政治形势等都是租船运输运价的影响因素。

（4）船舶运营中的相关费用及风险由谁负责和承担，视租船合同的类别和具体条款而定。租船运输中的提单不是一个独立的文件。对于承租人和船舶所有人而言，租船提单仅相当于货物收据，这种提单要受租船合同的约束，银行一般不愿意接收这种提单，除非信用证另有规定。当承租人将提单转让给第三人时，提单起着物权凭证的作用。

2. 租船运输的种类

（1）航次租船。

航次租船又称"航程租船"或"程租船"或"程租"，是指由船舶出租人向承租人提供船舶或船舶的部分舱位，在指定的港口之间进行单向或往返的一个航次或几个航次，用以运输指定货物的租船运输方式。

其特点是船东占有船舶、经营船舶、运营船舶；承租人支付运费（按每吨运费率或包干费[1]计算）；航次成本中的装卸费用按合同规定，由船东或承租人负责；其余成本均由船东负责；合同中规定货物装卸时间、装卸时间的计算、滞期费和速遣费。目前，航次租船是租船市场上最活跃、最普遍的一种租船方式，对运费水平的波动最为敏感。在国际现货市场上成交的大多数货物（主要有液体散货和干散货两大类）通常是通过航次租船方式运输的。

（2）定期租船。

定期租船（Time Charter；Period Charter）又称"期租船"，是指由船舶所有人将特定的船舶，按照租船合同的规定，在规定期间内租给承租人使用的一种租船方式。

其特点是船东占有船舶、经营船舶；承租人运营船舶、支付租金[租金率根据船舶装载能力、租期长短、航运市场而定，租金率以美元/（天·载重吨）或美元/天为单位]；船东负责船舶资本成本和经营成本，承租人负责船舶航次成本。

（3）光船租船。

光船租船（Bare Boat Charter；Demise Charter）又称船壳租船。在租期内，船舶所有人提供一艘空船给承租人使用，船舶的船员配备、营运管理、供应，以及一切固定或变动的营运费用都由承租人负担。船舶所有人在租期内除收取租金外，对船舶的使用和经营不再承担任何责任及费用。

其特点是船东占有船舶；承租人经营船舶、运营船舶，支付租金；船东只负责提供空船（Bare Boat），承担资本成本，其他成本均由承租人负责，其中保险费视合同而定。

小贴士

影响海上承运人运输方式选择的因素

（1）运输服务的定期性。若货物需要以固定的间隔时间运输出去，则应选择挂靠固定港口、使用固定费率、严格按船期表航行的班轮。

（2）运输速度。当托运人为了满足某种货物在规定日期内运达指定地点的需求时，就应更加注重考虑运输速度的问题。这时，只要能满足运输速度方面的要求，托运人一般不会过多考虑费用高低的问题。

---

[1] 在国际物流领域，包干费通常指的是一系列地面处理费用的总称，包括报关费、港杂费、港口操作费、单据录入费等。

（3）运输费用。当运输的定期性和速度不是托运人考虑的主要因素时，运输费用的高低就会成为其需要考虑的最重要的因素。

（4）运输的可靠性。这是托运人在选择承运人时所需要考虑的又一重要因素。在选择一家船公司之前，托运人应独立地考察一下它的实力和信誉，这样可以减少海事欺诈等问题的发生。

（5）经营状况。托运人应该调查一下所选择的船舶所有人或经营人的经营状况及所会承担的责任。例如，表面看来，某一船舶所有人对船舶享有所有权，事实上，他将船舶抵押给了银行并通过与银行签订经营合同成为船舶经营人。船舶经营人可能是定期租船人，按照租约，船东对于未付的租金，可以留置经营人运输的货物。

三、国际海运代理业务

（一）国际海运代理的性质与特点

1. 性质

国际海运代理分为出口国发货人代理和进口国收货人代理。国际海运代理既可以是班轮运输方式下的货运代理，也可以是航次租船方式下的货运代理；既可以是代理人型货运代理，只赚取佣金，也可以是当事人型货运代理，签发提单并赚取运费差价。

对于国际海运代理需要注意以下3点。一是杂货班轮方式下的货运代理与航次租船方式下的货运代理，其业务流程及单证流转基本相似，因为货物属于散杂货，不存在与集装箱相关的业务和单证。因此，本章在介绍杂货班轮货运代理实务时，将航次租船方式下的货运代理业务一并进行介绍。二是集装箱班轮运输方式下的货运代理，分为集装箱整箱货班轮货运代理和集装箱拼箱货班轮货运代理，二者的业务基本相似，但因拼箱货有拆拼箱业务而有所差别。三是集装箱拼箱货班轮货运代理一定是能够签发货运代理提单的当事人型货运代理。

2. 特点

一般而言，国际海运代理具有如下特点。

（1）随着集装箱运输的发展，集装箱运输业务成为国际海运代理业务的主流，也少量用于不定期船运输中有关杂货、干散货、液散货的报关、报验，以及集运、转运等业务。

（2）国际海运代理的从业人员较多，业务以缮制单证和报关、报验为主，也从事整箱拼箱中的装箱、拆箱、集运、分拨等业务。

（3）一些国际海运代理同时兼任船公司的订舱代理，业务空间更广，可以代表船公司受理货主的订舱申请，以取得代理费收入。

（4）一些具有较高业务能力和较为完善的业务网络的企业，已经发展成无船承运人或多式联运经营人等当事人，从而使其身份呈现多重性。

（5）一些企业在从事国际海运代理业务的同时，往往会提供延伸服务，甚至提供"门到门"多式联运服务和第三方物流服务，兼营铁路、公路集疏运业务和仓储业务。

(二)国际海运代理业务的经营人

1. 海运的主体

(1)货主。

货主是海运服务的需求者(买方),在法律上,他们被称为发货人(托运人)、收货人等。

① 发货人和托运人。

一般而言,发货人通常是指实际交付货物的人;托运人通常是指与承运人订立运输合同并支付运输费用的人。在实务中,发货人和托运人通常为同一人,但有时也可能不是同一人。

② 收货人。

我国《海商法》第四十二条规定:"'收货人',是指有权提取货物的人。"

(2)班轮公司。

班轮公司是海运服务的供给者(卖方),即运用自己拥有或经营的船舶,提供国际港口间班轮运输服务,并依据法律规定设立的船舶运输企业。

(3)码头经营人。

码头经营人(Operator of Transport Terminals),是指接受货主、承运人或其他有关方的委托,负责接管运输货物,并为这些货物提供或安排包括堆存、仓储、装载、卸载、积载、平舱、隔垫和绑扎等与货物运输有关的服务的企业。

(4)集装箱货运站。

集装箱货运站是利用集装箱场所,对货物进行装箱、拆箱工作,并完成货物的交接、分类和短时间保管等辅助工作的企业。

(5)航运中间商。

航运中间商是指介于海运需求者与海运供给者之间,为它们提供中介服务,促进海运交易行为实现的中介组织。

2. 国际海运代理人

国际海运代理人也称远洋货运代理人,通常是指接受进出口发货人、收货人的委托,代办国际海运及其相关业务并收取服务报酬的人。

3. 国际船舶代理人

(1)国际船舶代理人的分类。

船舶代理是根据船舶经营人的委托办理船舶有关营运业务和进出港口手续的工作。船舶代理分为国内水运船舶代理和国际海运船舶代理。国内水运船舶代理业务通常由各港务管理单位办理。国际海运船舶代理有船舶揽货总代理和不负责揽货的船舶代理两种形式。船舶代理单位办理的业务包括组织货物运输,如组织货载等;组织旅客运输;安排货物装卸;为船舶和船员服务,代办各种手续;代办财务有关业务和船舶租赁、买卖等,以及商办海事处理和海上救助等业务。

由于船舶的营运方式不同,而且不同营运方式下的营运业务所涉及的当事人又各不相同,各当事人所委托代办的业务也有所不同。因此,根据委托人和代理业务范围的不同,国际船舶代理人(简称船代)可分为班轮运输代理人和不定期船运输代理人两大类。

（2）国际船舶代理业务的范围。

通常，国际船舶代理业务的范围大体包括以下 5 个方面。

① 客/货运组织工作：客运组织代办客票、办理旅客上下船手续等；货运组织代为揽货、洽订舱位，制订出口货物积载计划及缮制各种运输单证，签发提单、提货单，办理海上联运货物的中转业务等。

② 货物装卸工作：负责有关货物的装卸，办理申请理货及货物监装、监卸、衡量、检验，办理申请验舱、熏舱、洗舱、扫舱，洽办货物理赔工作等。

③ 集装箱管理工作：有关集装箱管理，包括办理集装箱的进出口申报手续，联系安排集装箱的装卸、堆存、清洗、熏蒸、检疫、修理、检验；办理集装箱的交接、签发设备交接单证等。

④ 船舶、船员服务工作：办理船舶进出口岸的申报手续，主要有船舶出入境海关手续、出入境边防检查手续、出入境检验检疫手续、海事机构申报手续等；申请引航及安排泊位；洽购船用燃料、物料、属具、工具、垫料、淡水、食品；安排提取免税备件，洽办船舶修理、检验、油漆等工作；办理船员登陆、签证、调换及遣返手续，转递船员邮件、联系申请海员证书、安排船员就医、游览等。

⑤ 其他工作：负责海事处理、联系海上救助；代收运费及其他有关款项、提供业务咨询和信息服务；支付船舶速遣费及计收滞期费；经办船舶租赁、买卖、交接工作，代签租船和买卖船舶合同；经营、承办其他业务等。

4. 无船承运人

无船承运人（Non-Vessel Operating Carrier，NVOC），也称无船公共承运人（Non-Vessel Operating Common Carrier，NVOCC），是指以承运人身份接受托运人的货载，签发自己的提单或其他运输单证，向托运人收取运费，通过班轮公司（实际承运人）完成国际海运代理业务，承担承运人责任，并依据法律规定设立的企业。

Mission 任务 2　熟悉杂货班轮货运代理实务

一、杂货班轮货运代理的业务流程

从事杂货班轮货运的船舶是按照船期表营运的，通常挂靠的港口较多，货物装卸作业频繁，所承运货物的种类多、票数多，船舶在港停泊时间较长，出现货运质量事故的情况也比较复杂。因此，对于杂货班轮货运代理，必须建立一套行之有效的关于货运安排、接货装船、卸货交船等的业务流程。

（一）货运安排

货运安排包括揽货、订舱和确定航次等货运任务。

船公司为使自己所经营的船舶在载重量和载货舱容两方面均能得到充分利用，以期获得最好的经营效益，通过各种途径从货主那里争取货源、揽集货载（简称揽货）。其通常的做法是在所经营的班轮航线的各挂靠港口及货源腹地，通过自己的营业机构或船代与货主建立业务关系；通过报纸、杂志刊登船期表，如我国的《中国远洋航务公报》《中国航务周刊》等都定期刊登班轮船期表，以邀请货主前来托运货物，办理订舱手续；通过与货主、无船承运人或货运代理人等签订货物运输合同或揽货协议来争取货源。

订舱是托运人（包括其代理人）向船公司（承运人，包括其代理人）申请货物运输，承运人对这种申请给予承诺的行为。托运人申请货物运输可视为"要约"，即托运人希望和承运人订立运输合同意思的表示，根据法律规定，合同订立采取要约——承诺方式，因此，承运人一旦对托运人货物运输申请给予承诺，则货物运输合同订立。

在国际贸易实践中，出口商若要求以 CIF 价格条件成交，则由出口商安排货物运输工作，即出口商承担出口货物的托运工作，将货物交船公司运往国外的进口商，所以订舱手续多数在装货港或货物输出地由出口商办理。但是，如果出口货物以 FOB 价格条件成交，则货物运输工作由进口商安排，此时，订舱手续就可能在货物的卸货地或输入地由进口商办理。这就是卸货地订舱（Home Booking）。

确定航次货运任务就是确定某一船舶在某一航次所载货物的种类和数量。承运人在揽货时，必须考虑各票货物的性质、包装和每件货物的重量及尺码等因素。因为不同种类的货物对运输和保管有不同的要求，各港口的有关法律和规章也会有不同的规定。例如，重大件货物可能会受到船舶及装卸港口的起重机械能力的影响和船舶舱口尺寸的限制，以及受到船舶所载货物的积载问题的影响和各港口对载运危险货物的船舶所做的限制等。而对于货物的数量，船公司也应参考过去的情况，预先对船舶舱位在各装货港间进行适当的分配、定出限额，并根据各港口情况的变化及时进行调整，使船舶舱位得到充分、合理的利用。

（二）接货装船

在杂货班轮运输中，除另有约定外，都规定托运人应将其托运的货物送至船边。如果船舶在锚地或浮筒作业，则托运人应先用驳船将货物驳运至船边，然后进行货物的交接和装船作业。

对于特殊货物，如危险货物、鲜活货物、贵重货物及重大件货物等，通常采取由托运人将货物直接送至船边的方式。至于交接装船，则采取现装或直接装船的方式。

然而，由于在杂货班轮运输中，船舶所载运的货物种类多、票数多、包装式样多、挂靠港口多等原因，如果要求每个托运人都将自己托运的货物直接送至码头船边，就可能会发生待装货物不能按规定的装船先后次序送至船边的情况，从而使装货现场发生混乱，影响装货效率。由此产生的结果是延长了船舶的在港停泊时间、延误船期，也容易造成货损、货差现象。因此，为了提高装船效率，船公司应加速船舶周转，并减少货损和货差现象。在杂货班轮运输中，普通货物的交接、装船，通常采用由船公司在各装货港指定装船代理人，由装船代理人在各装货港的指定地点（通常为港口码头仓库）接收托运人送来的货物，办理交接手续后，将货物集中整理，并按次序进行装船的方式，即"仓库收货，集中装船"

的方式。

在杂货班轮运输的情况下,不论采取怎样的装船形式,托运人都应承担将货物送至船边的义务,而作为承运人的船公司的责任从装船时开始,除非承运人与托运人之间另有约定。因此,集中装船与直接装船的不同之处是由船公司指定的装船代理人代托运人将货物从仓库送至船边,而船公司与托运人之间的责任界限和装船费用的分担仍以船边货物挂上吊钩为界。从货主角度出发,在集中装船的形式下,当托运人在装货港将货物交给船公司指定的装船代理人(我国通常由港口的港区装卸公司充当)时,就可视为将货物交给了船公司,交货后的一切风险都应由船公司承担。但是,根据有关海运的法规(如《海商法》第四十六条规定:承运人对非集装箱装运的货物的责任期间,是指从货物装上船时起到货物卸下船时止,货物处于承运人掌管之下的全部期间。……前款规定,不影响承运人就非集装箱装运的货物,在装船前和卸船后所承担的责任,由双方达成任何协议)和提单条款的规定,对于件杂货运输,船公司的责任是从本船船边装货时开始的,即使在"仓库收货,集中装船"的情况下,船公司与托运人之间的这种责任界限也没有改变。也就是说,船公司的责任期间并没有延伸至仓库收货时。虽然装船代理人在接收货物后便产生了如同船公司所承担的那种责任,实际上船公司和装船代理人各自对托运人所应承担的责任仍然有所界定,即根据船公司和装船代理人之间的特约,在船边装船以前属于装船代理人的责任。

(三)卸船交货

在杂货班轮运输中,卸船交货是指将船舶所载运的货物在提单上载明的卸货港从船上卸下,在船边交给收货人并办理货物交接手续的行为。但是,如果由于战争、冰冻、港口罢工等特殊原因,船舶不可能前往原定的卸货港,或前往会使船舶处于不安全状态的港口,则船公司有权决定船舶驶往能够安全到达的附近港口卸货。

船方和装卸公司应根据载货清单(Manifest,M/F)及其他有关单证认真地组织和实施货物的卸船作业,避免发生误卸(Mislanded)的情况,即避免发生原来应该在其他港口卸下的货物卸在本港的溢卸(Overlanded),以及原来应该在本港卸下的货物遗漏未卸的短卸(Shortlanded)情况。船公司或其代理人一旦发现误卸,应立即向各挂靠港口发出货物查询单,在查清后应及时将货物运至原定的卸货港。提单条款中一般都有关于因误卸而引起的货物延迟损失或货物损坏责任问题的规定:因误卸而发生的补送、退运费用由船公司承担,但对因此而造成的延迟交付或货物损坏,船公司不负赔偿责任。如果误卸是由标志不清、不全或错误,以及货主的过失造成的,则所有补送、退运、卸货或保管费用都由货主承担,船公司不承担任何责任。

对于危险货物、重大件等特殊货物,通常采取由收货人办妥进口手续后来船边接收货物,并办理交接手续的现提形式。但是,如果各收货人在船抵后同时来到码头船边接收货物,同样会使卸货现场发生混乱,影响卸货效率,延长船舶的在港停泊时间。所以,为使船舶在有限的停泊时间内迅速将货卸完,在实践中通常由船公司指定的装卸公司作为卸货代理人,由卸货代理人总揽卸货和接收货物并向收货人实际交付货物的工作。因此,在杂货班轮运输中,对于普通货物,通常采取先将货物卸至码头仓库,进行分类整理后,再向收货人交付的方式,即"集中卸船,仓库交付"的方式。

与接货装船的情况相同,在杂货班轮运输中,不论采取哪种卸船交货的方式,船公司的责任都以船边为责任界限,而且卸货费用也是按这样的分界线来划分的。船公司、卸货代理人、收货人三者之间的相互关系与前述的船公司、装船代理人、托运人三者之间的关系相同。

由于实务中多采用"集中卸船,仓库交付"的方式,以及收货人必须在办妥进口手续后方能提取货物,因此在杂货班轮运输中,通常由收货人先取得提货单,在办理进口手续后,再凭提货单到仓库等存放货物的现场提取货物。而收货人只有在符合法律规定及航运惯例的前提条件下,方能取得提货单。

在使用提单的情况下,收货人必须把提单交回承运人,并且该提单必须经过适当、正确的背书(Duly Endorsed),否则船公司无须履行交付货物的义务。另外,收货人还须付清所有应该支付的费用,如到付的运费、共同海损分担费等,否则船公司有权根据提单上留置权条款的规定,暂时不交付货物,直至收货人付清各项应付的费用;如果收货人拒绝支付各项应付的费用而使货物无法交付,船公司还可以经过卸货港所在地法院的批准,对卸下的货物进行拍卖,以拍卖所得价款充抵应收取的费用。

在已经签发了提单的情况下,收货人要取得提货的权利,必须以交出提单为前提条件。然而,有时由于提单邮寄延误,或者作为押汇的跟单票据的提单未到达进口地的银行,或者虽然提单已到达进口地的银行,但因为汇票兑现期限的关系,在货物已运抵卸货港的情况下,收货人仍无法取得提单,也就无法凭提单来换取提货单提货。此时,按照一般的航运习惯,收货人就会开具由一流银行签署的保证书,用保证书交换提货单后提货。船公司同意凭保证书交付货物是为了尽快地交货,而且除非有意欺诈,否则船公司可以根据保证书将因凭保证书交付货物而发生的损失转嫁给收货人或银行。但是,由于违反运输合同的规定,船公司对正当的提单持有人仍负有赔偿一切损失的风险。因此,船公司应及时要求收货人承担解除担保的责任,即要求收货人在取得提单后及时交给船公司,以恢复正常的交付货物的条件。在实践中,因不凭提单提货,船公司可以要求收货人和银行同意下列条件。

(1)因不凭提单提货,收货人和银行保证承担船公司及其雇员、代理人因此承担的一切责任,并赔偿船公司及其雇员、代理人因此遭受的一切损失。

(2)对船公司或其雇员或其代理人因此被起诉而提供足够的法律费用。

(3)对船公司的船舶或财产因此被扣押或羁留或遭到这种威胁而提供所需的保释金或其他担保以解除或阻止上述扣押或羁留,并赔偿船公司所遭受的一切损失、损害或费用。

(4)收到提单后换回保证书。

(5)对于上述保证内容由收货人和银行一起负连带责任。

提单上的"卸货港"一栏内有时会记载两个或两个以上可供货主选择的卸货港名称,这是因为货主在货物装船前尚未确定具体的卸货港,所以在办理货物托运时提出选择卸货港交付货物的申请,并在船舶开航后从提单上所载明的卸货港范围内选定对自己最为方便或最为有利的卸货港,最后在这个港口卸货和交付货物。这种由货主选择卸货港交付的货物称为"选港货"(Optional Cargo)。由于提单上已明示了卸货港的范围,所以收货人在办理提货手续时,只要交出一份提单即可。但是货主必须在船舶自装货港开航后,抵达第一选卸港（可供选择的卸货港）之前的一定时间以前（通常为 24 小时或 48 小时），把选定的卸货港通知船公司及被选定卸货港船公司的代理人，否则船长有权在任何一个选卸港将货物卸下，并认为船公司已履行了对货物运送的责任。

如果收货人认为有必要将货物改在提单上载明的卸货港以外的其他港口卸货交付，则可以向船公司提出变更卸货港的申请。但是，所变更的卸货港必须在船舶航次停靠港口范围之内，并且必须在船舶抵达原定卸货港之前或到达变更的卸货港（需要提前卸货时）之前提出变更卸货港交付货物的申请。由于变更卸货港交付货物是在提单载明的卸货港以外的其他港口卸货和交付货物，所以收货人必须交出全套提单才能换取提货单提货。而且，在船公司根据积载情况，考虑变更卸货港卸货和交付货物对船舶营运不会产生严重影响，并接受货主变更卸货港的申请后，收货人还应负担因这种变更而产生的货物翻舱费、倒载费、装卸费，以及因变更卸货港产生的运费差额和有关手续费等费用。

在使用海运单的情况下，收货人无须出具海运单，承运人只要将货物交给海运单上所列的收货人，就被视为已经做到了谨慎处理。通常收货人在取得提货单提货之前，应出具海运单副本及自己确实是海运单注明的收货人的证明材料。

二、传统杂货班轮运输单证

（一）托运单

托运单（Booking Note）也称订舱单、订舱申请书，是指托运人或其代理根据买卖合同和信用证的有关内容向船公司或其代理申请订舱配载的书面凭证。船公司或其代理对托运单一旦签认，即构成接受这一托运事实，承托双方之间对货物运输的相互关系即告成立。在航运业务中，托运人在以口头或订舱函电等形式与船公司或其代理约定所需要的舱位后，还需要及时填制船公司或其代理所提供的正式托运单并提交给船公司或其代理作为订舱申请，船公司审核无误后在托运单上编号，填写承运船名并加盖印章，以示订舱确认。海运出口托运单样本如图 5-1 所示。

（二）装货单

装货单（Shipping Order）是由承运人或其代理签署而形成的一份出口货运的承诺性书面文件。该文件不仅作为托运人办理货物出口报关手续的必备单据之一应向海关递交，而且经海关查验并加盖海关放行章后作为承运人代理接收货物、安排货物装船与出运的依据。因此，装货单通常也被称为"关单"（Customs Declaration）。装货单如图 5-2 所示。

（三）收货单

收货单是承运人或其代理签发的证明托运货物已经收到并对货物开始负有责任的单据。在散杂货运输中，承运人责任期间为船至船，因此，该单据在货物装上船以后，由船上大副签收，故也可称之为"大副收据"（Mate's Receipt）。收货单一旦签发，即表明货物已经装上船，托运人可以凭此换提单。收货单如图 5-3 所示。

国际货运代理与报关实务（第4版）

SHIPPER'S INSTRUCTION TO ARRANGE FOR SHIPMENT OF GOODS BY SEAFREIGHT

Shipper ("Customer")	Known Consignor □Yes □N	APC
		APC Asia Pacific Cargo (CHINA) Ltd. Ningbo Branch.
Consignee		Ningbo China 315100
		Tel: Fax:
		Ctc: Email:
Tel No. Attn.		**SHIPPING ORDER**
Notify Party		
Tel No. Attn.		Export Licence No. Documents Required
		Telex release □ FCR □
		Ocean B/L □ Through B/L □
Place of receipt NINGBO		Freight Prepaid □ CFS/CFS □ CY/CY □
		Freight Collect □ (if service available) CFS/CY □ CY/CFS □
		China Local Charges: To be Prepaid □ To be Collected □
		(if service available)
Port of Loading	Port of Discharge	Final destination

BOOKING : (　)X20 GP; (　)X40GP; (　)X40HC; (　)X45HC; 散货(　　)
(请务必在下栏空白处填写唛头、箱数、货物名称、毛重、体积、成交条款)

Marks Nos.: 唛头	No. and Kind of Packages: 件数(CTNS)	Description of Goods 中英文货品名	Gross Weight 毛重(KGS)	Measurement 体积(CBM)

CARGO READY DATE（货好日期）：_____
Trade Terms 贸易条款：FOB /CIF /Ex-Work /DDP / DDU：

散货如有延迟请在截仓前通知，以免产生仓租费，散货入仓一定要贴唛头，若没有唛头所造成的错运，提货延误等后果，由委托方和货主自行承担；另外，货物或木质包装如要熏蒸请注明。(不接仿牌及危险物品)

****拖柜/送货方式：客人自送 □ 需APC代拖车 □ (如有需要)
****报关方式：客人自报 □ 需APC代报关 □ (如有需要)
****需装货的工厂名及地址：_____
(如需APC安排请填写)

Above particulars declared by shipper*

Remark:***请务必留意如下内容请在上面仔细赶写及注明特别要求，否则责任自负。
1. 运费预付/运费到付及中国当地费用预付/到付
2. 自拖车或委托代拖车，如代拖车请提供详细给工厂地址，时间，联系人．（请提前三天通知）
3. 自行报关/委托代理报关
4. 提单发放方式：做电放或出正本提单
    特别要求：

IMPORTANT
SHIPPERS ARE REQUESTED TO READ CAREFULLY

Weight and measurement required.

Shippers are respectfully requested to note that No SPECIAL INSTRUCTIONS OR CONDITIONS can be recognized by the Company, unless initialled by the Company when issuing the Shipping Order.

The Company reserves the right to reject any package found not in good order and condition.

Neither the Company nor its Agents will accept any liability for the consequences of cargo being shut out. Carriage of cargo is subject to the terms and conditions of the Company's Bill of Lading and the applicable tariff as well as our standard trading conditions which are available on request.

请盖公司印章及签名

SHIPPER'S DECLARATION

We confirm that the cargo description, quantity and other particulars are correct and take full responsibility for any resulting direct or indirect costs, charges etc due to any errors therein. In case of any other or special arrangements the undersigned agrees to hold APC Asia Pacific Cargo (CHINA) Ltd..exempt from any liability whatsoever arising out of unforeseen circumstances.

Signature and stamp   Signatory's Name in Block Letters

Date: (Day/Month/Year)

图 5-1　海运出口托运单样本

SHIPPING ORDER

托运人
Shipper _____

编号   船名
No. _____   S/S _____

目的港
For _____

兹将下列完好状况之货物装船后希签署收货单
Receive on board the undermentioned goods apparent in good order and condition and sign the accompanying receipt for the same.

标记及号码 Marks & Nos.	件 数 Quantity	货 名 Description of goods	重量公斤 Weight Kilos	
			净 Net	毛 Gross

共 计 件 数（大 写）
Total Number of Packages in Writing _____

日期   时间
Date _____   Time _____

装入何舱
Stowed _____

实 收
Received _____

理货员签名   经办员
Tallied By _____ Approved By _____

图 5-2 装货单

MATE'S RECEIPT

托运人 Shipper _____

编号 No. _____	船名 S/S _____

目的港 For _____

下开完好状况之货物业已收妥无损
Received on board the following goods apparent in good order and condition:

标记及号码 Marks & Nos.	件 数 Quantity	货 名 Description of goods	重量公斤 Weight Kilos	
			净 Net	毛 Gross

共 计 件 数（大 写）
Total Number of Packages in Writing _____

日期 Date _____	时间 Time _____

装入何舱 Stowed _____

实 收 Received _____

理货员签名 Tallied By _____	大 副 Chief Officer _____

图 5-3　收货单

尽管托运单、装货单、收货单的作用并不相同，但它们都是围绕同一票货物来说明该票货物从托运、承运、货交承运人直至装船这一期间在不同责任方流转过程的。正因如此，在实际业务中，承运人或其代理通常印制由托运单、装货单、收货单及其相应的副本组成的一式数份的单据，这样在接受托运人委托时可一并打出，既满足了各单据的要求，又节省了制单时间。因此，尽管收货单是承运人或其代理在收到准备装船的货物之后发给托运人的一种收到货物的凭证，但实际做法并不是发货人先送货再收到此单据，而是在发货、出运均无问题的情况下，先由托运人或其代理缮制这些单据，经承运人或其代理确认并被海关放行后，再随同货物一并送交承运人或其代理，交由承运人或其代理签收。

（四）装货清单

装货清单（loading list，L/L）是船公司或其代理人根据装货单留底联，将全船待装货物分卸货港按货物性质归类，依挂靠港顺序排列编制的装货单的汇总单。

装货清单是船舶大副编制船舶积载图（Stowage Plan）的主要依据。这份单证的内容是否正确，对船舶积载的正确性和合理性具有十分重要的影响，因此大副应对此单证给予足够的重视。

装货清单也是供现场理货人员进行理货、港方安排驳运、进出库场，以及掌握托运人备货及货物集中情况等的业务单据。如有增加或取消货载的情况发生，则船公司或其代理人应及时填制"加载清单"（Additional Cargo List）或"取消货载清单"（Cancelled Cargo List）并及时分送船舶及有关单位。

装货单的内容包括关单号码、件数及包装、货名、重量公吨（毛重）、估计立方米及备注（特种货物对运输的要求或注意事项的说明）等。装货清单如图 5-4 所示。

Loading lish of s.s./m.v.

船名……页数……

Page No.…………

关单号码 S/O No.	件数及包装 No. of Pkgs	货　名 Description	重量公吨 Weight in Metric tons	估计立方米 Estimated Space in cu. M.	备　注 Remarks

图 5-4　装货清单

（五）载货清单

载货清单是一份按卸货港顺序逐票列明全船实际载运货物的明细表。它是在货物装船完毕后，由船公司的代理人根据收货单或提单编制的，编妥后再送交船长签字确认。

载货清单又称"舱单"。其内容除应逐票列明货物的详细情况（包括提单号码、标志和号数、件数及包装、货名、重量公斤）外，还应记明货物的装货港和卸货港。在该单的上方还记有装运船舶的船名及船长名、开航日期等项内容。出口载货清单如图 5-5 所示。

EXPORT MANIFEST

船名 m.v. _____ 航次 Voy. _____ 船长 Captain _____ 从 From _____ 到 to _____

开航日期 Sailed _____ 页 数 Sheet No. _____

提单号码 B/L No.	标志和号数 Marks & Numbers	件数及包装 No. of Packages	货 名 Description of Goods	重量 Weight 公斤 Kilos.	收货 Consignees	备注 Remarks

图 5-5　出口载货清单

载货清单是国际通用的一种十分重要的单证。在办理船舶出口（进口）报关手续时，船公司必须递交一份经船长签字确认的载货清单。它是海关对出口（进口）船舶所载货物出（进）国境实施监督管理的单证。如果船舶货舱内所载运货物没有在载货清单上列明，则海关可按走私论处，有权依据《中华人民共和国海关法》（简称《海关法》）进行处理。

（六）载货运费清单

载货运费清单（Freight Manifest，F/M），简称运费清单或运费舱单。它是由装货港船代按卸货港及提单顺号逐票列明的所载货物应收运费的明细表。它是船代向船公司结算代收运费明细情况的单证，是船公司营运业务的主要资料之一。该单也可直接寄往卸货港船代处，用于收取到付运费或处理有关业务。

载货运费清单的内容除包括载货清单上记载的内容外，还增加了运费吨、运费等多项内容。由于载货运费清单上包括了载货清单上应记载的内容，故其可以代替载货清单用于船舶出口、进口报关及在卸货港安排卸货应急,还可用于查对全船有关航次装载货物的情况。因此,当前不少国家的港口,为了简化制单工作,常将"载货清单"和"载货运费清单"两单合并使用。当其作为载货清单使用时,则不填该单上有关运费计收的栏目;而当其作为运费清单使用时,再将有关运费计收的栏目填入具体内容。出口载货运费清单如图 5-6 所示。

EXPORT FREIGHT MANIFEST

提单号码 B/L. No.	标志和号数 Marks & Numbers	件数及包装 No. of Packages	货 名 Description of Goods	重量 Weight 公斤 kilos.	发货人 Shippers	收货人 Consignees	运费吨 Scale Tons		运费 Freight		备 注 Remarks
							立方公尺 Cu. M.	公吨 Metric Tons	费率 Rate	预付 Prepaid	

船名 m.v. ___ 航次 Voy. ___ 船长 Captain ___ 从 From ___ 到 to ___
开航日期 Sailed ___ 页数 Sheet No. ___

图 5-6 出口载货运费清单

(七)货物积载图

货物积载图(Stowage Plan)以图示的形式来表示货物在船舱内的装载情况,使每一票货物都能形象、具体地显示出其在船舱内的位置。

货物积载图可分为计划积载图和实际积载图。在货物装船以前,由大副根据船公司或其代理人送来的装货清单上记载的货物资料制成的积载图实质上就是计划积载图,或称货物积载计划(Cargo Plan),即用图示形式表明拟装载货物在受载船舱的位置。这样,港口和装卸公司、理货人员等有关方可以按照计划积载图来安排装船作业,使装船工作有条不紊地进行。因此,货物积载图是装船作业中一份十分重要的必备资料。

然而,在实际装船过程中,往往会因为各种客观原因无法完全依照计划装载。常见的原因如下:货物的实际尺码与原来提供的资料不一致,所以不得不改变原来计划积载的舱位;某些货物未能按时集中,为使装船作业不致中断和影响船期,必须临时改变部分原定计划安排的积载顺序;或者原来的计划货载有所变动,或临时增加新的货载等。这些原因都会使货物实际在舱内的积载位置与原定计划不一致。因此,当每一票货物装船后,理货长都应重新标出货物在舱内的实际装载位置,并注明卸货港名、装货单(提单)号、货名及数量,最后再重新绘制一份货物在舱内的"实际积载图"。

当然，在装船过程中对原来计划的某一些改变，原则上都应征得船长或大副的同意方可实施，理货长及其他人员无权随意更改原定的计划积载图。

（八）提货单据

为了便于承托双方交接货物，以及分清各自的责任，在实务中，通常使用提货通知书和交货记录联单等单据。交货记录联单共有 5 联，其中与提货相关的单证有到货通知书（Arrival Notice）、提货单和交货记录等单证。

1. 提货单据的签发

1）提货通知书

提货通知书是卸货港船代向收货人或通知人发出的船舶预计到港时间的通知。它是卸货港船代在掌握船舶动态的基础上，根据装货港船代寄来的提单副本上所记载的有关货运资料编制的。值得注意的是，提货通知书只不过是船公司为使货运程序能顺利地完成而发出的单证，船公司并不承担因通知不着或不及时而引起的责任风险。

2）交货记录联单的构成、内容及其缮制

（1）交货记录联单的构成。交货记录联单通常由到货通知书联（白色）、提货单联（白色）、费用账单联（红色和蓝色两联）和交货记录联（白色）五联构成。

① 到货通知书是卸货港船代在集装箱卸入集装箱堆场，或者移至集装箱货运站，并办好交接准备后，以书面形式向收货人发出的要求收货人及时提取货物的通知。到货通知书除用于确认提货日期外，也是日后结算集装箱或货物堆存费、防止在费用计算上发生纠纷的单证。

② 提货单，俗称"小提单"，是由船舶所有人代理签发给提单持有人或其他指定收货人的、要求在规定时间和指定地点提取指定货物的单证（见图 5-7）。它既是收货人有权向场站提取货物的凭证，也是承运人或其代理对场站放箱交货的通知。尽管收货人或其代理提取货物是以正本提单为交换条件的，但在实际操作中也可能出现收货人或其代理不用提单而以"电放"（电报放货）或"保函"的方式要求卸货港船代签发提货单的情况。

③ 交货记录是承运人或其代理把货物交付给收货人或其代理，双方共同签署的，证明货物已经交付，承运人对货物运输的责任已告终止的单证。目前，人们对于承运人与收货人之间的责任转移是始于提货单的签署还是始于交货记录的签署尚未取得一致意见。笔者认为，承托双方责任转移的时间应取决于提单中有关承运人责任期限的规定，以及交货港当地的法规与习惯等，不能一概而论。

（2）交货记录联单的内容。

① 五联单在内容上均有有关船、货方面说明的栏目，包括收货人的名称和地址、开户银行与账号、船名、航次、起运港、目的地、提单号、交付条款、到付海运费、卸货地点、到达日期、进库场日期、第一程运输、标志与集装箱号、货名、集装箱数、件数、重量、体积等。

② 到货通知联增加了要求其办理提货手续和办理提货手续时应注意的事项。

③ 提货单联增加了存放箱/货的港区、场站的名称，以及供船代、收货人、海关等部门盖章确认的栏目。

④ 费用账单联增加了供场站计算港务费、堆存费、装卸费等港杂费的栏目，以及供收货人、收款单位等有关单位加盖印章以示确认的栏目，如收货人章、收费单位财务章、核算章、复核章、开单日期等。

⑤ 交货记录联增加了日期、货名或集装箱号、出库数量（件数、包装、重量）、操作过程、库存数量（件数、重量）、经手人签名（发货员、提货人），以及收货人章、港区场站章、备注等栏目。

（3）交货记录联单的缮制。

① 各联中的船、货栏，除进库场日期外均由船代填制，费用计算栏和交货记录栏由港区、场站经营人填制。

② 有关盖章、签名的栏目由相关责任单位盖章签名。

③ 船代在填制箱号时，可在“标记与集装箱号”栏前面加序号。港区、场站在填写交货记录联的记录栏时，可只填写序号，不填写箱号。各联的标记与箱号栏的空格为 10 个，当每票货的箱数超过 10 个时，可加附页。附页各联的填写方法与正页相同，但在各联附页的右上角需要写上附一、附二等标志。

提 货 单
DELIVERY ORDER **No.** 0043601

致：____________港区、场、站
收货人：____________
下列货物已办妥手续，运费结清，准予交付收货人。

船名		航次	起运港		目的地
提单号		交付条款	到付海运费		
卸货地点		到达日期	进库场日期		第一程运输
标记与集装箱号	货 名	集装箱数	件 数	重 量(kgs)	体 积(m^3)

请核对放货。

年 月 日

凡属法定检验、检疫的进口商品，必须向有关监督机构申报。

图 5-7 进口货物现提货单

2. 提货单据的操作要点

提货单据的操作过程包括船代缮制并发送提货通知书、收货人提交正本提单（或出具保函或电放）并支付到付运费、船代签发提货单、收货人办理一关三检手续、收货人办理码头提货预约并支付港杂费，以及现场提货等环节。

（1）卸货港船代向收货人发送提货通知书。对于整箱交货的，应填制整箱交货记录；对于拆箱交货的，应填制拆箱交货记录。

根据《中华人民共和国海上国际集装箱运输管理规定实施细则》的规定，相关方应注意以下两点。

① 在集装箱货物运达提单注明的交货地点后，卸货港船代的业务部应在当日向收货人发出加盖本公司"进口业务专用章"的到货通知书。

② 对于拆箱交付的进口集装箱货物，港口或内陆中转站、货运站应在卸船后或集装箱运抵后4天内拆箱完毕，并向收货人发出催提通知。

在实际业务中，有关港口、内陆中转站或货运站通常通过船代向收货人发出催提通知。卸货港船代在向收货人发出提货通知后，还应根据装货港船代寄交的舱单、提单副本等制作交货记录联单。

（2）收货人到船代处办理提货换单手续。收货人或其代理在收到到货通知书后，应凭正本提单（如正本提单未到，经船舶所有人允许可采取电放或银行保函等形式放货）和到货通知书到船代业务部办理换单事宜。经审核无误，并在收货人支付到付运费后，船代业务部在提货单上加盖船代"进口提货章"。如果提取"门到门"整箱货，则托运人或其代理还需要同时到船代箱管部门办理提重箱与还空箱手续，箱管部门将开具提箱通知单（或提箱工作联系单）、进场设备交接单与出场设备交接单，并在提货单上加盖船代"放箱章"。

（3）收货人办理报检、报关手续。收货人或其代理在第四联交货记录上加盖收货人提货专用章后，连同其他必需的文件向商检、卫检、动植检、海关、理货等部门办理相应的手续，取得有关部门加盖的印章。目前，各地口岸要求提货单上加盖的印章略有差别。另外，近年来全国各地口岸都推广集装箱提货单电子化操作，这意味着传统的印章方式正在被电子数据所取代。

（4）收货人到码头办理提货预约手续。为了便于码头结算港杂费，相关方应提前处理有关文件并安排移箱和做好交货准备，避免提货等待和交通堵塞等现象的发生。码头一般都规定收货人或其代理办妥提货手续后应在码头规定的时间内提前向码头商务受理部门办理货物提取的申请，即通常所称的提货"预约"。在国外，有些码头对预约的形式和内容并无具体的规定，收货人采用电话或传真等形式即可办理预约，但在我国，其办理预约的手续较为复杂。以下以我国上海港集装箱码头为例介绍码头办理提货预约申请的基本程序。

① 收货人或其代理将办理报关、报验手续的第四联交货记录及其他单据（提箱通知单、进场设备交接单与出场设备交接单）送交码头客户服务中心（联办进口受理台）办理提货/箱申请。

② 收货人或其代理填写提货"作业申请单"，说明提货申请的种类，如整箱提货、拆箱提货（包括拆箱装车、拆箱落驳、拆箱装火车3种）、CFS仓库提货、三检（查验、消毒）作业等，以及预计提箱/货的时间。

③ 受理员首先将交货记录联单上的内容同计算机储存的船、货数据核对，检查是否单单相符、单货相符，提交的提货单是否手续齐全；其次根据收货人计划提箱日期在费用账单上加盖费用收取截止章，并核算出应缴纳的港杂费，留下提货单作为放货依据，并在确定实际提货时间后，打印出正式的作业申请单一式六联，将客户联连同交货记录三联单交

付收货人或其代理。

④ 收货人或其代理持作业申请单及交付记录三联单到码头收费部门交付港杂费,收费员在收取费用后留下蓝色费用账单联作为收费依据,并在红色费用账单联上加盖费用收讫章。

⑤ 支付港杂费后,受理员打印"提箱凭证",在交货记录联、作业申请单的申请人联加盖提箱放行章后将其返还收货人或其代理。

⑥ 受理员将作业申请单的其他联分送堆场、货运站、调度、检查口和外轮理货公司(简称外理)等部门(单位),以便这些部门(单位)凭此申请单安排作业计划。

(5) 收货人或其代理提取货物。收货人或其代理凭已办妥手续的交货记录联单、作业申请单、提箱凭证连同设备交接单等在规定时间内到指定堆场或货运站提箱或提货。堆场、货运站一般应先再次核对和查验提箱凭证、交货记录联单等,如果符合要求则办理货物或箱子的发放业务,并要求提货人先对所提货物进行查验、在交货记录联单上签收确认,然后交由堆场或货运站业务人员留存,作为提货人已收货的确认。对于整箱提货,双方还应办理箱子交接检查,共同签发设备交接单。同一份交货记录联单上的货物分批提取时,只有等最后一批货物提取完毕才能签收。在交接过程中,如果货物、箱子与单证不符或已发现有货损,则应做好货损报告,并交有关方签认,同时在有关的设备交接单上批注。场站、货运站发货/箱后应在自己的作业申请单上销账,并将交货记录联单等单据交有关部门存档备查。

(6) 延期提货的后果及其处理。收货人或其代理应在提货凭证规定的作业时效内提货,如果超时提货则需要重新办理申请并将支付额外的堆存费、转栈费,甚至可能因超期提取而被海关没收。

以下为《中华人民共和国海上国际集装箱运输管理规定实施细则》对此所做的规定。

① 集装箱卸船后,在港口交付的货物超过 10 天不提货,港口可将集装箱或货物转栈堆放,由此发生的费用,由收货人负担;在 10 天内,由港口责任造成的集装箱或货物转栈的费用,由港口负担。

② 收货人超过规定期限不提货或不按期限归还集装箱的,应当按照有关规定或合同约定支付货物、集装箱堆存费及集装箱超期使用费。

③ 自集装箱进境之日起 3 个月以上不提货的,海上承运人或港口可报请海关按国家有关规定处理货物,并以处理货物所得的款项支付有关费用。

Mission 任务 3 掌握集装箱班轮货运代理实务

一、集装箱整箱货班轮货运代理的业务流程

(一) 集装箱整箱货运输条款

(1) "门到门"交接。该种货物的交接形式是指一个发货人、一个收货人。在由承运人

负责内陆运输时,在发货人的工厂或仓库验收后,承运人负责将货物运至收货人的仓库或工厂,"门到门"交接的货物为整箱货。

(2)"门到场"交接。这是一种在发货人的工厂或仓库接收货物,由承运人负责运至卸船港集装箱码头堆场交货的交接方式。"门到场"货物交接方式发生在承运人不负责目的地内陆运输的情况下。

(3)"场到门"交接。这是一种在起运地装船港的集装箱码头堆场接收货物,由承运人将其运至收货人工厂仓库交货的交接方式,承运人不负责起运地发货人的工厂或仓库至集装箱码头堆场之间的内陆运输。

(4)"场到场"交接。这是一种从装船港的集装箱码头堆场至目的港集装箱码头堆场的交接方式。

(二)集装箱整箱货运输条款的操作要点

CY-CY 是国际集装箱整箱货运输条款之一,《中华人民共和国国际海上集装箱运输管理规定实施细则》第五十九条对 CY-CY 运输条款的规定如下:"托运人负责装箱并运至装船港集装箱码头堆场交货,海上承运人在装货港集装箱码头堆场和卸货港集装箱码头堆场整箱提箱并交箱。收货人拆箱后应将空箱于规定时间内交至海上承运人指定的场所。"

(1)CY-CY 运输条款下运输方式的确定。随着国际货物运输方式的根本性转变,传统的经营海运业务的承运人纷纷"上岸",向内陆运输区段延伸,并在内地建立自己的仓库、堆场,从而揽取更多的货源。由于承运人运输模式的变化,CY-CY 运输条款在实际应用中出现了一系列的问题,如下所述。

① CY-CY 运输条款是指港口的集装箱码头堆场吗?
② CY-CY 运输条款是单一的运输方式,还是多式联运?
③ CY-CY 运输条款下各当事人之间的责任、费用划分的依据是什么?

在实践业务中处理 CY-CY 运输条款时遇到最多,也较难处理的问题是该运输条款下运输方式该如何确定。在现行 CY-CY 运输条款的应用过程中,无论是运输方式的确定,还是当事人之间的责任、费用的划分,早已超出了 CY-CY 运输条款本身应包含的内容。同时,无论是在概念上,还是在业务实践中,均会带来模糊认识,从而加剧当事人之间的责任纠纷。本节结合现行 CY-CY 运输条款实务和有关提单制作规范,对 CY-CY 运输条款下运输方式的确定原则做以下解释。

① 运输条款是 CY-CY,但在提单上仅仅注明装船港、卸船港,此种运输方式为直达海运,即一个海上承运人、一张提单。
② 运输条款是 CY-CY,提单上除注明装船港、卸船港外,还注明了中转地,此种运输方式为海海转运,即由两个海上承运人使用同一种运输工具,完成海海全程运输。
③ 运输条款是 CY-CY,但在提单上注明装船港、卸船港、中转地,又注明前一承运人,此种运输方式为海海联运。
④ 运输条款是 CY-CY,提单上除注明装船港、卸船港外,还注明了提货地或交货地,或接货地和交货地,此种运输方式为多式联运。

有人会提出一个问题,既然 CY-CY 运输条款针对的是从装船港到卸货港之间的货物运输，那么为什么在提单上注明 CY-CY 运输条款的同时注明货物交接地？显然，运输条款的记载与具体内容记载不符。此时，是以运输条款为准，还是以提单内容为准？从现行实务操作和有关处理原则来看，提单注明内容的法律效力大于运输条款。

为进一步讲解 CY-CY 运输条款下运输方式的确定，下面通过一个案例进行说明。

案由：杭州公司从国外进口 5×20ft 塑料粒子，进口提单上注明 FCL-FCL（整箱交接），装船港为神户，卸船港为上海。卸船后，收货人与承运人就由谁负责内陆运输，并支付内陆拖运费产生了争议。承运人的观点：FCL-FCL 运输，承运人责任，费用应终止于进口国的集装箱码头堆场；收货人的观点：承运人责任，但费用应终止于收货人仓库。该案事实上并不复杂，理由如下。

FCL-FCL 运输条款如下所述。

① 出口国码头堆场—进口国码头堆场（CY-CY）；
② 托运人门—进口国码头堆场（D-CY）；
③ 出口国码头堆场—进口国收货人门（CY-D）；
④ 托运人门—收货人门（D-D）。

在上述案件中，承运人认为应由收货人承担内陆运输并支付费用，强调的是前两个运输条款。收货人认为应由承运人承担内陆运输并支付内陆运输费用，强调的是后两个运输条款。

尽管 FCL-FCL 有 4 个运输条款，但在确定由谁负责内陆运输、支付费用时，应根据提单是否记载交货地。如果提单记载 FCL-FCL，同时注明交货地为杭州，则自然由收货人负责内陆运输并支付费用。

对于 CY-CY 运输条款，除应特别注意信用证规定外，还应注意以下几个要点。

① 提单上注明的是 CY-CY 运输条款，通常被理解为装船港码头堆场和卸船港码头堆场。
② 提单上注明的是 CY-CY 运输条款，同时注明交货地或接货地，可将 CY 理解为交货地 CY 或接货地 CY。
③ 提单上注明的是 CY-CY 条款，空箱回运由收货人负责，除非是内陆交货地。
④ 提单上注明的 CY-CY 运输条款，但没有注明货物交接地，则由托运人、收货人安排内陆运输，并承担费用。

二、集装箱拼箱货班轮货运代理的业务流程

（一）集装箱拼箱货运输条款

在集装箱货物运输中，拼箱货的主要交接方式（运输条款）如下所述。

（1）"站到站"交接。这是一种从起运地的集装箱货运站至目的地的集装箱货运站的交接方式，通常发生在拼箱货交付、拼箱货接收的情况下。

（2）"门到站"交接。这是一种从发货人的工厂或仓库至目的地的集装箱货运站的交接方式，通常发生在整箱接收、拆箱交付的情况下，也可理解为一个发货人、几个收货人。

（3）"场到站"交接。这是一种从装船港的集装箱码头堆场至目的地的集装箱货运站的交接方式，经常发生在整箱接收、拆箱交付的情况下。

（4）"站到门"交接。这是一种从起运地的集装箱货运站至目的地收货人的工厂或仓库

的交接方式，经常发生在拼箱接收、整箱交付的情况下。

（5）"站到场"交接。这是一种从起运地的集装箱货运站至目的地的集装箱码头堆场的交接方式，也可理解为几个发货人、一个收货人。

（二）集装箱拼箱运输条款的操作要点

L/C CFS-CFS（站到站）、B/L CY-CY（场到场）在集装箱运输业务中通常被称为集拼箱运输条款，即对货主而言是拼箱交接形式，对船公司而言却是整箱交接形式。就其运输条款本身而言，前者是指几个托运人与几个收货人，而后者是指一个发货人与一个收货人，尽管箱内货物实际上为几个货主所有。集拼箱运输条款除受国际贸易、国际运输方式变化的影响外，还受货运市场、航运市场发展的影响。集拼箱条款不仅可以满足信用证结汇的要求，而且可以按实际托运的货物尺码支付运费。对签发 House-B/L（简称 H-B/L）的无船承运人来说，在收取货主支付的运费和支付给船公司的运费之间赚取运费差价；对签发 SEA-B/L（简称 S-B/L）的船公司来说，因签发整箱货提单而减少了诸多业务细节，减少了不应承担的责任。因此，当今集拼箱业务的发展可谓方兴未艾，特别是进入国际多式联运与物流时代以来。集拼箱运输是一个巨大的市场，其利润也被从事该项业务的人们所关注。

1. L/C CFS-CFS 运输条款，B/L CY-CY 运输条款

CFS-CFS 运输条款是指发货人将不足以装满一个集装箱的货物运至出口国的集装箱货运站，由出口国的集装箱货运站装箱后交由承运人运到进口国的集装箱货运站，进口国的集装箱货运站在拆箱后将拼箱货交付收货人。CY-CY 运输条款是指发货人在自行装箱后，将整箱货运至出口国的集装箱码头堆场交由承运人在进口国的集装箱码头堆场交付收货人，并由收货人自行负责拆箱。尽管相关规则对该运输条款做了明确规定，但在具体运作中涉及的问题较多，特别是在信用证规定拼箱交接，而提单却注明整箱交接时，通常涉及两套提单的应用，即 H-B/L 和 S-B/L。前者指无船承运人签发的拼箱货提单，后者指由船公司签发的整箱货提单。CFS-CFS 和 CY-CY 的操作流程示意图如图 5-8 所示。

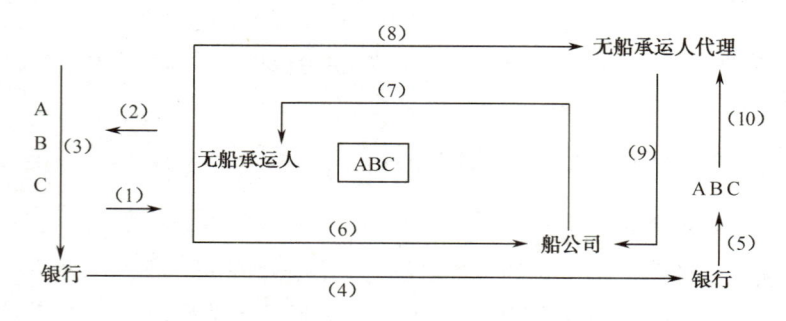

图 5-8 CFS-CFS 和 CY-CY 的操作流程示意图

说明：

（1）A、B、C 为不同的货主将拼箱货交付无船承运人。

（2）无船承运人在接收托运的拼箱货后签发自己的 H-B/L。

（3）货主 A、B、C 持无船承运人签发的 H-B/L 去银行结汇，因为信用证规定 CFS-CFS，而无船承运人提单也记载 CFS-CFS，即单单相符。

（4）出口国的银行将 H-B/L 转交进口国的银行。

（5）进口国的不同收货人 A、B、C 从银行取出 H-B/L。

（6）无船承运人对货主 A、B、C 的货进行整理并装在同一箱内后，以整箱货的形式交由船公司运输（对船公司而言，此时接受的是一件装载货物、外表状态良好、关封完整的整箱货）。

（7）船公司在接收整箱货后，向无船承运人签发 S-B/L，并在 S-B/L 中记载 CY-CY 运输条款。

（8）无船承运人将整箱货提单（船公司提单）转交国外货运代理人。

（9）在船公司将整箱货运到进口国后，无船承运人代理凭 S-B/L 去船公司提货。

（10）无船承运人代理在提取整箱货后拆箱，收货人 A、B、C 凭 H-B/L 从无船承运人代理处提货。

在上述集拼箱运输业务中，签发 H-B/L 的无船承运人的法律特征非常明显。对真正的托运人来说，由于他签发的 H-B/L 是一张全程提单，因而其成为契约承运人，但又由于他自己并没有承担真正的运输，仅是将货物装箱后交由真正拥有运输工具的船公司运输，因此相对船公司而言，无船承运人又成了货物托运人，其法律特征可归纳如下。

（1）本人不拥有运输工具，但有权签发自己的提单（拼箱货提单）。

（2）因签发自己的提单，而对货物运输承担责任。

（3）因签发自己的提单，有权收取货物运费（拼箱货运费）。

（4）具有双重身份，对货主而言是承运人，对船公司而言是货物托运人。

（5）有权订立运输合同。

由于 L/C 是 CFS-CFS 运输条款、B/L 是 CY-CY 运输条款，同时使用到 H-B/L、S-B/L，从事该行业的人员必须对两套提单的区别进行准确认定，以保证业务的正常运作。表 5-2 所示为 H-B/L 与 S-B/L 的区别。

表 5-2　H-B/L 与 S-B/L 的区别

H-B/L	S-B/L
真正的货主（通常为卖方）	无船承运人或代理
在提单不转让时，通常是买方	无船承运人代理
无船承运人	船公司
对全程承担责任	对海上区段承担责任
收取拼箱货运费	收取整箱运费
CFS-CFS	CY-CY
通过银行	通过无船承运人（或随船）
可转让买卖	不可转让买卖
托运人、无船承运人、收货人	无船承运人、船公司、无船承运人代理
对托运人而言是初步证据 对收货人而言是最终证据	对托运人、收货人无证据效力

2．H-B/L、S-B/L 同时应用的案例分析

案由：上海一家公司（下称货主）将一批价值 5 万美元的食品添加剂交由无船承运人运输，无船承运人在接货后签发 H-B/L，无船承运人在签发 H-B/L 后将这批食品添加剂交

由一家物流公司装箱（下称装箱人），并由装箱人出具 S-B/L。

装箱人在装箱时，同一箱内除装载食品添加剂外，还装载了 40 桶樟脑粉，收货人在收到食品添加剂后进行了质检，质检报告显示该批食品添加剂已失去使用价值。该批出口货物由中国人民保险集团股份有限公司（简称人保）承保。

处理：收货人凭保单向人保提赔，人保赔付后取得权益转让证书、代位求偿权向全程提单签发人，即无船承运人追赔。但无船承运人认为："即使签发全程提单，食品添加剂失去使用价值也属装箱过失所致。根据《中华人民共和国海上集装箱运输管理规则》的规定，如果集装箱装箱不当产生货物损害，则应由装箱人承担责任。另外，国际海事组织（International Maritime Organization，IMO）、国际劳工组织（International Labour Organization，ILO）和联合国欧洲经济委员会（The United Nations Economic Commission for Europe，UNECE）共同制定的《货物运输单元的装箱操作守则》（Code of Practice for Packing of Cargo Transport Units，简称 CTU Code）也规定：装箱人不应将性质不相容的货物装在同一箱内。因此，应由装箱人直接承担赔偿责任。"然而，装箱人认为："即使装箱过失造成食品添加剂失去使用价值，但装箱人与货主之间一无合同关系，二无提单关系，如提出赔偿在法律上构成侵权过失，而装箱过失应由装箱人按责任限制赔偿。"人保认为："人保已赔偿给货主，并取得代位求偿权。"由于无船承运人、装箱人均不愿直接承担责任，人保向法院对无船承运人提出诉讼。同时，无船承运人也向法院对装箱人提出诉讼。然而，在开庭前两天，装箱人通过联运保赔协会与人保达成协议，庭外解决。此案件的处理流程示意图如图 5-9 所示。

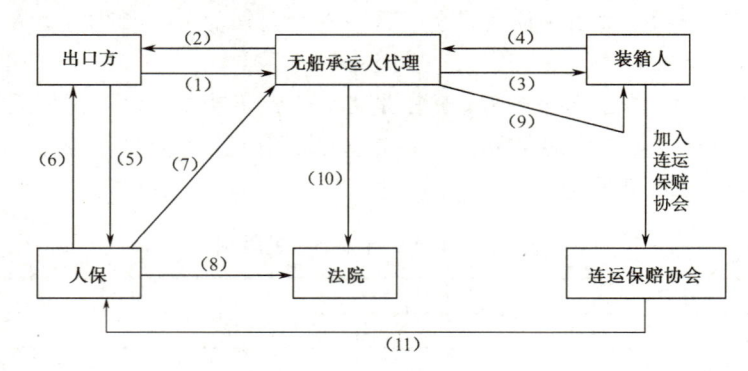

图 5-9　此案件的处理流程示意图

流程说明如下。

（1）出口方将食品添加剂交由无船承运人运输。

（2）无船承运人在接收货物后签发 H-B/L。

（3）无船承运人将食品添加剂交由装箱人装箱。

（4）装箱人向无船承运人出具 S-B/L。

（5）出口方向人保投保。

（6）人保赔付给出口方。

（7）人保取得代位求偿权向无船承运人追偿。

（8）无船承运人拒赔，人保向法院起诉无船承运人。

（9）无船承运人向装箱人追赔。
（10）装箱人不赔，无船承运人向法院起诉装箱人。
（11）联运保赔协会与人保协议解决此案。

三、集装箱班轮运输单证

（一）国际集装箱主要货运单证的流转程序

（1）装货港船代于开航后（近洋航线在船抵港前24小时，远洋航线在船抵港前7天），向卸货港船代以传真、电传、邮寄等方式传送实装船图、货物舱单、危险货物清单、集装箱清单、运费舱单、提单副本、装箱单、船员名单、租船合同、订舱单，以及有关运输契约或有关费用分摊条款及资料等。上述单证如有变更，应及时通知相关方更正。如因航程短，有关单证不能按时寄达，则应随船带到，并应在船舶驶离装货港时电告到达港有关代理人船舶预抵期、来港任务、船舶实际吃水、装卸货物名称、货物重量或数量、货物分舱情况等资料，以便其做好卸货准备。

（2）船代每天向码头提供5日到港船舶预报表以便申请卸船，并于船舶抵港前（近洋航线在船抵港前24小时，远洋航线在船舶抵港前7天）向港口、外理、海关等单位提供实装船图、货物舱单、危险货物清单、集装箱清单、提单副本、装箱单等；港口每日应向船代预报集装箱船舶的靠泊计划。

（3）对于船载危险货物，船代应向港监申报危险货物准运单，并将准运单报送码头。

（4）船代向收货人或其代理发出到货通知书，以及货物舱单、提单副本、运费舱单等资料。

（5）收货人或其代理在收到船代提供的进口单证资料后的次日向码头提交有关货物流向的货物流向单和实际收货人。若收货人或其代理在限期内不能提供货物流向，则要承担由此造成的经济损失。

（6）船代向联检机关申报船舶及所载货物，办理船舶进港手续。

（7）码头制订卸货计划（卸船顺序单），并向船上通知开工时间等。

（8）船舶靠泊卸货后，由外理向船代提交理货报告；船代向联检机关申请安排船舶离港。

（9）收货人或其代理向船代提交正本提单、到货通知书，并交付运费（如为到付运费），船代签发提货单。

（10）收货人或其代理持报关单、提货单等文件向海关为该货物办理报关手续，海关核准后加盖放行章。

（11）收货人或其代理持海关放行的提货单、设备交接单向码头办理提箱手续，堆场或货运站放箱并签发设备交接单给收货人或其代理。

（二）集装箱相关单证

1. 集装箱发放通知单或空箱提交单

集装箱发放通知单（Container Release Order）或空箱提交单（Equipment Despatch Order），是船公司或其代理指示集装箱堆场将空集装箱及其他设备提交给本单持有人的书面凭证。船公司或其代理根据订舱清单向发货人（整箱货）或集装箱货运站（拼箱货）签发通知单，并通知集装箱堆场。在货主或集装箱货运站向集装箱堆场申请空箱时需要出示这种单证，而集装箱堆场只向持有本单证的人发放空箱。

集装箱发放通知单或空箱提交单由船公司或其代理签发，其内容构成包括用箱人/运箱人名称、提箱地点、船公司名称、船名/航次、提单号、集装箱经营人、集装箱唯一标志、箱子尺寸及类型、箱子状态（空箱还是重箱）、运载工具牌号、起运港、目的港、提箱点和提箱有效期等，必要时还有中转港等信息。

图 5-10 所示为集装箱发放通知单的电子箱单样本。图中右上角二维码用于扫码刷箱及预约使用箱。中间的二维码用于在有必要时打印纸质提箱单。

图 5-10 集装箱发放通知单的电子箱单样本

2. 设备交接单

（1）作用与构成。

① 设备交接单的作用。设备交接单是集装箱所有人或其代理签发的用以进行集装箱等设备发放、收受等移交手续，并证明移交时箱体状况的书面凭证。

设备交接单作为集装箱在流转过程中每个环节所发生变化和责任转移的事实记录，除用于对集装箱的盘存管理和对集装箱进行跟踪外，还可代替集装箱发放通知单兼作箱管单位提供用箱人或其代理据此向港站办理提取、交接或回送集装箱及其设备的依据，更是划分箱体在使用过程中的损坏责任的唯一依据。

② 设备交接单的种类及构成。按进出场划分，设备交接单可以分为进场设备交接单和出场设备交接单两种。按用途划分，设备交接单可以分为船舶装卸交接时使用的设备交接单和在货运站、堆场收发箱时使用的设备交接单两种。

在正常情况下，设备交接单仅在集装箱进出堆场时使用，用于提箱或发箱、交箱或收箱。在港区、场站收发集装箱时使用的设备交接单一般由船代留底联（白色）、码头堆场联（白色），以及用箱人、运箱人联（黄色）3联构成。

在实际业务中，如果集装箱在装卸、中转、拆箱过程中发生箱体损坏也需要填制设备交接单，以此作为判定集装箱损坏责任归属的依据。在船舶装卸集装箱时使用的设备交接单一般由外理留底联（白色）、船代联（白色）、码头堆场联（白色）和船方联（黄色）4联构成。

（2）设备交接单的签发。

无论是进场还是出场，设备交接单的记载栏目均包括用箱人/运箱人名称、提箱地点、发往地点、来自地点、返回/收箱地点、船名/航次、集装箱号、尺寸或类型、集装箱营运人、提单号、铅封号、免费期限、运载工具牌号、出场目的/状态、进场目的/状态、出场日期、进场日期、出场检查记录、进场检查记录、用箱人/运箱人签署、码头或堆场值班员签署。

以下列港区、场站在发/收集装箱或其设备时所用的设备交接单为例，说明设备交接单各栏的填制规范及其注意事项。

① "用箱人/运箱人名称"栏。用箱人/运箱人可以是货方或其代理，或收货方或其代理委托的内陆（水路、公路、铁路）承运人，或者根据委托关系向海上承运人或其代理提供集装箱检验、修理、清洗、租赁、堆存等服务的单位。此栏由船代填写。

② "提箱地点"栏。进口拆箱及进口空箱，由船舶代理填写；出口装箱，由港区或场站填写；因检验、修理、清洗、租赁、堆存、转运出口而提离有关港区、场站的空箱，由船代填写。

③ "发往地点"栏。进口拆箱，由船代填写；出口装箱，由用箱人填写。这是实施集装箱动态管理的重要栏目，船代通过统计分析，可随时掌握海上口岸集装箱的分布情况。

④ "来自地点"栏。进口拆箱，由船代填写；出口装箱，由用箱人填写。如果进口箱复用于装运出口（俗称套箱），则用箱人必须于套箱前到船代处办理套箱手续，更正"进场"联的"来自地点"栏并加盖船代同意套箱字样。否则，港区、场站不予收箱，船代将视其超期使用。

⑤ "返回收箱地点"栏。进出口全部由船代填写。

⑥ "船名/航次"栏：进出口全部由船代填写。因出口货物短装或退关造成集装箱不能按设备交接单规定的船名/航次使用，用箱人/运箱人可持该单证"进场"联到船代处办理更正手续后继续使用，但不能违背用箱原则。

⑦ "集装箱号"栏。进口拆箱，由船舶代理填写；出口装箱，除指定箱号外，均由港区、场站填写。

⑧ "尺寸或类型"栏。"类型"用代号表示，如 O/H（超高集装箱）、F/R（框架集装

箱)、P/F（平板集装箱）、O/T（开顶集装箱）、R/F（冷藏集装箱）、O/W（超宽集装箱）、G/P（通用集装箱）等，此栏进出口全部由船代填写。

⑨ "集装箱营运人"栏。进出口全部由船代填写。该栏是港区、场站按集装箱分属营运人对集装箱进行管理的主要依据。设备交接单签发后，营运人发生变更时必须由船代及时通知港区、场站。

⑩ "提单号"栏。进口拆箱，由船代填写；出口装箱，由用箱人要求的装箱点填写。凡货运站交付或拆箱交货的进出口集装箱，只需在该栏内列明一票货物的提单号码，但必须清楚、正确。

⑪ "铅封号"栏。进口拆箱，由船代填写；出口装箱，由用箱人要求的装箱点填写。

⑫ "免费期限"栏。进出口全部由船代填写。

⑬ "运载工具牌号"栏。进出口全部由运箱人填写，填写时必须列明内陆承运人单位简称及承运车辆牌号。

⑭ "出场目的/状态"栏与"进场目的/状态"栏。这两栏由船代填写。

⑮ "出场日期"栏与"进场日期"栏。这两栏由港区、场站大门（道口）填写。

⑯ "出场检查记录"栏与"进场检查记录"栏。这两栏由运箱人与港区、场站大门（道口）人员进行联合检查，如有异状，由港区、场站大门（道口）人员注明其程度及尺寸。

⑰ "用箱人/运箱人签署"栏与"码头/场站值班员签署"栏。这两栏分别由运箱人和港区、场站大门人员签署。

（3）设备交接单的流转程序。

集装箱在装卸（船舶、汽车、火车）的前后都可能发现或产生箱体残损。如果箱体残损发生在卸箱前则为原残，应由承运方负责，而不属于装卸公司的责任，因此，理货人员应填制设备交接单，并经承运方签认。反之，在卸箱过程中或在装箱过程中发生的残损应为工残，应由装卸公司负责，因此，理货人员应填制设备交接单，并经装卸公司签认。此外，在拆箱过程中发现箱子残损或导致箱体坏损，堆场与外理双方均应在设备交接单上签字确认，以确定责任的归属。

在集装箱装卸船时，相关人员应依据以下程序签发设备交接单。

① 在船公司与港方交接时，由外理代表船公司在船边与码头交接。外理负责在船边理箱，并填写理箱报告。

② 卸船时，理货员根据进口单证，核对箱号、铅封，检查箱体有无残损。如果发现集装箱号、封号等与进口单证的内容不符或箱体有残损，则理货员应填写设备交接单一式四份，并经船长或大副签字确认。

③ 装船时，也应按照上述内容进行。如果发现不符合交接标准的集装箱，一般不应装船。如果不影响目的港交货且船长同意接受，则可以装船。但理货员在填制设备交接单时，应将有关情况在设备交接单上注明，并经港方签字确认。

④ 在船舶装卸完毕8小时内，外理应将设备交接单分别送交船代和港方备查。

在箱管业务中，集装箱进出堆场、货运站时，需要执行设备交接单的签发及流转程序。就重箱进出场而言，既有进口重箱提交港区、堆场、中转站，也有出口重箱送交港区；就空箱进出场而言，既有用于空箱出口（空箱调配国外）或重箱出口（货方提取空箱，将货装入集装箱后再行出口），也有因检验、修理、清洗、熏蒸、退租、转租、堆存、回运、转运等其他用途的空箱进出场。

无论何种用途，用箱人、运箱人都必须依照如下程序办理。

① 持所必需的单证或指示到船代处（箱管部门）换取设备交接单。

② 船代（箱管部门）审核单证或指示，并视需要要求用箱人、运箱人交付箱体押金，如符合条件则向其签发设备交接单一式三份。在一般情况下，船代（箱管部门）会在开具出场设备交接单的同时开好进场设备交接单，以便重箱进场或归还空箱。

③ 用箱人/运箱人凭设备交接单等有关单证到码头或货运站提箱或送箱，经审核单证及查验箱体后，双方在设备交接单上签字。如果发现单箱不符或箱体残损，则双方应在设备交接单上批注。

④ 码头、堆场留下箱管单位联和码头、堆场联，将用箱人/运箱人联退还用箱人、运箱人。

⑤ 码头、堆场经办人员留下堆场联，作为每日统计进出场集装箱量的依据，并将箱管单位联汇总，于第二天交至船代（箱管部门）处，做到一天一清。

（4）设备交接单的操作要点。

设备交接单如图 5-11 所示。

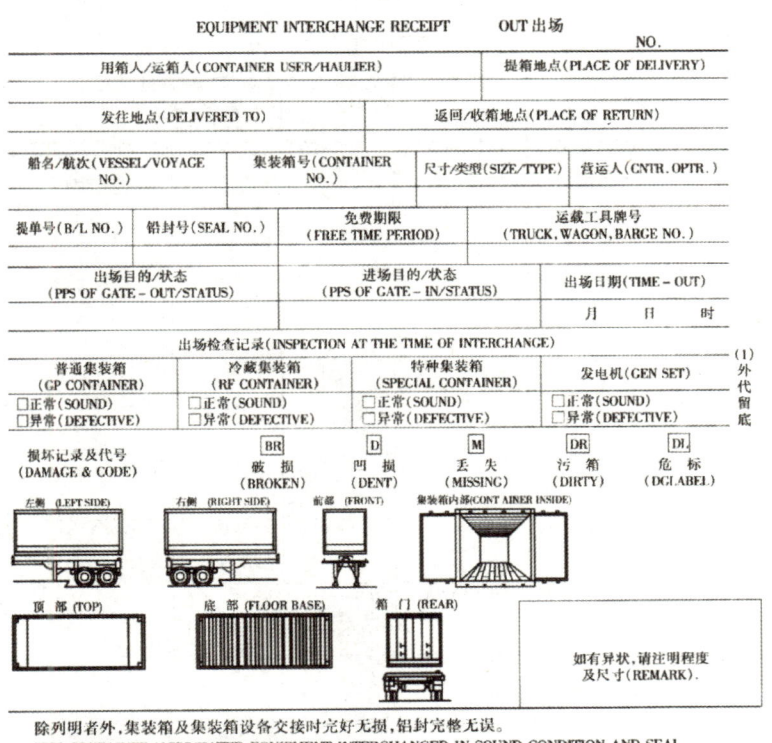

图 5-11　设备交接单

凡有下列情况之一的，均应在设备交接单上予以批注。

① 集装箱号、封号与单证记载不符，或出现关封异常、脱落、无法辨认等情况。

② 集装箱出现漏水、漏光、擦伤、破洞等情况。

③ 集装箱箱门无法关闭。

④ 集装箱的四柱、六面、八角部位并不完整。

⑤ 集装箱内有污渍、异味。

⑥ 凹损超过内端面3cm，凸损超角件外端面。

⑦ 箱体外贴有前次未经处理的危险品标志。

⑧ 集装箱附属部件损坏或丢失。

⑨ 集装箱安全铭牌丢失。

（三）装箱单

1. 装箱单的签发

装箱单是由装箱人根据已装入集装箱内的货物制作的，记载箱内所装货物的名称、数量、重量、交付方式及箱内积载顺序（自里到外）的单证。装箱单的格式如图5-12所示。

Reefer Temperature Required. 冷藏温度 ℃.　℉.	CONTAINER LOAD PLAN 装 箱 单					Terminal's Copy 码头联 ①
Class 等级 / IMDG Page 危规页码 / UN NO. 联合国编码 / Flashpoint 闪点						
Ship's Name./ Voy No. 船名/航次	Port of Loading 装港	Port of Discharge 卸港	Place of Delivery 交货地	SHIPPER'S / PACKER'S DECLARATIONS:We hereby declare thst the container has been thoroughly cleaned without any evidence of cargoes of previous shipment prior to vanning and cargoes has been properly stuffed and secured		
Container No. 箱号	Bill of Lading No. 提单号	Packages & Packing 件数与包装	Cross Weight 毛重	Measurements 尺码	Description of Goods 货名	Marks & Numbers 唛头
Seal No. 封号						
Cont.Size 箱型 20' 40' 45' Cont.Type.箱类 GP=普通箱 TK=油罐箱 RF=冷藏箱 PF=平板箱 OT=开顶箱 HC=高箱 FR=框架箱 HT=挂衣箱						
ISO Code For Container Size / Type. 箱型/箱类ISO标准代码						
Packer's Name / Address. 装箱人名称/地址 TEL NO. 电话号码						
Packing Date. 装箱日期	Received By Drayman 驾驶员签收及车号	Total Packages 总件数	Total Cargo Wt 总货重	Total Meas. 总尺码	Remarks:备注	
Packed BY: 装箱人签名	Received By Terminals / Date Of Receipt 码头收箱签收和收箱日期		Cont.Tare Wt 集装箱皮重	Cgo/cont Total Wt 货/箱总重量		

图5-12　装箱单的格式

目前，不同船公司或代理公司印制的装箱单的内容并不完全相同。中远集团的装箱单包括如下内容：冷藏温度、等级、《国际海运危险货物规则》（简称《国际危规》）页码、联合国编码及闪点、船名/航次、装货港、卸货港、交货地、箱号、封号、箱型/箱类、箱型/箱类ISO标准代码、装箱人名称/地址、装箱人电话、装箱日期、装箱人签名、驾驶员签收及车号、码头收箱签收和收箱日期、提单号/件数与包装、毛重、体积（单件）、货名、标志、总件数、总体积、集装箱皮重、货/箱总重量、备注。有的装箱单除了以上内容，还增加了箱主、重新铅封号、开封原因、装箱地点、收货地点、发货人、收货人、通知人，以及发货人/货运站签收、进口（驾驶员签收、堆场签收）、出口（驾驶员签收、货运站签收）等内容，以适应各方面的需要。

整箱货的装箱单由货主制作，拼箱货的装箱单由货运站制作。在一般情况下，委托方（整箱货为货方，拼箱货为承运方）只要提供订舱单和货物装箱明细表，装箱人即可自行装箱，并依箱内实际装货的情况，在装箱后打印出装箱单。但在实际业务中，对于装箱业务能力相对较差的装箱点，通常是由货运代理或船代根据托运单事先制作好箱号、封号空白的装箱单，装箱点根据装箱单内容装箱，并在装箱后将箱号和封号填入装箱单内。如果由于某些原因，箱内所装货物与装箱单内容有所出入，则需要与委托方协商并对装箱单进行更正。

装箱单一式数份，有的一式四联，也有一式五联甚至一式十联的。以一式五联为例，装箱单由码头联、船代联、承运人联各一联，发货人/装箱人联两联构成。

装箱单的流转程序如下所述。

（1）装箱人将货物装箱，缮制实际装箱单一式五联后，装箱人在装箱单上签字。

（2）装箱人将装箱单连同装箱货物一起交付拖车司机，指示司机将箱子送至集装箱堆场。在司机接箱时应要求司机在装箱单上签字并注明拖车号。

（3）在将集装箱送至堆场后，司机应要求堆场收箱人员签字并写明收箱日期，以作为集装箱已进港的凭证。

（4）堆场收箱人员在装箱单上签收后，留下其中的码头联、船代联和承运人联（其中码头联用以编制装船计划，船代联和承运人联分送给船代和承运人用以缮制计划积载图及处理货运事故），并将发货人/装箱人联退还给发货人或货运站。发货人或货运站应自留一份发货人/装箱人联备查，将另一份送交发货人，以便发货人寄交给收货人或卸箱港的集装箱货运站，供拆箱时使用。

2．装箱单的作用

（1）装箱单是货方或货运站与堆场交接的单证。在出口重箱进入堆场时，堆场应在装箱单上签字并注明进场日期，以示收妥。在进口重箱提离堆场时，如果为收货人或其代理所提取，双方应以交接记录作为交接凭证，提箱时收货人或其代理应在交接记录上签收；如果为代表承运人负责拆箱作业的货运站所提取，则双方应以装箱单为交接凭证，货运站应在装箱单上签收。

（2）装箱单是向承运人提供箱内所装货物的明细清单，并作为集装箱船舶计算吃水和稳性的数据来源。

（3）装箱单是装、卸两港的集装箱作业区编制堆存计划及装卸船计划的依据。

（4）装箱单是集装箱货运站拆箱作业的主要依据。

（5）当发生货损时，装箱单是处理索赔事故的原始依据之一。

（四）场站收据

1. 场站收据的操作要点

场站收据是国际集装箱运输专用出口货运单证，是由承运人签发的证明已收到托运货物并对货物开始负有责任的凭证。场站收据一般是在托运人口头或书面订舱，与船公司或船代达成货物运输协议，并在船代确认订舱后由船代交托运人或货运代理填制的，在承运人委托的码头堆场、货运站或内陆货站收到整箱货或拼箱货后签发生效，托运人或其代理人可凭场站收据向船代换取已装船或待装船提单。场站收据的组成情况如表5-3所示。

表5-3　场站收据的组成情况

联号	收据用途	颜色
第一联	集装箱货物托运单—货主留底	白色
第二联	集装箱货物托运单—船代留底	白色
第三联	运费通知（1）	白色
第四联	运费通知（2）	白色
第五联	场站收据副本—装货单（关单联）	白色
第六联	场站收据副本—大副联	粉红色
第七联	场站收据（正本联）	淡黄色
第八联	货运代理留底	白色
第九联	配舱回单（1）	白色
第十联	配舱回单（2）	白色

（1）场站收据的作用。

与传统件杂货运输使用的托运单证相比，场站收据是一份综合性单证。它把货物托运单（订舱单）、装货单（关单）、收货单、理货单、配舱回单、运费通知等单证汇成一份，这对于提高集装箱货物的托运效率和流转速度有很大意义。一般认为场站收据有如下作用。

① 船公司或船代确认订舱并在场站收据上加盖有报关资格的单证章后，将场站收据交给托运人或其代理人，意味着运输合同开始执行。

② 是出口货物报关的凭证之一。

③ 是承运人已收到托运货物并对货物开始负有责任的证明。

④ 是换取海运提单或联运提单的凭证。

⑤ 是船公司、港口组织装卸、理货、配载的资料。

⑥ 是运费结算的依据。

⑦ 如信用证中有规定，则可作为向银行结汇的单证。

（2）场站收据的组成。

场站收据是集装箱运输重要的出口单证，其组成格式在许多资料上说法不一，不同的港、站使用时也有所不同，其联数有七联、十联、十二联不等。

标准格式为十二联的场站收据的第十一联和第十二联供仓库收货及点数使用。标准格式为七联的场站收据无第一联、第三联、第四联和第十联，但增加集装箱理货留底联（第五联）。

（3）场站收据的操作要点（见图5-13）。

在实际业务中，场站收据由托运人或其代理填制，在托运过程中，如有项目更改，则

应由提出更改的责任方编制"更正通知单",并及时送交有关部门,由船代通知海关。以下为场站收据各栏目的缮制要点。

Shipper(发货人)			D/R NO.(编号) 第一联 货主留底		
Consignee(收货人) TO ORDER			场站收据 DOCK RECEIPT		
Notify party(通知人)			Received by the Carrier the Total number of containers or other packages or units stated below t be transported subject to the terms and conditions of the Carrier's regular form of Bill of Lading (for Combined Transport or Port to Port Shipment) which shall be deemed to be incorporated herein. Date: 日 期): 2007.04.23		
Pre-carriage by(前程运输)	Place of Receipt(收货地点)				
Ocean Vessel(船名)Voy.No.(航次)	Port of Loading(装货港) SHANGHAI,CHINA				
Port of Discharge(卸货港)	Place of Delivery(交货地点)		Final Destination for the Merchant's Reference 目的地		
Container No. 集装箱号	Seal No. 封号	Mark & Nos.标志与号码 No. of Containers or P'kgs(箱数或件数)	Kind of Packages; Description of Goods 包装种类与货名	Gross Weight 毛重(公斤)	Measurement 尺码(立方米)
TOTAL NUMBER OF CONTAINERS OR PACKAGES (IN WORDS) 集装箱数或件数合计(大写)		SAY SIXTY THOUSAND CARTONS ONLY			
FREIGHT&CHARGES运费与附加费	Revenue Tons运费吨	Rate运费率	Pre 每	Prepaid运费预付 FREIGHT PREPAID	Collect到付
Ex.Rate: 兑换率	Prepaid at 预付地点 SHANGHAI	Payable at (到付地点)		Place of Issue(签发地点) SHANGHAI	
	Total Prepaid预付总额	No.of Original B(S)/L 正本提单份数 THERE(3)			
Service Type on Receiving □ - CY, □ --CFS . □ --DOOR	Service Type on Delivery □ --CY , □ --CFS , □ --DOOR		Reeter -Temperature Required (冷藏温度)	F	C
TYPE OF GOODS 货物种类	□Ordinary, □ Reeter, □Dangerous, □ Auto. (普通) (冷藏) (危险品) (裸装车辆) □Liquid,液体 □Live Animal, 活动物 □Bulk, 散货		危险品 Class: Property: IMDGCode Page: UN No.	可否转船:否 装期: 2007.04.23 危险品金额	可否分批:否 有效期: 制单日期:

图 5-13 场站收据各栏目的缮制要点

① "编号"。此栏由船公司或其代理填写,通常填写的是提单号码。在实际业务中,一旦一票货物被船公司承运,船公司或其代理便会为这一票货物分配一个提单号。当提单号和船名被填写在托运单上后,托运人和承运人之间的运输合同关系就被确立,同时进一步说明船公司或其代理经办的配船工作已完成。

② "发货人""收货人""通知人"。这 3 栏由托运人或其代理根据货物买卖合同或信用证的规定填写。

③ "前程运输""收货地点""船名""航次""装货港""卸货港""交货地点""目的地"。在实际业务中，首先由托运人根据买卖合同或信用证的规定填写这几栏，并向船公司或其代理订舱。如果托运人所要求的船、航次等未能预订或有所变动，则在征得托运人同意的情况下可改订其他船或航次。

④ "标志与号码""箱数或件数""包装种类与货名""毛重""尺码"等货物说明栏。这几栏由托运人根据买卖合同或信用证的规定，结合托运货物的实际情况如实填写。

⑤ "集装箱号"和"封号"。在托运订舱时，由于货物尚未装箱，因此这两栏可先空白不填，待货物装箱完毕，根据装箱点所报的集装箱号和封号，再补充填入有关单据中。

⑥ "运费"及"支付方式"。"运费"栏先空白不填，由船公司或其代理填写。船公司或其代理在计算运费后，将应收的运费额填入此栏。托运人或其代理在得知运费总金额后，应由专人与其核对"运费支付方式"栏，由托运人或其代理根据买卖合同规定的价格术语填写"运费到付"或"运费预付"，船公司或其代理应核实运费支付方式，如果不予以接受则应向托运人提出更正要求。

⑦ "收货方式"与"交货方式"。托运人或其代理根据买卖合同的规定在相应栏中勾选收货方式与交货方式。在同一张单据上不得出现两种收货方式或交货方式。如果未列明或填写不清楚，一律按 CFS-CFS 交货方式办理。

⑧ "货物种类"。托运人根据货物的情况，在相应栏中勾选货物的种类。

⑨ "冷藏温度"。如是冷藏货物装箱出运，则托运人或其代理应正确填写冷藏货物所需的温度，并采用摄氏温度来表示。

⑩ "危险品"。如是危险货物装箱出运，则托运人或其代理必须正确填写货物品类、性能、《国际危规》页数和联合国编号。如果除《国际危规》规定的主标外还有副标的，则在"性能"栏中采用"（主标）/（副标）"的形式填写。

⑪ "可否转船""可否分批""装期""有效期""金额""制单日期"。"制单日期"栏可以按实际开立托运单的日期填写，其他栏则应严格按照买卖合同和信用证的规定填写。

⑫ "正本提单份数"和"签发地点"。"正本提单份数"栏按信用证的规定填写，"签发地点"栏一般应填写实际装货港口。

⑬ "集装箱号""封号""件数""实收箱数""场站员签字""场站章""接收日期"。在托运人送货/箱进货运站或堆场时，场站人员须将核对以后的集装箱号、封号、件数等填入表格内，并签字盖章，注明收货/箱日期。

⑭ "订舱确认"。船公司或其代理在此栏处签章，以确认订舱。

2. 场站收据的流转程序

在集装箱货物出口托运过程中，场站收据要在多个机构和部门之间流转。在流转过程中涉及托运人、货运代理、船代、海关、堆场、外理、船长或大副等。现以十联单格式的场站收据为例说明场站收据的流转程序，如图 5-14 所示。

（1）发货人或代理填制场站收据一式十联，留下第一联（发货人留底联），将其余九联送船代订舱。

（2）船代接收场站收据的第二联至第十联，经编号后自留第二联（船代留底联）、第三联[运费计收联（1）]、第四联[运费计收联（2）]，并在第五联（关单联）上盖章确认订舱，然后退回发货人或代理第五联至第十联。

船代订舱签单时，应将场站收据编号用打字机打上，在第五联上盖章签单时应仔细核对托运人所填项目是否完整，如有问题则应及时联系托运人或其货运代理。

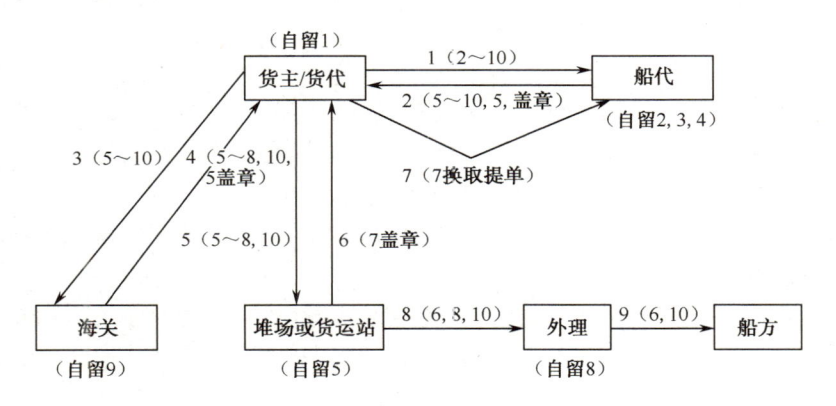

```
                        （自留1）
                        货主/货代  ——1（2~10）——→  船代
                           ↑  ←—2（5~10,5,盖章）—   （自留2,3,4）
          3（5~10）  ↙ ↖ 4（5~8,10,
                         5盖章）        7（7换取提单）
                      ↓  ↑
                  5（5~8,10）  6（7盖章）
           海关      堆场或货运站 —8（6,8,10）→ 外理 —9（6,10）→ 船方
         （自留9）    （自留5）              （自留8）
```

图 5-14　场站收据的流转程序

（3）发货人或货运代理将第五联至第十联送海关报关，海关核对无误后在第五联（关单联）上盖章放行。

托运人或代理的出口货物一般要求在装箱的 24 小时之前向海关申报，海关在场站收据上加盖放行章后方可装箱。而在海关盖章放行前装箱或先进入堆场的集装箱，必须经海关同意并在装船前 24 小时内将海关盖章的场站收据送交收货的场站业务员。发货人和承运人应切记，未经海关放行的货物不能装箱出运，一旦发现则以走私货论处。

（4）海关在第五联盖章放行后，自留第九联，将其余联（第五联至第八联、第十联）退回发货人或代理。

（5）发货人或代理负责将集装箱号、封号、件数等填入第五联至第七联，并将货物连同第五联至第八联及第十联在规定时间一并送交堆场或货运站。

场站收据中出口重箱的箱号允许装箱后由货运代理或装箱单位正确填写，海关验放时允许无集装箱号，但进场完毕时必须填写集装箱号、封号和实收箱数。

（6）堆场或货运站在接收货物时进行单、货核对。如果无误，则在第七联（场站收据正本）上填入实收箱数、进场完毕日期并加盖场站公章签收，然后退回发货人。堆场或货运站自留第五联（关单联）。

各承运人委托场站签发场站收据必须有书面协议，各场站与承运人签订委托协议后签发的场站收据可以向船代换取提单，已签出场站收据的集装箱货物在装船前的风险和责任由船公司承担。如采用 CY 交接条款，则由货主对箱内货物的准确性负责；如采用 CFS 交接条款，则由装箱单位对箱内货物的准确性负责。

（7）发货人凭签收的第七联去船代处换取待装船提单，或在装船后换取已装船提单。船代签发集装箱提单 B/L 时应注意以下几点。

① 货物是否已实际装上船。
② 货物是否在装运期内装船出运场。
③ 如货物是预付运费，该运费是否已支付。

④ B/L 记载内容与装箱单、商检证、发票、信用证是否一致。
⑤ D/R 上的运输条款与 B/L 记载内容是否一致。
⑥ 场站收据上对货物有无批注。
⑦ 货运代理人是否已先签发 H-B/L。
⑧ 签发几份正本提单。

船代在货物装船后，应核对单据与集装箱装船的情况是否一致。如不一致，则应迅速与港方和外理联系，避免出现差错。凭场站收据正本船代应立即签发待装船提单。在船舶开航后 24 小时内，船代应核对并签发已装船提单。

（8）货物装船时，堆场将第六联、第八联、第十联送交外理，外理于货物实际装船后在第八联（外理联）上签收并自留。

堆场业务员必须在装船前 24 小时内将场站收据第六联（大副联）分批送交外理，最后一批不得迟于开装前 4 小时。外理收齐港区场站业务员送来的场站收据大副联，在装船时将装船集装箱与单据核对无误后交给大副。

（9）等货箱全部装上船舶，外理将第六联（大副联）和第十联（空白联）交船方留存。第十联也可供有关方使用。

3. 场站收据签发对当事人的责任

场站收据是集装箱运输中主要的货运单证之一，经承运人或其代理人签收，就表明承运人已收到货物，责任随之开始，发货人即可凭已签收的场站收据换取提单。我国从 20 世纪 90 年代初开始较正规地使用场站收据，现已在全国口岸集装箱出口货运中普遍应用。综观场站收据的应用情况，由于从事该项业务的人员对场站收据认识不足，以及缺乏集装箱运输方面的综合业务知识，在场站收据签收与应用中造成了"误区"，而这些"误区"不仅影响了集装箱货物的正常出口，而且使承运人、发货人及其他相关当事人产生纠纷，甚至诉诸法律。

现行集装箱货物出口中使用的场站收据由发货人或其代理人填制，并根据业务所需送交相关部门，以取得货物舱位、出口放行、准予装船等。因此，场站收据内容填制得准确与否不仅影响货物能否出口，而且直接关系到承运人、发货人各自对场站收据承担的责任。

（1）场站收据签收对承运人的责任。无论是拼箱货，还是整箱货，承运人在接收货物并在场站收据上签收后，便从法律责任上表明以下几点。

① 承运人已收到发货人的货物。
② 承运人对收到的货物开始负有责任。
③ 发货人可凭签收的场站收据换提单。
④ 承运人与发货人一旦产生责任纠纷，则场站收据可作为解决责任纠纷的初步证据。

在拼箱货运输交接时，承运人在接收货物时能直观地了解货物外表状况，如果收到的货物与场站收据记载的内容相符，或者收到的货物外表状况良好，则承运人无须在场站收据上对货物做出批注，收货人能换取清洁提单。反之，如果收到的货物与场站收据记载的内容不符，或者收到的货物外表状况不佳，承运人则会在场站收据上做出批注，而类似批注严重时会直接影响提单的清洁性。

但在整箱货运输条件下，承运人接收的是一个已由货主装载的集装箱，承运人无法通过场站收据记载的内容知道箱内货物的实际装载状况。在实际业务中,经常会发生场站收据记载的内容与箱内货物实际状况不符,或者箱内货物已遭受损害,却无法确定该货损发生区段的情况。因此,对整箱货运输,承运人在接收货物时会在提单上加注保护自己利益的批注,如下所示。

① 箱内货物由货主装载、计数。

② 据货主所称,箱内装载××货物。

(2) 场站收据对发货人的责任。由于场站收据在集装箱出口货运中的重要性,使用场站收据的当事人对发货人或其代理人的填制责任的认定有下述几种情况。

① 场站收据内容因发货人自行填制有误而造成货物灭失或损害的,由发货人自行承担责任。

② 如果发货人委托他人填制场站收据,但因发货人申述货物内容过失而造成货物灭失或损害的,仍由发货人自己承担过失责任。

③ 场站收据填制后,因业务需要而对填制的内容进行修改的,发货人应向主管部门送交更正通知单。

④ 对运输的特殊货物、危险货物,除应详细记载货物性质、包装、种类外,还应注明运输要求、注意事项。

⑤ 发货人应保证场站收据填制的内容单货相符、单单相符。

⑥ 发货人在填制场站收据时应注意信用证、买卖合同的有关条款,以保证集装箱货物的顺利放行和结汇。

4. 出口业务主要货运单证的流转程序

(1) 发货人或货运代理向船代订舱,填写托运单,船代确认订舱并在装货单上加盖印章。

(2) 发货人或其代理持报关单、装货单向海关报关,海关核准后放行。

(3) 船代每日向码头提供 5 日到港船舶预报表,并向码头递交预配清单、预配船图、装货清单、危险货物清单等资料,以便码头安排装船计划;码头每日向船代预报集装箱船靠泊计划。

(4) 码头向船代发出装船通知,船代应及时通知托运人及口岸各有关单位。

(5) 托运人在收到装船通知后,应于船开装前 5 日起,将出口集装箱和货物按船受载先后顺序运进码头堆场或指定的货运站,并于装船前 24 小时停止进港。

(6) 对于整箱货,发货人或其代理持设备交接单和空箱调运单向码头堆场提运空箱,待装箱后于上述规定时间内持装箱单、设备交接单及场站收据等安排货物进场,码头签发正本场站收据给发货人或货运代理;对于拼箱货则在规定时间运入货运站,货运站签发场站收据。托运人或装箱人应在装船前 24 小时内向承运人或船代提供代装箱单及有关的出口单证,另有特殊约定的除外。

(7) 船代向联检机关申报联检,办理船舶进港手续。

(8) 码头制订装船计划(装船顺序单),并通知船上开工时间等;货物装船后,处理码头事务的外理向船代提交理货报告、实装船图等。

(9) 船代向联检机关办理船舶出港手续。

(10) 船舶开航后,发货人或货运代理凭场站收据、运费收据要求船代签发提单,船代核准后签发已装船提单。

（11）船代于船舶开航前 2 小时向船方提供提单副本、舱单、危险货物清单、舱图、装箱单等随船资料，并于开航后（远洋航线为船舶开航后 48 小时，近洋航线为船舶开航后 24 小时）采用传真、电传、邮寄等方式向下一港代发出必要的卸船资料。

随着电子商务的兴起，这类物流信息平台应用互联网为运输企业和货主提供运输能力与需求的自动匹配及优化，整合供方与需方的信息，以降低交易成本、优化资源配置，从而获得商机、赢得市场。

Mission 任务 4 掌握班轮运输提单

提单，是指用以证明海上货物运输合同和货物已经由承运人接收或者装船，以及承运人保证据以交付货物的单证。

一、提单的操作要点

（一）提单正面法定内容记载

国际货运提单并无统一的格式，可由船公司或无船承运人自行制定。下述提单内容为法定记载。

（1）托运人。
（2）收货人。
（3）通知方。
（4）船名、航次。
（5）装船港、卸船港、接货地、交货地。
（6）货物详情（名称、标志、件数、重量、尺码等）。
（7）运费支付和其他费用。
（8）有关提单签发（签发人、地点、日期、正本份数）。

上述内容的责任划分原则如下所述。

(1)因托运人自行缮制提单内容有误而造成的货物灭失或损害，由托运人自行承担责任。

(2)托运人申报货物内容有误导致其代理缮制提单有误，从而造成的货物灭失或损害，由托运人自行承担责任。

(3)货运代理人在根据托运人申报的货物内容缮制提单时，因缮制错误，或填写与申报不符的内容而造成的货物灭失或损害，由货运代理人承担责任。

（二）提单正面内容的缮制要点

提单样例如图 5-15 所示。

			BILL OF LADING FOR OCEAN TRANSPORT OR MULTIMODAL TRANSPORT	SCAC MAEU
				B/L No. 278234809

Shipper (As principal, where "care of", "c/o", or other variants used.)
SHAOXING XXXX MACHINERY CO.,LTD.
ADD:

Booking No. 278234809

Export references

Svc Contract 299252892

Onward inland routing (Not part of Carriage as defined in clause 1. For account and risk of Merchant)

Consignee (Negotiable only if consigned "to order", "to order of" a named Person or "to order of bearer". As principal, where "care of", "c/o", or other variants used.)
BIN NO.000000187-0002
TO THE ORDER OF DUTCH BANGLA BANK PLC, CENTRALIZED
TRADE SERVICES DIVISION,315/B,
TEJGAON I/A, DHAKA-**

Notify Party (see clause 22)
/ REG. NO. 000484121-0301
XXXX INTERNATIONAL
Add.:xxxxx, BANGLADESH.
BIN NO.000000187-0002***

Vessel (see clause 1 + 19) MCC TAIPEI	Voyage No. 352A	Place of Receipt. Applicable only when document used as Multimodal Transport B/L. (see clause 1)
Port of Loading NINGBO PORT, CHINA	Port of Discharge CHATTOGRAM SEAPORT, BANGLADESH	Place of Delivery. Applicable only when document used as Multimodal Transport B/L. (see clause 1)

PARTICULARS FURNISHED BY SHIPPER

Kind of Packages; Description of goods; Marks and Numbers; Container No./Seal No.	Weight 27400.000 KGS	Measurement 34.0000 CBM

1 Container Said to Contain 1340 PACKAGES

SPARE PARTS FOR AGRICULTURAL DIESEL
ENGINE
IRC NO.260326110417219/OLD IRC
NO.BA118916
H.S CODE: 8409.99.90
LC ISSUING BANK'S VAT/BIN
REGISTRATION
NO.000000187-0002,
APPLICANT'S BIN/VAT
REG.NO.000484121-0301 AND TIN
NO.478862297301
L/C NUMBER AND DATE:
0000168924010305 AND
2024.03.10
**1208, BANGLADESH
***DUTCH BANGLA BANK PLC, CENTRALIZED
***TRADE SERVICES
***DIVISION,315/B, TEJGAON I/A,
***DHAKA-1208, BANGLADESH

SUN DHAKA VIA CHITTAGONG MADE IN
CHINA

Above particulars as declared by Shipper, but without responsibility of or representation by Carrier (see clause 14)

Freight & Charges	Rate	Unit	Currency	Prepaid	Collect

Carrier's Receipt (see clause 1 and 14). Total number of containers or packages received by Carrier. 1 container	Place of Issue of B/L Xiamen	SHIPPED, as far as ascertained by reasonable means of checking, in apparent good order and condition unless otherwise stated herein, the total number or quantity of Containers or other packages or units indicated in the box entitled "Carrier's Receipt" for carriage from the Port of Loading (or the Place of Receipt, if mentioned above) to the Port of Discharge (or the Place of Delivery, if mentioned above), such carriage being always subject to the terms, rights, defences, provisions, conditions, exceptions, limitations, and liberties hereof (INCLUDING ALL THOSE TERMS AND CONDITIONS ON THE REVERSE HEREOF NUMBERED 1-26 AND THOSE TERMS AND CONDITIONS CONTAINED IN THE CARRIER'S APPLICABLE TARIFF) and the Merchant's attention is drawn in particular to the Carrier's liberties in respect of on deck stowage (see clause 18) and the carrying vessel (see clause 19). Where the bill of lading is non-negotiable the Carrier may give delivery of the Goods to the named consignee upon reasonable proof of identity and without requiring surrender of an original bill of lading. Where the bill of lading is negotiable, the Merchant is obliged to surrender one original, duly endorsed, in exchange for the Goods. The Carrier accepts a duty of reasonable care to check that any such document which the Merchant surrenders as a bill of lading is genuine and original. If the Carrier complies with this duty, it will be entitled to deliver the Goods against what it reasonably believes to be a genuine and original bill of lading, such delivery discharging the Carrier's delivery obligations. In accepting this bill of lading, any local customs or privileges to the contrary notwithstanding, the Merchant agrees to be bound by all Terms and Conditions stated herein whether written, printed, stamped or incorporated on the face or reverse side hereof, as fully as if they were all signed by the Merchant. IN WITNESS WHEREOF the number of original Bills of Lading stated on this side have been signed and wherever one original Bill of Lading has been surrendered any others shall be void. Signed for the Carrier Maersk A/S
Number & Sequence of Original B(s)/L THREE/3	Date of Issue of B/L 2024-04-18	
Declared Value (see clause 7.3)	Shipped on Board Date (Local Time) 2024-04-18	

This transport document has one or more numbered pages

As Agent(s)

图 5-15　提单样例

B/L: 278234809   Page: 2

MRKU3097599 ML-CN5248004 40 DRY 9'6 1340 PACKAGES 27400.000 KGS 34.0000 CBM
SHIPPER'S LOAD, STOW, WEIGHT AND COUNT

FREIGHT PREPAID

The Merchant(s) warrant and represent that this shipment and/or Goods will comply at all times with European Union, United States and United Nations sanctions and/or export control laws (Sanctions Laws), and that this shipment and/or Goods do not involve, whether directly or indirectly, any entity or person identified, or owned or controlled by any such entity or person identified, on the U.S. Treasury Departments Office of Foreign Asset Control (OFAC) list of Specially Designated Nationals and Blocked Persons, or any other similar list maintained by the European Union, or as promulgated by the United Nations Security Council (Designated Person). If, in the Carriers reasonable opinion, this shipment and/or Goods are in violation of the Carriers policy on Russia [https://www.maersk.com/news/articles/2022/02/24/russia-ukraine-situation-update], Sanctions Laws or involves any Designated Person, the shipment and/or Goods will be returned to the origin at Carriers sole and unfettered discretion, and the Merchant(s) shall indemnify and hold harmless the Carrier, its servants and agents, for any breach of this clause. The Merchant(s) agree that the Carrier may stop the shipment and/or Goods in transit or withhold release of the shipment and/or Goods pending any investigation into compliance with this clause by the Merchant(s).

Applicable free time 14 days detention at (port of discharge / place of delivery)

AGENT AT DESTINATION:
MAERSK BANGLADESH LTD
6TH AND 7TH FLOOR AZIZ COURT
88-90 AGRABAD C/A
CHATTOGRAM -4100 BANGLADESH
PHONE: 09610996xxx
EMAIL: xx.IMPORT@MAERSK.COM
CONTACT PERSON:

CY/CY

Freight & Charges	Rate	Unit	Currency	Prepaid	Collect

图 5-15　提单样例（续）

（1）"提单编号"（B/L No.）：提单编号统一制定。

（2）"托运人"（Shipper）：此栏填写托运人的名称、地址，必要时也可填写代码。

(3)"收货人"(Consignee):此栏填写收货人的全称、地址,如有可能同时填写电话或传真或代码。"收货人"栏内可以是以下内容。

① 具体填写收货人名称(记名提单)。

② 可以是"TO ORDER"或"TO ORDER OF ×××"。如果是"TO ORDER",则可理解成"凭托运人指示"。无论是"TO ORDER"还是"TO ORDER OF×××",均为可转让提单。

(4)"通知方"(Notify Party):此栏填写通知方的全称和地址,如有可能同时填写电话或传真或代码。如果"提单收货人"栏内已有详细的名称和地址,则"通知方"栏可以是任何一国的名称和地址。

在签发"TO ORDER"提单时,必须填写通知方全称、地址,电话或传真或代码。如果信用证有要求,则可填写任何国家的第二通知方的名称和地址。

关于托运人对"通知方"栏的申报应符合卸船港或交货地的习惯要求,否则产生的一切责任由托运人承担。有的国家和地区要求通知方必须在当地,否则不允许货物进口。

(5)"接货地"(Place of Receipt):此栏在多式联运时填写,表明承运人接收到货物的地点,其运输条款可表现为门—场、门—门、门—站等。

(6)"装船港"(Port of Loading):此栏填写货物的实际装船港口,但要注意以下3点。

① 在支、干线运输下,装船港可以是干线船的装船港口。

② 异地签单时,货物的实际装船港与提单签发地不在同一港口。

③ 装船港的港口名称应与提单上"VESSEL"栏中的船名相对应。

(7)"交货地"(Place of Delivery):此栏在多式联运时填写,表明承运人交付货物的地点,其运输条款可表现为场—门、门—门、站—门等。

在填写交货地时应注意以下几点。

① 如果托运人要求在提单上注明最终交货地,而船公司不接受,则可在"货物描述"(Description of Goods)栏中加注"Final Destination of the Goods Not the Ship:×××, For Merchant's Reference Only"。

② 如果托运人提供了拼写错误的卸船港名称和交货地点,在未与托运人核实的情况下请勿自行更正。因为提单内容记载应符合信用证的要求,如果需要更改则应由托运人提出书面声明。

③ 货物的交接地点应与具体的运输条款一致。例如,在CY—CY条款下,应在提单上注明装船港、卸船港;而在DOOR—CY条款下,应在提单上注明接货地、装船港、卸船港,否则相关方将会在责任费用上产生争执。

(8)"卸船港"(Port of Discharge):此栏填写货物卸船港的港口名称,但要注意以下两点。

① 如果在提单记载的是卸船港交货,通常收货人出具正本提单中的任何一份便可提货。

② 如果收货人提货的港口与提单上记载的卸船港不符,则由收货人出具全套正本提单后才可放货。

(9)"前程承运人"(Pre-Carriage):此栏在货物转运、联运、多式联运时填写,在海运方式下通常是一程船。

(10)"船名""航次"(Vessel，Voyage No.)：此栏填写船舶的具体名称、航次号，但在货物转运或联运或多式联运时应注意以下两点。

① 在难以确定二程船船名时请填写"TO BE NAMED×××船"或"×××船 or Her Substitute"。

② 当一程船、二程船不属于同一家船公司时，更应注意提单的签发。

(11)"货物描述"(Description of Goods)：在填写此栏时应注意以下几点。

① "标志""箱号""关封号"(Marks and Numbers. Container No. / Seal No.)。通常情况下，托运人会提供货物的识别标志和序号以填入此栏中，同时此栏中需要填写装载货物的集装箱号和关封号。在托运人未能提供关封号的情况下，建议加注"Seal Number not Noted by Shipper"。如果有海关关封号则应在此栏中加注。

② "集装箱的数量和货物件数"(No of Container or Packages)。在整箱货运输条件下，此栏通常填写集装箱的数量和型号，如果信用证有要求则可在"Description of Goods"一栏中加注由托运人提供的货物件数。

在拼箱货运输条件下，此栏中填写货物件数。例如，一个内装8箱机械设备的20FT 干货箱可表示为1×20FT DC。如果托运人坚持要求标明货物件数，则可在"货物描述"一栏中加注"8 Cases machinery Shipper's Load Count"。

提单批注表示方法有如下几种。

a．STC（Said to Contains），内容据称。

b．SLAC（Shipper's Load Count），货主装载计数。

c．SLCAS（Shipper's Load Count and Seal），货主装载，计数，加封。

d．UNCL（Unknown Clause），不知条款。

e．OCO（One Container Only），1个集装箱。

f．SBS（Said By Shipper），据货主称。

上述提单批注，并不影响提单结汇。

③ "货物情况"(Description of Goods)。此栏填写货物的具体情况，如果需要填写的内容过多，空间不足，则可添加附件，此种情况下请注明："Quantity and Description of Goods As Per Attached Schedule"。

④ "货重"(Gross Weight Kilos)。此栏填写装入集装箱内货物的毛重（kg）。

⑤ "体积"(Measurement Cu Meters)。此栏填写装入集装箱内货物的总体积（m^3）。

⑥ "集装箱总数和货物件数总数"(Total Number of Containers or Packages or Units)。在整箱货运输条件下，此栏填写集装箱的总数，如"Five Containers Only"；在拼箱货运输条件下，此栏填写货物的总件数，如"Twenty Packages Only"。另外，要注意以下几点。

a．在整箱货运输条件下，当此栏中填写集装箱总数后，不必再填写具体的货物件数。

b．如同时在此栏中填写集装箱箱数和货物件数，则以提单签发人加注的集装箱数为准。

c．所谓一件货是指其本身价值超出提单规定的赔偿责任限制。

(12)"运费"(Freight)：在填写此栏时应注意以下几点。

① "运费和其他费用"(Freight and Charge)。此栏内主要说明各种费用的类别，如海运费、内陆拖运费、燃油附加费用。其中，申报货价的附加费是指托运人要求在此栏中注

明货价后应支付的附加运费。

② "运费预付地点、运费到付地点"（Prepaid at，Collect at）。此栏表明运费支付方式和地点，在 CIF、CFR 价格条件下，运费支付方式为 Prepaid；在 FOB 价格条件下，运费支付方式为 Collect。

但要注意，费用栏中仅说明运费支付方式，不必注明运费支付金额。

（13）"温度指示"（Temperature Control Instructions）：此栏填写冷藏箱运输时所要求的温度，应尽量避免标明具体温度。如果托运人坚持标明，则可在此栏中标明"Set At××C As Required by Merchant's，或××C±2℃"。

（14）"正本提单份数"（No. of Original Bs/L）：此栏填写根据托运人要求所签发的正本提单份数。正本提单份数注明要求如下所述。

① 在变更目的港交货时，收货人应出具全套正本提单。

② 在提单转让买卖时，应出具全套正本提单。

③ 在寄送提单发生意外时有一补救办法。

（15）"装船日期、船名"（Shipped on Board the Vessel），"提单签发地点、日期"（Place and Date of Issue）：此栏通常填写承运货物的船舶离开提单项下装船港的具体日期，并在日期上盖章，在特殊情况下也可填写货物实际装船日期、地点。

（三）集装箱运输条款

由于集装箱运输分整箱货和拼箱货，因此在缮制提单时应特别注意具体运输条款与有关提单内容的填写。

（1）FCL 接收—FCL 交付。FCL 接收—FCL 交付通常是指一个托运人、一个收货人，具体运输条款如下所述。

① 门—门（DOOR-DOOR）。

② 门—场（DOOR-CY）。

③ 场—门（CY-DOOR）。

④ 场—场（CY-CY）。

上述①、②、③运输条款为多式联运，除填写装船港、卸船港外，还应填写接货地、交货地，使运输条款与填写的内容相对应。

另外，还需要注意以下几点。

① 如提单中填写的内容与运输条款不符，则其内容记载的法律效力大于运输条款。

② CY-CY 运输条款可用于直达海运、海海转运、海海联运。

③ 上述4种运输条款下的货物运输均可在提单上加批注条款，如 SLAC、STC、SLCAS、UNCL 等，并不影响提单结汇。

④ 如果是整箱货运输，而信用证注明"Port to Port Shipment"，则可理解为 CY-CY 运输。

（2）FCL 接收—LCL 交付。FCL 接收—LCL 交付是指一个托运人、两个或两个以上收货人，具体运输条款如下所述。

① 场—站（CY-CFS）。

② 门—站（DOOR-CFS）。

另外，还需要注意以下几点。

① FCL-LCL 由托运人自行装箱或委托其代理装箱，在进口国港地拆箱后交由不同的收货人。

② 由收货人支付拆箱费。

③ 提单签发时可加注类似 SLAC、STC、SLCAS、UNCL 等字样，并不影响提单结汇。

（3）LCL 接收—FCL 交付。LCL 接收—FCL 交付表明拼箱货接收，整箱货交付是指两个或两个以上发货人、一个收货人，具体运输条款如下所述。

① 站—门（CFS-DOOR）。

② 站—场（CFS-CY）。

另外，还需要注意以下几点。

① LCL-FCL 由出口国货运站负责装箱。

② 由托运人支付装箱费。

③ 提单是否加批注应根据货物实际情况而定，否则会影响提单结汇。

（4）LCL 接收—LCL 交付。LCL-LCL 表明拼箱货接收，拆箱货交付通常是指几个托运人、几个收货人。具体运输条款只有一个，即 CFS-CFS。

① CFS-CFS 运输条款通常由集装箱货运站负责装箱、拆箱。

② 装箱费由托运人支付，拆箱费由收货人支付。

③ 提单上是否加批注应根据货物实际情况而定，否则会影响提单结汇。

（四）提单更改的要求和程序

托运人、订舱人在船舶起航后，如果需要更改已签发的正本提单上的以下内容，则必须提供正式的书面申请、保函和银行担保，并填写提单更改单。

（1）提单更改内容如下所述。

① 发货人、收货人和通知方的更改。

② 卸货港的更改。

③ 唛头的更改。

④ 货名的更改。

⑤ 货物的件数、重量和尺码的变更。

⑥ 货物包装形式的变更。

⑦ 运费支付形式的变更。

⑧ 运输条款的变更。

⑨ 涉及船方利益的变更。

（2）提单更改应注意如下要点。

① 提单在缮制过程中出现个别字母的差错，可以加盖更正章予以更正，但该字母的差错必须不影响该词或该语句的含义。

② 每一份提单的更改不得超过 3 处，否则必须重新缮制、签发提单。

③ 对手签提单的更改应从严掌握。

④ 如果在正本提单签发后（船舶起航后）发生变更，则修改后的提单必须及时通知船公司和中转港船代或卸货港船代。

⑤ 因提单的更改而需要重新签发提单的，必须要求托运人、订舱人交还原来已签发的全套正本提单。

（五）提单放货

（1）提单放货的原则。

① 如收货人不出具正本提单原则上不放货。

② 在收货人未付清运费或其他相关费用的情况下原则上不放货。

③ 如对收货人出具的正本提单有异议，则应在核对确认无误后放货。

④ 如提单为指示提单，"收货人"一栏内有"to Order"或"to Order of a Shipper or a Bank"字样，则提单背面必须有托运人的背书或与"收货人"栏的内容相对应的那一方或银行的背书。

（2）特殊的提单放货形式。

① 电报放货。电报放货简称电放，是指正本提单未送到收货人手中，或根据托运人要求在装船港收回正本提单，或不签发正本提单，以电传、传真的形式通知卸船港船代将货物交给提单标明的收货人或托运人指定的收货人。电放条件如下所述。

a. 实行电放的双方代理需要事先达成协议或默契，就"电放"业务的经办人、通知方式、电放格式订立备忘录。

b. 电放应由托运人提出书面申请，在已签发正本提单的情况下应收回全套正本提单。

c. 如托运人不能交回全套正本提单，则应至少交回一份经正确背书的正本提单，同时应签署保函。

d. 电放通知应签署协议。

② 异地放货。异地放货是指由第三地代理接受申请方的申请，收回正本提单并由该代理通知卸货港船代将货物交给申请方指定的收货人。

异地放货的申请人通常为托运人、中间商或正本提单的合法持有人。收货人通常是提单中记载的人或通知方或提单持有人。

异地放货实际上是一种变相的电放，其操作方法可参照电放。

③ 副本提单放货。原则上不接受副本提单放货，但在实际业务中出现副本提单放货情况时应做到以下几点。

a. 必须得到有关方的书面确认。

b. 通知承运该批或该票货的船代。

c. 提货人出具保函，并由出具单位盖章。

d. 由提货人提供150%的货价担保。

④ 无正本提单放货。原则上不接受无正本提单放货，但在实行业务中出现无正本提单放货的情况时应做到以下几点。

a. 必须得到由公司或部门领导的书面确认。

b. 通知承运该批或该票货物的船代。

c. 提货人出具保函，并由出具单位盖章。

d. 由提货人提供150%的货价担保。

⑤ 凭银行保函放货。

a. 在指示提单下（TO ORDER B/L）。卸货港船代在接到提货人由于提单晚到或提单丢失而不凭正本提单提货的请求后，应要求提货人出示提单正本/副本影印件、商业发票和装箱单等单据，以审核提货人是否为合法收货人。如果提货人委托代理提货，则还需要检验其是否有授权委托。

卸货港船代向提货人提供提货保函的标准格式，要求提货人按此格式出具保函并要求一流银行（国内为中国银行及其市级分行、中国人民银行下属各商业银行及其市级分行，国外为当地信誉良好的银行）在此保函上有效签字、盖章（法人章、担保专用章和进出口业务专用章）。同时，卸货港船代应请装货港船代联系提单上的发货人，取得发货人同意，在此情况下才可将货放给提货人。

如果提货人不能要求上述银行在标准格式保函上签字盖章，卸货港船代应严格审核提货人提供的银行保函是否包括以下要件：致×××公司；船名、航次、提单号、件数、品名、唛头；赔偿并承担×××公司及其雇员和代理因此承担的一切责任及遭受的一切损失；如×××公司及其雇员和代理因此被起诉，保证提供足够的法律费用。

如果担保银行或其保函格式不符合上述要求，卸货港船代应请示由提单签发人根据货物情况对提货人和担保银行的资信及保函的有效性进行审核。

卸货港船代在审核提货人身份和保函的有效性后，凭提货人提供的经背书的×××公司提单正本/副本影印件和保函正本签发提货单，并将有关文件登记存档。在提单晚到的情况下，在提货人将全套正本提单交回后，可将保函退还给提货人。在提单丢失的情况下，原则上无限期保留保函。如果提货人提出返还要求，则各代理应根据所在国法律规定一个最低年限。

b. 在记名提单下（STRAIGH B/L）。在记名提单下，承运人不凭正本提单放货的风险相对较小，尤其是在英美法系国家。

在记名提单下，代理的操作程序与上述基本相同。除非事先得到发货人相反的通知，否则不必要求发货人同意放货的保证。重要的一点是要验明提货人的身份以确认提货人是提单上的记名收货人。

c. 凭协议保函放货。凭银行保函提货的方式在很大程度上解决了收货人在未收到正本提单的情况下及时提货的问题，但一票一做，仍需要花费一定的时间、精力和费用。因此，针对那些与×××公司保持着良好合作关系且实力雄厚、信誉良好的大货主，原则上同意接受×××公司出具的保函并签署相关的协议，其中包括专门的提货保函。协议签署后，提货人只要按票出具提货保函便可及时提货。

协议必须由公司或部门统一签署，个人不得自行签署。

d. 凭支票或现金担保放货。原则上可以接受收货人提供的支票或现金担保，但金额至少应是货价的200%。目的港船代在接受支票担保时，应由财务部门严格审查支票的真实性和有效性；在接受现金担保时，应由财务部门专门做账保管。

二、提单的签发

（一）预借提单签发

在托运人未能在装运期内交货，或船公司未能在装运期内到港装船等情况下均会出现预借提单签发的情形。原则上不接受预借提单的签发，每一位与提单签发的相关人员，务必慎重处理。如果托运人提出签发预借提单的要求，则应尽量说服其修改有关贸易合同和信用证，延长装运期。预借提单签发产生的一切责任均由提单签发人承担。

（1）预借提单签发条件。

① 预借提单下的货物必须经海关放行，已送达装船港码头堆场或仓库。

② 预借提单的签发日期不得超过船舶在港的实际装船日期。

③ 预借提单签发后，必须保证将货物按时装船出运。

④ 预借提单签发的任何信息不得对外泄露。

（2）预借提单签发保证条件。预借提单签发产生的责任均由提单签发人承担，因而应尽量注意以下几点。

① 通知托运人是否由收货人出具保函。

② 由托运人出具保函和担保，担保金额为货价的150%。

③ 要求托运人修改信用证装运期。

④ 是否有可能由第三方出具预借提单后再签发自己的提单。

⑤ 保函必须由出具单位盖章。

（二）倒签提单签发

若托运人未能在装运期内交货，但仍要求签发装运期限内日期的提单，则该提单为倒签提单。由于倒签提单的日期与货物实际装船日期不符，原则上不接受倒签提单的签发。每一位与提单签发的相关人员均应注意，擅自签发倒签提单而产生的责任均由倒签提单签发人承担。

（1）倒签提单的签发条件。

① 倒签提单下的货物必须已经海关放行。

② 倒签提单的签发日期不得超过船舶在港的实际装船日期。

③ 倒签提单签发后，必须保证按时将货物装船出运。

④ 倒签提单签发的任何信息不得对外泄露。

（2）倒签提单签发的保证条件。

① 通知托运人是否由收货人出具保函。

② 由托运人出具保函担保，担保金额为货价的150%。

③ 要求托运人修改信用证装运期。

④ 是否有可能由第三方出具倒签提单后再签发自己的提单。

⑤ 保函必须由出具单位盖章。

（三）转换提单签发

由于国际贸易、运输的需要，在实际业务中会出现转换提单签发的情况。

（1）转换提单的签发条件。

① 货主（申请人）要求签发或办理转换提单时，应提出书面申请，经公司或部门领导同意后方可办理。

② 如果第一套提单的收货人或通知方提出在航线挂靠的范围内更改卸货港，则必须提

供收货人同意的书面确认,并由收货人在其提供的书面文件上确认承担的风险、费用和责任。

③ 如果第一套提单的收货人或通知方要求在航线挂靠范围外更改卸货港,则应得到船公司的书面确认。

(2) 转换提单的签发要求。

① 当货主(申请人)要求办理转换提单时,必须提供第一套提单中发货人的书面确认。

② 货主(申请人)在办理转换提单时,必须提供保函和担保金额不低于 150%CIF 的银行担保,并确认由其承担因转换提单而引起的一切责任、费用和风险。

③ 如需办理转换提单,则货主(申请人)必须在不迟于船舶抵达第一套提单上的目的港的前 5 天提出申请。

④ 记名提单在办理转换提单时,须有收货人的书面申请。

⑤ 指示提单在办理转换提单时,须由发货人提出申请,或经发货人背书转让的提单持有人(一般为通知方)提出申请。

⑥ 签发转换提单前,货主(申请人)必须交换第一套提单的全套正本。

⑦ 若货主(申请人)无法交换第一套提单的全套正本,则必须提供信誉良好的一流银行担保,并确认无条件承担因转换提单签发而引起的一切风险、费用和责任,而且该银行担保必须是无期限和无金额限制的。

(3) 转换提单的更改范围。

① 转换提单签发地。转换提单(第二套提单)的签发地既可以是第一套提单中的目的港或中转港,也可以是第一套提单中的通知方或提单持有人所在地。

② 转换提单的记载事宜。转换提单中的记载事宜必须与第一套提单中的内容相同,更改的内容仅限于将第一套提单中的收货人或通知方转换为转换提单中的发货人。

③ 分票转换提单。第一套提单中的收货人或通知方提出分票转换提单,则分票转换提单中的货物名称、总数、重量、体积等应与第一套提单中的有关内容相同。

④ 日期。签发转换提单时,装货日期必须与第一套提单中的装货日期相同。

⑤ 运费支付。

a. 如转换提单运费中运费由预付改为到付,则须及时通知卸货港船代,并应得到第一套提单中的收货人或通知方的书面确认。

b. 如运费由到付改为预付时,须在签发第二套提单以前收回全部运费。

⑥ 装货港、装货日期或签单日期。如货主要求更改装货港、装货日期或签单地址的,原则上不予办理。特殊情况下,必须经船公司书面确认后方可办理。

a. 转换提单签发后,签发港船代必须将更改内容书面通知公司业务部门,并附转换提单副本。

b. 办理转换提单的相关费用应及时向货主收取。

(四)异地提单签发

为了满足货主的贸易需要,为货主提供更快捷、更优质的服务,异地提单签发(也称异地签单)成为实际业务中越来越普遍的一种操作方式。

(1) 在接到货主订舱单后,如发现装货港不是本港却需要在本港签发提单,则可以在本港为货主签发提单。在签发提单前,应做好如下工作。

① 与装货港联系以确认货物是否能在该港装船。
② 向装货港船代订舱。
③ 与装货港船代落实运费及港杂费的收取。
④ 在得到货物已装船的确认后,签发提单,签单时间应以实际装船时间为准,不得预借或倒签提单。
⑤ 通知装货港船代提单已在本港签发,以避免装货港重复签发提单。
(2) 在接到货主订舱后,如货主要求在另一港口签发提单,应做好如下工作。
① 与另一港口的船代联系并委托其签单。
② 将货主订舱单传真给另一港,以便其缮制提单。
③ 与另一港口的船代落实运费及港杂费的收取。
④ 货物装船后,立即通知另一港口的船代签单。

案例:

预借提单的法律责任

案情介绍

1985 年 3 月 29 日,福建省宁德地区经济技术协作公司(简称宁德公司)作为买方与卖方日本三明通商株式会社签订了进口东芝牌空调机 3000 台的合同。合同约定卖方应于当年 6 月底前交货 1500 台,7 月底前交货 1500 台。日本国日欧集装箱运输公司(简称日欧公司)作为承运人接受了日本三明通商株式会社托运的第一批 1496 台空调机(另 4 台样机已空运),于 6 月 30 日签发了 WO15CO90 号联运提单,而实际装船日期为同年 7 月 1 日。宁德公司提货后进行了销售。

7 月 22 日和 23 日,日欧公司在日本横滨大黑码头收取了日本三明通商株式会社托运的第二批 1500 台空调机,7 月 25 日在日本东京签发了 WO15CO97 号联运提单(简称"97 号"提单),列明日欧公司为承运人,在"本提单装船后生效"栏内注明"1985 年 7 月 25 日"。宁德公司在 7 月 27 日接到日本三明通商株式会社的电传,得知第二批货物已付运,便于 8 月上旬持"97 号"提单到福州港提货,但未提到。

货物为何逾期运到?原因在于日欧公司是无船承运人,其所订舱位的"大仓山"轮(属福建省轮船有限公司)在 1985 年 6 月 16 日离开福州港,7 月 7 日返回福州港时遇上第 7 号台风,在横滨避风 1 天,以致逾期到达。"大仓山"轮至 8 月 13 日卸货完毕,8 月 14 日又开航横滨。第二批货物于 8 月 20 日才装上"大仓山"轮,比提单签发日晚了 20 多天。"大仓山"轮在日本的代理商日立物流株式会社签发的已装船提单的日期为 8 月 21 日。这时又遇到第 11 号台风,"大仓山"轮在横滨避风 2 天,直至 8 月 28 日才抵达福州马尾港卸货。

综上所述,日欧公司所签发的提单日期早于货物实际装船日期,同时卖方日本三明通商株式会社已将"97 号"提单作为即期信用证所规定的单据(已装船提单),向银行收取了宁德公司所支付的全部货款。

宁德公司在收到第二批货物已付运的电传后,于 7 月 27 日将提单项下的 1500 台空调机,以每台 2000 元与福建省福安市企业供销公司签订了购销合同,约定交货期限为同年8月20日前。若逾期交货，宁德公司要承担货款总值20%的违约金，且对方有权解除合同。由于以上原因，宁德公司承担了未能按期交货的违约责任，福安市企业供销公司依约解除了合同。

此后，宁德公司从1985年9月至1986年年底，曾与国内数十个单位联系销售此批空调机，均因错过季节售价猛跌而未能成交。直至1986年12月，宁德公司才以每台1700港元的价格将这批空调机全部销往我国香港地区。在此期间，这批空调机一直存放在日欧公司的集装箱内。

纠纷发生后，宁德公司作为原告向上海海事法院起诉，要求判令被告日欧公司赔偿货款和货款利息损失计4846万余日元、营业利润损失计75万元、需要支付给福安市企业供销公司的违约金计60万元，以及差旅费等6.7万元。日欧公司提出反诉，要求判令宁德公司赔偿租箱费和搬运费1.5万余美元。因案件处理结果与福安市企业供销公司有法律上的利害关系，该公司被依法列为本案诉讼第三人。

上海海事法院审理后认为，集装箱运输的承运人在集装箱堆场只能签发待运提单。被告日欧公司作为承运人在货物装船前签发已装船提单是对宁德公司的侵权行为，应对由此产生的后果承担责任。由于被告这一侵权行为导致原告支付了全部货款，而被告应赔偿原告的货款损失和营业利润损失。此外，原告与第三人约定的违约金超过法定幅度，应按不能交货的货款总值5%计算，并从违约之日起至判决执行日止每月计1.5‰的利息，此项违约金由被告赔付。上海海事法院还认为，原告在诉讼期间已将货物完好地复出口以减少损失，履行了应尽的责任，故被告实行反诉的理由不足。据此判决被告赔付原告提单项下的货款损失3972万日元，营业利润损失6133万余日元，利息损失34万余元，违约金损失15.8万余元。

一审判决后，日欧公司不服，以其签发的提单是"待运提单"等为由，向上海市高级人民法院提起上诉，并要求追加福建省轮船公司为本案第三人。

该案的一审判决，曾引起日本某些报刊不怀好意的报道。某些报道称："第二批货物延期是由于福州马尾港压船、劳资纠纷和台风的影响，比合同规定晚了1个月。"事实上，压船发生在福州港，且时间是日欧公司装运第一批货的时间。至于台风是否影响船期，经查，在遇上第7号台风时，"大仓山"轮到横滨避风1天，并未影响第一批货的船期；在8月21日遇上第11号台风时，该船在横滨避风2天，与"晚了1个月"这种说法严重不符。事实表明，日欧公司早在7月25日签发了"已装船提单"，但实际装船是在8月20日，可见货物延期运达并非受台风影响，而是日欧公司预借提单所致。对于所谓"劳资纠纷"的影响，日欧公司未向法院提供任何证据。

某些报道又称："中国买主一边参加解除合同的谈判，一边又转手倒卖，是故设圈套。"经查，宁德公司在第二批货迟发时，曾就解除买卖合同与卖方进行过协商，但卖方不愿解除。宁德公司在得知日欧公司已于7月25日签发了"已装船提单"后，才与福安市企业供销公司签订销售合同。由于货物迟到，宁德公司蒙受了巨大的经济损失，这才向承运人索赔，圈套何在？况且日欧公司也未向法院提出这一问题及其依据。

上海市高级人民法院审理确认：参照《1924年关于统一提单的若干法律规则的国际公约》（又称《海牙规则》）第三条第七款的规定，并注意到1957年日本的《国际海上货物运输法》第六条、第七条的规定，应确认已装船提单，银行据此予以结汇，符合《跟单信用证统一惯例》的规定。日欧公司在货物尚未装船前签发已装船提单，是预借提单的侵权行为。这一侵权结果发生地为福州，根据《中华人民共和国民事诉讼法的几个问题的规定》第四条第二款的规定，原审法院对本案有管辖权。该批货物由"大仓山"轮装运是由日欧公司与福建省轮船公司在日本国的代理人日立物流株式会社所确定的，且日欧公司并未接收"大仓山"轮船或其代理人的指示签发提单，故"大仓山"轮的延迟船期不能作为日欧公司实施预借提单行为的理由。因此，本院对日欧公司提出追加福建省轮船公司为本案第三人的上诉请求不予采纳。宁德公司在向三明通商株式会社提出终止合同的要求未被同意并得悉日欧公司已签发提单后，与第三人签订合同，但因日欧公司早在货物实际装船前20余天就签发了提单，使宁德公司无法依照约定的日期向第三人交货，从而导致了第三人依约解除合同。其后，宁德公司在空调机逾销售旺季、内地市场难以售出的情况下，不得已向港商销售，且复出口的价格不仅未能取得原与第三人签订合同应得的利润，甚至低于买入价，其中包括可得利润的损失、进口货价与复出口货价之间的差额损失，以及应向第三人支付违约金的损失等。对此，日欧公司应承担赔偿责任。但原审判决在核算日欧公司的赔偿货款损失时，将宁德公司进口提单项下货物所产生的代办进口手续费、进口港务费、进口银行手续费和拆箱费等共计2576.76元既纳入成本又作为垫付费用，是重复计算，是不合理的，应予以剔除。宁德公司与第三人交易所产生的利润应按双方约定的货款以人民币计算，原审判决将其折成日元予以赔付不当，也应予以纠正。原审判决对宁德公司利润损失的利息未予计算不妥，应按银行规定的企业活期存款利率计算。鉴于在原审判决后宁德公司货款损失的银行贷款利息继续孳生，日欧公司对此项赔偿金额也应相应增加。依照《民法典》的规定，宁德公司应向第三人支付违约金。由于宁德公司对第三人违约行为是因日欧公司预借提单的侵权行为所致，所以日欧公司对宁德公司因支付第三人的违约金而蒙受的损失应负赔偿责任。因案件所涉及的货物为通用产品，依照《民法典》的规定，前述违约金的幅度应为1%~5%，原审判定的5%偏高，故违约金应改为货款总值的3%，同时，原审法院此项判定既已对当事人一方的违约行为判令支付违约金，对该项违约金再行计息则属不当。此外，日欧公司预借提单的行为，并不必然引起集装箱的长期堆放状况，日欧公司的租箱费提出的请求合理，应予支持。至于日欧公司反诉请求由宁德公司承担搬运费一节，因未能提出反诉理由并提供相应证据，故不予支持。

上海市高级人民法院依照当时适用的《中华人民共和国经济合同法》（现已废止）第三十八条第一款第一项、《工矿产品购销合同条例》（现已废止）第三十五条第一项、《中华人民共和国民事诉讼法（试行）》第一百四十九条及第一百五十一条第一款第（三）项的规定，并参照国际惯例，判决撤销上海海事法院的原审判决，改判日欧公司应赔偿宁德公司在WO15CO97号提单中所载货物的货款损失

38 019 618.5 日元；日欧公司应赔偿宁德公司货款损失的银行贷款利息 263671.1 元；宁德公司应支付第三人违约金 90 000 元；日欧公司应赔偿宁德公司所需支付给第三人的违约金 90 000 元；日欧公司应赔偿宁德公司的营业利润损失及其利息损失计 8 810 538.36 元；宁德公司应支付日欧公司租箱费 14 728 美元。

案例分析

综观本案，有以下几方面的问题需要进行解释，并应引起有关部门的重视和注意。

1. 预借提单的含义

预借提单是指在货物尚未装上船或正在装船时，承运人签发的提单。作为集装箱无船承运人，在接货后货物尚未装上船舶前，按理说只能签发"收货待运提单"，在这种提单中不应有装船日期，也常不注明船名。只有在货物实际装船后，承运人才能在该提单上注明船名与装船日期，使该"收货待运提单"转为"已装船提单"，或由集装箱公司将实际承运人签发的"已装船提单"向托运人换回"收货待运提单"。但日欧公司并未这样做，在其签发的提单中不仅注明了船名，而且在提单正面"本提单装船后生效"栏内注明了日期，不仅使收货人认为这份提单是"已装船提单"，而且银行在按照信用证规定的条件审查单据时，也认为这份提单是"已装船提单"。日欧公司的行为本身也证明其是"已装船提单"，因为日欧公司未在该提单上做任何更改，也未将实际承运人签发的提单交承运人。故日欧公司在货物装船前签发的提单属于预借提单是显而易见的。

2. 预借提单的性质

预借提单的发生，往往是由于托运人因信用证规定的装运日期即将届满，而其尚未备妥货物，或承运的船舶尚未落实，或因港口拥挤船舶无法装货，托运人想在信用证有效期内向银行交单议付，要求承运人预借提单。承运人为争取多揽货而满足托运人的这种要求，签发预借提单。这种行为掩盖了托运人违反交货期的违约行为，对收货人造成损失，进而不能履行收货人与第三人所订合同，故预借提单虽以合同形式（提单）出现，但应被认定为侵权行为，并以有关侵权的法律责任制裁侵权行为人。由于提单是承运人签发的，承运人对此侵权行为负有不可推卸的责任。如果承运人是与托运人共谋的，则托运人也应承担连带责任。值得注意的是，承运人在做出预借提单侵权行为时，往往要求托运人出具保函，以保证在承运人向收货人赔偿后，托运人负责向承运人赔偿。对于保函，国际上通常认为其对第三人不具有约束力，即在预借提单的情况下，承运人不以保函对抗收货人。有的国家甚至认为这种保函是无效的，而承运人是不能据此向托运人索赔的。但也有国家主张在承运人出于善意的情况下，可以根据保函向托运人取得相关的赔偿。对于预借提单，各国法院通常均予以严肃处理，有的甚至以国际海运欺诈定论。

3. 预借提单的法律后果

预借提单是侵权行为，托运人承担的法律后果就不同于合同违约的责任，而应承担预借提单所引起的一切后果。正如本案判决所述，其后果不仅包括货款损失、货款的利息损失，而且包括收货人向第三人赔付而引起的损失。

项目 5 国际海运代理

思政园地

本章重点学习国际海运代理相关知识，使学生在宏观的国际经济背景下理解国际海运代理的重要性。教师可以将微观和具体的海运货代业务与我国在世界经济中的重要地位相结合，提升学生对国际海运代理职业的荣誉感及我国在世界海运业务中重要地位的自豪感，使学生投身国际海运代理工作的热情。

学习小结

本项目从国际海运代理的理论基础出发，分别介绍了杂货班轮货运代理和集装箱班轮货运代理的业务流程，以及与之相关的主要业务单证，最后阐述了班轮运输提单的操作要点和签发。

课后练习

一、单选题

1. 下列属于集装箱出口货运特有的单证的是（　　）。
   A．交货记录　　B．场站收据　　C．设备交接单　　D．装箱单
2. 货主办理出口报关的货运单据是（　　）。
   A．装货清单　　B．提单　　C．装货单　　D．提货单
3. 班轮条件是指货物装卸费用由（　　）。
   A．买方承担　　　　　　　　B．卖方承担
   C．承运方承担　　　　　　　D．买卖双方各负担一半
4. 按提单收货人抬头分类，在国际贸易中被广泛使用的提单有（　　）。
   A．记名提单　　B．不记名提单　　C．指示提单　　D．班轮提单
5. 海运提单日期应理解为（　　）。
   A．货物开始装船的日期　　　　B．货物装船过程中任何一天
   C．货物装船完毕的日期　　　　D．签订运输合同的日期

二、多选题

1. 以下哪些属于国际海运的优点？（　　）
   A．运量大　　B．不受气候影响　　C．环保　　D．价格便宜
2. 海运提单的作用体现在（　　）。
   A．可作为货物收据
   B．可作为运输合同具备的许多重要条款和条件，当承托双方发生纠纷时，就可以以提单上载明的条款为依据
   C．可作为物权凭证
   D．是唯一作为向承运人索赔的凭证
3. 在定期租船方式下，租船人应负担（　　）。

A．船员工资　　B．港口费　　C．装卸费　　D．船员伙食
E．燃料费

4．海运提单根据收货人抬头不同可以分为（　　）。
A．直达提单　　B．记名提单　　C．不记名提单　　D．指示提单
E．可转让提单

三、简答题

1．H-B/L 和 S-B/L 的差异有哪些？
2．集装箱拼箱货运输条款有哪些？
3．集装箱整箱货运输条款有哪些？
4．航次租船的特点是什么？
5．航次租船合同的主要内容是什么？
6．装箱单的作用是什么？
7．集装箱整箱货班轮货运代理的方式有哪些？
8．提单应记载的内容有哪些？
9．集装箱提单批注内容是什么？
10．提单放货原则是什么？
11．提单签发的要点是什么？

四、案例分析题

某船东将船舶出租，从我国的青岛港装运袋装的玉米和大豆运往日本东京，船方与租船人签订了航次租船合同，合同中约定了相应的滞期与速遣条款。船方在装上玉米和大豆后，发现还有空舱，为了自身利益最大化，就又在货舱内堆装了一些其他货物。在当年的1月，船舶抵达日本东京，1月21日船方出具了《准备就绪通知书》。由于货物超载，袋装的玉米和大豆在2月6日才可以卸载，但事实上，收货人于2月19日才开始卸货，最终于4月25日卸完全部货物。对此案中卸货时滞期费如何计算，双方产生分歧。船方认为应该从1月21日《准备就绪通知书》出具时起算卸货日，因而计算得出租船人应支付巨额滞期费，而租船人认为卸货日不应从1月21日起算，而应从2月19日起算。

问题：你认为卸货日期应从哪天起算？

项目实训

江苏某公司（第一方）将10台数控机床交由世运公司承运（第三方）。世运公司作为承运人签发自己的提单后，将10台数控机床从第一方工厂安排运至张家港仓储公司装箱，装箱后由世运公司安排运到张家港集装箱码头堆场，装载驳船运至上海，在上海配装，由A公司船运至汉堡。张家港经上海转汉堡由A公司出具全程提单。收货人在提货时发现箱损，并由汉堡公证机构出具检验报告，报告证明箱损是由箱内数控机床加固、绑扎不牢所致，而且数控机床也有一定程度的损坏。对这一箱损事故，各当事人观点不一。

请分别扮演发货人、收货人、承运人、保险人的角色，模拟处理此事故的纠纷。

Project 6 项目 班轮运价与管理

思维导图

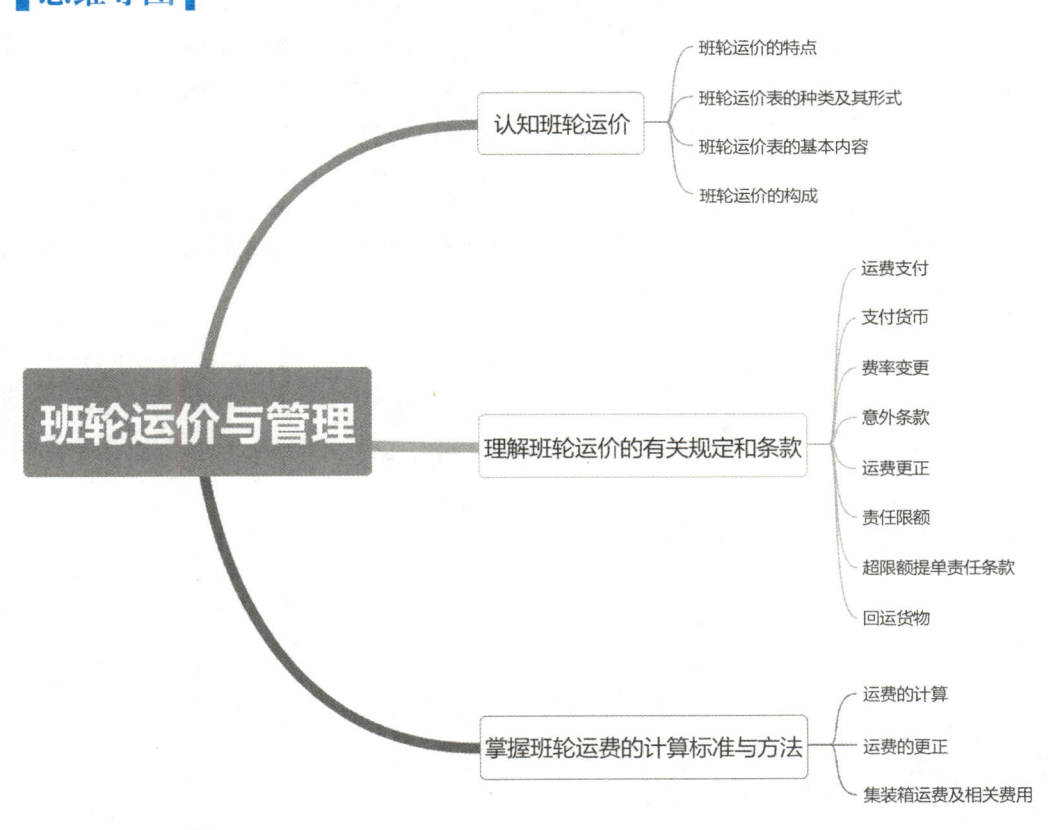

班轮运价与管理
- 认知班轮运价
  - 班轮运价的特点
  - 班轮运价表的种类及其形式
  - 班轮运价表的基本内容
  - 班轮运价的构成
- 理解班轮运价的有关规定和条款
  - 运费支付
  - 支付货币
  - 费率变更
  - 意外条款
  - 运费更正
  - 责任限额
  - 超限额提单责任条款
  - 回运货物
- 掌握班轮运费的计算标准与方法
  - 运费的计算
  - 运费的更正
  - 集装箱运费及相关费用

知识目标

1. 了解班轮运价的特点和班轮运价表的种类及其形式。
2. 掌握班轮运价表的基本内容和班轮运价的主要构成。
3. 掌握班轮运价的有关规定和条款。

技能目标

能够根据相关要求进行班轮运费的计算。

案例导入

该由谁向船公司支付运费

大连一家公司（下称发货人）与欧洲一家公司（下称收货人）成交了一笔交易，规定货物分3批出运。第一批货物由发货人委托某货运代理办理有关订舱出运事项，而第二批和第三批货物由发货人向船公司订舱。3批货物的信用证均规定"预付运费"，故船公司签发提单时采用"付款放单"原则，即必须在发货人支付运费后，船公司才签发提单。在船公司向发货人收取运费时，发货人却向船公司出具了一份保函，要求船公司向货运代理索取运费。船公司在不了解实际情况的前提下接收了保函，并将提单直接签发给了发货人。

当船公司凭保函向货运代理收取运费时，该货运代理才知道发货人与船公司之间存在这份保函，并且要求其支付运费。该货运代理认为："我没有支付运费的责任，因为发货人事先并没有将运费支付给我，而且我与发货人的委托协议中也没有规定我垫付运费的责任和义务。如果一定要让我付运费，那么我也只能支付第一批货物的运费。因为第一批货物由我向你船公司提出订舱，双方存在承托关系，而第二批和第三批货物由发货人直接向你船公司提出订舱，理应由发货人支付运费。"

在该货运代理不支付运费的情况下，船公司向法院起诉，法院判定由该货运代理人支付运费。法院判决后，该货运代理不服，即向高院提出诉讼。高院审理后让该货运代理提出诉讼保全，对发货人公司进行封账。

请思考：

1. 国际贸易和航运习惯对运费支付的确定原则是什么？
2. 法院判定由货运代理支付运费的法律依据充足吗？
3. 如果法院判决依据充足，那么主要的依据是什么？如果法院判决有误，那么主要的"误区"在哪？

通过本项目的学习以后，你会得出答案。

Mission 任务 1 认知班轮运价

船公司或其他承运人在进行货物运输中，不可避免地要发生诸如船员工资、伙食、燃油、物料、港口装卸、修理、保险及公司管理费用等营运开支。为了维护和扩大再生产，船公司或其他承运人还要计提折旧和获取一定的利润。因此，船公司或其他承运人必须向货主收取运输费用，这种运输费用简称运费，运费的单位价格被称为运价。我们通常所称的班轮运价，不是一个简单的价格金额，而是包括费率标准、计收办法、承托双方费用、风险及其有关费用划分等的综合概念。

Project 6 班轮运价与管理 项目6

一、班轮运价的特点

班轮运价是班轮公司为运输货物向货主收取运费的价格，具有以下特点。

（1）班轮运价是按班轮公司事先公布的运价表和规定计收运费的价格，具有相对稳定性。

（2）班轮运价包括货物从装货港的船边（舷）或吊钩至目的港的船边（舷）或吊钩的全部运输费用，习惯上被称为"船边至船边"（Side to Side）、"船舷至船舷"（Rail to Rail）、"吊钩至吊钩"（Tackle to Tackle）费用。

（3）班轮运价中包括装卸费用，因此货物由承运人负责装卸及配载。因此，货方对船舶的延滞或速遣既不负责，也不享受奖励，即在班轮运输中，承托双方不涉及滞期和速遣的问题。

（4）班轮公司一般都有自己的运价表，托运人采用班轮运输货物均须按运价表支付运费。因此，班轮运价在一定程度上属于垄断性运价。

（5）班轮运价由基本费率和附加费两部分组成。

随着班轮集装箱运输的发展，国际上班轮费用的划分界限还可延伸至码头仓库或堆场，即班轮公司在装货港码头或仓库接货，而由此发生的超出原装卸费用的部分，班轮公司可以附加费的形式向货方收取。这种附加费在装货港被称为码头收货费（Terminal Receiving Charge），在卸货港被称为交货费（Delivery Charge）或统称货物搬运费。

二、班轮运价表的种类及其形式

（一）根据制定的主体和方式分类

班轮运价表根据制定的主体和方式的不同，可分为以下几种。

1. 班轮公会运价表

班轮公会运价表（Conference Tariff）是由班轮公会制定的，参加班轮公会的班轮公司必须按班轮公会运价表的费率和规定收取运费，否则将会受到班轮公会的罚款处分。班轮公会运价属垄断性运价，旨在保护公会内部会员公司的利益平等，一致对外进行竞争。但会员公司往往通过如"暗扣"等形式变相降低运价，进行揽货，因而近年来这种垄断已有所削弱。班轮公会已不存在太大的意义，大多数班轮公司已退出班轮公会。

2. 非班轮公会运价表

非班轮公会运价表（Non Conference Tariff）是指没有参加班轮公会的各班轮公司自己制定的运价表，各班轮公司的运价表的费率和规定不统一，但一般低于班轮公会运价表的水平。

3. 双边运价表

双边运价表（Bilateral Tariff）是由船货双方制定的，承运货物时按商定的费率和规定收取运费，运价表的调整和条款的变更都必须经过船货双方协商确定。

4. 协议运价表

协议运价表（Freight Agreement）是一种类似班轮公会运价表的一种运价表。自20世纪80年代以来，由于国际航运的竞争，行驶于美国航线上的一些班轮公司签订了运价协议（Freight Agreement），并向美国联邦海事委员会（Federal Maritime Commission，FMC）申请登记，根据协议制定了统一的运价，但签订协议的每一家班轮公司对统一运价都保留有单独行动的权利，可以修改已同意的费率、附加费、商品等级，以及有关的运价表条款等。不过，这种修改必须于生效前若干天通知其他成员。

（二）根据费率结构分类

班轮运价表从费率结构上可以分为等级费率运价表（Classification Rate Freight Tariff）和单项商品费率运价表（Commodity Rate Tariff）两种。

1. 等级费率运价表

等级费率运价表是指按航线将货物分成若干等级（一般分为1~20个等级）。每个等级代表一个费率并说明计算标准。参照等级费率运价表，即可查出相应的基本费率。因此，等级费率运价表由货物等级表和航线费率表两部分组成。

在等级费率运价表中，货物的等级和费率的制定一般需要考虑下列因素。

（1）依据货物的 FOB 价格决定。一般来说，海运运费占货价的 10%~15%较为合理，大宗货运费占货价的 35%~50%为宜。

（2）依据货物的积载因素（Stowage Factor）决定。积载因素是货物重量与其体积的比率，即 1t 货物有多少立方米。轻泡货一般以其体积（M）作为计价标准，重量货一般以毛重（W）作为计价标准。对于重量与其体积数值相近的货物，选择其中较高者计算，即计价标准为 W/M。

（3）依据货物的性质和用途决定。有些货物（如贵金属、精密仪器、古董字画等）一次托运数量有限，且 FOB 价值极高，这些货物在运输途中需要特殊照顾。收费时，无论是按 M 还是按 W 计收，对班轮公司来说都与货物本身价值不相称。为了弥补运费的不足，班轮公司规定上述货物均须按其 FOB 价值的百分比计收，这种规定反映在运费表中就是从价运费。还有一些货物，如危险品、冷冻品等，需要使用特殊的运输工具或船舶挂靠专用码头，并且需要使用专用仓库，从而增加了货运成本。因此，等级费率运价表中对这类货物规定了较高的费率。

（4）依据货物的流向及流量决定，同一类货物在不同航线上的费率是不同的。

（5）其他因素，如货运政策等。

2. 单项商品费率运价表

单项商品费率运价又称单项费率运价，是指对各种不同商品在不同航线上逐一制定的运价。

这种运价使用起来比较方便，根据商品的名称和所运输的航线，即可直接查找出该商品在该航线上运输的运价。这是一种对不同商品在不同航线上分别制定的运价。尽管有些商品在同一航线（或港口）的运价相同，但也要逐一列明，因此集中在一起组成的运价表十分庞大。这种运价表也称商品运价表。以下是在我国常见的单项商品费率运价表。

《华夏八号运价表》（Farenco Tariff No.8），是华夏运输有限公司于1993年6月11日制定的并向美国联邦海事委员会登记的运价表，适用于国外班轮公司承运我国出口至美国的货物的情况。

《中国远洋运输公司美国航线第 17 号运价表》（China Ocean Shipping Company Local

and Through Intermodal Freight Tariff F.M.C.No.17），是中国远洋总公司制定的并向美国联邦海事委员会登记的运价表。其是适用于中国远洋运输公司的船舶承运我国去美国东西海岸和一些内陆点的杂货班轮运输和集装箱班轮运输的运价表。

《中波轮船股份公司第19号运价表》（Chinese-Polish Joint Stock Shipping Company Tariff NO.19），是中国和波兰合营班轮制定的适用于进出口波兰港口货物的运价表。

三、班轮运价表的基本内容

不同的班轮公会或班轮公司有不同的运价表，其内容也不完全相同，但它们都是按照各种商品的不同积载因素、不同性质、不同价值，结合不同的航线加以制定的。班轮运价表的基本内容如下所述。

1. 说明及有关规定

说明及有关规定（Notes and Conditions）规定了运价表的适用范围，运费的计算及支付办法，计价币制、单位，船货双方的权利、义务和责任，各种货类运输的特殊规定及各种运输形式。例如，直航、转航、回运、选择或变更卸货港等办法和规则。除提单条款外，对于运输过程中发生的异议、分歧、争执和纠纷，班轮运价表的说明和规则同样可作为处理问题的依据。

港口规定和条款主要说明了国外有关港口的规定和习惯做法。在船、货所到达的港口，双方都必须遵守该港口的有关规定和习惯做法。为了方便，班轮公司会把经常挂靠的港口的有关规定和条款印在班轮运价表内。

2. 商品列名和附录

商品列名和附录（Commodity Enumeration and Appendix）标明了各种货物的名称与运价计算标准，各种货物的基本运费率（单项商品费率运价表）或货物的运价等级（等级运价表）。不论是哪一种班轮运价表，每种商品都要按英文字母顺序排列。

但是，由于商品种类极其复杂，加之新产品不断出现，每一种班轮运价表都不可能将所有商品一一开列。因此班轮运价表内都有一项"未列名货物"（Cargo Not Otherwise Enumerated，Cargo N.O.E），这类货物的运价略高于同类列名货物。此外，班轮运价表还包括有关商品的附录资料，它是商品列名的补充。

3. 基本费率

基本费率（Basic Freight Rate）是计算运费的基础，这里的运费不包括附加费。基本费率就是等级费率运价表中各航线的费率。

4. 附加费

为了弥补班轮公司在运输中因特殊原因而增加的额外开支或蒙受的损失，班轮公司在基本运费之外，向货主加收的费用叫作附加费（Additional）。附加费是在基本运费基础上加收一定百分比，或者按每运费吨加收一个绝对数计算的。

四、班轮运价的构成

班轮运价是由基本费率和各种附加费所构成的。

基本费率是班轮运费的计算基础，也是制定各种附加费用的基础。它包括各航线等级费率、从价费率、冷藏费率、活牲畜费率及议价费率等。基本费率是每种商品必收的费率。在我国的等级费率运价表中，商品基本费率分为若干等级。

附加费是除基本运费外，规定另外加收的各种费用。附加费的种类繁多，而且随航运情况的变化而变动。在班轮运输中常见的附加费有以下几种。

1. 燃油附加费

由于国际市场的原油价格经常上涨，可能会超出班轮公司核定成本中燃油费的比例。为弥补这部分额外开支，班轮公司会向托运人或收货人加收运价若干百分比的燃油附加费（Bunker Adjustment Factor，BAF）。

2. 港口附加费

由于有些港口的费用高，或由于港口装卸效率低而造成船舶留港时间长，增加了船舶的成本开支，班轮公司会以加收港口附加费（Port Surcharges）的方法来弥补这些损失。在收取这种附加费的港口中，除南美洲地区的港口外，其他地区的港口加收的港口附加费一般为一个绝对金额。

3. 港口拥挤附加费

某些港口因泊位少，船舶到港后不能马上靠泊作业，要长时期等泊，这会造成船期损失，增加成本开支。为弥补这部分损失，班轮公司要加收拥挤附加费（Port Congestion Surcharge）。这是一种临时性的附加费，变动性较大，一旦港口的拥挤情况改善了，班轮公司就会对该项附加费进行调整或取消。港口拥挤附加费随预付运费在装货港收取，一旦收取后，不论卸货港的拥挤情况如何，已收取的拥挤附加费不予退还。

4. 转船附加费

班轮一般不直接停靠非基本港。非基本港是指港口较小、设施较差、班轮不挂靠的港口，而基本港是指港口较大、设施较好且货量较大、班轮要挂靠的港口。对运往非基本港的货物，班轮公司可以通过转船运至目的港。为此，班轮公司向货方加收转船附加费（Transshipment Surcharge）。这种附加费有的规定为绝对金额，有的按运费的百分比加收。但有些地区转船时不加收附加费，如澳大利亚、新西兰、新几内亚、斐济大溪地、加勒比海、中美洲及南美洲东西岸。

5. 绕航附加费

由于战争等原因，正常航线不能通行，船舶须绕道航行，会增加开支。班轮公司会为此而加收绕航附加费（Deviation Surcharge），这也是一种临时性附加费。只要航线恢复正常，此项附加费随即取消。例如，1967年，苏伊士运河关闭后，前往欧洲的船舶须绕道好望角，为此，班轮公司加收了10%的绕航附加费。1975年，苏伊士运河恢复正常航行，这一附加费随即取消。

6. 超重、超长附加费

当一件货物的毛量达到或超过一定重量、长度达到或超过规定长度时，班轮公司须加收超重、超长附加费（Heavy Lift and Long Length Additional）。重量和长度限制视各国港口的设备而定，一般规定每件重量超过3t、长度超过9m，即视为超重或超长货物，须按班轮运价表中的《超重或超长货物费率表》的规定加收附加费。计算超重、超长附加费时应注意以下事项。

（1）一旦超重，全部重量均须加收超重附加费。

（2）一旦超长，整捆货物均须加收超长附加费。

（3）上述两种附加费在运输过程中，每转运一次就要加收一次，而不是一次性加收。

7. 货币贬值附加费

由于国际金融市场汇率经常发生变动，如果货币贬值则会使班轮公司的实际运费收入减少，为弥补这部分损失，班轮公司就要向货主加收货币贬值附加费（Currency Adjustment Factor，CAF）。

8. 苏伊士运河附加费

1975年，苏伊士运河重新开放后，因埃及对过河船舶征收的费用调高，加之船舶要加保战争险，当时，班轮公司一般都规定加收苏伊士运河附加费（Suez Canal Surcharge）。之后，随着运河费用的调整、战争险的取消，这种附加费或被并入基本费率或予以取消。

9. 变更卸货港附加费

船舶驶离装货港后，提单持有人提出要求，经班轮公司同意后可以变更卸货港。为此，班轮公司要向货方收取变更卸货港附加费（Additional For Alteration of Destination），按货物的每运费吨计收。装货港至变更后的卸货港的运费若超出原卸货港的运费，则船方要向货方补收其差额，反之，则不予退还。若因变更卸货港而造成船方倒舱，由此引起的损失和费用，则由申请变更卸货港的货方承担。

在远东至美国、加拿大西海岸航线上，班轮公司的习惯做法是按货方的每运费吨收取一定的变更卸货港附加费，或收取因变更卸货港而增加的实际转运费，二者按其中较高者向货方收取。

运往美国、加拿大东海岸的货物，一般从西岸港口经小陆桥运到东岸港口。在这种情况下，如变更东岸目的港，而原西岸卸货港不变，船方不加收变更卸货港附加费，但必须在船舶到达卸货港前48小时提出，且必须经班轮公司同意。

若变更卸货港在运价表规定的范围以外的港口，则运费应做相应调整。

10. 直航附加费

在某一航线上，运往某一非基本港的货物达到一定数量时，班轮公司可以安排船舶直接挂靠该港，并加收直航附加费（Direct Additional）。在这种情况下，即使班轮不直航而安排转船，也只收直航附加费，而不再收转船附加费。直航附加费一般比转船附加费低。对于收取直航附加费的货量，有的班轮公司规定每港每航次至少500t或1000t。

11. 选港附加费

货方在托运时，有时交货港未能具体确定，或仅确定在一定的区域内，托运人可以在班轮本航次停靠港中，提出一个以上卸货港待选择，有时贸易合同中会规定几个卸货港供选择。在这种情况下，班轮公司要向货方加收选港附加费（Additional For Optional Destination），而且对于这种选择，货方必须在船舶抵达第一选卸港前48小时向船方代理宣布，否则，船公司可以按船舶靠港顺序在第一选卸港或任何一个船方认为方便的选卸港卸货，班轮公司的责任即告终止，选卸货物的运费按选卸港中计费高者计收。

除上述各项附加费外，班轮运价的附加费还包括洗舱附加费、熏蒸附加费、冰冻附加费等。

托运人在支付附加运费时应根据具体情况进行认真核算，避免多付或错付，以节省运费支出。

Mission 任务 2　理解班轮运价的有关规定和条款

对于班轮运价，除研究其费率、附加费及收费方法外，还应对班轮运价的有关规定和条款进行全面的了解。本节参照我国和国际上的一般做法与惯例，进行简单的介绍。

一、运费支付

1. 预付运费

托运人在装货港或班轮公司同意的其他地点，在签发提单时所付的运费和其他费用叫作预付运费（Freight Prepaid）。在贸易术语中，以 CIF、CFR 为条件时必须预付运费，货物托运时必须预付运费。托运人在预付运费的情况下签发的提单为运费预付提单，提单正面有"运费预付"字样。根据提单条款和国际惯例，除预付运费确实计算有误并在规定期限内向班轮公司提出外，即使船舶和货物灭失，运费也不退还。

2. 到付运费

货物到达目的港后，收货人在提货前付清的包括各项费用在内的全部运费叫作到付运费（Freight Collected），付费地可在目的港或在班轮公司同意的其他地点。以 FOB 术语成交的货物，不论是由买方订舱还是由买方委托卖方订舱，运费一般都为到付，提单上载有"运费到付"字样。但对于舱面货、散装油、冷藏货、活牲畜、鱼类货等，除另有协议外，运费必须预付而不接受到付。

3. 延期付款

在北太平洋上，有些船公司和一些经营香港至美国航线的班轮公司，对预付运费采取延期付款（Extension of Credit）的办法，货方在按班轮运价表规定的赊欠协议书上签字，班轮公司即可放单。

二、支付货币

国际上，班轮公会和班轮公司制定的班轮运价表上都规定了支付运费的币种，一般为美元。如果付款人使用班轮运价表规定以外的货币支付运费，则必须按当时当地银行的汇率折算。

三、费率变更

班轮公司有权颁发有关费率调整、费用变更、列名商品增减、计算标准或商品等级改动等通知，这种变更调整若是调高运价则应事先通知相关方，使相关方在贸易中有所准备。班轮公司在提高运价时一般都会提前一定时间通知相关方，即宣布提高的运价在多少天后开始生效。降低运价不受此限制，一般可在宣布的第二天开始生效。

有些非公会的班轮公司在班轮运价表上声明，费率变更及生效日期可以随时颁发通知，生效日期不受限制，但提高运价时也会尽量提前通知。

对于生效日期如何算起，我国习惯上不论调高或降低运价，都是从生效当日或以后的开始装船起按新费率计算运费的。国际上，班轮公司一般都在码头仓库接货，运费都是按接收货物时生效的费率计收的。例如，在接收货物以后降低运价，新费率适用于生效当日或以后开航的船舶所载货物。又如，在接收货物以后提高运价，新费率适用于生效日期以后下一班船舶装运的货物或按装船时生效的费率计收。

四、意外条款

在特殊情况下，班轮公司可以不预先通知而提高和变动费率及附加费、增列附加费或取消舱位预约，这在班轮运价表上被称为意外条款（Contingencies Clause），即不论有无正式的或临时的报价或订舱或签订过合同，在发生下列情况时，班轮公司可以不经事先通知而提高费率及附加费、增列附加费或取消舱位预约。

（1）任何战争的迫近和存在（不论承运人的国家是否为交战国）、法令的强制执行，以及承运人认为会干扰或可能干扰其正常履行义务的任何政府采取的任何措施。

（2）货币汇率的变化。

（3）装卸港口的拥挤。

（4）燃油价格的上涨。

（5）苏伊士运河通道关闭或受到威胁。

五、运费更正

货方如发现运费计算有误，必须在船舶开航后规定的时间内向班轮公司或其代理人提出运费更正（Amendment of Freight）。经核查确实有误，班轮公司或其代理应立即编制运费更正单，办理补退款项，过期不予办理。

六、责任限额

班轮公司承运的货物如发生灭失、损坏，除加付保值附加费外，赔偿额如超过提单规定的责任限额（Limitation of Liability），班轮公司只按责任限额进行赔偿。《海牙规则》规定，每件或每单位货物的最高赔偿限额为 100 英镑或与其等值的其他货币；《汉堡规则》规定，以每件或其他装运单位的灭失或损坏相当于 835 特别提款权[①]（SDR）或毛重每公斤 2.5

[①] 特别提款权（Special Drawing Right，SDR），最早发行于 1969 年，是国际货币基金组织根据会员国认缴的份额分配的，可用于偿还国际货币基金组织债务、弥补会员国政府之间国际收支逆差的一种账面资产。

特别提款权的金额为限,二者之中以其较高者为准;我国《海商法》规定每件或者每个其他货运单位为666.67计算单位,或者按照货物毛重计算,每公斤为2计算单位,以二者中赔偿限额较高的为准;《1936年海上货物运输法》规定:每件或每一通常计费单位不超过500美元。之后,美国《1999年海上货物运输法》规定:每件或每单位666.67SDR或每千克2SDR,以高者为准。

七、超限额提单责任条款

托运贵重货物(包括从价在内),若要求班轮公司承担超过提单规定的限额责任时,托运人必须事先用书面形式声明,签订超限额提单责任条款(Responsibility for Value in Excess of B/L Limitation of Liability)。另外,托运人除支付规定运费外,还要加付全部货价一定百分比的附加费。这样,一旦货物全部或部分灭失或损坏,货方可按声明的货价获得全部或部分赔偿,不再受提单最高赔偿额的限制,国际相关货运公约及我国的有关法规都是如此规定的。

八、回运货物

对于回运货物(Returned Cargo),班轮运价表一般规定,货物运抵目的港一年内,原件交由原承运的班轮公司所属船舶运回原装货港,回程运费通常按原运费的50%计收。

Mission 任务 3　掌握班轮运费的计算标准与方法

运费计收工作是在具体的业务部门进行的,分别由出口、进口和中转联运等部门计算复核,由财务部门代收、代转。在实际工作中,由货运代理、船代将装货单中的运费通知联和分币种的运费账单在船舶开航后送交相关部门,业务人员对每张运费通知联上记载的货主名称、货物名称、计费吨、支付方式和运费总额加以复查、核对,然后分货主算出应收运费数额,由财务部门向货主发出运费账单,通过银行托收。

一、运费的计算

货运代理公司在代收/代付运费前要对运费的支付方式、计费标准和运费总额进行复核。通常,运费由船公司或其代理人算好,并按不同币种制作运费账单,送交货运代理公司。

货运代理公司应根据随附来的装货单的运费通知联,厘清各货主应付的运费,在核对各票货物的运费无误,并与外代运费账单总金额相符后,分别向货主发出运费账单,进行代收工作。

核对各票货物的运费,其工作程序与外代计算运费的程序相仿,如下所述。

1. 核对船公司、船名、航次、运费支付方式及适用的运价本

查明是直航、转船还是联运，了解起运港、目的港及中转港的有关特殊规定。

2. 根据货名找出对应的等级，按航线查出货物的基本费率及计费标准

如果托运人提供的货物重量或尺码与运价本规定的计算标准不符，则应进行折算。

3. 基本运费

$$基本运费=基本费率 \times 计费吨$$

或　　$$基本运费=FOB 价 \times Ad.Val（\%）= \frac{CFR}{1+Ad.Val} \times Ad.Val = \frac{0.99CIF}{1+Ad.Val}$$

4. 对照运价本，根据货物特性、航线和港口的具体情况，计算附加费

一般运价本规定的附加费有如下几种。

（1）超长附加费。

（2）超重附加费。

（3）直航附加费。

（4）绕航附加费。

（5）转船附加费。

（6）港口附加费。

（7）港口拥挤附加费。

（8）选择卸货港附加费。

（9）变更卸货港附加费。

（10）燃油附加费。

（11）冰冻附加费。

（12）特种货物附加费（如洗舱费、熏蒸费等）。

（13）承运人临时规定的附加费。

5. 计算运费数额

$$运费=基本运费+附加费$$

注：1 公吨=0.984 2 长吨=1.102 3 短吨=2204.6 磅

　　1 长吨=1.016 公吨=20 英担=2240 磅

　　1 短吨=0.9072 公吨=20 美担=2000 磅

　　1 立方尺=0.028 17 立方米

　　1 立方米=35.314 8 立方尺

　　1 担=112 磅=50.8 公斤

　　1 磅=0.4536 公斤

二、运费的更正

因错计货物的重量或尺码等计费单位，或货物等级不对而误用运费率，均可造成运费计算的错误。无论是船方或其代理，还是货运代理公司或货主发现运费计算有差错，均应及时通知相关方，并更正运费。运费如有更正，应以运费更正单通知相关方，一旦因更正运费而影响收货人提货，可先电告有关方后再制作运费更正单予以更正。

运费更正原则上应在船舶离开装货港后的 3 个月内提出。如果超过该期限，对托运人提出更正运费的要求，则船方或其代理有权不予办理。

运费更正单只发给运费的收取者和支付者，其他有关方则根据需要发出更正通知或采取口头通知的形式。无论运费计算错误是什么原因造成的，一旦发现并更正之后，应以更正后的运费为准，欠收部分应由货主向船方补交，而多收的部分由船方退回，通常这项工作也是通过货运代理公司来处理的。

三、集装箱运费及相关费用

集装箱运输由于货物交接方式与传统运输有所不同，使承运人负责的区间从海上延伸到内陆。因此向货主收取的费用，不仅包括海上运费，还包括内陆运输和港口有关作业的费用，以及与集装箱的装拆箱、周转使用有关的各项费用。这些费用大部分是通过货运代理公司代收的，货主常委托货运代理公司代为办理。如果需要进行内陆储运、装拆箱服务和港口的装卸作业等，则货运代理公司也要收取相应的费用。

（一）集装箱运费的构成

按照我国现行的体制和具体业务办法，进出口集装箱的全程运输，须分别按海运、铁路的运费进行计算。此外，内陆水运、汽车运输、港口作业等均要计算运杂费和港杂费。海运承运人（班轮公司）目前主要负责从装船港的集装箱堆场或货运站，到卸船港的集装箱堆场或货运站，与此对应的运输条款有 CY/CY、CFS/CY、CFS/CFS 3 种。

集装箱运输的整个过程可分为 5 个区段：发货地内陆运输、装船港港区运输和作业、海运、卸船港港区运输和作业、收货地内陆运输。

因此，对于具体的运输对象，如整箱出口或整箱进口的货物，在实际业务过程中发生的费用，可分为三大部分，即海运运费（Ocean Freight）、内陆运费（Inland Transportation Charge）和装卸港码头搬运费（Terminal Handling Charge）。

货运站的装箱费和拆箱费统称拼箱服务费（LCL Service Charge）。此外，集装箱货物承运人还要收取一定的手续费和服务费（Service Charge）。

货主应向集装箱承运人支付的费用，因货物交接方式的不同而有所不同。

1. 货主在整箱货交接情况下应支付的费用

采用"门到门"交接（Door to Door）方式时，货主应支付发货地内陆运输费、装船港码头搬运费、海运运费，以及卸船港码头搬运费和收货地内陆运输费。

采用"门到场"交接（Door to CY）方式时，货主应支付发货地内陆运输费、装船港码头搬运费、海运运费、卸船港码头搬运费。

采用"场到门"交接（CY to Door）方式时，货主应支付装船港码头搬运费、海运运费、卸船港码头搬运费、收货地内陆运输费。

采用"场到场"交接（CY to CY）方式时，货主应支付装、卸两港码头搬运费和海运运费。

2. 货主在拼箱货交—整箱货接情况下应支付的费用

采用"站到场"交接（CFS to CY）方式时，货主应支付装船港集装箱货运站的装箱费、装船港码头搬运费、海运运费、卸船港码头搬运费。

采用"站到门"交接（CFS to Door）方式时，货主应支付装船港集装箱货运站的装箱费、装船港码头搬运费、海运运费、卸船港码头搬运费、收货地内地运输费。

3. 货主在整箱货交—拆箱货接情况下应支付的费用

采用"门到站"交接（Door to CFS）方式时，货主应支付发货地内陆运输费、装船港码头搬运费、海运运费、卸船港码头搬运费、卸船港集装箱货运站的拆箱费。

4. 货主在拼箱货交—拆箱货接情况下应支付的费用

采用"站到站"交接（CFS to CFS）方式时，货主应支付装船港货运站的装箱费、装船港码头搬运费、海运运费、卸船港码头搬运费、卸船港货运站的拆箱费。

在以上各种交接方式中，凡是由货主自理装箱，将整箱货直接送到装船港码头堆场，或直接从卸船港将整箱货运走的，货主除仍需支付码头搬运费外，不再向承运人支付内陆运输费。但如将集装箱装上货主接运的车辆，需要使用港区机械，则货主需要支付卸车费、装车费，即通常所指的换装费（Transfer Charge）。

此外，各班轮公司对集装箱的费用规定了不同的收取办法，既有按以上费用结构逐项计收的，也有将某几项费用合并计入运费中的。例如，将装卸两港码头搬运费包括在海运运费中，甚至出现总包干费率，即将各项附加费合计入运费之中。

（二）集装箱海运运费的计收

与集装箱运费有关的费用计收，包括基本运费、附加费、包干运费和装箱费的计收。

1. 基本运费的计收

集装箱基本运费的计收以班轮公司的运价本或船公司的运价本为依据。目前，大多数班轮公司按航线货种和箱型制定集装箱货物运价本。对于整箱货，采用包箱费率的形式计算运费（对具体航线实行分货种和箱型的包箱费率或不分货种只按箱型的包箱费率）；对于拼箱货，则按货物品种及不同的计费标准计算运费。

（1）拼箱货运费的计收。

拼箱货的运费计收参照传统件杂货班轮运费的计收办法，按具体货种等级和计费标准计算基本运费，另加装拆箱费和附加费。对集装箱运输从价货物按 W/M 高者计价，而不以货物的从价费率计价。

对于拼箱货，班轮公司按提单所记货物计收起码运费。此外，对于拼箱货运输，不允许有选港或变更目的港的条款。拼箱货在货运站交货前或收货后的责任、费用均由货主自行负担。

（2）整箱货运费的计收。

整箱货因使用不同箱主的集装箱所收运费不同。

在使用承运人的集装箱（简称承运人箱）进行整箱货托运时，货主应按最低运费和最高运费支付海上运费，同时支付因使用集装箱而产生的有关费用。

最低运费，是以最低运费吨乘以箱内货物的费率而得的每箱货应收最低运费。计收最低运费吨是为了使货主在装箱时能充分利用箱容而规定的最低重量吨或尺码吨。

在箱内所装货物属于同一等级的情况下，当实装货物的计费吨不足最低运费吨时，以最低运费吨乘以该货物费率计算基本运费。在箱内所装货物不属于同一等级或计费标准不同的情况下，实装货物的计费吨以 W/M 高者计价，当不足最低计费吨时，先以等级高的货物费率与不足计费吨相乘算出亏箱运费，然后与实装货物应付运费相加得出基本运费。当一批货物装入多个集装箱时，最后不足整箱的部分货物，其运费按低于最低运费吨的标准计收，如按实装货物的计费吨计费，或免收若干吨的亏箱货。

计收最高运费，是为了鼓励货主尽量利用箱容而规定的对箱内货物收取运费的最高计费标准。当实装货物的尺码吨高于最高运费吨时，以最高计费吨作为货物的费率计算运费。如果箱内所装货物分属同种但不同货物等级，则按不同等级货物所占计费吨计算，超出最高计费吨的部分，以等级最低货物的费率作为免收运费部分。

（3）特殊货物运费的计收。

集装箱内装载货物，在计算运费时有一些特殊的规定。

① 成组货物运费的计收。

对于符合运价本有关规定并按拼箱货托运的成组货物，班轮公司应给予运费优惠。

凡成组货物在计算运费时，均应扣除托盘本身的重量或体积。如果托盘的重量或体积超过成组货物（包括托盘）的重量或体积的 10%，则扣除部分以 10% 为限，其余按所运货物的费率计收运费。

② 家具和行李运费的计收。

对于家具和行李，均按箱容计收包箱运费，其他费用也按箱计收。但组装成箱后再装入集装箱的情况除外。

③ 服装运费的计收。

服装挂载于集装箱内运输的，一般要求整箱"场到场"交接。箱内装箱物料由货主提供，运费按 85% 的箱容计算。如果箱内除服装外，还装载有其他货物，则后者按实际容积计费，服装仍按 85% 的箱容计费。当二者的总计费吨（M）超过 100% 的箱容时，超过部分免收运费。

④ 返回货物运费的计收。

因某种原因而要求原船带回装货港的货物，在 6 个月内回程运费按原运费的 85% 计收，在卸货港滞留期间的一切费用由申请方（发货人或收货人）负担。

2. 附加费的计收

除基本运费外，集装箱货物也要加收附加费。附加费的标准根据航线、货种不同而有不同的规定。

目前经常产生的附加费有下列几种。

（1）超重、超长、超大件附加费。

这种附加费原则上只对拼箱货收取。如果采用 CFS/CY 条款，则对超重、超长或超大件的附加费可以减半。

（2）半危、全危、冷藏货附加费。

对于各类危险品和需要使用冷藏箱运输的货物加收附加费，费率按危险等级和冷藏货类别具体规定。

（3）选择或变更目的港附加费。

装箱的货物如果需要选择或变更目的港则需要加收附加费，一般规定供选择的港口必须是基本港，且不超过 3 个。货物承运人应在船舶到达第一选卸港前 48 小时向班轮公司宣布选定的卸货港，变更卸货港的申请也应早于到达原定目的港前 48 小时提出，拼箱货不能选港或变更目的港。

(4) 转船附加费。

在集装箱货物需要转船运输的情况下,班轮公司会收取转船附加费,转船包括支线运输转主干航线运输或其他原因的中转。

(5) 港口附加费和拥挤附加费。

对某些航线上某些港口的集装箱货物加收港口附加费和拥挤附加费。

(6) 其他附加费。

对于非基本港装卸的集装箱货物,以及装运特殊货物的集装箱,根据情况收取一定比例的附加费。此外,对于运往某些地区的货物也可能加收燃油附加费。各种附加费的规定,根据需要由班轮公司公布。

3. 包干运费的计收

在出口集装箱需要中转后再运往目的港的情况下,不同中转港至目的港的包干运价不同。而由装货港运往中转港的一程运费,仍按具体航线和货物的等级费率计算。全程运费由一程运费、中转包干费与中转港到目的港的包干运费(二程运费)相加即得。中转包干费由中转港的各项有关费用和中转港船代的手续费确定。中转包干费与二程运费均由货运代理公司向货主代收后付给中转港船代,由中转港船代结算。

4. 装箱费的计收

在 CFS/CY 运费条件下,实际已由货主自行装箱时,班轮公司应退回装箱费。按照惯例,在集装箱运费构成中,如拼箱货均应支付拼箱服务费,这在装货港就是装箱费,但整箱货有时也按 CFS/CY 标准支付运费。班轮公司或其代理在收到运费后,先将装箱费总额算出给货运代理公司,货运代理公司再按提单号、航次、货种分给各个货主,并进行结算。在班轮公司的包箱费率表中,各航线列有不同箱型的集装箱应退装箱货的标准。如果箱内货物的计费标准不同(如分 M、W 计费),则退装箱费的标准也会不同。

5. 滞箱费的计收

这是指货主未在规定免费时间内提取货物而向有关方支付的费用。

(1) 整箱货。

整箱货的免费堆存期,从货物到达目的港,卸下船舶时起算。在码头堆场堆存的实际天数一旦超出港口规定的期限就要支付滞箱费。未进入滞期时,堆存期是按不包括节假日计算的;一旦进入滞期,堆存期便连续计算,节假日也不除外。

装有不同货物的集装箱的具体堆存期是不同的。例如,冷藏箱和散装液体货箱的免费堆存期一般为 1~2 天,超期则需要付滞箱费。而装危险品的箱子通常要求从装卸桥下直接提走,否则要收取较高费用,并承担相应的风险。

超期堆存的集装箱可能进行转场等处理,货主应对由此产生的费用和风险负责。

(2) 拼箱货。

货主应在拼箱货到达货运站后的一定期限内提取,否则在超出免费堆存期后就应支付滞箱费。

(三) 集装箱的内陆运费及其他

目前,我国集装箱运输的内陆部分通常由货主自行负责有关手续和费用。货主除自己办理外,很多情况下都可以委托货运代理公司代为办理。

1. 货主自理或委托货运代理公司办理

货主负责将已装箱货物运到承运人指定的地点或直接运往码头堆场。货主自理装箱和内陆运输所发生的费用,在使用自备箱和使用承运人箱时是不同的。

(1) 货主使用自备箱装货。

货主使用自备箱装货在运价上没有优惠,承运人也不支付任何经济补偿。自备箱应符合国际标准化组织(ISO)标准,满足装卸港的规定及其他国际法规。

货主自行装箱一般由海关监装。装箱的货物应在提单上应注明"由货主装箱并计数"(Shipper's, Load & Count)。此外,货主还须向承运人提供箱内所装货物的清单,列明货名、毛重、体积。总的货重不得超过集装箱的有效负荷。货主装箱后,自行铅封或加锁,承运人只在箱子外表状况良好的情况下收/交货,对于其他因货主装箱不当和货物本身原因所致的任何损害,货主要自负费用和风险。

货主在使用自备箱的情况下,常采用场/场条款,自行送至码头堆场。在堆场将集装箱从车辆卸下的费用由货主支付。

(2) 货主使用承运人箱装货。

货主使用承运人箱及其他专用设备是要支付租金的,双方事先要在协议中规定与租用集装箱有关的事项。

在此种情况下,货主应在指定场所提取或归还空箱,如集装箱码头堆场或货运站均可办理交还箱。货主应支付交还箱手续费和因此造成的装卸起吊费,归还的空箱应清洁完好。如果在归还时发现集装箱损坏,则货主要负担修理费;如果集装箱发生灭失,则货主要承担赔偿责任。货主自理内陆运输时,如果在承运人指定地点之外装、拆箱,则应承担由此产生的费用。另外,在使用承运人箱时,因超出码头免费堆存期而产生的滞箱费仍应由货主负担。

如果集装箱及有关设备未能在租用期内归还承运人,则货主应支付超期使用费。

总之,若货主使用承运人箱装货,则自提箱至还箱期间所发生的各项费用均由货主负担。

当货主委托货运代理公司办理上述有关事项时,货运代理公司一般按实报实销向货主收取垫付费用。

2. 承运人负责内陆运输

当内陆运输由承运人负责时,运费应具体按运价本的规定向货主收取。内陆运费包括以下几种费用。

(1) 区域运费。承运人按货主要求在指定地点,为完成空箱或重箱的运输而收取的费用为区域运费。

(2) 无效托运费。当承运人按货主要求运送空箱,而货主不能发货,要求将空箱运回时,货主除支付来回程的全额运费外,还要支付由此产生的其他费用(无效托运费),如延迟费。

(3) 装箱延迟费。从司机将空箱交付货主时起算,在规定的允许时间(如2~3小时)内未能完成装卸者,应对超出时间计收装箱延迟费。装箱允许使用时间不扣除阴雨天及其他不良天气。

另外,如果货主要求变更装箱地点,则应支付由此产生的有关费用。如果货主归还空箱时未进行清扫,则要加付清扫费。

3. 拼箱服务费

当货主提供或接受拼箱货时,应向集装箱货运站支付拼箱服务费。拼箱服务费是指为完成以下各项服务而收取的费用。

(1) 货运站内货物的正常搬运及免费期内的堆存。
(2) 将空箱从堆场运至货运站。
(3) 必要的分票与积载。
(4) 理货、装箱(拆箱)、铅封、标记。
(5) 签发场站收据、装箱单、提供箱内货物积载图。
(6) 将装好的重箱从货运站运至码头堆场,或在目的港将重箱从码头堆场运至货运站。

拼箱服务费一般按运价本的规定办理。

(四) 集装箱的港杂费

集装箱货物的港杂费除港务费、港建费等规费外,还包括集装箱从码头堆场直至装船,或从卸船到码头堆场实际发生的各项作业费用,如堆存费、搬运费、装卸费等。港杂费以包干形式计收,其他需要额外支付的服务费,由货运代理公司垫付后向货主实报实销。

1. 堆存费

空、重集装箱,以及拆箱后或装箱前的货物,在港内的堆存时间超过免费堆存期的,需要支付堆存费。集装箱不论空箱、重箱,均以箱型计费,拼箱货在港区仓库的堆存按货物重量计费。各港堆存费的计收标准及免费期的长短按具体情况自定。

2. 搬运费

集装箱在码头内的搬运,除非因港方原因造成,否则均须支付搬运费。搬运的发生情况如下所述。

(1) 为翻装集装箱,在船边与堆场之间进行搬运。
(2) 为验点[①]、检验、修理、清洗、熏蒸等进行搬运。
(3) 超过免费堆存期的集装箱,进行必要的搬运。
(4) 因货方原因,要求进行的其他搬运。

在场/场交接的情况下,货方需要支付搬运费,费率根据不同的箱型而定。

3. 装卸费

对于集装箱的装卸费,各港口采用包干形式计收。

(1) 装卸包干的范围。

在进口重箱的情况下,装卸包干的范围包括拆除一般加固、从船上卸到堆场,以及分类堆存和装上货主卡车或运送到货运站。如果是租用的集装箱,则需要将空箱从货方卡车卸到堆场或从货运站送回堆场。在出口重箱的情况下,装卸包干的范围包括先将空箱从堆场装上货方卡车或送往货运站,再将重箱从货方卡车卸到堆场或从货运站送到堆场分类堆存,直至装船并进行一般加固。在进口或出口空箱的情况下,装卸包干的范围包括从堆场到船上的装卸及进行(或拆除)一般加固。

(2) 计费标准。

装卸费按码头公司与班轮公司的协议计收,由于装卸地点和装卸方式不同,计费标准

---

① 验点是指在某种特定的情况下,通过检查某些条件或数据来判断事情是否符合要求。

也是不同的。

在集装箱专用码头进行的装卸，不论是使用港机还是船机，均按码头公司与班轮公司的协议计收。但使用铲车等辅助机械要支付机械出租费。如果是滚装作业，则使用船方拖车进行装卸时，可按包干费率的比例计收。

在非集装箱码头进行装卸时，也分为两种情况。一种是吊装作业，需要使用船机时，可按码头公司与班轮公司的协议计费；需要使用港机时，要按箱型加收基本费率的比例作为岸机附加费；需要使用浮吊的，还需要加付租用浮吊的费用。另一种是滚装作业，使用船方拖车进行装卸，可按包干费率的比例计收装卸包干费。

以上包干范围只限于在码头的装卸操作。如果是在汽车、火车、驳船上发生的集装箱装卸作业，则按有关规定计收装卸费。

此外，在"场到场"或"门到门"条款下，如果货主需要在港口进行装拆箱作业，则要加付港口的装拆箱包干费。装箱包干范围包括将货物从卡车卸下、箱内积载、加固，联系海关、商检和编制单证等。拆箱与之相反，需要另加清扫费。

船上集装箱需翻装时，要加付翻装作业费，具体按《港口收费计费办法》中的费率计算。

港杂费除上述集装箱的堆存费、搬运费、装卸费，以及因货方原因造成的船上集装箱翻装费和整箱交接的情况下应货主要求需要在港口装拆箱的费用外，还包括集装箱铁路使用费、理货费、清扫费、中转包干费。如果需要对集装箱进行特殊捆扎、加固，则也要支付相应费用。

货主委托代办装船的港杂费，由货运代理公司向货主收取。整箱货实行"门到门"交接，只结算港杂费，其他采用实报实销。

对于内地通过水路运到装货港的整箱货，一般由港务局包转，货主按港务局的包干费率支付港杂费，货运代理公司只收代办服务费。

案例：

运费预付条件下货运代理垫付运费案

要点提示：托运人和承运人是海上货物运输合同的双方当事人。根据《海商法》第六十九条的规定，托运人应当按照约定向承运人支付运费。托运人支付运费的对象应当是承运人或经承运人授权的代理人。托运人在委托货运代理支付运费时应注意事先考察该货运代理的资信情况，然后做出决定。

一、基本案情

1994年3月，被告某工艺品进出口公司（简称工艺品公司）将1200双麻底鞋和10 200双布胶鞋通过北京某船务有限公司（简称船务公司）委托温州某物流公司（简称温州物流公司）安排出运安特卫普，温州物流公司就这两批货物向某外轮代理公司（简称外代公司）订舱。外代公司在接受委托后，将两批货物拼装在一个40ft的集装箱内，于同年3月30日安排"H"轮V.201出运，并分别签发了提单，托运人均为工艺品公司，载明"运费预付"。1995年7月31日，原告外代公司将运费3700美元垫付给承运人B集装箱运输公司（简称B集装箱公司），但被告工艺品公司一直未向原告外代公司支付该笔运费。

1997年5月19日，原告外代公司向某海事法院提起诉讼，请求判令被告工艺品公司支付该笔运费及开航之日至判决生效之日止的逾期付款滞纳金。被告工艺品公司辩称：其未与原告外代公司签订过任何委托订舱协议，货物是通过船务公司配载"H"轮 V.201 出运的，运费已付给船务公司，原告外代公司也知道此事。另查明，1994 年 12 月 27 日，被告工艺品公司的下属公司——金朝进出口公司为这两批货物向船务公司支付了运费 3900 美元。

二、处理结果

海事法院审理认为，被告作为提单项下的货物托运人，与承运人 B 集装箱公司之间的承托法律关系成立，船务公司不是承运人。根据提单的运费预付条件，托运人应向承运人支付运费及逾期付款滞纳金。现原告作为承运人的代理人，已向承运人垫付所有费用，被告理应将有关费用支付给原告。故判令被告工艺品公司支付原告外代公司运费 3700 美元及逾期付款滞纳金（自 1995 年 8 月 1 日起至判决生效之日止，以每日 5% 的利率计算），上述款项于本判决生效之日起 10 日内付清。

三、法律分析

我国《海商法》第六十九条规定，托运人应当按照约定向承运人支付运费。根据这一规定，每一个托运人在支付运费时都要有清醒的头脑与法律观念。他必须明白：①托运人与承运人存在承托法律关系，尤其是在其所签提单"托运人"一栏中写明了托运人的名称时；②托运人在支付运费之前要弄清谁是有资格收取运费的承运人；③托运人有责任将约定的运费交给承运人或其授权代收款项的人；④承运人未收到托运人的运费时有权向托运人进行追偿。

托运人要选择信誉好的货运代理，尤其是托运人不直接将运费付给承运人而委托货运代理将运费付给承运人时更要谨慎从事。否则，一旦出现货运代理收到应转付承运人的运费而不转付，或赖账，或倒闭，甚至携款潜逃的情况，托运人就要支付双倍运费。因为承运人向托运人主张运费时，托运人必须再次支付运费，即使打官司，辩称运费已付给货运代理也无济于事，结局也肯定是败诉。从道义上来讲，托运人值得同情，但从法律上讲，托运人仍要承担责任。

船务代理（此案中的船务公司）是否有权向托运人主张运费，这要视具体的案情而定。一般来讲，根据国际航运惯例，船务代理有权代承运人处理许多事项，其中包括代收运费，并且在许多情况下，船务代理都从事了这项业务。但既然是代理，从法律上来讲，第一，要有承运人的授权委托书；第二，授权范围应包括代理收取运费。也就是说，如果承运人未授权船务代理收取运费，则船务代理无权向托运人主张运费。如果托运人将运费付给船务代理，但船务代理不转付给承运人，则承运人仍有权主张自己的权利，要求托运人再付一次运费。所以托运人在将运费交给船务代理时同样要小心谨慎，应事先要求船务代理出示授权书，不能盲目付款，否则将蒙受不合理的损失。在此案例中，法院判决船务公司在向承运人垫付了运费后，有权向托运人主张此笔运费。由此看来，应该说船务公司有充足的证据，证明承运人已授权委托其向托运人收取运费。

如果承运人已书面正式委托货运代理或船务代理或其他人代收运费，托运人已如数按时交给了被委托人，此时，由于种种原因，被委托人并未将收取的运费交给承运人，则承运人不得再向托运人主张收取运费的权利，而只能向被委托人进行追偿，如果无法追回，则只能自行承担后果。

四、经验教训

托运人究竟应当向谁支付运费，要根据具体情况而定。总结本案及同类案例的经验教训，原则上讲，托运人要向有权收取运费的一方支付运费，而判断收取运费的一方是否有权收取，要根据能够证明其有权收取的书面文件或相关当事人的认可，托运人不可主观行事。如果向托运人收取运费的是承运人，且经过判定其确实是提单项下的承运人，那么托运人将运费直接支付给承运人的风险相对较小。如果向托运人收取运费的是作为其代理人的货运代理，那么存在两种情况：一种是托运人委托货运代理将运费支付给承运人，此时托运人应慎重权衡货运代理的资信，考虑其是否有侵吞该笔费用的可能；另一种是货运代理为托运人垫付了运费，在这种情况下，托运人根据委托合同应当支付货运代理为其垫付的费用。如果向托运人收取运费的是承运人的船务代理，则托运人一定要核实该船务代理是否有承运人要求其代收运费的授权委托书。同理，为防止不必要的纠纷，托运人还应考察该船务代理的资信，并保存好付款凭证。

思政园地

本章重点学习班轮运价与管理相关知识。在教学过程中，教师应潜移默化地引导学生塑造正确的职业价值观：结合班轮运价构成，培育学生的商业成本意识；结合班轮运价的国际和国内法规条款，培养学生守法的职业道德意识；在学习运价计算方法时，引导学生养成认真、仔细、负责的职业习惯。

学习小结

本项目介绍了班轮运价的特点、班轮运价表的种类及其形式，具体阐述了班轮运价表的基本内容和班轮运价的构成；讲解了班轮运价的有关规定和条款；介绍了班轮运费的计算标准与方法。

课后练习

一、单选题

1. 班轮运费应该（　　）。

   A．包括装卸费，但不计滞期费、速遣费
   B．包括装卸费，但应计滞期费、速遣费
   C．包括装卸滞期费，但不计速遣费
   D．包括装卸费和速遣费，但不计滞期费

2. 承运人在提单中列明有关运价本的条款，说明承运人的运价本与运价提单下面所记载的运价不一致时，（　　）。
　　A．以提单记载为准　　　　　　B．以运价本为准
　　C．提单条款无效　　　　　　　D．提单作废

3. 因某一段正常航线受战争影响、运河关闭或航道阻塞等意外情况的发生迫使船舶绕道航行，延长运输距离而增收的附加费是（　　）。
　　A．选港附加费　　　　　　　　B．变更卸货港附加费
　　C．直航附加费　　　　　　　　D．绕航附加费

4. 按商品FOB价格的一定百分比计收的集装箱运输附加费是（　　）。
　　A．旺季附加费　　　　　　　　B．货币贬值附加费
　　C．超额责任附加费　　　　　　D．目的地交货费

5. 凡运往非基本港的货物，达到或超过规定的数量，船舶可直接挂靠，但要收取（　　）。
　　A．转船附加费　　B．直航附加费　　C．港口附加费　　D．选港附加费

二、多选题

1. 影响运价的主要因素包括（　　）。
　　A．运输成本　　　　　　　　　B．航运市场的结构和竞争
　　C．货物　　　　　　　　　　　D．航线及港口条件

2. 班轮运价按制定形式划分，可分为（　　）。
　　A．单项费率运价　　　　　　　B．等级运价
　　C．航线运价　　　　　　　　　D．全包运价

3. 班轮运价的特点主要表现为（　　）。
　　A．班轮运输的运价水平较高　　B．货物对运费的负担能力较强
　　C．班轮运价在时间上相对稳定　D．班轮运价是一种垄断价格

4. 班轮运输计算运费的标准主要有（　　）。
　　A．按货物毛重计算运费
　　B．按货物尺码或体积计算运费
　　C．按货物的价格计算运费
　　D．按货物的毛重和尺码中较高者计算运费

三、简答题

1. 什么叫运费？
2. 影响运价的主要因素有哪些？
3. 什么叫包箱运费？
4. 海运附加费主要有哪些？
5. 什么叫班轮运价？

四、计算题

1. 我国某公司装运 50 箱农业机械到汉堡港，每箱毛重 62kg、净重 60kg，体积为 120cm×45cm×32cm；该批货物的运费计算标准为 W/M，12 级，基本费率为 230 港元，另加燃油附加费 20%、港口拥挤费 15%，则其应支付多少运费？

2. 某批出口商品，货物按 W/M 计费，基本运费为 60 美元每运费吨，燃油附加费 10%，体积每箱 48×25×20CMS，毛重每箱 27kg，请计算运费。

项目实训

某种货物一批，总重量为 582t，总体积为 1000m³。现有 40ft 和 20ft 的集装箱可供选择，其限定载重量、容积、装运该货的亏箱率，以及由甲地运至乙地每箱的运费分别为 24.5t 和 17.5t、67m³ 和 30m³、18%和 20%、750 美元和 400 美元。

假如你是负责运输这批货物的承运人，你会选用哪一种规格的集装箱进行运输？

Project 项目 7 国际航空货运代理

思维导图

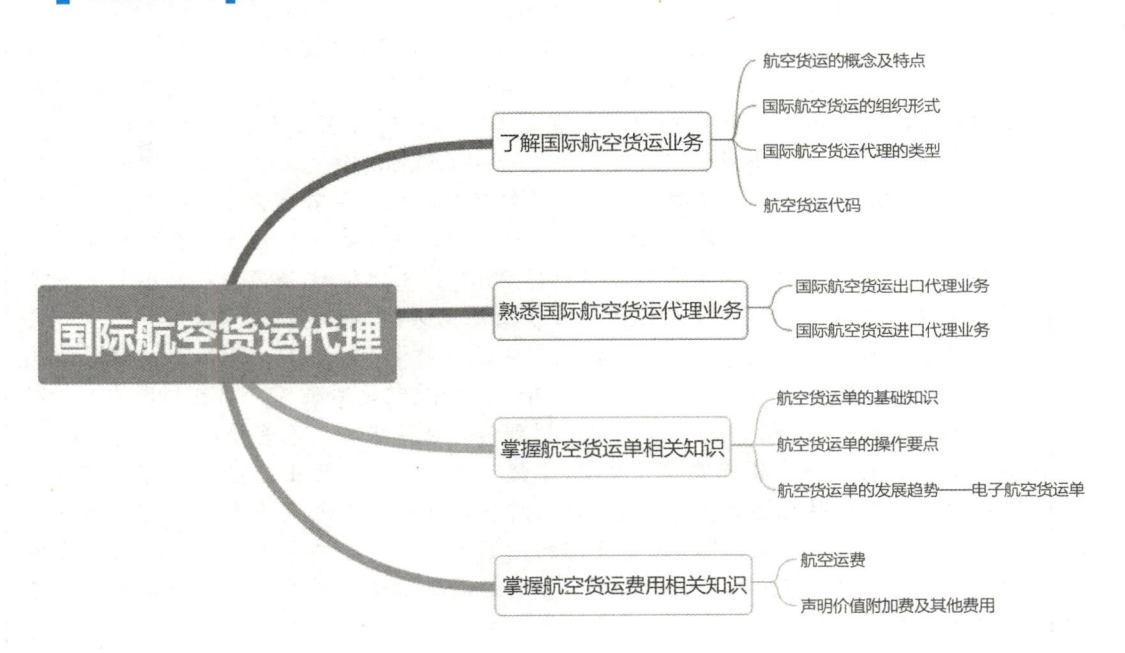

- 国际航空货运代理
  - 了解国际航空货运业务
    - 航空货运的概念及特点
    - 国际航空货运的组织形式
    - 国际航空货运代理的类型
    - 航空货运代码
  - 熟悉国际航空货运代理业务
    - 国际航空货运出口代理业务
    - 国际航空货运进口代理业务
  - 掌握航空货运单相关知识
    - 航空货运单的基础知识
    - 航空货运单的操作要点
    - 航空货运单的发展趋势——电子航空货运单
  - 掌握航空货运费用相关知识
    - 航空运费
    - 声明价值附加费及其他费用

知识目标

1．了解国际航空货运代理的基础知识。
2．熟知航空货运的特点、国际航空货运的组织形式、国际航空货运代理的类型和航空货运代码。
3．了解航空货运单的基础知识和发展趋势。
4．掌握航空货运费用相关知识。

技能目标

1．掌握航空货运单的填制相关内容。
2．掌握指定货物运价、等级货物运价、普通货物运价使用的代码。

案例导入

全球航空业以货运求生存

新冠肺炎疫情的全球蔓延使旅客出行量大大减少,航空业在面临客运困境的形势下,也迎来了国际航空货运急剧增长的发展期。

通常情况下,国际航空货运60%的货物均通过客机腹舱运输。新冠肺炎疫情导致大量航班停飞,货运空间大幅减少,运费暴涨。比如,从中国香港到北美地区的包裹运费比同年1月上旬上涨了70%,从中国到北美地区的即期运价在2020年9月初攀升至6美元/kg。亚洲的跨太平洋东行运价甚至更高,西海岸达到了8美元/kg,东海岸达到了9美元/kg。韩国一位著名航空业分析师指出:"可以预见今后一段时间运力的短缺还会继续。"航空业将此视为良机,着手强化航空货运业务,将其作为新的利润增长点。美国联合航空公司于2020年8月宣布货运航班班次增加至5000个;美国航空公司时隔35年重新开启货运专班,主要由波音777和波音787等宽体机型执飞。新加坡航空改装客机,拆除座椅以增加运货空间。韩国大韩航空和韩亚航空因为家电产品部件及高科技产品零部件运输增长而实现盈利。中东地区最大的航空公司阿联酋航空货机航线于2020年4月覆盖50个城市,7月上旬扩大到100个城市。

在破产边缘的海南航空控股股份有限公司(简称海航)在航空货运找到了盈利增长点。2020年上半年,海航旗下的金鹏航空及时把握住货运需求,利用旗下波音747全货机的资源优势,优先承运医疗物资和国内外紧缺民生物资,货运业务高速增长,实际获得的收入为原先预算目标的200%,同比猛增38%,占企业上半年客货运总收入的45%,创造了这家企业多项货运业务指标的历年新高。

随着航空货运量的急剧增长,物流企业迅速做出市场响应,开始大规模增加航空货运业务。2020年9月,中通快递公司发布的航空货运服务产品包括国内8~48小时的特快服务、全球48~72小时"门到门"特快服务,同时根据客户需求进行服务适配,如生鲜产品可选择"航空+冷链"的服务。实际上,在这之前,顺丰速运公司已在航空快递方面大有发展。这次许多物流企业和电商平台企业都采取了相应的行动。阿里巴巴集团以66亿元增持的圆通速递有限公司在航空资源上与菜鸟协同,京东物流以30亿元收购深耕航空货运的跨越速运公司。物流行业巨头均将目标直指航空货运。

请问:
1. 航空业是如何在新冠肺炎疫情这种供应链危机时期谋求发展的?
2. 物流企业在航空货运中采取了哪些发展措施?

Mission 任务 1 了解国际航空货运业务

一、航空货运的概念及特点

航空货运是指使用飞机、直升机及其他航空器经规定航线将货物、邮件运送到指定航空港的运输方式，它已凭借自身的优势成为国际物流中重要的运输方式。国际航货运输适用于高附加值、低重量、小体积的物品运输，以及紧急情况下商品的运输，如圣诞节商品、鲜活易腐货物、高级时装、邮政运输等。其特点体现在如下五大方面。

1. 速度快

对于长距离的国际运输，运送速度快是最具竞争力的特点。尤其是鲜活易腐货物或急救货物，对于运输时间的要求非常高，只有采用高速的运输方式才能保证货物的质量和满足客户的要求。航空货运的平均速度在 600km/h 以上，与铁路运输（100～140km/h）、公路运输（120～140km/h），以及海运（平均 14 节）相比具有明显的速度优势。此外，航空货运的快速性可以加快生产企业的商品流通，从而节省产品的储存费，提高资金周转率和资金利用率。

2. 破损率低

航空货运对货物装运之前的包装环节要求非常高，因此运输环节的货物破损率较低。尤其是对于易碎易损的货物或者价值较高的货物，如玻璃制品、精密仪器等，使用空运集装箱更为安全。

3. 运载量小、运价较高

航空货运的运载量是百吨级，而铁路运输和海运的运载量是千吨级或万吨级，因此航空货运相对于铁路运输和海运的运载量小，更适用于小体积、低重量的货物运输。基于航空货运速度快、安全性好的优点，以及运载量小和运输技术要求较高的特点，航空货运的单位货物运输成本较高，从而运价较高，因此航空货运适用于高附加值货物的运输。

4. 受自然环境约束力度大

与铁路运输相比，航空货运受天气的影响较大。如果遇到大雨、大风、雾等恶劣天气，飞机则不能准时起飞或者在目的地降落，这将在很大程度上延长货物的送达时间，对紧急情况下的商品运输是不利的。

5. 集装器有特殊要求

航空货运所用到的集装器是指为提高运输效率而采用的用托盘、集装箱等组成的装载设备，它们在外形构造和技术性能方面各具特点，不同于海运和陆运集装设备。注册过的飞机集装器是国家政府有关部门授权集装器生产厂家按照不同飞机机身的规格制作的，适合不同规格的货舱。而非注册的飞机集装器因其与飞机不匹配，一般不允许装入飞机的主货舱。因此，在海空联运或陆空联运时，货物需要换装。

二、国际航空货运的组织形式

国际航空货运的组织形式有以下 5 种。

（一）班机运输

班机运输（Scheduled Airline）指具有固定开航时间、固定航线和固定停靠站的运输方式。班机运输能够安全、迅速、准确地送达货物，使收发货人比较准确地掌握货物到达/起运的时间和地点。但由于班机运输一般使用客货混合型飞机（有些航线使用全货机），载货量有限，因此不能满足数量多的货物的及时出运，并且运价较高。

（二）包机运输

包机运输（Chartered Carriage）分为整架包机运输和部分包机运输。整架包机运输是指航空公司将整架飞机租给包机人（发货人或航空货运代理公司），从一个或几个航空站装运货物至指定目的地的运输方式。部分包机运输是指航空公司把整架飞机分租给货运量不足整机的几个包机人，从一个或几个航空站装运货物至指定目的地的运输方式。包机运输适用于大宗货物的运输，运费率低于班机运输。

（三）包舱（板）运输

包舱（板）运输是指托运人在一定时间内向承运人租用飞机的部分或全部货舱、集装箱、集装板进行运输的运输方式。包舱（板）运输分为固定包舱（板）运输和非固定包舱（板）运输。采用固定包舱（板）运输方式时，托运人无论是否向承运人交付货物都必须支付运费；采用非固定包舱（板）运输方式时，托运人在航班起飞前72小时如果没有确定舱位，则承运人可以自行销售舱位。

（四）集中托运

集中托运（Consolidation）是指航空货运代理公司将若干批单独发运的货物集中成一整批向航空公司办理托运，填写一份总运单送至同一目的地，然后由其当地代理人负责收货并分发给各实际收货人的运输方式。集中托运可以为零散货物争取较低的运费，已在世界范围内普遍开展，并形成了较完善、有效的服务系统，是目前航空货运代理的主要业务之一。

（五）航空快递

航空快递是指具有独立法人资格的企业将进出境货物或物品从发件人所在地通过自身或代理网络运送到收件人手中的一种快速运输方式。此类货物或物品被称为快件，包括快件文件（如商务文件、资料、单证、合同、照片、机票等）和快件包裹（如小型样品、零配件等）。根据运送范围的不同，航空快递分为国际快递、国内快递和同城快递。其中，国际快递提供"门到门"、"门到机场"和专人派送3种服务。航空快递与普通货物的运输流程及运输单证基本相同，但具有自身的特点：第一，运送速度快；第二，货物重量和体积较小，大宗货物（普通航空运输）和私人信函（邮政业务）不在快递业务范围之内；第三，收货人的收货信息能够被迅速反馈给发货人；第四，航空快递相对普通快递在安全性方面更有保障。

三、国际航空货运代理的类型

国际航空货运的当事人主要包括发货人、收货人、航空公司和航空货运代理公司。其中，航空货运代理公司既可以是货运人的代理，也可以是航空公司的代理，或者二者兼任。国际航空货运代理仅作为进出口发货人、收货人的代理，而不作为航空公司的代理时，严禁从航空公司收取代理佣金。航空公司的代理被称为国际航空运输销售代理，代为处理国际航空客货运输销售及其相关业务。

在我国，申请设立国际航空货物销售代理的前提之一是必须先成为国际航空货运代理，既作为货主（发货人或收货人）代理收取代理费用，又作为承运方（航空公司）代理收取代理佣金。由此可见，我国国际航空货运代理有的仅作为货主代理，有的作为货主和航空公司的双方代理。除在与航空公司费用结算方面，以及处理航空公司相关业务方面有所差异外，二者在主体业务流程及主要业务单证方面基本相同。

四、航空货运代码

在航空运输当中，一些名词的代码往往比全称更重要。在航空货运当中，由于单证的大小限制、操作的方便程度等缘故，代码在货运的整个流程中的作用非常显著。它有简洁、节省空间、容易识别等优点。航空货运中的有关代码可分为国家代码、城市代码、航空公司代码、常见航空货运操作代码，以及常见缩写。

其中，国家代码通常用两字代码表示，城市的三字代码在航空运输中占据着重要的地位。运输本身是在空间上点与点的位移，因此每运一票货物都涉及城市的三字代码。航空公司一般既有两字代码，也有三字代码，但通常使用的是两字代码。但国际上有些航空公司习惯使用三字代码，如斯堪的纳维亚航空公司的代码是 SAS。

航空货运代码

Mission 任务 2 熟悉国际航空货运代理业务

一、国际航空货运出口代理业务

（一）接受委托

航空出口货物的发货人，一般会委托航空货运代理公司办理货物托运。委托时，发货人应填制"国际货物托运书"，连同贸易合同副本、出口货物明细发票、装箱单，以及检验、检疫、通关所需要的单证和资料交航空货运代理公司，由航空货运代理公司办理订舱、提货、报关、制单等托运手续。

航空货运代理公司为争取更多的出口货源，会到各进出口公司和有进出口经营权的企业主动承揽货物。航空货运代理公司一般需要向出口单位介绍本公司的代理业务范围、服务项目、各项收费标准，特别需要向出口单位介绍优惠价和本公司的服务优势。

无论是航空货运代理公司主动承揽，还是发货人上门委托，只要双方就航空出口货物运输事宜达成意向，航空货运代理公司就可以向发货人提供"国际货物托运书"。"国际货物托运书"由发货人填写并加盖公章，作为委托的依据。对于长期出口或出口货量较大的单位，航空货运代理公司一般都会与之签订长期的代理合同（或协议）。当一次批量较大的货物需要采用包机或包舱运输时，发货人应提前填写"包机委托书"。

一家业务开展得比较好的航空货运代理公司，一般都有相当数量的揽货人员和揽货网点从事专门的揽货业务。承揽货物、接受出运预报是航空货运代理公司的重要业务活动。这里需要指出的是，航空货运代理公司在接受委托、签订委托合同时要明确合同的性质，以及航空货运代理公司承担的责任。如果就这批货物的委托，航空货运代理公司签发了航空分运单，那么航空货运代理公司不应再签订委托代理合同，因为这时的航空货运代理公司是作为承运人接受托运的。若航空货运代理公司仅作为发货人的代理人，代发货人向航空公司办理航空货物运输，由航空公司出具并签发航空货运单，这时的航空货运代理公司完全处于代理人的法律地位，货运单这一运输合同的法律后果完全由发货人享有和承担。这时发货人与航空货运代理公司签订的是委托代理合同。有时航空公司会出售部分舱位给航空货运代理公司，也就是说航空货运代理公司以自己的名义与航空运输承运人签订购订飞机运输舱位的合同，同时航空货运代理公司接受发货人的委托，并洽订舱位进行航空货物运输。这时航空货运代理公司并不签发分运单，其可能处于行纪人[①]的地位，与发货人签订的可能是行纪合同，这时的代理人就要承担行纪人的责任。

（二）审单订舱

航空货运代理公司在接受发货人的委托后，要指定人员对托运书进行审核。审核的主要内容是航空公司的收运条件、价格和航班日期。目前，航空公司对起降的航班大部分采用自由销售的方式，每家航空公司、每条航线、每个航班甚至每个目港均有优惠运价，这种运价会因货源、淡旺季等原因而经常调整，各航空公司的优惠价也不尽相同。因此，航空货运代理公司有时会更换航班，运价也会随之变动。需要指出的是，航空货运单上显示的运价虽然与托运书上的运价有联系，但二者之间往往有很大差别。货运单上显示的是空运货物运价表（The Air Cargo Tariff，TACT）上公布的适用运价和费率，而托运书上显示的是航空公司的优惠运价加上各项杂费和服务费或协议价格。托运书的审核，就是判断在发货人托运的货物符合收运条件的前提下，其价格能否被接受、预订航班是否可行。审核人员必须在托运书上签名并注明日期，以示确认。

订舱，就是向航空公司申请运输并预订舱位的行为。

货物订舱须以发货人的要求和货物标志的特点，以及批量的大小为依据。一般来说，大宗货物、紧急物品、鲜活易腐货物、危险品、贵重物品等，必须预订舱位。对于非紧急的零散货物，可以不预先订舱。航空货运代理公司通常对下列货物应当预订航班舱位，否则承运人可以不予受理。

（1）在中转时需要特殊对待的货物。
（2）不规则形状或者尺寸超限的货物。
（3）批量较大的货物。
（4）特种货物，如危险品、活动物等。

[①] 行纪人是行纪关系中根据委托人要求代为从事购销、寄售等行纪业务的当事人。

(5) 需要两家及其以上承运人运输的联运货物。

(6) 声明价值超过 10 万美元或其等价货币的货物。

订舱的具体做法和基本步骤是，航空货运代理公司在接到发货人的发货预报后，向航空公司吨控部门领取并填写"订舱单"，写明货物的名称、体积、重量、件数、目的港及要求出运的时间等。航空公司根据实际情况安排航班和舱位。

航空货运代理公司在订舱时，可依照发货人的要求选择最佳航线和最佳承运人，同时为发货人争取最合理的运价。

舱位订妥后，航空公司会签发"舱位确认书"（舱单），同时给予"装货集装器领取证"以示舱位订妥。航空货运代理公司应及时通知发货人备单备货。

（三）接单、接货

接单，是指航空货运代理公司在订妥舱位后，从发货人手中接过货物出口所需的一切单证的过程。在不同情况下，发货人应提供的单证前面已做了介绍，主要是报关所需的单证，以便出口货物通关。例如，在托运危险品和动物等特殊货物时，以及在 IATA 3 区和 1 区[①]之间托运指定商品时，发货人必须提供商业发票。

接货，是指航空货运代理公司把即将发运的货物从发货人手中接过来并运送到自己的仓库或机场的过程。

接货一般与接单同时进行。对于通过空运或铁路从内地运往出境地的出口货物，航空货运代理公司可按照发货人提供的运单号、航班号和接货地点、接货日期，代其提取货物。如果货物已在起运地办理了出口海关手续，发货人应同时提供起运地关封。

航空货运代理公司在接货时应根据发票和装箱单清点货物，核对货物的数量、品名、合同号及标志等是否与托运单上所列一致。重点应检查、核对货物包装、货物标志、货物的重量、体积和件数。

（四）制单、报关

1. 制单

制单，就是缮制航空货运单，包括总运单和分运单。缮制航空货运单是空运出口业务中的重要环节，运单填写的正确与否直接关系到货物能否及时、准确地被运达目的地。同时，航空货运单也是发货人结汇的主要单证之一。因此，运单的填写必须详细、准确、严格，符合单货一致、单单一致的要求。

填写航空货运单的主要依据是发货人提供的"国际货物托运书"。"国际货物托运书"上的各项内容都应准确地体现在航空货运单上。例如，发货人和收货人的全称、详细地址、电话、电传、传真和银行开户账号，出口货物的名称、件数、重量、体积、包装方式，承运人和代理人的名称和城市名称，始发港和目的港等。

除了"国际货物托运书"上的内容，运单上还要注明已订妥的航班号和起航日期、运

---

① 国际航空货物运输中与运费有关的各项规章制度、运费水平都是由国际航协（IATA）统一协调、制定的。在充分考虑了世界上不同国家、地区的社会经济、贸易发展水平后，IATA 将全球分成 3 个大区域，简称"航协区"（Traffic Conference Areas）。这里提到的 1 区通常指包括北美、中美、南美及附近的一些岛屿和地区，3 区主要涵盖亚洲的大部分地区、澳大利亚、新西兰及太平洋的一些岛屿。

单号、货物的实际重量、运价类别、运费等内容。

货物的实际重量以航空公司计量处过磅所取得的重量为准。重量单位通常以千克（kg）表示。

运价类别，一般用"M""N""Q""C""R""S"等代号表示。运费和代理费一般写在运单左下侧的"运费"栏内：预付运费填在"Prepaid"一栏内，到付运费填在"Collect"一栏内。代理费，即因代理人而产生的费用，填在"Agent Charge"栏内，运费和代理费前面都冠以货币名称。

如果是直接发给国外收货人的单票托运货物，则直接缮制航空公司货运单即可。如果是以国外收货代理人为第一收货人的集中托运货物，则必须先为每票货物缮制航空货运代理公司的分运单，再缮制航空公司的总运单，以便国外收货代理人对总运单下的各票货物进行分拨。

总运单上的运费应按所适用的公布运价填写，并注意是否可以靠级。分运单上的运费和其他费用按"国际货物托运书"的要求计算、填写，相对应的几份分运单件数之和应与总运单的件数相符。当一份总运单下有几份分运单时，需要制作航空货物清单。

2. 出口报关

出口报关，是指发货人或其代理人在发运出口货物之前，向出境地海关办理货物出口通关手续的过程。出口报关的基本程序如下所述。

一是申报。首先，将发货人提供的出口货物报关单的各项内容输入计算机，即计算机预录入。其次，在通过计算机缮制的报关单上加盖报关单位的报关专用章。再次，准备报关单与有关商业发票、装箱单、商检证、出口收汇核销单（其中有的商品需要动植检证书或产地证和航空货运单一起提交），并根据贸易方式和货物类别准备所需要随附的其他有关证明文件，如出口许可证、配额许可证等。上述报关所需单证备齐后，由持有报关员证的报关员正式向海关申报。

二是查验。查验是指海关对出口货物进行实际核查，确定单货是否相符，以及有无瞒报、伪报和申报不实等走私违规行为，并为征税、统计和后续管理提供可靠的监管依据的过程。

三是税费计征。税费计征是指海关根据《海关法》和《中华人民共和国进出口关税条例》及其他国家有关规定，对出口货物（国家另有规定的除外）征收关税的行为。

四是放行。海关在接受出口货物的申报，经审核报关单据、查验实际货物，依法办理出口税费计征手续并收取税款后，由海关的相关人员在航空货运单正本、出口收汇核销单和出口货物报关单上加盖放行章，在发货人用于出口产品退税的单据上加盖验讫章。海关的监管行为结束，放行即为结关。

（五）交接发运

1. 装机前的货物作业

航空货运代理公司接货后，将从发货人手中接过来的货物运送到机场，装机前的货物作业应由机场负责。但由于航空货运代理公司往往有自己的仓库，或想出具航空分运单将货物集中托运，越来越多的航空货运代理公司自行操作装机前的货物作业。具体操作如下所述。

（1）贴挂标签。航空货运代理公司在缮制航空货运单以后，制作"空运出口业务日报表"，供制作标签用。标签分为航空公司的主标签和航空货运代理公司的分标签两种。航空公司的主标签是对其所承运货物的标识，各航空公司的主标签虽然在格式、颜色上有所区别，但内容基本相同。主标签上的前3位阿拉伯数字是所承运航空公司的代号，后8位数字是总运单号码，还填有货物的目的地。分标签是航空货运代理公司对出具分运单货物的标识。凡出具分运单的货物都要制作分标签，上面填制分运单号码和货物到达城市或机场的三字代码。每一件货物都要贴一张航空公司的主标签，有分运单的每件货物要再贴一张航空货运代理公司的分标签。

（2）配载。待需要出运的货物全部入库后，航空货运代理公司就要核对货物的实际件数、重量、体积与货物托运书上填报的是否相同，并按照各航班机型，以及集装板或集装箱的型号、高度、数量进行配载。除此之外，航空货运代理公司还要对未到货物、晚到货物，以及未能顺利通关放行的货物做出调整，为编制出仓单做准备。在实际操作中，这一过程一直延续到单、货交接给航空公司后才终止。

（3）出仓单。航空货运代理公司在制定完配舱方案后，就可着手编制出仓单。出仓单的主要内容包括出仓日期、承运航班日期、装载板箱的形式及数量、货物进仓顺序编号、总运单号、件数、重量、体积、目的港三字代码和备注。

航空货运代理公司应将出仓单交给出口仓库，用于安排出库计划，并在货物出库时点数。出仓单可在装板、装箱环节作为向出口仓库提货的依据；在货物的交接环节作为装板、装箱环节收货的凭证，并作为制作"国际货物交接清单"的依据。另外，出仓单还可用于外拼箱。

（4）货物装板、装箱。根据货物订舱后航空公司给予的装货集装器领取凭证，向航空公司领取与订舱货量相应的集装板或集装箱及相应的塑料薄膜和绳网，并办理登记、销号等有关手续。航空货运代理公司将 $2m^3$ 以上的大宗货物或集中托运的拼装货物由自己装板、装箱，将不能装板、装箱的 $2m^3$ 以下的货物作为小件货物交给航空公司拼装或单件运输。

2. 签单

航空货运单在盖好海关放行章后，还须送到航空公司签单。航空公司主要审核运价使用是否正确，货物的性质是否适合空运，危险品是否已办妥了相应的证明和手续，每批货物（每份货运单）的价值（声明货价的按声明货价计算，未声明货价的按毛重38元/kg计算）不得超过20万元。如果超过，则须经航空公司同意才可收运。航空货运代理公司只有在签单确认后，才允许将单、货交给航空公司。

3. 交单、交货

交单就是将随机单据和应由承运人留存的单据交给航空公司。随机单据包括航空货运单正本两联、发票、装箱单、产地证明、品质鉴定书等。

交货就是把与单据相符的货物交给航空公司。航空货运代理公司在交货之前必须缮制"国际货物交接清单"，并按照"国际货物交接清单"，根据粘贴或拴挂的货物标签清点和核对货物。大宗货物、集中托运货物，以整板、整箱称重、交接；零散小件货物按票称重，计件交接。航空公司审单、验货后，在"国际货物交接清单"上签收，至此即办完了单货交接手续。

4. 货物收运

货物收运是指航空公司接收发货人所委托空运的货物的行为。货物收运必须符合有关规定,并进行安全检查。

5. 货物发运

货物发运是指向航空公司交单,交货后,由航空公司安排运输的行为,具体安排如下所述。

(1) 运送时间。承运人应当根据货运单上约定的合同条件,在合理的时间内将货物运至货物目的地,对于发货人预先订妥吨位的货物,应当按发货人指定的航班将货物运至目的地。

(2) 运输路线。承运人应当按照合理、经济的原则选择运输路线。承运人为尽早地将货物运抵目的地,有权改变发货人在货运单上列明的运输路线。

(3) 缮制舱单。承运人在收运货物后,应当根据配舱情况对本航班所运输的货物缮制舱单,以便装机运输。另外,对联运的货物还应当缮制联运舱单。

(4) 货物装机。承运人应按装机单准确装卸货物,按照货物包装上的储运指示标志作业,轻拿、轻放,防止货物损坏。在货物运输中,如果发现货物包装破损无法续运,则相关人员应当做好运输记录,及时通知发货人或收货人,征求发货人或收货人对货物的处理意见。

航空货运代理公司从发货人手中接到货物并进行整理、准备好相关单据后交付给航空公司承运,直至航空公司装机出运,是航空货物运输出口代理十分关键、重要的环节。

6. 运输变更

托运人在交运货物后,随着情况的改变,有权对货物运输提出变更,包括改变运输路线、改变运输航班和变更费用。

7. 跟踪管理

航空货运代理公司自接受委托起,在审单订舱、接单接货、制单报关、交接发运,甚至运输变更,一直到将货物交给收货人的整个过程中,应始终与发货人和有关人员保持信息往来,对货物进行跟踪服务。

航空货运代理公司在接受委托后,在审单时应掌握每家航空公司、每条航线、每个航班甚至每个目的港的运价和航班日期的信息;在进行订舱时,应将发货人可接受运价的航班、订舱情况及时通知发货人,以便及时备单、备货;对发货人送来的各种单证,应进行审核,如有遗漏、失误则及时告知发货人补充或修正,保证货物顺利通关;对交接的货物,应进行检查、整理,将包装或标志不符合运输要求、缺件、重量体积不符、运输中的货损等信息都将及时告知发货人,求得确认;对于货物出运一程航班、二程航班,甚至三程航班信息,都应及时通知发货人;对于集中托运货物,还应将发运信息预报给收货人所在地的国外货运代理人,以便对方查询、接货、进行分拨处理;货物发运后,应将发货人存留的单据,包括盖有放行章和验讫章的出口货物报关单、出口收汇核销单、航空货运单正本三联、手册、关封、许可证,以及用于出口产品退税的单据等交付或寄送发货人。

单、货交给航空公司以后,可能出现由于种种原因,如航班取消、延误、溢载、故障、改换机型、错运及装板不符规定等,未能按预定时间出运而变更运输的情况;货物出运后,对于联程货物的中转、二三程航班日期等信息,航空货运代理公司必须予以掌握。因此,货交航空公司以后，航空货运代理公司就需要通过传真、电话、电传等通信工具对航班、货物进行跟踪，以及时获得相关信息，并反馈给发货人或国外代理，以便在遇有不正常情况时及时进行处理。

因此，航空货运代理公司应当对订舱信息、审单信息、报关信息、仓库收货信息、交运称重信息、航班信息、单证信息、集中托运信息等进行及时传递，对航班、货物进行跟踪，为发货人进行全程运输服务。

8. 费用结算

费用结算主要涉及同发货人、承运人和国外代理方面的结算。与发货人结算费用，包括在运费预付的情况下，向发货人收取航空运费、地面运费，以及各种服务费和手续费。与承运人结算费用，就是向承运人支付航空运费，同时收取代理佣金。与国外代理结算，主要涉及付运费和收益分成。到付运费实际上是发货人的航空货运代理公司为收货人垫付的费用，因此收货人的航空货运代理公司在将货物移交收货人时，应收回到付运费并将其退还发货人的航空货运代理公司。同时，发货方的航空货运代理公司应将代理佣金的一部分支付给其收货地的航空货运代理公司。由于航空货运代理公司之间存在长期的互为代理协议，因此与国外代理结算一般不采取一票一结的办法，而采取抵消账单、一月一结的办法。按照惯例，每月月初由发货人的航空货运代理公司缮制并出示账单交收货方的航空货运代理公司确认。

二、国际航空货运进口代理业务

（一）接受委托

航空货运代理公司的任务是在始发站将从发货人手中接收的货物交给航空公司，在目的站从航空公司手中接过货物，交付收货人或送到收货人指定地点。所以，国际航空货运进口代理业务就是从航空公司接收货物，办理进口手续，将货物交付或送到收货人指定地点。

为了实现航空货运代理这一基本职能，航空货运代理公司必须接受收货人的委托。各进口公司为了履行贸易合同的基本义务，并实现其权利，必须交纳费用、接收货物；根据卖方的预报，将贸易合同副本、商业发票、装箱单、进口许可证、减免税证明等进口所必需的单证和法定文件交给航空货运代理公司，并与其签订委托代理合同或协议，委托航空货运代理公司办理航空货物进口时在目的站的接货、制单、报关、分拨、转运或转关等项业务。收货人既可以与航空货运代理公司签订长期的委托代理协议，如1年，也可以签订一次性的委托代理合同。其中的关键是委托项目、授权权限要明确，双方的权利、义务要平等、合法，费用的结算方式要事先约定。

另外，航空货运代理公司还可以直接接受国外集中托运人的委托，甚至相互代理，并建立长期的代理关系。国外集中托运人从航空公司签发的主运单的收货人就是目的站的航空货运代理公司。这时，航空货运代理公司根据国外的预报，在接到到货通知书后，可直接从航空公司接单提货。随后，根据国外委托人签发的分运单将进口货物分类，分别交付给收货人。航空货运代理公司与国外集中托运人往往会签订长期的互为代理协议。这时，目的站的航空货运代理公司是国外集中托运人的代理人，也就是说目的站的航空货运代理公司是签发分运单的承运人的代理人，而不是收货人的代理人。

收货人也可以委托航空货运代理公司制单、报关、分拨、转运或转关，这时的航空货运代理公司应另外与收货人签订委托代理合同。但是必须指出：当航空货运代理公司是国外集中托运人的代理人时，若在航空货物运输中出现索赔，就这一索赔案件，航空货运代理公司绝不能再成为收货人的代理人去向国外集中托运人索赔。但是，其可以代表国外集中托运人对收货人按航空分运单或有关运输合同的规定对收货人进行赔偿。在赔偿后，若该航空货运代理公司不是航空公司销售代理人，则其可代表国外集中托运人凭主运单向航空公司索赔。

所以，在这种情况下，航空货运代理公司只能与收货人签订航空货物运至目的地机场或收货人接货后的委托项目。鉴于目前航空货运代理公司往往具有航空公司销售代理人和国外集中托运人的代理人双重身份的现实，就作者个人浅见，对此应引起读者注意，并供实务者参考。

（二）接单、接货

在国际航空运输货物入境时，与货物相关的单据，如航空货运单、商业发票、装箱单等也随机到达，此时运输工具和货物处于海关监管之下。航空公司将货物卸机后，存入航空公司或机场的海关监管仓库内，同时根据货运单上的收货人及地址发出取单提货通知。若货运单上的收货人为某航空货运代理公司，则将航空货运单及与之相关的货物交给该航空货运代理公司；若某航空货运代理公司受收货人委托，并取得了航空货运单，也可凭航空货运单办理提货手续从而提取货物。

航空货运代理公司在与航空公司办理交接手续时，应根据货运单和仓单进行单单核对及单货核对。若存在有单无货或有货无单的情况，则应在货物交接清单或仓单上注明，以便航空公司及时查询并通知入境地海关。若发现货物短缺、破损或其他异常情况，则应向航空公司索要商务事故记录并交给收货人，作为收货人进行索赔事宜的依据；或者接受收货人的委托，由航空货运代理公司代表收货人向航空公司办理索赔。

如果货物包装完好，航空货运代理公司发现货物质量有疑问，或货损责任难以确定，或数量与贸易合同不符，则其可暂将货物留存机场，商请货主共同处理，或者由收货人或接受收货人委托的航空货运代理公司向国家出入境检验检疫部门申请检验，根据检验结果，通知订货公司联系对外索赔。

（三）理货编号

1. 理货与保管

航空货运代理公司从航空公司接单、接货后，即可将货物运到自己仓库或利用机场仓库，组织理货分类，具体工作如下所述。

（1）逐一核对每票件数，再次检查货物破损情况，若遇有异常，确属在交接时未发现的问题，则可向航空公司提出索赔事宜。

《华沙公约》（也称《关于统一国际航空运输某些规则的公约》）第二十六条第一款规定："除非有相反的证据，如果收件人在收受行李或货物时没有异议，就被认为行李或货物已经完好地交付，并和运输凭证相符。"《海牙议定书》第十五条规定："发生损失的，收件人应当在发现损失后立即向承运人提出异议。如果是行李，最迟应当在收到行李后 7 日内提出；如果是货物，最迟应当在收到货物后 14 日内提出。"

（2）按货物体积大小，重量轻重，单票或混载，特殊货物分别堆存。堆存时要按总运单、分运单标志朝向，货物包装标志方向，货物轻重的规定进行堆放。

（3）危险品要存入专门的危险品仓库。易燃品、易爆品、毒品、腐蚀品、放射性物品均应分库安全放置。

（4）为防止贵重货物被盗，应设专库由两人保管。

（5）一般货物保管根据不同货种要注意防雨淋、防受潮、防污染、防重压、防升温、防变质，特别是冷藏、冷冻品要由专门的冷藏、冷冻库进行保管。

2. 理单与分类

（1）集中托运货物，在总运单下拆单。航空货运代理公司应对集中托运的进口货物每票总运单项下，按分运单分理出来，审核与到货情况是否一致，并抄成清单（若实行计算机管理，则还应将清单录入计算机），以便按分运单分别报关、报验、提货。

（2）对制成清单并核对无误的货物进行分类编号。分类的标准和方法很多，既可以根据进口货物的类别或贸易方式划分，也可以根据发货人或发货人代理的国别和地区划分，还可以按照收货人的企业性质或经营范围划分。究竟如何划分，各航空货运代理公司可根据自己的具体情况，如服务性质、工作要求或传统做法而定。但一般来说，集中托运货物和单票货物、运费预付货物和运费到付货物应区分开来。

为便于用户查询、满足内部操作和统计的需要，航空货运代理公司在分类理单的同时，要先将各票总货运单、分运单都编上航空货运代理公司自己设定的编号，再将其输入计算机。

3. 发到货通知书或查询单

对货运单编号后，根据货运单或合同上的收货人名称和地址分别寄发到货通知书或查询单。到货通知书一般发给实际收货人，告知其货物已到空港，催促其速办报关、提货手续。查询单一般发给订货单位，其基本格式与通知单一样，只是还要根据货物的名称及贸易性质，列明需要提供的各种批准文件或证明。到货通知书或查询单的主要内容如下所述。

（1）主运单号、分运单号，以及航空货运代理公司对货物的编号。

（2）货物名称、件数、重量、体积、发货人、发货地。

（3）货运单、商业发票上已编注的合同号，随机已到达的单证数量及尚缺的报关单证。

（4）运费到付数额，航空货运代理公司地面服务收费标准。

（5）航空货运代理公司及仓库的地址（地理位置图）、电话、传真、联系人。

（6）提示货主海关超过14天报关收滞报金和超过3个月未报关货物上交由海关处理的规定。

必须注意：对于上述货物的仓储，不论是在航空公司的仓库、机场仓库，还是在航空货运代理公司的仓库，都有海关的监管仓库。

（四）制作报关单

货主既可以自行进行制单报关，也可以委托航空货运代理公司代为制单或代理报关，或二者皆由航空货运代理公司代为办理，这主要根据委托代理合同中的委托项目而定。在航空货运代理公司是国外集中托运人的代理人的条件下，此时若货主委托代理人代为制单、报关，则可签订委托合同。

制单就是缮制"进口货物报关单"。制单的依据是航空货运单、商业发票及证明货物合法进口的有关批准文件。因此，制单一般在收到收货人的回询并获得必备的批文和证明之后方可进行。不需要批文和证明，且已有委托代理合同的，航空货运代理公司可直接制单。虽不需要批文和证明，但没有明确委托关系的，必须由收货人与代理人明确委托代理关系。根据我国海关的相关规定，代理报关企业在接受委托办理报关手续前，应与委托人签订正式的委托协议。委托协议应特别载明代理事项、权限和期限，以及双方应承担的法律责任等。

（五）空运进口报关

进口报关就是收货人或其代理在接到提货通知后，缮制完进口报关单，备齐进口报关所需单证和文件，向海关申请办理进口货物通关手续的过程。

1. 申报

（1）准备申报。进口货物的收货人或其代理接到航空公司寄交的"提货通知单"，即表示进口货物已经到达机场，收货人应当立即备齐报关所需单证和批文，准备向海关办理报关手续。

（2）委托报关。需要委托专业或代理报关企业向海关办理申报手续的收货人，应在货物进口之前于货物进口口岸委托专业报关行或代理报关行，并签订正式的委托代理报关协议或报关委托书。

（3）递交报关单。收货人自己报关或委托代理人报关的，在缮制完进口报关单后，应先备齐报关所需单证和批文，再将报关单的各项内容输入计算机，并打印出报关单一式三份。在完成计算机预录入后，在报关单右下角加盖报关单位的"报关专用章"。然后将报关单连同有关运单、发票订成一式二份，并随附批准货物进口的证明和批文，交由经海关认可并持有海关签发的报关员证件的报关员，正式向海关申报。

（4）海关接受报关。海关接收报关员递交的报关单，既是海关与进口货物的收货人或其代理发生法律关系的开始，也是海关依法对进口货物进行实际监督管理的开始。

海关在接受申报后，要先审核报关单位和报关员的报关资格，即其签章和签名是否合法有效、报关单的填制是否符合海关规定、经计算机传递的报关数据是否准确、是否符合海关统计指标数据的要求。通过审核，符合上述各项要求的即可接受报关，否则，将报关单退给报关员做必要的更正或补充后，再确定是否接受报关。

（5）海关审单。海关接受报关员的报关，接过报关员递交的报关单及其随附的有关单证和批文，检查判断进口货物是否符合《海关法》和有关政策、法规、法令。海关审单的主要任务如下所述。

① 对报关企业及报关员报关资格进行审查。

② 对报关时限进行审查，确定是否征收滞报金。

③ 对进口货物是否合法、批件是否齐全进行审查。

④ 对报关单及其所附单证填制是否完整、正确进行审查。

⑤ 对通过计算机登记备案的加工贸易合同，每次进出口数据在"登记手册"上登记情况进行审查。

⑥ 根据《中华人民共和国进出口关税条例》和国家其他有关的税收政策，确定进口货物的征免性质。

如果经海关审查可以通关，则审单的相关人员会在报关单的"海关审单批注"栏内签字，同时为海关备查留存一套单据。

2. 查验

海关在接受申报后，为检查进口货物是否与报关单证所记载相符，要对进口货物实施开箱查验。查验进口货物应在海关规定的时间和场所进行。在海关查验货物时，进口货物的收货人或其代理必须到场，并按海关要求负责搬移货物，开拆和重封货物的包装。当海关认为有必要时，可自行开验、复验或者提取货样，当造成进口货物损坏时，应按实际损失赔偿。

海关在查验过程中实施开箱查验是经常性的工作，为此，航空货运代理公司必须配备一定人员、工具，协助海关、货主实施开箱查验工作。通常的做法如下所述。

（1）凡客户自行报关的货物，当海关需要开箱查验时，一般由货主到航空货运代理公司负责的监管仓库借出货物，由航空货运代理公司派人陪同货主一并协助海关开箱查验。开箱查验后，航空货运代理公司须将已开箱查验的货物封装，运回监管仓库储存。

（2）凡客户委托货运代理公司报关的货物，当海关需要开箱查验时，航空货运代理公司须通知货主单位，由其派人前来或书面委托代为开箱查验。在开箱查验后，航空货运代理公司须将已开箱查验的货物封装，运回监管仓库储存。

（3）海关如需对大件货物开箱查验，而开箱后会影响运输的货物，货运代理和货主应如实将情况向海关说明，可申请海关派员到监管仓库开验，或直接到货主单位实施开箱查验。

3. 征税

根据我国《中华人民共和国进出口关税条例》和《中华人民共和国海关进出口税则》，海关依法征收货物进口税，并以进口货物的实际成交价格为基础审定完税价格。海关根据报关单证所填报的货物名称、用途、规格、型号及构成材料等确定商品的归类编号及相应的税号和税率。若商品的归类或税率难以确定，则海关可先查看实物或实物图片及有关资料后再行确定征税。除进口税外，海关还征收增值税、消费税、免征货物监管手续费、滞报金、滞纳金等。

属于法定减免、特定减免和临时减免关税的货物，经海关确认后方可减免税。纳税人应在规定期限内交纳税款，逾期交纳者将加征滞纳金。进口货物完税后，如果发现短征、漏征税款的，海关可依法追缴和追征。

航空货运代理公司在代理收货、报关时，对海关所征税款处理按以下几种情况进行。

（1）海关所征收的关税、增值税、免征监管手续费、滞报金、滞纳金一般由货主单位或经营单位承付。货主单位凭税单自行到开户银行承付有关税款。

（2）货主单位预先将预付款汇入货运代理账户，由航空货运代理公司在收到海关税单后代委托人付税。

（3）航空货运代理公司根据委托代理合同的约定垫款、付税，事后加上垫付的其他费用和佣金，一并向委托人结算收回。

4. 海关放行

海关放行是指海关在接受进口货物的申报，经过审核报关单据，查验货物，依法征收税费，对进口货物做出结束海关现场监管决定的工作程序。

海关在放行货物后，须在有关报关单据上签盖"海关放行章"，进口货物的收货人或其代理凭此办理提取进口货物手续。

对于一般进口货物，海关放行即在货物进口的航空货运单上签盖"海关放行章"。对于某些合法进口且需要证明的货物，经报关员或货物所有人要求，海关可签发"进口货物证明书"。对于进口付汇货物，海关在办理完放行手续后，出具一份盖有"海关验讫章"的计算机打印报关单，并在报关单的右上角加贴防伪标签，交进口单位办理进口付汇手续。

5. 报关期限与滞报金

报关期限是指货物运到口岸后，法律规定收货人或其代理向海关报关的时间限制。进口货物的报关时限为自运输工具申报进境之日起14日内。

进口货物收货人或其代理如超过海关规定的报关期限，未向海关申报、办理进口手续的，海关依法征收一定数额的滞报金。滞报金按日计收，收货人或其代理向海关申报之日亦计算在内。滞报金的日征收额为进口货物到岸价格的0.5‰，滞报金的起征点为人民币10元。滞报金以元计收，不足1元的部分免收。

6. 送货、转运

航空运输的进口货物通关以后，无论是送到当地还是转运到入境地以外的地区，都要先将货物从海关监管仓库或场所提取出来。提取货物的凭证就是盖有"海关放行章"的正本航空货运单。未经海关放行的货物处于海关监管之下，任何人不能擅自提离监管仓库或堆放场所。

（1）货主自提。当货主凭盖有"海关放行章"的正本航空货运单到仓库提货时，航空货运代理公司的现场业务人员或保管员须检验提货单据上各类报关章、报验章是否齐全，并登记提货人的单位、姓名、身份证号以确保发货安全。

仓库保管员在发货时，须与提货人再次检查货物的外包装情况、合同号、运单号、唛头和件数、重量等。如遇到单货不符或货物破损、短缺的情况，则应向货主明确责任、做好交接。

① 对于分批到达的货物，由有关货运部门收回原提货单，出具分批到达提货单，待后续货物到达后，即通知货主再次提取。

② 对于由于航空公司的责任造成的货物破损、短缺，应将航空公司签发的商务记录交给货主。

③ 对于由于航空货运代理公司的责任造成的破损事故，应尽可能协同货主、商检单位在仓库做商品检验，确定货损程度，以避免在后续运输中使货损程度加剧。

④ 当确认是由于货运代理公司的责任造成货物的破损、短缺时，应由航空货运代理公司签发商务记录给货主。

在货主提货时，航空货运代理公司的现场人员应协助货主装车，尤其是在遇到超大、超重或件数较多的货物时，应合理指导，保证安全装车，确保运输安全。

（2）送货上门。当收货人委托航空货运代理公司办理制单、报关、代垫代付税费、提货等业务时，对于本地的进口货物，往往直接委托航空货运代理公司送货上门。航空货运代理公司在送货服务中，因业务熟练、衔接紧密、送货及时、服务到位而受到货主的欢迎。航空货运代理公司还可以在将货物送上门移交货主时与其办理交接手续，并向其收取货物进口过程中所发生的一切费用。

（3）中转运输。对于外地收货人的货物，若货主不能自提，航空货运代理公司可以接受收货人或内地货运代理公司的委托，办理中转运输业务。

转运业务是航空货运代理公司将进口通关后的货物通过国内航空运输、公路运输或水运等各种运输方式转运给内地货运代理公司或直接发运给货主的业务。

转运业务在可能的情况下多为"空来空转"，但无法空运的货物只好采用其他运输方式。货物也多转至内地的货运代理公司，再发给货主。这样，不仅同方向的货物可以拼装运输，而且内地货运代理公司可以代为收取相关费用，口岸货运代理公司亦应支付一定比例的代理佣金给内地货运代理公司，相应地，内地货运代理公司也会给口岸代理公司揽收一定数量的出口货物。

转关运输是指海关为加速口岸进出口货物的疏运，方便收、发货人办理海关手续，依法允许海关监管货物由关境内一设关地点转运到另一设关地点办理进出口通关手续的行为。

进口货物转关运输，是指货物入境后不在进境地海关办理进口海关手续，而运往另一设关地点办理进口海关手续的过程。在办理进口报关手续之前，货物一直处于海关监管之下，包括运输过程。

（1）办理转关运输应具备的条件。由于转关运输货物不是由进境地海关进行实际监管的，为加强监管，海关对办理转关运输应具备的条件在《中华人民共和国海关关于转关运输货物监管办法》中做了明确规定。根据规定，进口货物办理转关运输必须具备下列条件。

① 指运地设有海关机构，或虽未设海关机构，但分管海关同意办理转关运输。也就是说，收货人所在地必须设有海关机构，或邻近地区设有分管该地区的海关机构。

② 在向海关交验的进境运输工具货运单据中列明属于转关货物，经进境地海关核准方予办理转关运输。

③ 运输工具和货物符合海关监管要求，并具有加封条件和装置。海关规定，转关货物采用汽车运输时必须使用封闭式的货柜车，由进境地海关加封、指运地海关启封。

④ 承运转关运输的单位必须是经核准的运输企业认可的航空货运代理公司。一般运输企业，尤其是个体运输者，即使拥有货柜车，也不能办理转关运输。

办理转关运输还应遵守海关的其他有关规定。例如，转关货物必须存放在海关同意的仓库、场所，并按海关规定办理收存、交付手续；转关货物未经海关许可，不得开拆、改装、调换、提取、交付；对海关加封的运输工具和货物，应当保持海关封志完整，不得擅自开启或损坏；必须将进境地海关签发的关封完整、及时地带交指运地海关，并在海关规定的 3 个月期限内办理完进口手续。

（2）办理转关运输的手续。

① 申报。在办理进口货物转关运输时，进口货物的收货人或其代理应自运输工具申报进境之日起 14 日内向进境地海关申报转关运输。申请时应填制《中华人民共和国海关进口转关运输货物申报表》（简称《申报表》），并递交数据录入中心，以输入海关计算机报关自动化系统，并打印成正式的《申报表》一式三份。

进口货物的收货人或其代理应如实向海关申报，递交《申报表》和指运地海关预先签发的"进口转关运输货物联系单"，并随附有关进口许可证和批准文件及航空货运单、发票、装箱单等货运单据。

② 进境地海关制作关封。进境地海关在接收进口货物的收货人或其代理申报递交的有关单证后，进行审核核对。进境地海关在同意转关运输后，会根据上述有关单证制作关封并交给进口货物的收货人或其代理。

③ 指运地海关的通关。进口货物的收货人或其代理要按海关指定的路线，负责将进口货物在规定期限内运到指运地海关，向指运地海关交验进境地海关签发的关封，并应在货物运至指运地海关之日起 14 日内向指运地海关办理报关、纳税等手续。

④ 核销。指运地海关在办理了转关运输货物的进口手续后，应向进境地海关退寄回执，终结进口转关运输货物的监管。

转关货物无论后续采用何种运输方式，无论是将货物监管、运输至指运地航空公司的监管仓库，还是将货物监管、运输至航空货运代理公司的监管仓库或收货人的仓库，待货物转关进入指运地海关监管之下，指运地海关都应将"转关运输货物准单"回执联填妥、盖章后寄还给入境地海关核销。当转关运输采用航空货运代理公司的监管运输车辆运输时，须在海关颁发的《载运海关监管货物车辆登记簿》上登记，当进境地海关收到回执后，航空货运代理公司据此核销有关项目。

航空转关运输的货物，当指运地与运单的目的地一致时，可免填《申报表》，海关可不签发关封，由海关在运单上加盖"海关监管货物印章"即可。否则，仍按上述程序办理通关手续。

7. 费用结算

（1）收费内容：到付运费及垫付佣金；单证费、报关费；仓储费包括冷藏、冷冻、危险品、贵重物品等特殊仓储费；装卸费；航空公司到港仓储费；海关预录入、动植检、卫检、报验等代付代垫费用；垫付关税税金及垫付佣金。

（2）结算方式：航空货运代理公司与收货人或其代理的费用结算方式，可根据委托代理合同的约定进行。一般有如下 3 种情况。

① 收货人或其代理预先向航空货运代理公司支付备用金（或称预付款），根据双方约定，定期进行结算。

② 收货人或其代理每次自提货物或送货上门时，根据发生的费用进行一次性结算，逐航班发生，逐笔结清。

③ 根据双方在合同中的约定由航空货运代理公司垫付相关费用，定期（一般按月）核对，定期结算。

当然，根据双方的约定也可以采用其他结算方式，但不能拖欠太多、太久，以免影响航空货运代理公司自身的资金周转。

Mission 任务 3　掌握航空货运单相关知识

一、航空货运单的基础知识

（一）航空货运单的性质和用途

航空货运单（Air Waybill）是承运货物的航空公司或其代理人，在收到所承运的货物并接受托运人的运输要约后,签发给托运人的货物收据并承诺进行运输的凭证。航空货运单是航空货物运输中的一种重要单证,它与国际铁路运单相似,而与海运提单不同。它既是托运人与承运人或其代理人签订的运输合同,也是进行航空运输的凭证,但它不可转让,不能作为物权凭证,所以它并不代表所托运货物的所有权。其用途归纳如下。

（1）**航空货运单是托运人与承运人之间签订的运输合同**。航空货运单由承运人与托运人或其代理公司签署之后,不仅证明了航空货物运输合同的存在,而且航空货运单本身就是托运人与承运人之间缔结的货物运输合同,在双方共同签署后就产生法律效力,该法律效力会在货物到达目的地并交付给货运单上所记载的收货人后失效。

（2）**航空货运单是承运人签发的已接收货物的证明**。当托运人将其货物发运后,承运人或其代理人就会将航空货运单的第三份正本交给托运人作为已接收其货物的证明,第二份正本由承运人随机带交收货人,作为承运人交付货物和收货人核收货物的依据。除非另外注明,否则航空货运单就是承运人收到货物并在良好条件下装运的证明。

（3）**航运货运单是承运人据以核收运费单据和结算的凭证**。航空货运单分别记载着属于收货人负担的费用、属于应支付给承运人的费用和应支付给代理人的费用,并详细列明费用的种类、金额,因此可作为运费账单和发票。承运人还可将货运单的第一份正本,即其中的承运人联自己存留作为记账凭证。

（4）**航空货运单是报关单证之一**。在航空货物运达目的地机场后,须向当地海关报关。在报关所需的各种单证中,航空货运单通常是海关查验放行时的基本单据和海关验放的主要凭证。

（5）**航空货运单可作为保险证书**。如果承运人承办保险或托运人要求承运人代办保险,则航空货运单可用来作为保险证书。载有保险条款的航空货运单又称红色航空货运单。

（6）**航空货运单是承运人内部处理业务的依据**。航空货运单随货同行,证明了货物的身份。货运单上载有有关该票货物的发运、转运、交付等项事宜,承运人会据此对货物的运输做出相应安排。如果出现货物漏发、错发等事故,则航空货运单是查询和办理交涉的主要依据。

（二）航空货运单的构成

航空货运单一般由正本三份（其背面印有运输合同条款）、副本六份、额外副本三份,共一式十二份组成。各份的用途如下所述。

正本 1（绿色）：承运人留存,是承运人收到货物的证明,交财务部门,作为记账凭证。

正本 2（粉红色）：随货同行,在货物到达目的地后,由最后承运人将此联交给收货人,作为核收货物的依据。

正本 3（蓝色）：托运人联,可作为承运人收到货物的证明,是承运人和托运人在运输契约上签字的证明文件。

副本 4（黄色）：作为交货收据。

副本 5（白色）：交目的站机场。

副本 6（白色）：交第三承运人。

副本7（白色）：交第二承运人。
副本8（白色）：交第一承运人。
副本9（白色）：交代理人。
额外副本10、11两份皆为白色，根据需要可增加其份数。
航空货运单各联的作用及颜色如表7-1所示。

表7-1 航空货运单各联的作用及颜色

联号		用途	颜色
正本	正本1	承运人留存	绿色
	正本2	收货人留存	粉红色
	正本3	托运人留存	蓝色
副本	副本4	收货人提取货物的收据	黄色
	副本5	目的站机场留存	白色
	副本6	第三承运人	
	副本7	第二承运人	
	副本8	第一承运人	
	副本9	航空货运代理	
额外副本	若干	供承运人使用	

（三）航空货运单的种类

航空货运单主要分为两类：航空主运单和航空分运单，如下所述。

凡由航空公司签发的航空货运单均称为航空主运单。它是航空公司办理货物运输和交付的依据，是航空公司与托运人订立的运输合同，每一批航空运输的货物都有自己相对应的航空主运单。

集中托运人在办理集中托运业务时，签发给发货人的航空货运单被称作航空分运单。航空分运单作为集中托运人与发货人之间的航空货物运输合同，合同双方分别为发货人和集中托运人。

航空主运单作为航空公司与集中托运人之间的货物运输合同，其当事人为集中托运人和航空公司。在这种情况下：

（1）发货人与航空公司没有直接的契约关系。

（2）由于在起运地货物由集中托运人交付航空公司，在目的地先由集中托运人或其代理人从航空公司提取货物，再转交给收货人，因而发货人与航空公司也没有直接的货物交接关系。

航空主运单和航空分运单的格式基本相同，其法律效力是相当的，只是合同的当事人不同。航空主运单由航空公司承担货物的全部运输责任，而航空分运单则由集中托运人（一般为航空货运代理公司）承担货物的全部运输责任。

二、航空货运单的操作要点

航空货运单与海运提单类似，也有正面内容、背面条款之分，正面内容和背面条款共同组成一份完整的合同内容。不同的航空公司会有自己独特的航空货运单格式，但各航空公司所使用的航空货运单大多借鉴 IATA 的标准格式，差别并不大。所以，在这里只介绍这种标准格式，也称中性运单。航空货运单的具体填写内容及填制的一般规定如下所述。

航空货运单　　航空货运单填写流程

（一）航空货运单的填写内容

（1）始发站机场：需要填写 IATA 统一制定的始发站机场或城市的三字代码，这一栏所填代码应该和"（11）"一致。IATA 统一编制航空公司代码，如中国国际航空公司的代码是 999。

（2）运单号。

（3）发货人账号：只在必要时填写。

（4）发货人姓名、住址（Shipper's Name and Address）：填写发货人姓名、地址、所在国家及联络方式。

（5）收货人账号：同"（3）"一样，只在必要时填写。

（6）收货人姓名、住址（Consignee's Name and Address）：填写收货人姓名、地址、所在国家及联络方式。与海运提单不同，因为航空货运单不可转让，所以"凭指示"之类的字样不得出现。

（7）承运人代理人的名称和所在城市（Issuing Carrier's Agent Name and City）。

（8）代理人的 IATA 代号。

（9）代理人账号。

（10）支付信息（Accounting Information）：此栏只有在采用特殊付款方式时才需要填写。

（11）始发站机场及所要求的航线（Airport of Departure and Requested Routing）：这里的始发站机场应与"（1）"填写的一致。

（12）、（14）、（16）去往（To）：分别填写第一（二、三）到达机场的 IATA 代码。

（13）、（15）、（17）承运人（By）：分别填写第一（二、三）段运输的承运人。

（18）目的地机场（Airport of Destination）：填写最终目的地机场的全称。

（19）航班及日期（Flight/Date）：填写货物所搭乘航班及日期。

（20）托运人内部参考号码（Reference Number）：参考号码，一般不填。

（21）货币（Currency）：填入 ISO 货币代码。

（22）收费代号：表明支付方式。

（23）~（24）运费及声明价值附加费（WT/VAL，Weight Charge/Valuation Charge）：此时可能有两种情况——预付（Prepaid，PPD）或到付（Collect，COLL）。在预付的情况下，"（23）"中应填写"×"。需要注意的是，航空货物运输中运费与声明价值附加费支付的方式必须一致，不能分别支付。

（25）~（26）其他费用（Other Charges at Origin）：在始发站的其他费用，也有预付和到付两种支付方式。

（27）运输声明价值（Declared Value for Carriage）：此栏一般填写发货人要求的用于运输的声明价值，如果发货人不要求声明价值，则填写"NVD"（No Value Declared）。

(28)海关声明价值（Declared Value for Customs）：发货人在此栏填写对海关的声明价值，或者填写"NCV"（No Customs Valuation），表明没有声明价值。

(29)保险金额（Amount of Insurance）：只有在航空公司提供代保险业务而客户也有此需要时才填写。

(30)操作信息（Handling Information）：一般填写承运人对货物处理的有关注意事项，如"Shipper's certification for live animals"（托运人提供活动物证明）等。

(31)货物件数和运价组成点（No. of Pieces RCP，Rate Combination Point）：填写货物包装件数，如10包即填"10"。当需要组成比例运价或分段相加运价时，在此栏填写运价组成点机场的IATA代码。

(32)毛重（Gross Weight）：填写货物总毛重。

(33)重量单位：可选择公斤（kg）或磅（lb）。

(34)运价等级（Rate Class）：针对不同的航空运价共有6种代码，它们是M（Minimum，起码运价）、C（Specific Commodity Rates，特种运价）、S（Surcharge，高于普通货物运价的等级货物运价）、R（Reduced，低于普通货物运价的等级货物运价）、N（Normal，45kg以下货物适用的普通货物运价）、Q（Quantity，45kg以上货物适用的普通货物运价）。

(35)商品代码（Commodity Item No.）：在使用特种运价时，需要在此栏填写商品代码。

(36)计费重量（Chargeable Weight）：填写航空公司据以计算运费的计费重量，该重量可以与货物毛重相同也可以不同。

(37)运价（Rate/Charge）：填写该货物适用的费率。

(38)运费总额（Total）：此栏数值应为起码运费值或者是运价与计费重量两栏数值的乘积。

(39)货物的品名、数量，含尺码或体积（Nature and Quantity of Goods incl, Dimensions or Volume）：货物的尺码应以厘米（cm）或英寸（in）为单位，尺寸分别以货物最长、最宽、最高边为基础。体积则是上述3边的乘积，单位为立方厘米（cm^3）或立方英寸（in^3）。

(40)～(45)分别填写运费、声明价值附加费和税款金额，有预付与到付两种方式。

(46)～(49)其他费用（Other Charges）：指除运费和声明价值附加费外的其他费用。根据IATA规则，各项费用分别用3个英文字母表示。其中，前两个字母是某项费用的代码，如运单费就表示为AW（Air Waybill Fee）；第三个字母是C或A，分别表示费用应支付给承运人（Carrier）或货运代理人（Agent）。

(50)～(51)需要预付或到付的各种费用。

(52)货币兑换比价。

(53)目的站国家货币付费金额。

(54)目的站的费用。

(55)其他费用。

(56)承运人或其代理人的签字。

(57)到付费用总额。

（二）航空货运单填制的一般规定

(1)航空货运单号码是货运单的组成部分，由两组数字组成，第一组为前3位数字，是航空公司的代码，每个航空公司都有固定的代码。例如，中国国际航空公司的代码为"999-"，日本航空公司的代码为"131-"，法国航空公司的代码为"057-"等。第二组为后半部分的8位数字，前七位数字是货运单的顺序号，第八位数字为检查号。当航空公司收到货物时，将有航空货运单号码的小标签一式两份拴挂在每件货物的外包装上，以示区别。

（2）航空货运单的各栏应按照托运人在托运书上所填写的内容逐项填写，字迹清楚，内容准确，切勿涂改。发货人或其代理人对货运单所填写内容的准确性负责，即使该货运单是由其代理人或承运人代替填写的。航空货运单一般用英文填写。

（3）每批货物或集合运输的货物每批均填制一份航空货运单。

（4）航空货运单已填内容在运输过程中若需要修改，则在修改项目的近处注明修改货运单的空运企业名称、修改日期和地点。修改货运单时不能只修改其中一页，要将剩余的各页均同时进行修改。

（5）当货物无法交付而需要退运时，需要填制新的航空货运单。

三、航空货运单的发展趋势——电子航空货运单

（一）电子航空货运单的内涵

电子航空货运单是指在航空货运的各个流程中，通过电子信息化代替纸质运输文件，对航空运输的各个环节进行数字化记录的一种数据传递模式。电子航空货运单是继电子客票之后，IATA倡导的又一个标准化航空货运单模式，旨在减少纸质文件、提高运输效率、降低企业运营成本。不同于传统货运单，电子航空货运单采用无纸化传输方式，具有操作便捷、数据准确、绿色环保等优点，不仅能够提高服务质量，还能为航空公司、海关联检和货运代理公司节约不少成本。

电子航空货运单的优势具体如下所述。

1. 提高运单分拣效率

电子航空货运单使用EDI传递讯息，可减少运单丢失情况造成的后续货物提取延误，同时可提高出口运单分拣效率。

2. 提高数据精准度

电子航空货运单符合IATA的"电子空运提单协定标准"。信息的标准化传输可增强货运处理的灵活性及精准度，降低因资料输入错误所导致的货物延误。

3. 降低处理成本

启用电子航空货运单，大大降低了处理成本。货物的中转点、目的站可提前获取电子航空货运单的资料，无须等到运单到达后再确认资料，这有助于提升货运操作的灵活性。收货人不必在机场苦等，随时可以通过网络或短信平台跟踪、查询货物的流转信息。

（二）电子航空货运单的使用情况

根据IATA的数据，截至2012年年底，电子航空货运单已经在43个国家/地区的443个机场实施，共有42家大型国际与区域航空公司、184家国际主要货运代理人参与，航线覆盖全球贸易的80%。中国是IATA推行电子航空货运单项目的主要国家之一。2009年10月，我国南方航空公司推出了国内民航首张电子航空货运单，之后又按IATA的规定在国内

试行电子舱单。电子舱单的使用使得货站出港部门只需要在货运信息系统中进行航班配载，完成之后无须打印出该航班指定航段的货物及邮件的纸质舱单，直接由机组在航班起飞前利用移动互联网设备（Mobile Internet Devices，MID）自动下载舱单数据并进行阅读。2013年12月，北京首都国际机场第一票进口货物电子航空货运单正式放行，顺利进入机场海关二级监管货库。此票货物是由德国汉莎航空公司承运的，从德国慕尼黑飞抵北京，其主运单信息以电子数据传输的方式上传至北京海关物流管理信息系统，并获得电子放行指令。2020年12月，郑州机场航空电子货运信息服务平台正式开通，该平台从2021年起在郑州机场进行实单业务应用测试，其具备政府监管、综合查询统计、企业公共服务和增值服务四大核心功能。这既标志着我国海关总署等政府监管机构正式认可了电子航空货运单替代纸质航空货运单完成运输的新操作流程，也标志着未来货物也将与旅客一样，"一卡在手，无纸走世界"。

近年来，电子航空货运单成为航空货运领域的新兴发展趋势，其形式和规模也在逐渐扩大。

航空货运数字化始于2010年，IATA推出了e-AWB（电子航空货运单）系统，并且推动各国航空货运承运商来使用这一系统。2014年，e-AWB系统的使用占全球航空货物运输量的比例是24%。至2017年年底，超过50%的货物使用电子航空货运单作为其数字货运记录。为了进一步加速推进国际航空货运产业的数字化进程，2018年年底，IATA宣布：电子航空货运单将从2019年1月1日起成为所有在启用的贸易通道上运送的所有空运货物的默认运输合同。2021年，电子航空货运单的使用率已经达到了75%。

Mission 任务 4 掌握航空货运费用相关知识

国际航空货运费用包括航空运费（Weight Charge）、声明价值附加费（Valuation Charge）及其他费用（Other Charges）。

一、航空运费

航空运费是指航空公司将一票（一份航空运单）货物从始发站机场运至目的站机场应收取的航空运输费用。航空运费取决于航空运价（Rate）和计费重量（Chargeable Weight）。其中，航空运价是指承运人对所承运的每一重量单位的货物所收取的航空运费。航空运价按制定途径不同，分为协议运价和IATA运价。

（一）协议运价

协议运价是指航空公司与托运人签订协议，托运人保证每年向航空公司交运一定数量的货物，航空公司向托运人提供一定数量的运价折扣的运价。航空货物协议运价分类如表7-2所示。

表7-2　航空货物协议运价分类

类别		特点
协议运价	长期协议运价	签订一年期限协议的运价
	短期协议运价	签订半年或半年以下期限的运价
	包板（舱）运价	对租用的全部或部分舱位或集装器签订的运价
	销售返还	对已完成的销售量（额）给予一定比例的运费返还
	自由销售	除订过协议的货物外，采取一票货物商议一个定价

（二）IATA 运价

IATA 运价是指 IATA 在 TACT 运价资料上公布的运价。它主要依据 IATA 运价手册（Tact Rate Book），并结合国际货物运输规则（Tact Rules）共同使用。IATA 运价按照运价公布形式不同分为公布直达运价和非公布直达运价。公布直达运价指航空公司在运价本上直接注明从始发站到目的站的货物运价；若没有适用的公布直达运价，则采用比例运价或分段相加运价。航空货物 IATA 运价分类如表 7-3 所示。

表7-3　航空货物 IATA 运价分类

类别		运价	
航空货物 IATA 运价分类	公布直达运价	指定货物运价（C）	
		等级货物运价	等级货物附加运价（S）
			等级货物附减运价（R）
		普通货物运价	45kg 以下的普通货物运价（N）
			45kg 及以上的普通货物运价（Q）
		起码运费（M）	
	非公布直达运价	比例运价	
		分段相加运价	

1. 指定货物运价

指定货物运价（Specific Commodity Rate，SCR）是指承运人根据某一航线上经常运输某一种货物的托运人的请求，或为促进某地区间某一种货物的运输，所提供的低于普通货物运价的优惠运价。指定货物运价的运价等级代码为"C"。使用指定货物运价必须满足 3 个条件：一是在始发站与目的站之间有公布的指定货物运价，二是货物品名与指定商品的品名相吻合，三是货物计费重量满足最低重量要求。指定货物分组及编码（Commodity Item No.）如表 7-4 所示。

表7-4　指定货物分组及编码

编码	分组货物
0001~0999	食用动物和蔬菜产品
1000~1999	活动物、非食用动物和蔬菜产品
2000~2999	纺织品、纤维及其制品
3000~3999	金属及其制品，不包括机械、车辆和电气设备
4000~4999	机械、车辆和电气设备
5000~5999	非金属矿产品及其制品
6000~6999	化工品及其制品

续表

编码	分组货物
7000～7999	纸、芦苇、橡胶和木材及其制品
8000～8999	科学仪器、专业仪器、精密仪器、器械及零配件
9000～9999	其他货物

2. 等级货物运价

等级货物运价（Commodity Class Rate）是指在指定地区内部或地区之间对少数货物航空运输提供的运价，通常是在普通货物运价的基础上增加（或不变）或减少一定的百分比。

在普通货物运价基础上增加一定百分比（或不变）称为等级货物附加运价，其运价等级代码为"S"（Surcharged Class Rate）；在普通货物运价基础上减少一定百分比称为等级货物附减运价，其运价等级代码为"R"（Reduced Classrate）。等级运价附加或附减百分比因地区不同和等级货物种类的不同而不同，其规则在 TACT RULES 中公布。IATA 规定的等级货物种类及运价等级代码如表 7-5 所示。

表 7-5 IATA 规定的等级货物种类及运价等级代码

货物分类	等级	运价
活动物	S	150%N 或 175%N
贵重物品	S	200%N
尸体和骨灰	S	100%N 或 200%或 300%或 100%Q
报纸、杂志、期刊	R	50%N 或 67%
货物托运人行李	R	50%N

【任务】

（1）一批活热带鱼，毛重为 150kg，体积为 0.854m³，从 A 点到 B 点，计算运费。

（2）一箱毛衣，毛重为 180kg，体积为 1m³，从 A 点运至 B 点，计算运费。

3. 普通货物运价

普通货物运价（General Cargo Rate）是指对于不适用指定商品运价和等级货物运价的普通货物所提供的运价。根据货物重量的不同，普通货物运价可分为若干重量等级分界点运价。不同重量等级分界点运价的表示及运价等级代码如表 7-6 所示。

表 7-6 不同重量等级分界点运价的表示及运价等级代码

货物	运价类别
45kg 以下的普通货物运价	N
Q45 表示 45kg 及以上的普通货物运价	Q
Q100 表示 100kg 及以上的普通货物运价	
Q300 表示 300kg 及以上的普通货物运价	

【任务】

A 点至 B 点，普通货物 8kg。M 级运费为 37.5 元，而 45kg 以下的货物运价 N 级为 7.5 元，求应收费用。

二、声明价值附加费及其他费用

（一）声明价值附加费

《华沙公约》对由承运人自身疏忽或故意造成的货物损坏、残缺或延误规定了最高赔偿责任限额为货物毛重每公斤不超过 20 美元或其等值货币。如果货价超出了上述价值，托运人就需要向承运人声明货物的价值，并支付声明价值附加费，费率通常为 5‰。如果没有超出，则不需要声明。声明价值是货物总价值，集中托运货物按整批货价声明。声明价值附加费的计算公式如下：

$$\text{整批货物的声明价值附加费} = （\text{货价} - \text{货物毛重} \times 20） \times 0.5\%$$

【任务】

北京至东京的一批药品毛重为 100kg，托运人的声明价值是人民币 200 000 元，则声明价值附加费是多少？（1 美元按人民币 6.72 元折算）

（二）其他费用

在航空运输中，货主还需要根据航空公司或航空货运代理提供的服务内容，向其缴纳相应的其他费用。费用用 3 个英文字母表示，前两个字母是费用代码，第三个字母是 C 或 A，分别表示费用应支付给航空公司或港口货运代理。

1. 货运单费

货运单费（Air Waybill Fee，AW）又称航空货运单工本费，是为填制航空货运单而产生的费用。按照 IATA 的规定：由航空公司销售或填制航空货运单，运单费归航空公司所有；由航空货运代理公司销售或填制航空货运单，运单费归航空货运代理公司所有。因此货运单费的表示方法为 AWC 或 AWA。

2. 地面运输费及目的站运输费

地面运输费（Surface Charge，SU）指从托运人处收取货物，运至始发站机场的运输费用。

目的站运输费（Surface Charge Destination，SD）指从目的站机场将货物送至收货人的陆路运输费用。

3. 保管费及停运费

始发站保管费（Storage Origin，SO）指货物在始发站机场产生的保管费。

目的站保管费（Storage Destination，SR）指货物在目的站机场产生的保管费。

中途停运费（Stop in Transit，SI）指因货物在中途停运所产生的相关费用。

4. 报关费

始发站报关费（Clearance and Handling-Origin，CH）指始发站清关处理费。

目的站报关费（Clearance and Handling-Destination，CD）指目的站清关处理费。

5. 服务费

集中货物服务费（Assembly Service Fee，AS）指始发站集中货物产生的费用。

押运服务费（Attendant，AT）指派人押运产生的费用。

分发服务费（Distribution Service Fee，DF）指目的站分发货、配货产生的费用。

代办保险服务费（Insurance Premium，IN）指货运代理代办保险业务的服务费。

包装服务费（Packaging，PK）指包装货物产生的费用。

代签字服务费（Signature Service，SS）指代表货主签字的服务费。

6. 手续费

运费到付手续费（Charge Collect Fee，CC）指运费到付情况下支付的手续费。运费到付手续费在各国的计收标准不同，对于运至中国的运费到付货物，其手续费计算公式为

$$到付运费手续费=（货物航空运费+声明价值附加费）\times 2\%$$

最低收费标准为 100 元。

代垫付款手续费（disbursement fee，DB）指为垫付款而支付的手续费。垫付款指始发站机场运输一票货物时产生的部分费用，包括货运单费、地面运输费和始发站报关费。垫付款数额不能超过货运单上全部航空运费总额（总额低于 100 美元，可允许达到 100 美元）。垫付款手续费是由垫付款的数额而确定的费用，其计算公式为

$$垫付款手续费=垫付款\times 10\%$$

每票货物的垫付费不得低于 20 美元或其等值货币。

7. 特殊货物费用

特殊货物费用包括尸体、骨灰附加费（Human Remains，HR）、危险品处理费（Dangerous Goods Fee，RA）、动物处理费（Live Animals，LA）、动物容器租费（Animal Container，AC）、集装设备操作费（ULD Handling，TH）等。

8. 税费

税费主要包括政府捐税（Government Tax，GT）、地区销售税（State Sales Tax，ST）和其他税费（Taxes，TX）。其他税费包括但不限于地方税、附加税、环保税或其他由地方政府或相关机构征收的各类税。

9. 杂项费用

杂项费用包括未确定由谁收取的杂项费用（Miscellaneous Charge-unassigned，MB）、代理人收取的杂项费用（Miscellaneous Charge-due Agent，MA）（如无其他代号可用）、承运人收取的杂项费用（Miscellaneous Charge-due Carrier，MC）（如无其他代号可用）、最后一个承运人收取的杂项费用（Miscellaneous Charge-due Last Carrier，MD-MN）等。

案例：

> **提单快件丢失**
>
> 某年，贵阳某货运代理空运部（简称贵阳货运代理）从 A 银行贵阳分行接收了一份空运快件，于次日以 POD045016 号发出，经广东某运输公司空运部（简称广东空运部）中转至香港代理 FRC。
>
> 两个月后，A 银行贵阳分行于 7 月 18 日通知贵阳货运代理：A 银行香港分行一直未收到 POD045016 号快件，请查询。贵阳货运代理立即打电话请广东空运部帮助查询。经查询，5 月 19 日广东空运部收到该快件，并于次日转发香港。于是，贵阳货运代理直接发电传给香港代理，但其得到的答复如下：POD045016 号快件经查未收到。接着香港代理部主任打来电话说："POD045016 号快件可能丢失了，因当时接收快件后未核对清单，待输入计算机时才发现 POD045016 件没有了，责任在我方。我方已于 5 月底通知广东空运部，请他们转告你部那份

项目 7 国际航空货运代理

快件已无法找回。"

至此，该快件经再三查询无下落，被确认为丢失。在迫不得已的情况下，贵阳货运代理于7月20日告知A银行贵阳分行POD045016号快件丢失。此快件系该省B集团的商务文件，内有A银行结汇单证、海运提单正本等单证。

对此，A银行贵阳分行提出：提单是有价单证，受法律保护。提单的关系人，除承运人和托运人外，还有收货人、提单持有人等。而提单对不同的人有不同的作用：承运人利用提单保护其自身的利益；托运人将提单视为货物已被承运人收讫的收据；提单持有人可凭提单提取单上所列货物。此外，结汇单证丢失无法办理结汇手续，尚存贷款及利息等问题。

B集团则提出：该批货物为铝土，已在湛江装船海运，预计6月底、7月初抵达美国本赛德港，结汇票据32万美元，重量为9325t。货到美国后，因收货人无法提货所产生的压港费、滞报金及结汇、利息等，以及万一正本提单落入他人手中，造成更大损失，贵阳货运代理将承担什么责任？

为避免和减少损失，维护贵阳货运代理的信誉，贵阳货运代理与A银行、B集团共商解决措施：由贵阳货运代理与承运人上海C轮船有限公司联系，报告提单丢失的情况，了解轮船航程，并要求配合。值得庆幸的是，船舶因途中出现故障停航修理，预计7月底才能抵达目的港。这一重要信息为挽回损失赢得了宝贵的时间。于是，相关方决定由B集团马上通知收货人，并向其说明情况；A银行贵阳分行重新补单，通知对方结汇银行；贵阳货运代理邀请B集团一起前往上海，与C轮船有限公司商量有关重新补签提单、重发快件事宜。

就这样，从7月19日至23日，贵阳货运代理往返穿梭于A行、B集团，多次与广东、香港和上海联系，经过5天紧张的补救工作，办好了一切手续，于24日将一套全新的单证快件发往美国。

评析：

从事快件业务要有一种使命感。对于这次事故，不幸中的万幸是该船舶在行驶途中出现了故障，抵达目的港的时间比预期晚了一个月，幸而没有产生恶果。否则，后果不堪设想。试想：如果船舶抵达目的港后，因无收货人提取货物而产生压港费、滞报金；收货人因未收到正本提单而提不到货，从而延误时机导致退货；发货人结不了款，产生利息及运费的损失；甚至货物一旦落入他人手中（被其他提单持有人提走），损失将更大。贵阳货运代理作为这次事件的直接责任者，难道不会被追究责任吗？这种事故纯属货运代理的失职，贵阳货运代理不仅要承担赔偿责任，更重要的是其声誉将受到很大的影响。此次事故，虽历尽艰难，得以挽回，但业务人员切不可存在侥幸心理，一定要严格按照有关规定办事，避免业务脱节。如果发现丢失现象，则相关人员应果断采取措施力争挽回损失，确保运输质量。

▍思政园地

本章重点学习国际航空货运代理相关知识。教师在教学过程中，可以结合我国和世界航空货运业的发展背景，使学生了解货空货运业在国际供应链中的重要性，激发学生对该项职业的热情，增强学生的爱国情怀。在介绍运单制作和费用结算相关内容时，教师应有意识地引导学生形成严谨务实的工作作风，产生有责任、有担当的职业精神。

学习小结

本项目介绍了航空货运的概念及特点、国际航空货运的组织形式、国际航空货运代理的类型及航空货运代码；详细讲解了航空货运代理业务与航空运单相关知识；讲述了航空货运费用相关知识。

课后练习

一、单选题

1. 在国际航空货运中，表示特种商品运价的类别代码是（ ）。
   A．M   B．C   C．N   D．Q
2. 货物的计费重量一般来说，采用（ ）。
   A．货物的实际重量
   B．货物的实际体积
   C．货物的实际重量与货物的体积重量二者比较取高者
   D．货物的实际重量与货物的体积重量二者比较取低者
3. 等级货物运价适用于贵重货物、动物、尸体、骨灰、（ ）等。
   A．危险物品   B．外交信袋
   C．作为货物运输的行李   D．鲜活易腐货物
4. 航空货运代理具有（ ）的身份。
   A．货主代理   B．航空公司代理
   C．货主代理和航空公司代理 D．国内外收发货人代理
5. 航空公司运价以"Q"表示（ ）
   A．最低运价   B．45kg 以上的普通货物运价
   C．指定商品运价   D．45kg 以下的普通货物运价
6. 航空货运单共一式十二联，其中正本有（ ）。
   A．一联   B．二联   C．三联   D．四联
7. 在航空公司的运价中，以"N"表示的是（ ）。
   A．最低运价   B．指定商品运价
   C．附加运价   D．45kg 以上的普通货物运价

二、多选题

1. 航空运输的主要经营方式包括（ ）。
   A．班机   B．航空快递   C．集中托运   D．包机
2. 现行的国际航空运输公约主要有（ ）。

　　　　A.《华沙公约》　　　B.《国际货约》　　　C.《海牙议定书》　　　D.《国际货协》
　3. 下列物品中，不能办理航空集中托运的有（　　　）。
　　　　A. 贵重物品　　　　B. 活动物　　　　C. 危险物品　　　　D. 文物
　4. 航空运单的性质和作用主要有（　　　）。
　　　　A. 承运合同　　　　B. 物权凭证　　　　C. 货物收据　　　　D. 报关凭证
　5. 以下属于航空附加费的有（　　　）。
　　　　A. 起码运费　　　　　　　　　　　　　B. 货到付款劳务费
　　　　C. 声明价值附加费　　　　　　　　　　D. 中转手续费

三、计算题

　1. 一批药品从北京运往东京，毛重为 100kg。托运人声明价值是人民币 200 000 元。则垫付款手续费是多少？（1 美元按人民币 6.72 元折算。）

　2. 一批化妆品，毛重为 150kg，体积为 0.854m³，从巴黎到上海，计算运费。

　3. 某公司空运出口一批成衣，共计 120 箱，每箱重 30kg，体积为 40cm×44cm×60cm，从北京运往美国迈阿密。请问该批货物的空运运费为多少？（设 M：11.8 美元，N：28.65 美元；Q：21.62 美元；100kg：18.82 美元；500kg：15.35 美元；1000kg：15.0 美元；2000kg：14.60 美元。）

　4. 一只大熊猫从温哥华运往北京，重 400kg，体积为 200cm×130cm×120cm，计算航空运费。公布运价如下：

BEIJING	CN	BJS	
Y.RENMINBI	CNY	KGS	
VANCOUVER	BC	CA	M	420.00
N 59.61			
45 45.68			
100 41.81			
300 38.79			
500 35.77			

四、简答题

　1. 简述空运进出口货运单证。
　2. 简述空运进出口货运程序。
　3. 简述空运代理的性质、作用。
　4. 空运代理的业务范围有哪些？
　5. 航空货运单的性质和作用是什么？
　6. 简述航空货运单的操作要点。

项目实训

托运人将以下所附航空货运单发送至国际货运代理人邮箱，并咨询关于货物运输的下列事宜。请你作为国际货运代理人的操作人员，对以下问题给予回答。

（1）该票货物的始发站机场是哪里？
（2）该票货物的目的站机场是哪里？
（3）该票货物的航空承运人是谁？
（4）该票货物的货币币种是什么？
（5）该票货物的运费支付方式是什么？
（6）该票货物的声明价值是多少？
（7）该票货物的保险金额是多少？
（8）该票货物的总运费是多少？
（9）该票货物"Rate Class"栏中的"S"是什么意思？
（10）下图"Other Charges"栏中的"AWB FEE:200"是什么意思？

Project 8 项目8 国际陆路货运代理

思维导图

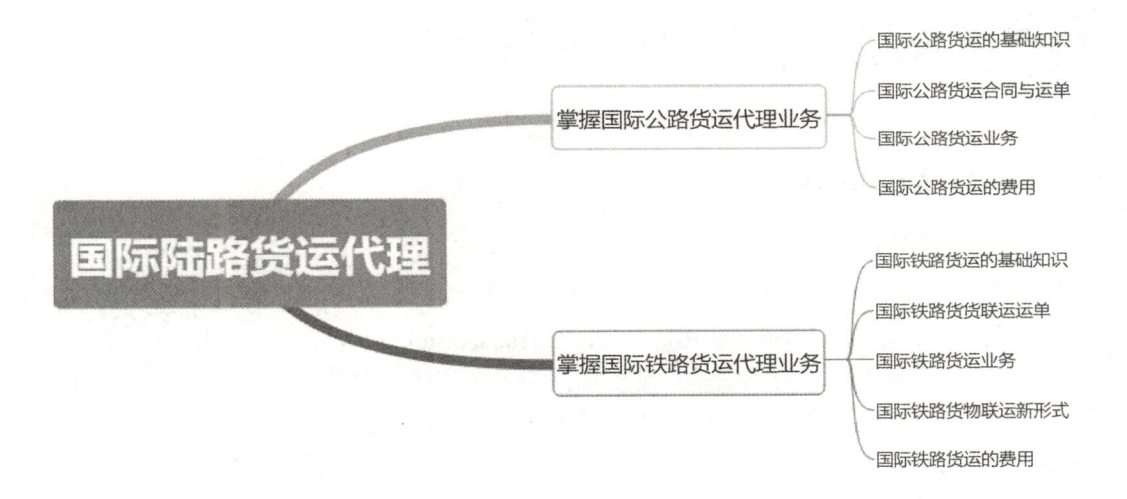

国际陆路货运代理
- 掌握国际公路货运代理业务
  - 国际公路货运的基础知识
  - 国际公路货运合同与运单
  - 国际公路货运业务
  - 国际公路货运的费用
- 掌握国际铁路货运代理业务
  - 国际铁路货运的基础知识
  - 国际铁路货运联运运单
  - 国际铁路货运业务
  - 国际铁路货物联运新形式
  - 国际铁路货运的费用

知识目标

1. 全面了解国际公路货运、国际铁路货运的基础知识及相关内容。
2. 理解国际公路货运业务、国际铁路货运业务的业务操作流程。
3. 理解国际公路货运、国际铁路货运的构成和分类。

技能目标

1. 掌握国际公路、铁路运输单证管理的方法,以及相关运输方式的运单制作与签发。
2. 掌握国际公路、铁路货运的费用计算方法。

案例导入

我国公/铁路货运总体形式

中国物流与采购联合会公路货运分会于2021年上半年通过"2020年度公路货运CEO问卷调查"开展问卷调查。此次调查对象为公路货运行业各领域的CEO(及部分总经理、CMO、运营总监等），共收集有效问卷 303 份，具体分析结果如下：公路货运企业的收入实现正增长，其中零担快运、城市配送领域收入增长的企业占比较高，各细分领域的收入增长呈现分化态势。但是公路货运遇到了市场价格持续下滑，企业经营成本持续增长和企业用工缺口加大等问题。

相较而言，根据国家统计局统计数据，2014—2019 年铁路货运量有所回升；在中国经由铁路运送的货物中，煤炭为最重要的货物之一。

1. 公路货运在面临上述困境时如何发展？
2. 在当前煤炭资源紧缺的情况下，铁路运输货物类型是否需要转型？

Mission 任务 1　掌握国际公路货运代理业务

一、国际公路货运的基础知识

（一）国际公路货运概述

1. 国际公路货运的概念

国际公路货运（International Road Freight Transportation）也称跨境公路运输或出入境公路运输，是指根据相关国家政府间的有关协定，经过批准，利用载货汽车通过国家开放的边境口岸和公路完成货物运送活动。

中国公路货运市场研究报告

2. 国际公路货运的特点

国际公路货运最突出的特点是涉及两个或两个以上的国家，即通过载货汽车将货物从一个国家的某一个地点运到另外一个国家的目的地。与国内公路货运相比，国际公路货运具有出入境监管更严、运作风险更大、运作更复杂等特征。国际公路货运线路的开通面临着市场认知度不高、回程空载成本较高、车辆境外出险查勘理赔困难等问题。同时，通关时间及费用、司乘人员的语言障碍等也是影响国际公路货运线路开通的重要因素。与其他运输方式相比，公路运输主要具有以下特点。

（1）灵活性高。

公路运输的灵活性主要表现为批量、运输条件、时间和服务的灵活性。比如，在运输时间上，可以随时调度，装车和起运具有较大机动性；在运输空间上，可以进行长、短途运输，可以深入工厂、车站、码头等；在批量上，既能满足大批量的运输要求，又能满足零散、小批量的运输要求。由于贸易商品种类繁多，有着不同的运输方式和时限要求，而灵活便捷的组合方式、运输路线，特别是集装箱运输的发展，使得公路运输的发展空间尤为可观。比如，一批货，能装入 40ft 的集装箱，用一辆卡车就可以运输；如果只有一半的货物，那么装在一个 20ft 集装箱里也可以运走。而铁路运输一般情况下会有 40~50 个集装箱，需要等货物都准备齐全才可以发货。

（2）覆盖面广、流动分散。

公路运输是一种地区性的"面"上的运输，由于公路网络密布全国城乡、覆盖区域大，因此公路运输能满足各种运输需要。通过铁路运输，需要有铁路线路，在某些国家和地区，铁路网络并不是那么发达，而公路网络四通八达。比如，在"一带一路"共建国家，尤其是中亚地区的国家，不是所有地方都有铁路，在这种地理环境和经济发展的形势之下，公路运输或许是更好的选择。

（3）送达速度快。

公路运输可以做到取货上门、送货到家，实现"门到门"的直达运输，减少中转环节和装卸次数，送达速度快。比如，公路运输可以实现从工厂到客户，或者两个工厂之间的门到门运输。以从中国将 40ft 的集装箱运送到波兰（波兰是中欧铁路重要目的地）为例，经测算，海运需要 30 天，成本约为 3000 美元，用铁路运输需要 12~14 天，成本约为 9000 美元。如果使用公路运输，哈萨克斯坦运输公司（目前中国汽车还不允许直接到波兰）从相关口岸揽货运到波兰与白俄罗斯交界口岸，距离约 6000km，大概耗时 10 天，成本约为 5000 美元。显然，与海运、铁路运输相比，公路运输在运输成本和效率上具有综合优势。

（4）成本低，回收期短。

公路运输对基础设施的依赖性较低，仅需要投入运营车辆，因而原始投资回收期短，运输的资本周转快。

（5）载运量小、单位成本相对较高、不适宜长距离运输、易造成货损货差。

传统上认为公路运输的合理运距一般为 200~500km。但随着高速公路的建设与发展、运输车辆的大型化与高速化，目前，许多干线公路的合理运距已经超过 1km。

3. 国际公路货运的类型

基于不同的角度，国际公路货运可以划分为不同的类型。

（1）按作用不同划分。

① 独立实现的"门到门"运输。作为一种独立的运输体系，国际公路货运可以独立完成货物运输的全过程。目前，公路运输是欧洲大陆国家之间进出口货物运输的重要方式之一。比如，我国与邻国之间，以及供应港澳地区的物资和通过港澳地区中转物资的运输，很大一部分是由公路运输独立承担的。

② 进出口货物的集疏运短途运输。公路运输可以配合进出境的船舶、货车、飞机等运输工具完成国际运输的全过程，是外贸港口、车站、机场集散货物的重要手段。尤其是在鲜活商品集港疏港抢运方面，公路运输往往能够起到其他运输方式难以起到的作用。可以说，其他运输方式往往要依赖公路运输来最终完成两端的运输任务。

③ 参与国际多式联运的运输。公路运输可以将两种或多种运输方式串联起来，实现多种运输方式的联合运输，以便向进出口货主提供"门到门"运输服务。

（2）按运输工具在口岸是否进行换装作业划分。

① 直通运输。这是指运输工具在边境口岸无须换装作业，可直通运行的公路运输。

② 非直通运输，口岸过驳运输。这是指运输工具必须在边境口岸将货物换装到另一个

国家的运输工具,而无法直通运行的公路运输。比如,中国出口至哈萨克斯坦的货物,如果使用非直通运输工具,则需要将货物在边境口岸先从该运输工具上卸下,再装上哈萨克斯坦的运输车辆,由其运至目的地。显然,在这种模式下,全程运输需要由两国车辆共同完成,为此,有人将其称为国际公路联运。然而,值得注意的是,国际铁路货物联运和国际多式联运之所以发生换装作业,前者是因为两国轨距不同,后者是因为不同运输方式之间运输工具大小不匹配或某一种运输方式无法单独完成全程运输。公路运输的最大优势是可实现"门到门"运输,而中途进行换装作业自然会增加运输成本、降低运输效率。由于直通运输相对口岸接驳运输具有通关费用低、货损/货差少、运输时间短、物流成本低等优势,因此,在实践中,除非由于出入境监管限制或货源不足/过多而需要在边境口岸进行集运与分拨,否则应尽力避免发生这种所谓的"国际公路联运"。

(3)按运输区间的不同划分。

国际公路货运按运输的路途区间,可划分为国界间运输和国内段运输,分界地点为边境口岸海关监管区。

① 国界间运输,是指运输车辆经公路口岸来往于我国同邻国之间,在边境口岸海关监管区内装卸货物或经监管出入境的公路运输。

② 国内段运输,是指边境口岸海关监管区至国内装卸车站之间的道路运输。

(4)根据途经国家多少划分。

① 双边道路运输。这是指中国与其接壤的国家通过签订双边道路运输协定而开展的国际道路运输。

② 多边道路运输。这是指有接壤、非接壤国家之间通过签订多边道路运输协定而开展的国际道路运输,即通过第三国的领土,货物的起讫点均不在通过国的国际道路运输。

(二)国际公路货运口岸与通道

口岸是由国家设立的供往来人员、货物和交通工具出入国(关、边)境的港口、机场、车站和通道。口岸按开放程度分为一类口岸和二类口岸。

一类口岸:由国务院审批,允许中国籍和外国籍人员、货物、物品和交通工具直接出入国(关、边)境的海(河)、陆、空客货口岸。

二类口岸:由省级(地区)人民政府批准,仅允许中国籍人员、货物、物品和交通工具直接出入国(关、边)境的海(河)、空客货口岸,以及仅允许毗邻国家双边人员、货物、物品和交通工具直接出入国(关、边)境的铁路车站、界河港口和跨境公路通道。

口岸按运输方式分为水运口岸、陆运(铁路、道路)口岸和航空口岸。显然,道路口岸是供人员、货物、物品和交通工具直接出入国境(关境、边境)的公路跨境通道场所。

道路口岸可以实现如下基本职能。

(1)**对外贸易职能**:包括现汇贸易、易货贸易、转口贸易、过境贸易、技术贸易及服务贸易等职能。

(2)**对外运输职能**:担负进出口商品及过境人员的运输任务。

(3)**管理职能**:为维护国家主权和利益,对出入境客流、货流及运输工具行使管理、监督、检查职能。

（4）服务职能：提供仓储、邮电、通信、银行、保险等进出口贸易服务业务。

二、国际公路货运合同与运单

（一）国际公路货运合同

国际公路货运合同是承运人以营运车辆将货物从位于不同国家的起运地点运输到约定地点，由托运人或收货人支付运输费用的合同。国际公路货运合同当事人包括托运人（也称发货人）、收货人和承运人。

1. 托运人和收货人

托运人或收货人的代理人在授权范围内，为订立和履行国际公路货运合同的一切行为，由托运人或收货人承担其权利与义务。

2. 承运人

在实践中，承运人作为一方当事人，其数目经常不是一个，因而承运人可分为契约承运人、实际承运人、连续承运人。

（1）契约承运人，也称缔约承运人、合同承运人，是指与托运人订立道路运输合同并将其交由实际承运人完成货物运送的人，通常被称为"无车承运人"。

（2）实际承运人，是指接受契约承运人的委托，从事部分区段或全部区段货物运送的人。

（3）连续承运人，是指与其他承运人共同履行同一运输方式下的运送货物的人。由多个承运人以同一种运输方式共同完成货物运输，被称为相继运输或连续运输。在相继运输中，托运人只与数个承运人当中的某一个承运人签订运输合同。在实践当中，托运人主要与第一承运人签订运输合同，但每一个连续承运人都是缔约的一方。相继运输与多式联运的共同点：运输关系要求特定的货物运输从起点到终点具有连续性及不能中断、不可分割的特性，其主要特征就是"一票到底"，托运人只要与某一承运人签订运输合同，就可以享受全程所有区段的运输；二者的差别在于，相继运输是同一运送方式的联运，而多式运输为不同运送方式的联运。相继运输的承运人均为实际承运人，而多式联运运营人既可以是实际承运人，也可以是缔约承运人。

（二）国际公路运单

1. 国际公路运单简介

国际公路运单是用以证明公路货运合同和货物已由公路承运人接管或装上公路运输工具的一种货运单证。国际公路运单是托运人委托承运人运送货物的书面格式合同，是承托双方办理托运手续的依据，它确定了承托双方的责任、义务和权益，经承托双方签字或盖章认可后即具有法律效力。当发生商务事故或运输纠纷时，国际公路运单是区分承运人与托运人责任的依据之一，同时是国际公路运输管理机构考核车辆运用情况和进行统计的重要依据。其主要功能如下所述。

（1）国际公路运单可以作为公路运输合同证明。

（2）国际公路运单是承运人接管货物或货物已装上公路运输工具的证明。

2. 国际公路运单的操作

在国际公路货运业务中，习惯认为运单的签发是运输合同的成立，因此，《国际公路货物运输合同公约》规定："运单是运输合同，是承运人收到货物的初步证据和交货的凭证。"

国际公路运单应记载的主要内容如下所述。

（1）运单的签发日期和地点。
（2）发货人的名称和地址。
（3）收货人的名称和地址。
（4）承运人的名称和地址。
（5）货物接管的地点、日期和指定的交货地点。
（6）一般常用的货物名称、包装方式，如属危险货物，还应注明通常认可的性能。
（7）货物件数、特性、标志、号码。
（8）货物毛重，或以其他方法表示的数量。
（9）与运输有关的费用（运输费用、附加费、关税及从签订合同到合同终止期间发生的其他费用）。

此外，国际公路运单还应包括以下内容。

（1）是否允许转运的说明。
（2）发货人负责支付的费用。
（3）货价。
（4）发货人关于货物保险和承运人的指示。
（5）交付承运人的单据清单。
（6）有关履行运输合同的期限等。

除以上内容外，缔约国还可在国际公路运单上列入它们认为有利的事项。

2. 国际公路运单的性质

在长期的国际公路货运业务和公约中，国际公路运单有如下性质。

（1）国际公路运单是一种运输合同。
（2）国际公路运单是货物的收据、交货的凭证。
（3）国际公路运单是解决责任纠纷的依据。
（4）国际公路运单不是物权凭证，不能转让、买卖。

3. 国际公路运单的签发及证据效力

《国际公路货物运输合同公约》第四条规定："运输合同应以签发运单来确认，无运单、运单不正规或运单丢失不影响运输合同的成立或有效性，仍受本公约的规定约束。"国际公路运单签发有发货人、承运人签字的正本三份，这些签字既可以是印刷的（前提是为运单签发国的法律允许），也可由发货人和承运人以盖章替代。第一份交付发货人，第二份应跟随货物同行，第三份由承运人留存。

当同一票货物准备装载于不同车内，或者在同一车内准备装载不同种类的货物或多票货物时，发货人或承运人有权要求对使用的每辆车、每种货物或每票货物分别签发国际公路运单。

如果在国际公路运单中未包括任何相关条款，该运输未遵照《国际公路货物运输合同公约》各项规定的，承运人应对由于处置货物的行为而产生的所有费用，以及货物的灭失和损害负责。

承运人在接收货物时应做到以下两点。

（1）检验国际公路运单中有关货物件数、标志、号码的准确性。

（2）检查货物的外表状况及其包装。

当承运人对货物检查而无合理、准确的方法时，应将此种无合理、准确的检查原因记入国际公路运单内。同时，承运人对货物的包装和外表状况也应给出保留理由。除非发货人已在国际公路运单上明确同意受约束，否则这种"保留"对发货人不具有约束力。对于检查产生的费用，承运人有权提出索赔。

三、国际公路货运业务

（一）公路整车货运业务

公路运输主要承担中途、短途的货物运输，是内陆及城市物流的主要运输方式，对铁路运输、水运、航空运输起着货物集散的作用。

1. 公路整车货运的概念

根据公路运输的相关规定，一次货物重量在 3t 以上的公路运输可视为公路整车货运。如果货物重量在 3t 以下，但不能与其他货物拼装运输，需要单独提供车辆办理运输，则也可被视为公路整车货运。以下货物必须进行公路整车货运。

（1）鲜活货物，如冻肉、冻鱼，活的鱼、牛、羊、猪、兔、蜜蜂等。

（2）需用专车运输的货物，如石油、烧碱等危险货物，以及粮食、粉剂等散装货物。

（3）不能与其他货物拼装运输的危险品。

（4）易于污染其他货物的不洁货物，如炭黑、皮毛、垃圾等。

（5）不易于计数的散装货物，如煤、焦炭、矿石、矿砂等。

公路整车货运涉及的主要托运、受理方法如下所述。

（1）登门受理。运输部门派人去客户单位办理承托手续。

（2）下产地受理。在农产品上市时节，运输部门下产地联系运输事宜。

（3）现场受理。在省、市、地区等召开物资分配、订货、展销、交流会议期间，运输部门在会场设立临时托运点或服务点，现场办理托运。

（4）驻点受理。对于生产量较大、调拨集中、对口供应的单位，以及货物集散的车站、码头、港口、矿山、油田、基建工地等，运输部门可设点或巡回办理托运。

（5）异地受理。对于企业单位在外地的整车货物，运输部门根据具体情况，可向本地运输部门办理托运、要车等手续。

（6）电话、传真、信函网上托运。经运输部门认可，本地或外地的货主单位可用电话、传真、信函网上托运，由运输部门的业务人员受理登记，代填托运单。

（7）签订运输合同。根据承托双方签订的运输合同或协议，办理货物运输。

（8）站台受理。货物托运单位派人直接到运输部门办理托运。

2. 整车货物的托运、受理

在国际公路货运业务中，货物托运人向公路运输部门提出运送货物的要求被称为托运；

公路运输部门接受货物运输的行为被称为受理，也称承运。公路货物的托运与受理一方面能为货主解决生产、销售、进出口运输需要，另一方面使运输部门有了充足的货源，满足运力的需要。整车货物的托运、受理工作程序如下所述。

（1）货物托运人签填托运单。货物托运单（无论是整车、零担还是联运）是承、托双方订立的运输合同或运输合同证明，它明确规定了货物承运期间双方的权利、责任，货物托运单的主要作用有以下4点。

① 托运单是公路运输部门开具货票的凭证。
② 托运单是调度部门派车、货物装卸和货物到达交付的依据。
③ 托运单在运输期间发生运输延滞、空驶、运输事故时是判定双方责任的原始记录。
④ 托运单是货物收据、交货凭证。

整车货物的托运单一般由托运人填写，也可委托他人填写，并应在托运单上加盖与托运人名称相符的印章。托运单的填写有严格的要求，如下所述。

① 内容准确完整，字迹清楚，不得涂改，如有涂改则应由托运人在涂改处盖章证明。
② 托运人、收货人的姓名、地址应填写全称，起运地、到达地应详细说明所属行政区。
③ 货物名称、包装、件数、体积、重量应填写齐全。

（2）审批和认定托运单内容。公路运输部门在收到由货物托运人填写的托运单后，应对托运单的内容进行审批，审批内容如下所述。

① 审核货物的详细情况（名称、体积、重量、运输要求），以及根据具体情况确定是否受理。通常在下列情况下运输部门不予受理。

a．法律禁止流通的物品，或各级政府部门指令不予运输的物品。
b．属于国家统管的货物，或经各级政府部门列入管理的货物，必须取得准运证明方可出运。
c．不符合《危险货物道路运输规则》的危险货物。
d．托运人未取得卫生检疫合格证明的动、植物。
e．托运人未取得主管部门准运证明的属规定的超长、超高、超宽货物。
f．必须由货物托运人押送、随车照料，而托运人未能做到的货物。
g．由于特殊原因，以致公路无法承担此项运输任务的货物。

② 检验有关运输凭证。货物托运应根据有关规定同时向公路运输部门提交准许出口、外运、调拨、分配等证明文件或随货同行的有关票证单据，如下所述。

a．根据各级政府法令规定必须提交的证明文件。
b．货物托运人委托承运部门代为提取货物的证明或凭据。
c．有关运输该批（车）货物的质量、数量、规格的单据。
d．其他有关凭证，如动植物检疫证、超限运输许可证、禁通路线的特许通行证、关税单证等。

③ 审批有无特殊运输要求，如运输期限、押运人数，或承托双方议定的有关事项。

（3）确定货物运输里程和运杂费。货物运输的计费里程和货物的运杂费由货物受理人员在审核货物托运单的内容后认定。

（4）托运编号及分送。托运单认定后，应将托运单按编定的托运号码告知调度、运务部门，并将结算通知交给货主。

整车货物的托运、受理工作应达到以下要求。

① 托运人、收货人名称，以及联系人、地址、电话要准确。

② 起讫站名、装卸货物地址要详细。

③ 货物名称、规格、性质、状态、数量、重量应齐全、准确。

④ 选择的运输路线应合理。

⑤ 有关证明文件、货运资料应齐全。

⑥ 对于危险货物、特种货物应说明运输要求、采取的措施及预防的方法。

⑦ 运费结算单的托收行、户名、账号要准确。

3．整车货物的核实理货

整车货物的核实理货工作一般包括受理前的核实和起运前的验货。受理前的核实是在货方提出托运计划并填写货物托运单后，由运输部门派人和货方一起进行的，主要内容如下所述。

（1）托运单所列的货物是否已处于待运状态。

（2）装运的货物数量、发运日期有无变更。

（3）连续运输的货源有无保证。

（4）货物包装是否符合运输要求，危险货物的包装是否符合《危险货物道路运输规则》的规定。

（5）确定货物体积、重量的换算标准及其交接方式。

（6）装卸场地的机械设备、通行能力。

（7）运输公路的桥涵、沟管、电缆、架空电线等的详细情况。

整车货物起运前的验货的主要内容如下所述。

（1）承、托双方共同验货。

（2）落实货源、货流。

（3）落实装卸、搬运设备。

（4）查清货物待运条件是否变更。

（5）确定装车时间。

（6）通知发货单位和收货单位做好过磅、分垛、装卸等准备工作。

4．整车货物的监装、监卸

（1）货物的监装。车辆到达装货地点，监装人员应根据货票或货物托运单上填写的内容与发货单位联系发货，并确定交货办法。散装货物根据体积换算标准确定装载量，件杂货一般采用以件计算的方法。

在货物装车前，监装人员应注意并检查货物包装有无破损、渗漏、污染等情况，一旦发现，应与发货单位商议修补或调换，如发货单位自愿承担因破损、渗漏、污染等引起的货损，则应在随车同行的单证上加盖印章或做批注，以明确其责任。在装车完毕后，监装人员应清查货位，检查有无错装、漏装，并与发货人员核对实际装车的件数，确认无误后，办理交接签收手续。

（2）货物的监卸。监卸人员在接到卸货预报后，应立即了解卸货地点、货位、行车公路、卸车机械等情况。在车辆到达卸货地点后，监卸人员应同收货人员、驾驶员、卸车人员一起检查车辆装载有无异常，一旦发现异常应先做好卸车记录再开始卸车。

在卸货时，相关人员应根据运单及货票所列的项目与收货人点件或监秤记码交接。如果发现货损/货差，则应按有关规定编制记录并申报处理。收货人可以在记录或货票上签署意见但无权拒收货物。交货完毕后，应由收货人在货票收货回单联上签字盖章，公路承运人的责任即告终止。

5. 整车货物的运输变更

整车货物的运输变更通常是货物托运人或收货人对运输中的货物因特殊原因对运输提出的变更要求，主要包括以下几方面。

（1）取消运输要求，即货物已申请托运，但尚未装车。
（2）停止装运，即已开始装车或正在装车，但尚未起运。
（3）中途停运，即货物未运抵目的地前，并能通知停运的。
（4）运回起运站，即货物已运抵到达站，在收货人提货之前收回。
（5）变更到达站，即在车辆运输所经过的站别范围内或在原运程内。
（6）变更收货人。

运输变更无论是对于整车货物还是零担货物，均以一张货票记载的全部货物为限。

对于整车货物运输变更的手续，应由货物托运人提交运输变更的申请书和其他有效的证明文件、填写变更申请书、说明货物运输变更原因、加盖与原托运单上相同的盖章，审查只有在货物运输变更内容不违反有关规定的情况下予以办理。

（二）公路零担货运业务

按照《交通部汽车零担货物运输管理办法》，零担货物是指托运人一次托运的、计费重量不足3t的货物。公路零担货运按其性质和运输要求可分为普通零担货运和特种零担货运。普通零担货物是指某些适合用零担汽车运输的普通货物；特种零担货物则分为长、大、笨重零担货物，危险、贵重零担货物，特种鲜活零担货物等。

1. 零担货物的托运受理

零担货物的托运受理内容包括受理托运、检货过磅、验收入库、开票收费、配运装车、卸车保管，以及提货交付。零担货物托运受理应注意如下几方面。

（1）托运受理的方法。

① 站点受理，即由货主送货到站、到站办理托运手续。
② 上门受理，即由车站指派业务人员到托运单位办理托运手续。
③ 预约受理，即与货主约定日期送货到站或上门提取货物。

（2）托运单的填写与审核。公路零担货物托运单一式两份，一份由起运站存查，另一份则于开票后随货同行。凡货物到站在零担班车运输路线范围内的，称为直线零担，可填写"零担货物托运单"；凡需要通过中转换装的，称为联运零担，可填写"联运货物托运单"。相关人员在填写托运单时应注意以下几点。

① 填写的内容齐全、完整、准确，并注明提货方式。

② 填写的货物名称应为常见的、通俗易懂的名称，不可用代号、字母代替。

③ 如有特殊事项，除在发货人事栏内记载外，还必须向受理人员做书面说明。

相关人员在审核托运单时应注意以下几点。

① 检查并核对托运单内容有无涂改，对涂改不清之处要求托运人重新填写。

② 审核到达站与收货人地址是否相符，以免误运。

③ 对货物的品名、属性应进行鉴别，避免造成货运事故。

④ 对同一批货物且多种包装的应认真核对，以免错提错交。

⑤ 对托运人在声明栏内填写的内容应特别予以注意，如要求的内容无法办理则应予以说明。

2. 零担货物的配运装车

零担货物在配运装车时应注意以下几点。

（1）整理各种随货同行的单据，其中包括提货联、随货联、托运单、零担货票及其他随送单据。

（2）根据运输车辆的核定吨位、容积、货物的理化性质、形状、包装等合理配装，并编制货物交接清单。

（3）货物装车前，货物保管人员将接收的货物按货位、批量向承运车辆的随车人员或驾驶员和装车人员交代货物的品名、件数、性能，以及具体装车要求。

（4）中途装卸零担货物，应先卸后装，无论是卸货进仓还是装货上车，均应按起点站装卸作业程序办理。

（5）起运站与承运车辆，应根据《零担货物装车交接清单》办理交接手续，并按交接清单的有关栏目逐批点交。交接完毕，由随车理货人员或驾驶员在交接清单上签收。交接清单以一站一车为原则。

3. 零担货物的卸车交货

零担班车到站后，相关人员应对普通到货零担货物及中转联运零担货物分别理卸。根据仓库情况，除将普通到货按流向卸入货位外，对于需要中转的联运货物，应办理中转手续。零担货物的卸车交货应注意以下几点。

（1）班车到站时，车站货运人员应向随车理货员或驾驶员索阅货物交接单及跟随的有关单证，并与实际装载情况核对，如有不符则应在交接清单上注明。

（2）卸车时，车站货运人员应先向卸车人员说明有关要求和注意事项，然后根据随货同行的托运单、货票等逐批、逐件验收。卸车完毕，车站货运人员应与驾驶员或随车理货员办理交接手续，并在交接清单上签字。

（3）卸车完毕后，车站货运人员应将到达的货物登记到"零担货物到达登记表"中，并迅速以到货公告或到货通知书的方式，催促收货人前来提货。

（4）交货完毕，公路运输的责任即告终止。

交货时，相关人员还应注意以下几点。

① 不能以白条、信用交付货物。

② 在凭货票提货交付货物时，应由收货人在提货联上加盖与收货人名称相同的印章并

出具有效证明文件。

③ 若凭到货通知书交付货物，收货人须在到货通知书上加盖与收货人名称相同的印章，出具收货人的有效证明，并在货票提取联上由提货经办人签字交付。

④ 凭电话通知交付时，收货人应凭收货人提货证明，并经车站认可后由提货经办人在货票提货联上签字交付。

⑤ 若收货人委托他人代提货，则代提货的人应向车站提交收货人盖有的相同印章的委托书，经车站认可后，由代提货的人在货票提货联上签章交付。

（三）公路集装箱货运业务

1. 公路集装箱货运的特点

公路集装箱货运由于其货物的包装形态发生了质的变化，因此其货物的装卸、运输过程（流程）也将发生变化。就公路集装箱货运的流转程序来说，出口集装箱货物必须事先将分散的小批量货物汇集在内陆地区的仓库或货运站内，然后组成大批量货物以集装箱形式运到码头堆场，或者由工厂、仓库将货物整箱拖运到码头堆场。进口集装箱货物如果是整箱运输的，则将直接送往工厂或仓库掏箱；如果是拼箱运输的，则先将集装箱送到仓库或货运站拆箱后再分送。此运输方式与传统运输方式的区别如下所述。

（1）公路集装箱货运的运送路线较为简单、方便，一般都在固定的几个仓库或货运站、堆场，这为集装箱运输规模化、标准化创造了有利的条件。

（2）公路集装箱货运的作业方式将更容易实现机械化和程序化。这为开展集装箱码头堆场、货运站直至仓库之间的拖挂车运输打下了良好的基础，对提高公路集装箱货运的效率有重要意义。就集装箱货物的装卸流程来说，集装箱货物分整箱货和拼箱货两种：整箱货由发货人自行装箱、拼箱货由集装箱货运站负责装箱，这同传统的件杂货装卸有很大的区别。首先，从装卸业务上来看，公路集装箱货运明确规定了整箱货由货主自行装箱、拼箱货由货运站负责，这就从根本上解决了以往由公路运输单位装卸造成的质量差的"老大难"问题。其次，从管理上来看，由货主或货运站装箱，拆箱也更便于实现专业化、熟练化。集装箱货物装卸流程的变化也使各环节中的责任划分更加明确。

2. 公路集装箱货运的货源组织

1）货源组织的客观性与主观性

集装箱货源组织的客观性是指集装箱货源受国家政策的影响很大，会受国家对外贸易的发展政策和集装箱化的比例规定的变化的影响，同时受货主、货运代理及船公司等的各种变化的影响。因此，从公路集装箱货运的货源来说，其平衡性和稳定性只是相对的、暂时的。由于货源不平衡，对运输的需求也经常处于不稳定的状态，因此公路集装箱货运在时间上和方向上都存在着一定的不均衡性。这种不均衡性表现在货物的流量上，即月度、季度或各旬间都有很大的差异，上行和下行也存在很大的差异。所以说，公路集装箱货运的货源组织的客观因素在一定程度上左右了公路集装箱货运的发展。

2）货源组织形式

计划调拨运输是公路集装箱货运的第一种货源组织形式（也是最基本的货源组织形式），即由公路集装箱货运代理公司或配载中心统一受理由口岸进出口的集装箱货源，由货运代理公司或配载中心根据各集卡公司（车队）的车型、运力及基本的货源对口情况，统一调拨运输计划。计划调拨运输既是保证公路集装箱货运正常发展的前提，也是保证企业效益的主要支柱。同时，计划调拨运输对公路集装箱货运的运力调整和结构调整起着指导作用。

合同运输是公路集装箱货运的第二种货源组织形式。在计划调拨运输以外或有特殊要求的情况下可采用合同运输形式。由船公司、货运代理公司或货主直接与集卡公司（车队）签订合同，确定某一段时间的运箱量。尽管这是计划外的，但是长期的合同运输事实上也应列入运输之列，这对稳定货源、保证计划的完成同样具有积极意义。

临时托运是公路集装箱货运的第三种货源组织形式。临时托运可视为小批量的、无特殊要求的运输，其一般不影响计划运输和合同运输的完成。临时托运的对象主要是一些短期的、临时的客户托运的集装箱，但这也是集（车队）组货①的一种不可缺少的货源组织形式。

3）货源组织手段

（1）委托公路集装箱货运代理公司或配载中心组货。这应该被看作主要的货源渠道，这是因为公路集装箱货运代理公司或配载中心一旦成立并发挥职能，其货源组织的能量是不可低估的。其作为专门的公路集装箱货运代理公司与集装箱运输有关单位有密切的联系，在业务上熟悉，在商务上也便于处理。对客户而言，委托公路集装箱货运代理公司或配载中心组货要方便得多。这将在事实上提高其知名度，反过来其业务量也将随之增大。

（2）建立营业受理点。委托公路集装箱货运代理公司或配载中心受理集装箱托运业务，并不排斥在各自（车队）的主要货主、码头、货运站设立营业受理点，有以下几个好处。

① 通过营业受理点可及时解决一些客户的急需或特殊需要。

② 营业受理点可作为集卡（车队）在现场的营业室，办理托运业务，能更快地了解、掌握公路集装箱货物运输市场的信息动态，从而为其运输经营提供依据。

③ 允许适度的竞争对搞活公路集装箱货运市场是必要的，但是各集卡（车队）设立营业点必须遵守行为规范，严格执行运价规定，并负责所产生的一切后果。

（3）及时了解港区、货运代理、货主的情况。这也是一个组货的好渠道，各方要保持密切的联系，随时掌握他人手中的货源，并争取直接了解客户产销和对公路集装箱货运的需求。这种方式主要帮助客户解决运输疑难问题，与其确立稳定的业务关系。

四、国际公路货运的费用

（一）国际公路货运的运价

国际公路货运的运价按双边或多边出入境汽车运输协定，由两国或多国政府主管机关协商确定。我国公路货物运价的制定主要依据《汽车运价规则》和《国际集装箱汽车运输费收规则》等相关法规。

1. 基本运价

整批货物基本运价指一等整批普通货物在等级公路上运输的每吨千米运价；零担货物

---

① 组货：把去往同一目的地的货物分类整理，拼装到同一个集装箱内。

基本运价指零担普通货物在等级公路上运输的每千克千米运价；集装箱基本运价指各类标准集装箱重箱在等级公路上运输的每箱千米运价。

2. 吨（箱）次费

吨次费指对整批货物运输在计算运费的同时，以吨次为单位加收的费用；箱次费指对汽车集装箱运输在计算运费的同时，以箱次为单位加收的费用。

3. 普通货物运价

普通货物实行等级计价，以一等货物为基础，二等货物加成15%，三等货物加成30%。

4. 特种货物运价

（1）长大笨重货物运价：一级长大笨重货物在整批货物基本运价的基础上加成40%～60%；二级长大笨重货物在整批货物基本运价的基础上加成60%～80%。

（2）危险货物运价：一级危险货物在整批（零担）货物基本运价的基础上加成60%～80%；二级危险货物在整批（零担）货物基本运价的基础上加成40%～60%。

（3）贵重、鲜活货物运价：贵重、鲜活货物在整批（零担）货物基本运价的基础上加成40%～60%。

5. 集装箱运价

标准集装箱重箱运价按照不同规格的箱型的基本运价执行，标准集装箱空箱运价在标准集装箱重箱运价的基础上减成计算。非标准重箱运价按照不同规格的箱型，在标准集装箱基本运价的基础上加成计算，非标准集装箱空箱运价在非标准集装箱重箱运价的基础上减成计算。特种箱运价在箱型基本运价的基础上按装载不同特种货物的加成幅度加成计算。

6. 特种车辆运价

特种车辆运价按车辆的不同用途，在基本运价的基础上加成计算。特种车辆运价和特种货物运价两个价目不准同时加成使用。

7. 非等级公路货运运价

非等级公路货物运输在整批（零担）货物基本运价的基础上加成10%～20%。

8. 快速货运运价

快速货物运价按计价类别在相应运价的基础上加成计算。

（二）国际公路货运的费用计算

国际公路货运的运费一般有两种计算标准：一是按货物等级规定基本运费费率，二是以路面等级规定基本运价。凡一条运输路线包含两种或两种以上的等级公路，则以实际行驶里程分别计算运价，特殊道路，如山岭、河床、原野地段，则由承托双方另议商定。

国际公路货运的运费的费率分为整车和零担两种，后者一般比前者高30%～50%。按照我国公路运输部门的规定，一次托运货物在2.5t以上的为整车货运，适用整车费率；不满2.5t的为零担货运，适用零担费率。凡1kg重的货物，体积超过4dm^{3}的为轻泡货物。整车轻泡货物的运费按装载车辆标记吨位计算。零担运输轻泡货物以货物包装最长、最宽、最高部位尺寸计算体积，按每立方米折合333kg计算重量。

整车、集装箱货运的费用由运费、总吨（箱）次费、杂费构成；零担货运的费用由运费和杂费构成。以下分别是整车、集装箱、零担货运的费用计算公式：

Project 8 国际陆路货运代理

整车货运的费用=整车货物运价×计费重量×计费里程+吨次费×计费重量+货运其他费用

集装箱货运的费用=集装箱运价×计费箱数×计费里程+箱次费×计费箱数+货运其他费用

零担货运的费用=零担货物运价×计费重量×计费里程+货运其他费用

Mission 任务 2 掌握国际铁路货运代理业务

一、国际铁路货运的基础知识

（一）国际铁路货运概述

1. 国际铁路货运的概念

国际铁路货运是指起运地点、目的地点或约定的经停站点位于不同国家或地区的铁路货物运输。

2. 国际铁路货运的特点

国际铁路货运有以下优缺点。

（1）国际铁路货运的优点。

① 运输能力强，在运输的经常性和成本方面占据了优势。

② 适合运送廉价的大宗货物，铁路运输成本低，而且其运输速度远远快于海运。

③ 铁路运输几乎不受天气、自然条件的影响，能够保证运输的规律性和持续性。

④ 计划性强、安全、准时，受天气影响小。铁路几乎能承运任何商品，几乎可以不受重量和容积的限制，而这些都是公路运输和航空运输方式所不能比拟的。

（2）国际铁路货运的缺点。

① 初期投资大，建设时间长。

② 受轨道限制，灵活性差。

③ 各铁路业务部门之间必须协调一致，这就对运输指挥有更高的要求。

3. 国际铁路货运的种类

国际铁路货运分整车、零担、集装箱3种：如果一批货物因重量、体积或形状等原因需要一辆以上货车运输，则按整车托运；不够整车托运的，则按零担运输；符合集装箱运输条件的，则可办理集装箱托运。整车适用于运输大宗货物，零担适用于运输小量的零碎货物，集装箱适用于运输精密、贵重、易损的货物。国际铁路货运需要注意以下几方面。

（1）下列货物不能按零担托运。

① 需要冷藏、保温或加温运输的货物。

② 根据规定应按整车办理的危险货物。
③ 易于污染其他货物的污秽品。
④ 蜜蜂。
⑤ 不易计数的货物。
⑥ 未装容器的活动物（铁路局有按零担运输的办法者除外）。
⑦ 一件重量超过 2t，体积超过 3m³，或长度超过 9m 的货物（以发站确认不致影响中转站或到达站装卸车作业的除外）。

（2）集装箱货物运输主要是将零担货物中适合集装箱运输的货物组织装箱、运输，其要求如下所述。
① 在铁路集装箱办理站办理运输。
② 必须是适合集装箱装载运输的货物。
③ 必须符合一批办理的条件。
④ 由发货人、收货人负责装、拆箱。
⑤ 必须由发货人确定重量。

（3）零担货物或使用集装箱运输的货物，以每张货物运单为一批。使用集装箱运输的货物，每批必须是同一箱型，至少一箱，最多不得超过铁路上一辆货车所能装运的箱数。但下列货物不得按一批托运。
① 易腐货物和非易腐货物。
② 危险货物和非危险货物。
③ 根据货物性质不能混装运输的货物。
④ 运输条件不同的货物。

发货人、收货人或其代理在办理货物的托运、领取、变更，或履行其他权利、义务时，应向车站提交委托书或能证明委托的介绍信。

（二）国际铁路货物联运

1. 国际铁路货物联运的概念

国际铁路货物联运是指由两个或以上国家的铁路运输部门跨越国界的运输。该运输过程使用一份统一的国际联运票据，而无须发货人与收货人的参与。

国际铁路货物联运开始于 19 世纪中叶的欧洲，为协调跨国铁路联运，欧洲各国建立了国际铁路常设机构"国际铁路协会"。1890 年，该协会在瑞士伯尔尼召开会议，制定了著名的《国际铁路货物运送规则》，此公约后经修订改称《国际铁路货物运送公约》。

现在同一个国际铁路货物联运组织内采用统一的联运票据，但在跨越不同组织时，只有在更换运单后才能继续运输。例如，中国在"一带一路"上的中欧班列实践即为跨越国际组织的实践。

2. 国际铁路货物联运组织

目前，与国际铁路货物联运最为密切的国际行业组织主要包括：国际铁路运输政府间组织（Convention Concerning International Carriage Goods by Rail，OTIF）、铁路合作组织（Organisation for Co-operation between Railways，OSJD）和国际铁路联盟（International Union of Railways，UIC）。

（1）国际铁路运输政府间组织。

国际铁路运输政府间组织是《国际货约》[①]各参加铁路运输的政府间的国际组织，于1985年5月成立。OTIF 旨在通过建立统一的法律体系，对运输技术和客货运输操作提出统一规范，消除开展国际铁路货物联运存在的障碍，确保联运设施设备间的互通性，促进国际铁路货物联运的发展，提高国际铁路货物联运的便利性。在 OTIF 成员国范围内适用的国际联运运单为国际货约运单。目前，该组织总部设于瑞士伯尔尼，包含欧洲、西亚、中东和北非等地区的约 50 个成员国。

2016 年 7 月，中国国家铁路局与该组织达成"谅解备忘录"。该备忘录记录了国际铁路运输监管、铁路技术标准、运输通道布局等方面的广泛交流，推进了欧亚铁路运输中《国际货约》和《国际货协》[②]运单的广泛使用，探讨并解决中欧铁路货运班列操作中出现的问题等。

（2）铁路合作组织。

铁路合作组织，简称铁组，成立于 1956 年 6 月，总部设在华沙。其宗旨是发展国际旅客和货物运输，建立欧亚地区统一的铁路运输空间，提高洲际铁路运输通道的竞争能力，促进铁路运输领域的技术进步和科技合作。它原为《国际货协》参加国政府间的组织，但从 1993 年起，铁组按照新的机制运转，该组织成为政府/企业混合型组织。铁组成员国主管铁路的国家机关和国家铁路公司参加不同层面的活动。目前，有德铁、希铁、法铁、芬铁、塞铁、吉肖富铁路（奥地利和匈牙利间铁路运营公司）6 个观察员，以及 35 家与铁路活动直接相关的公司和组织作为加入企业参加铁组活动。作为铁组成员之一，中国国家铁路局在铁组总部派有常驻人员，代表中国铁路参与国际铁路货物联运的管理和协调工作。

（3）国际铁路联盟。

国际铁路联盟，简称铁盟，是成立于 1922 年的非政府间国际组织。其主要目标是提升铁路运输在世界范围内的交流和可持续发展能力。制定标准是铁盟的主要活动之一。铁盟成员主要包括各国铁路运输主管政府机构、铁路运营单位、科研及学术机构等，一个国家或地区可以有多家单位分别加入铁盟。中国铁路于 1979 年恢复在铁盟内的活动。

二、国际铁路货物联运运单

适合铁路运输的单证叫作运单。按照《国际货协》第六条、第七条的规定，发货人在托运货物时，应对每批货物按规定的格式填写运单和运单副本，并在填写完毕后向始发站提出，自始发站承运货物（连同运单）时起，即认为运输合同已订立。

运单随同货物从始发站至终点站全程运输，最后交给收货人。运单既是铁路承运人承运货物的凭证，也是铁路终点站向收货人核收运杂费和交货的依据。但运单不是物权凭证，不能转让买卖。运单副本在铁路部门加盖戳记证明合同已订立后，应退还发货人。运单副本虽然不具有运单的效力，但按我国与《国际货协》参加国所签订的"贸易交货共同条件"

[①] 《国际货约》：全称为《关于铁路货物运输的国际公约》（Convention Concerning International Carriage of Goods by Rail，CIM），是世界上最早拟定的国际铁路运输规则。

[②] 《国际货协》：全称为《国际铁路货物联运协定》（Agreement On International Railroad through Transport Of Goods，CMIC），是于 1951 年 11 月由苏联、捷克、罗马尼亚、德意志民主共和国（简称东德）等 8 个国家共同签订的一项铁路货运协定。

的规定，运单副本是卖方通过有关银行向买方结算货款的主要单证之一。

  发货人在填写运单时，必须对运单内容的填写、申报的准确性负责。由发货人填写或申报过失，如不准确、不完整、不确切、漏写等引起的一切后果，均由发货人负责。

  对铁路承运人来说，其有权检查发货人在运单中所记载的事项是否准确，但此项检查仅限于在海关和其他规章规定的情况下，以此保证运输中的行车安全和货物完整。

  发货人除填写运单外，还应将货物在运送途中，为履行海关或其他规章所需要的文件附在运单上，方便铁路承运人在必要时检查。如果发货人未履行此项规定，则始发站可拒绝接收该项货物。同时，铁路承运人不对发货人所附的文件准确性负责。

  运单由运单正本、运行报单、运单副本（见图8-1）、货物交付单和货物到达通知单组成，如下所述。

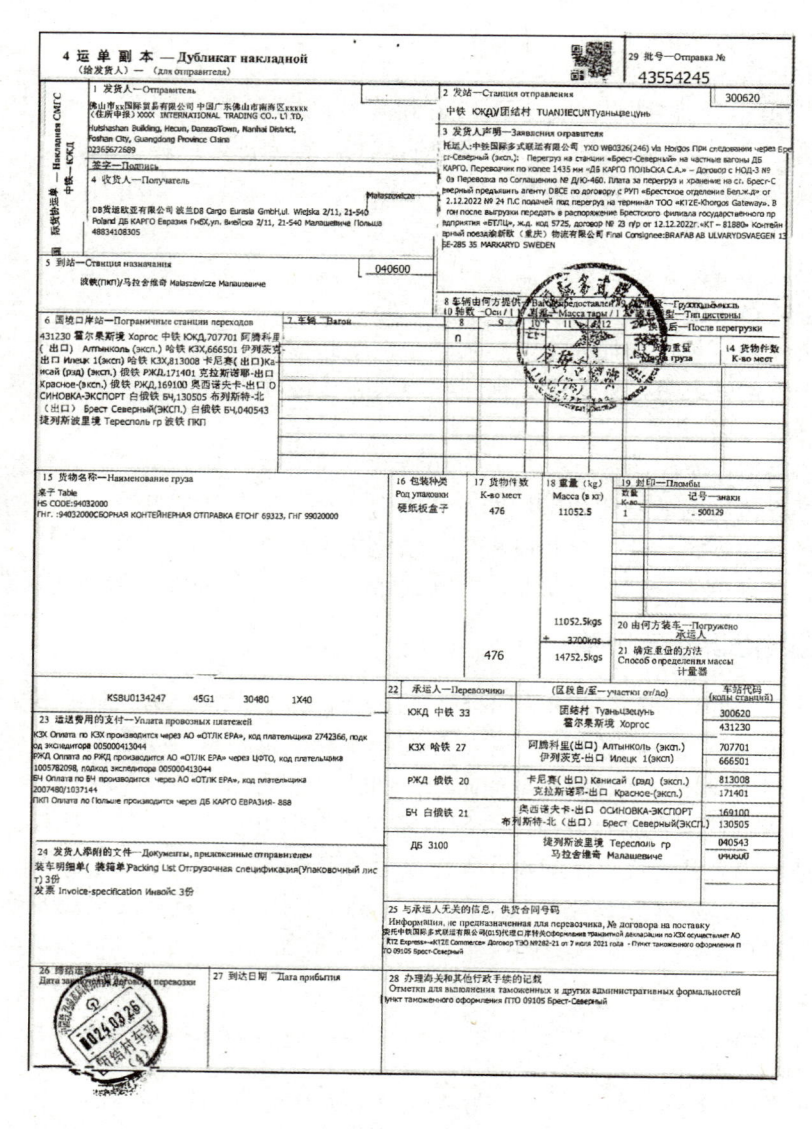

图8-1 运单副本

（1）运单正本。运单正本是运输契约，它随同货物至到达站，连同货物到达通知单和货物一起被交给收货人。

（2）运行报单。运行报单是参加联运的各铁路承运人办理货物交接、划分运送责任、结算运送费用，以及统计运量和运费收入的原始依据，它随同货物至到达站，并留存在到达站。

（3）运单副本。运单副本于运输契约缔结后交给发货人，但它并不具有运单的效力，仅证明货物已由铁路承运。发货人可凭此副本向收货人结算货款，行使变更运输要求，以及在货物和运单全部灭失时凭此单向铁路提出赔偿要求。

（4）货物交付单。货物交付单随同货物至到达站，并留存在到达站。

（5）货物到达通知单。货物到达通知单随同货物至到达站，连同运单正本和货物一起被交给收货人。

三、国际铁路货运业务

（一）铁路货物的托运、受理、承运

铁路实行计划运输，当发货人要求铁路运输整车货物时应向铁路承运人提出月度要车计划，车站根据月度要车计划受理货物。在进行货物托运时，发货人应向车站按批提出货物运单一份，如使用机械冷藏车运输的货物，同一到达站、同一收货人可数批合填一份运单。对于整车要求分卸的货物，除提出基本货物运单一份外，每一个分卸站都应另增加分卸货物运单两份（分卸站、收货人各一份）。

对于同一批托运但因货物种类较多，发货人不能在运单内逐一填记的货物，或者托运集装箱货物，以及同一包装内有两种以上的货物，发货人应提出货物清单一式三份，其中一份由发运站存查、一份随同运输票据递交到达站、一份退还发货人。对于在货物运单和货物清单内所填记事项的真实性，发货人应负完全责任，谎报货物品名的应按有关规定收取违约罚款。

对于托运的货物，发货人应根据货物的性质、重量、运输要求及装卸等条件，使用便于运输、装卸并能保证货物质量的包装。对于有国家包装标准或专业包装标准的货物，应按其规定进行包装；对于没有统一规定包装标准的货物，车站应同发货人一起研究、制定货物运输包装暂行标准。

发货人在托运零担货物时，应在每件货物上标注清晰、明显的标记。发货人在使用拴挂的标记（货签）时，应用坚韧的材料制作标记，在每件货物两端各拴挂、粘贴或钉固一个。对于不适宜用纸制作货签的货物，应使用油漆在货件上书写标记，或用金属、木质、布、塑料板等材料制成的标记。

零担和集装箱货物由发运站接收完毕，整车货物装车完毕，发运站在货物运单上加盖承运日期戳即表明承运。对于发货人交给车站的整车货物，铁路承运人从接收时起负有承运前的保管责任。对于办理海关、检疫手续及其他特殊情况的证明文件，以及有关货物数量、质量、规格的单据，发货人可委托铁路承运人代递至到达站交收货人。

（二）铁路货物的装车、卸车

凡在铁路车站装车的货物，发货人应在铁路承运人指定的日期将货物运至车站。车站在接收货物时，应对货名、件数、运输包装、标记等进行检查。对于整车运输的货物，如

发货人未能在铁路承运人指定的日期内将货物全部运至车站,则自指定运至车站的次日起至再次指定装车之日或将货物全部运出车站之日止由发货人负责。

铁路货物的装车和卸车工作,凡在车站内进行的均由铁路承运人负责,在其他场所进行的均由发货人或收货人负责。由发货人或收货人负责装卸货物的货车,车站应将调车时间提前通知发货人或收货人。发货人或收货人在完成装卸作业后,应将装卸完毕时间通知铁路车站。当由发货人、收货人负责组织装卸货物的货车,超过规定的装卸时间标准或停留时间标准时,铁路应向发货人、收货人核收规定的延期使用费。

(三)铁路货物的到达、交付

凡由铁路承运人负责卸车的货物,到达站应在不迟于卸车完毕的次日内用电话或书面向收货人发出催领通知,并在货票内证明通知的方法和时间。此外,收货人也可与到达站商定其他通知方法。收货人应于铁路承运人发出或寄发催领通知的次日起算,在两天内将货物提走,超过这一期限将收取货物暂存费。从铁路承运人发出催领通知的次日起(若不能实行催领通知,则从卸车完毕的次日起)满30天仍无人领取的货物(包括收货人拒收、发货人又不提出处理意见的货物),铁路承运人则按无法交付货物处理。

收货人在领取货物时,应出示提货凭证,并在货票上签字或盖章。在提货凭证未到或遗失的情况下,收货人应出示单位的证明文件。收货人在到达站办妥提货手续和支付清有关费用后,铁路承运人应将货物连同运单一起交收货人。

(四)铁路货物的运输期限

铁路货物实际运输期限从铁路承运货物的次日起算。如果是由到达站负责卸车的货物,则从卸车完毕时止;由收货人负责卸车的货物,则从货车调至卸车地点或货车交接地点时止。对于超过规定期限运输的货物,铁路承运人应按所收运费的一定百分比向收货人支付延误运输罚款。

凡下列原因造成铁路滞留的货运时间,应从实际运输时间中扣除。

① 自然灾害、不可抗力所引起的。
② 由于发货人的责任致使货物在运输途中换装、整理所产生的。
③ 因发货人或收货人要求运输变更所产生的。
④ 运输活的动物,由于运输途中上水所产生的。
⑤ 其他非铁路责任造成的。

(五)货物运输变更

发货人或收货人由于特殊原因,对铁路承运后的货物可向铁路承运人提出运输变更要求,如变更收货人、变更到达站等。但在提出运输变更时,发货人、收货人应提交货运凭证和运输变更要求书。如果无法提交货运凭证,则应提交其他有效证明文件,并在货物运输变更书上注明。车站在处理变更时应在货票记事栏内注明变更的理由,改正运输票据车牌、标记(标签)等有关记载事项,并加盖车站日期戳或站名的印章。但在下述情况下,铁路承运人不办理运输变更。

① 违反有关政府命令。
② 违反货物流向,运输限制。
③ 重复变更到达站。

④ 变更后的运输期限大于允许运输期限的变更。

铁路一旦受理货物运输变更,应按规定核收变更手续费。

(六) 货物运输受阻

铁路承运人在承运货物的过程中,往往由于多种原因,如自然灾害、不可抗力等致使行车中断。一旦发生货物运输受阻,铁路承运人对已承运的货物可绕道运输,或在必要时先将货物卸下,妥善保管,等恢复运输后再装车继续运输,所需装卸费用由铁路承运人负担。当因货物的性质特殊,在绕道运输或卸下再装车的过程中会造成货物损失时,铁路承运人应联系发货人或收货人,要求其在合理时间内提出处理办法,在规定的时间内如没有给铁路承运人答复,或因等候指示造成损失,则可按无法交付货物处理,所得剩余价款通知发货人领取。

(七) 货运事故处理

铁路承运人应对货物由其保管、运输期间所发生的灭失、损害、有货无票或有票无货都应按批编制货运记录。在不能判明损害、灭失原因或程度时,铁路承运人应在交付货物前联系收货人进行检查或申请检验,并按每一份货运记录分别编制鉴定书。货物在运输过程中,如发现有违反政府命令或危及运输安全的情况,或铁路承运人无法处理的意外情况,应通知发货人或收货人处理。

发货人或收货人在向铁路承运人提出赔偿时,应按批向到达站提出赔偿书,并附货物运单、货运记录及有关证明文件。货物损失的赔偿价格,灭失时按灭失货物的价格,损坏时则按损坏货物所降低的价格。

(八) 铁路集装箱货运业务

1. 空箱发放

铁路车站在发放空箱时,应认真检查集装箱的外表状况,并注意以下几方面。

(1) 货运员在接到运单后,应核实批准进箱日期,审核运单与标签是否相符,并根据货物数量核对需要发放的空箱数。

(2) 对实行"门到门"运输的货物,应开具"集装箱门到门运输作业单"交给发货人,填写集装箱门到门运输登记簿,依据空箱存放地点指定箱号记入货运单。

(3) 当发货人认为所领取的空箱不能保证货物安全运送时,货运员应予以更换。无空箱更换时,发货人有权拒绝使用。如果在使用后发生货损行为,则应由铁路车站负责,除非空箱存在的缺陷是以一般手段无法从外表检查发现的。

(4) 货运员有义务向发货人介绍集装箱的内部尺寸、内容积和货物积载方法。

(5) 货物装箱,由发货人在关闭箱门后,应在规定的位置拴挂标签和进行加封。

(6) 在发货人加封后,货运员应逐一检查,确认铅封环带落锁状态,在检查无误后将铅封号记入运单内。

2. 集装箱货物的接收与承运

货运员在接受集装箱货物时,必须对发货人装载的集装箱货物进行检查,接受后并在运单上加盖站名、日期戳,自此时起即已承运。承运是指自发货人将托运的集装箱的货物移交铁路开始,一直至到达站将货物交收货人时为止。在接受所托运的集装箱货物时要求货运员注意以下几方面。

（1）对发货人装载的集装箱货物进行检查，并核对运单上批注的货位号码。对进行"门到门"运输的集装箱货物还应核实是否卸入指定货位，并在"集装箱门到门运输作业单"上签字，退交给发货人。

（2）以运单为依据，检查标签是否与运单记载一致、箱号与运单记载是否相符、铅封号是否准确。

（3）检查加封是否符合技术要求、箱体有无损坏，如果有则应编制集装箱破损记录。如果该箱损属于发货人的责任，则应要求发货人在记录上签章，以划分责任。检查时，如果发现铅印失效、丢失、无法辨认站名、未按加封要求进行加封，则上述情况均由发货人负责恢复至正常状态。

（4）经检查确认无误后，车站便在货物运单上签字，并交发货人交款起票。对于进行"门到门"运输的集装箱，还应补填集装箱门到门运输登记簿的有关事项。

3．装车

装车货运员在接到配装计划后，应根据到站的先后顺序确定装车顺序，并注意以下几方面。

（1）装车前，对车体、车门、车窗进行检查：是否过了检查期、有无运行限制、是否清洁等。

（2）装车时，装车货运员应做好监装，检查待装的集装箱和货运票据是否相符、齐全、准确，并对箱体、铅印状态进行检查。

（3）装车后，检查集装箱的装载情况是否满足安全运送的要求，如使用棚车装载还应加封。装车完毕后，要填写货车装载清单、货运票据，除填写一般内容外，还应在货车装载清单上注明箱号，在货运票据上填写箱数和总重，总重包括货重和箱体自重。

4．卸车

集装箱货物在运抵到达站后自行卸车，卸车时应注意以下几方面。

（1）首先核对货运票据、装载清单等与货票是否一致，然后确定卸车地点和卸箱货位。

（2）卸车前，应进行货运检查，以检查集装箱的外表状况和铅封是否完整。

（3）如在卸车过程中发生破损则应做好记录，以便划分责任。

（4）做好复查登记，并以货票对照标签、箱号、封号，在运单上注明箱子停放的货位号码，根据货票填写集装箱到达登记簿和卸货卡片。

5．集装箱货物的交付

交付货运员在接到有关方面的卸货卡片和票据后，应认真做好与箱号、封号、标签的核对工作，核对无误后通知相关人员装卸、交货，并当面点交收货人。收货人在收到货物后应在有关票据上签章，并将签章的票据交给货运员，交付货运员应在运单上加盖"交付讫"的戳记。对于"门到门"运输的集装箱货物，交付货运员应在复查后，填写"集装箱门到门运输作业单"，并由收货人签收。对于收货人返回的空箱，交付货运员应检查箱体状况，在"集装箱门到门运输作业单"上签章。

6．集装箱货物的交接责任

铁路集装箱货物运输虽然不像零担货物运输那样复杂，但就集装箱货物运输交接工作而言，其与零担货物运输同样重要。铁路与发货人、收货人之间，以及铁路内部集装箱货运员之间的交接工作和责任如下所述。

（1）铁路与发货人、收货人之间的交接。铁路与发货人、收货人（包括其代理人）之间的交接，主要是指集装箱货物的接收、交付两大作业环节，直接关系到铁路与发货人、收货人之间的责任划分。

通常，铁路集装箱的交接工作应在铁路车站、货场内进行，空箱交接时主要检查箱子外表状况，重箱交接时除箱子外表状况外，还应检查铅封。铁路承运人在承运集装箱时应派人在由发货人堆放的指定货位（箱位）上收货，关妥箱门，并在加封后与发货人根据货物运单（或集装箱运输作业单）记载事项，按批逐箱与货签核对，经检查接收完毕后，在货物运单上加盖承运日期戳即为承运。铁路承运人在交付集装箱时应先根据收货人提交的货物运单（或集装箱门到门运输作业单）与集装箱到达登记簿进行核对，然后同收货人一起按批逐箱进行检查对照，经确认无误后，将集装箱向收货人进行一次性点交，并注销交付卡片，即为交货完毕，责任终止。

对于进行"门到门"运输的空箱交接，经双方检查箱体状态（包括箱内清扫和箱门关闭的情况），确认箱体完好后，在"集装箱门到门运输作业单"上签盖，办理交接。铁路承运人与发货人、收货人在办理集装箱交接时如遇有下列情况，应根据实际情况进行处理和划分责任，如下所述。

① 铁路承运人在接受承运时，如果发现发货人所托运的重箱铅封已失效、丢失、站名无法辨认，或未按加封的技术要求进行施封，则应由发货人重新整理后方能接收。

② 铁路承运人在接受承运时，如果发现发货人所托运的箱体已损坏，则应由发货人更换集装箱。如果使用的是铁路集装箱，则应由铁路承运人提供空箱进行更换。如果箱子的损坏为发货人过失行为所致，则应由发货人负责赔偿。

③ 由于发货人的装箱过失或疏忽，造成超重以致箱子损坏，或因此造成箱内货物损坏，这些损坏均由发货人自行负责。

④ 由于发货人谎报货名、重量、尺码，致使铁路或第三方受到损失，发货人对此损失负有赔偿责任。

⑤ 铁路承运人在向收货人交付重箱时，如果铅封完整、箱子外表状况良好，即使箱内货物发生损害，铁路承运人也不负责任，责任也随即终止。

⑥ 铁路承运人在向收货人交付重箱时，如果发现箱子外表状况已损坏，并且危及货物的安全，则铁路承运人应和收货人一起对该集装箱货物进行检查，并确定损害原因及责任方。

⑦ 在进行集装箱"门到门"运输情况下，对空箱箱体的损害分别由发货人、收货人负责。

（2）集装箱货运员之间的交接。集装箱货运员之间的交接指：一是同一工种因班次交替而进行的工作交接；二是不同工种之间衔接工作的交接。但不论是哪一种交接，交接双方都应到现场实现对口交接。交接双方应采取以票对箱或以箱对票的方法，按批逐箱进行检查，交接完毕由双方在交接簿上签章，以便划分责任。在交接过程中，如果发现集装箱与货物运单所记载的始发站、终点站、箱数、货名、发货人、收货人等内容不符，以及铅封失效、丢失、箱体损坏危及货物安全等情况，则应按《铁路货运事故处理规则》的有关规定进行处理。

（3）集装箱破损责任的划分及其记录的编制。集装箱的破损大致分为两种情况：一是集装箱的损坏，二是集装箱的破损。集装箱的损坏是指某一用箱单位或用箱人的责任造成集装箱的临时修理、定期修理或报废，其责任可分为：①发货人、收货人的过失责任；②托运人的过失责任；③第三方的过失责任。而集装箱的破损是指出现插破口、撞破口，或因冲撞变形影响箱门的开启或关闭，其责任可分为：①铁路装卸工的过失责任；②铁路货运员的过失责任；③由于行车事故或因偷窃造成箱子破损。

凡属上述责任造成的集装箱的损坏、破损，以及货主自己的集装箱在铁路运输过程中发生的破损，货运员应按箱编制集装箱破损记录。这一记录是划分集装箱破损责任的重要依据，因此，记录中所记载的内容必须准确。

四、国际铁路货物联运新形式

（一）中欧班列概述

中欧班列是按照固定车次、线路、班期和全程运行时刻开行的集装箱国际铁路货物联运班列，往来于中国与欧洲，以及"一带一路"沿线国家，是典型的国际铁路货物联运方式。

中欧班列以其海运时间的1/3、航空价格的1/5，以及班列化、客车化开行的组织方式，为客户提供了良好的物流体验，其货源吸引范围已远远超出开行班列的国内城市和欧洲城市，越来越多的城市、国家加入中欧班列，中欧班列"快捷准时、安全稳定、绿色环保"的品牌效应逐步显现。

目前，我国主要有西、中、东3条中欧班列运行线，西部通道由中西部经阿拉山口（或霍尔果斯）出境，中部通道由华北地区经二连浩特出境，东部通道由东南沿海经满洲里（或绥芬河）出境。

在众多中欧班列之中，渝新欧（重庆—杜伊斯堡）、蓉欧快线（成都—罗兹）、郑欧（郑州—汉堡）、苏满欧（苏州—华沙）、汉新欧（武汉—捷克、波兰）、湘欧快线（长沙—杜伊斯堡）、义新欧（义乌—马德里）、哈欧（哈尔滨—俄罗斯、汉堡）和沈满欧（沈阳—汉堡）9个班列属于"五定"班列，而粤新欧、西新欧、洛新欧、昆新欧等是不定期国际班列。

（二）中欧班列路线

中欧班列已经成为促进亚欧经贸往来的新引擎，是全球供应链的试验场。目前，中国境内已有时速达120km的中欧班列运行线86条和6个口岸，形成东、中、西三大通道，通达欧洲25国216个城市，逐步"连点成线""织线成网"。

五、国际铁路货运的费用

（一）国际铁路货运的费用概述

国际铁路货运的费用包括货物运费、押运人乘车费、杂费和其他费用。

发送国的运费按承运当日发送国国内的规章规定计算，以发送国货币在发站向发货人核收。而关于过境站的运费，对参加《国际铁路货物联运统一过境运价规程》（简称《统一货价》）的铁路承运人，按承运当日《统一货价》的规定计算，以瑞士法郎计算款额，按照支付当日的兑换率折算成核收运费的国家的货币，在发站向发

中欧班列路线

货人核收或在到达站向收货人核收。我国一律在国境口岸车站和海运港口车站核收。计算汇率为固定汇率：1 瑞士法郎=人民币 5.2 元。

从参加《国际货协》并实行《统一货价》的国家，通过另一个实行《统一货价》的过境港口站向其他国家和相反方向运送货物时，无论这些国家是否参与《统一货价》都可用《国际货协》票据办理货物运送，但只能办理至过境铁路港口站为止或从这个站起开始办理。对未参加《统一货价》的过境运费，由过境铁路直接向发货人或收货人或其代理核收。

（二）国际铁路货运的费用计算

1. 过境运费的计算

过境运费按《统一货价》规定计算，其计算方法如下所述。

（1）根据《货物运价里程表》及运单上载明的运输路线，确定从发货站至到达站所通过的运价里程。

（2）根据货运单上填写的货物品名对应《货物品名检查表》查出适用的运价等级和计费重量标准。

（3）根据运价里程和运价等级，在《货物运价率表》中查出适用的运价率。其计算公式为

基本运费额=货物运费率×计费重量　运费总额=基本运费额×（1+加成率）

2. 国内运费的计算

根据《国际货协》的规定，我国选择国际铁路货物联运方式的进出口货物，其国内段运费应按照我国《铁路货物运价规则》进行计算。

（1）根据《货物运价里程表》确定发运站与到达站之间的运价里程。一般根据最短里程进行计算，并需要计算国境站至国境线的里程。

（2）根据货运单上填写的货物名称对应《货物品名检查表》查找货物运价分号，确定使用的运价号。

（3）根据运价里程和运价号，在"货物运价率表"中查找适用的运价。其计算公式为

运费=运价率×计费重量

案例：

> **全国首例铁路提单纠纷案**
>
> 英飒（重庆）贸易有限公司（简称英飒公司）是一家从事汽车贸易的公司，长期从事奔驰汽车销售业务。就奔驰轿车进口事项，其与重庆中外运物流有限公司（简称中外运公司）、重庆物流金融服务股份有限公司（简称物流金融公司）签订三方协议，委托中外运公司通过中欧班列（重庆）将车辆从德国杜伦运输至中国重庆。中外运公司在境外接收车辆时签发铁路提单，铁路提单是提取车辆的唯一凭证；英飒公司为支付货款向银行办理托收押汇，物流金融公司为英飒公司向银行提供担保，英飒公司将铁路提单质押给物流金融公司作为反担保。中外运公司依约在境外接收进口奔驰轿车后向出口商签发铁路提单。英飒公司向银行付清垫付的货款及相关费用后，物流金融公司的担保责任解除，将铁路提单背书后交给英飒公司。英飒公司将铁路提单项下的两辆奔驰轿车销售给重庆孚骐汽车销售有限公司（简称孚骐公

司），并约定交付铁路提单视为交付车辆，后英飒公司将铁路提单交给孚骐公司。孚骐公司持提单向中外运公司要求提货，中外运公司拒绝放货。孚骐公司遂以中外运公司为被告、英飒公司和物流金融公司为第三人，向重庆两江新区（自贸区）法院提起诉讼，要求确认其享有案涉铁路提单项下两辆轿车的所有权，并要求被告交付提单项下的轿车。

2020年6月，重庆两江新区人民法院对全国首例铁路提单纠纷案做出一审判决，确认货物所有权归属提单持有人并支持其提取货物的诉求。

庭审中，提单持有人是否可以提货成为争议焦点。原告孚骐公司认为，铁路提单是唯一提货凭证，其持有铁路提单就有权提取货物。中外运公司则认为，根据三方协议约定，其只能向英飒公司交付货物，英飒公司转让铁路提单后，应对铁路提单背书，且运费尚未付清，因此拒绝放货。

法院审理后认为，市场主体在国际铁路货物运输过程中约定使用铁路提单，并承诺持有人具有提货请求权，系创设了一种特殊的指示交付方式，即商业主体之间通过交付铁路提单来完成指示交付，从而以铁路提单的流转代替货物流转，该做法不违反法律、行政法规强制性规定和社会公共利益，合法、有效。这种预设的交付规则使铁路提单具有了一定的流通性，铁路提单的合法持有人可以要求提取货物。本案中，孚骐公司与英飒公司之间交付铁路提单系提货请求权的转让，应视为完成车辆交付。结合孚骐公司和英飒公司所建立的车辆买卖合同这一基础法律关系，孚骐公司取得车辆所有权，应予确认。法院据此做出一审判决，确认原告孚骐公司享有铁路提单项下车辆的所有权，被告向原告交付车辆。

【判决依据】

2017年，发展国际铁路联运就写入了重庆自贸试验区总体方案，而铁路提单属于自贸区发展国际铁路联运的先行先试举措；2019年8月，国家发展改革委印发《西部陆海新通道总体规划》，正式提出了"铁路提单"概念，并规划"推动并完善国际铁路提单融资工程，使其在国际贸易中更好发挥作用"。重庆作为中欧班列的始发站，在中欧班列运行过程中率先探索使用铁路提单。市场主体约定使用与货物相分离的铁路提单，并利用铁路提单进行货物转让、质押，在此基础上形成陆上贸易的新型经营模式。铁路提单及相关经营模式是否能够得到法律上的肯定与支持，核心在于通过铁路提单的流转实现货物流转的做法是否合法、有效，司法面临如何认定铁路提单流通效力的法律适用难题。

本案判决认可市场主体预设的基于铁路提单的货物交付规则是一种特殊的指示交付，给予了铁路提单法律上的肯定评价。同时，倡导交易各方均在铁路提单上背书，使货物交付始终能够通过铁路提单流转来完成并确保其安全性，为铁路提单流通规则的建立做出指引。本案裁判结果既支持了商业创新，又从交易安全角度指明贸易行为规范，契合陆上贸易的现实需求和未来发展；既有利于铁路提单相关商业模式的复制推广，也有利于进一步规范铁路提单的创新实践，防范制度风险；展示了司法对社会创新的开放态度及对交易秩序的审慎态度。

Project 8 项目 国际陆路货运代理

思政园地

本章重点学习国际陆路运输货运代理相关知识。教师可结合我国的国际陆路运输在"一带一路"倡议下发展的现实背景，引导学生认识到我国在国际运输服务体系中的重大创新和贡献，增强其爱国意识和自豪感；进一步结合本章的专业知识，使学生理解陆路货运代理和费用构成的复杂性，使学生养成认真严谨的工作态度。

学习小结

本项目介绍了国际公路货运和国际铁路货运的基础知识，让读者了解国际公路货运和国际铁路货运的差别；介绍了国际公路货运和国际铁路货运的业务流程，以及所需要的运单；通过理论及案例展示了国际公路货运和国际铁路货运的费用相关内容。

课后练习

一、单选题

1. 我国经铁路运往俄罗斯的货物通常采用（　　）。
   A. 国际货协运单　　　　　　　　B. 国际货约运单
   C. 国际多式联运提单　　　　　　D. 国内铁路运单
2. 公路运输中的零担货物运输是指同一货物托运人托运的货物不足（　　）t。
   A. 2　　　　　B. 5　　　　　C. 4　　　　　D. 10
3. 我国铁路部门目前已不再受理的类别是（　　）。
   A. 整车货物　　　　　　　　　　B. 零担货物
   C. 20ft 的集装箱货物　　　　　　D. 40ft 的集装箱货物
4. 托运的零担货物，单件体积一般不得小于（　　）m^3（单件重）。
   A. 0.05　　　　B. 0.03　　　　C. 0.01　　　　D. 无规定
5. 公路运输的大型物件，按其外形、尺寸和重量（含包装和支撑架）可分为（　　）。
   A. 一级　　　　B. 二级　　　　C. 三级　　　　D. 四级
6. 新亚欧大陆桥全长（　　）km。
   A. 10000　　　B. 13000　　　C. 20000　　　D. 25000
7. 国际铁路货物联运凭运单副本第（　　）向银行办理结汇或结算。
   A. 一联　　　　B. 二联　　　　C. 三联　　　　D. 四联

二、多选题

1. 公路特种货物运输分为（　　）。
   A. 笨重货物运输　　　　　　　　B. 贵重货物运输
   C. 鲜活易腐货物运输　　　　　　D. 危险货物运输

2. 公路汽车运输业务按其工作性质分为（   ）。
   A．进口物资的集港（站）运输   B．货物的疏港（站）运输
   C．国际多式联运的首末段运输   D．边境公路过境运输
3. 我国经由西伯利亚大陆桥出口的货物，可选择的出口铁路国境站是（   ）车站。
   A．满洲里   B．二连浩特   C．阿拉山口   D．绥芬河
4. 铁路联运运单或公路运单具有（   ）功能。
   A．货运合同   B．货运合同证明   C．货物收据   D．物权凭证
5. 等级公路可分为（   ）。
   A．高速公路   B．一级公路   C．二级公路   C．三级公路

三、计算题

保加利亚瓦尔纳港口站于 2020 年 9 月 10 日以慢运整车承运一批玩具 10t，经由鲁塞东/翁格内、贝加尔/满洲里国境站，于 2020 年 11 月 18 日到达北京东。已知逾期铁路的运费为 10000 瑞士法郎。逾期时，铁路应向收货人支付的逾期罚款是多少？

项目实训

一批从我国西安通过国际普通列车经阿拉山口运往法国巴黎的货物，该托运人与北京的一家国际货运代理企业订立了"国际铁路货物运输委托代理协议"，约定由该国际货运代理企业代表托运人支付从阿拉山口至法国巴黎的运费。同时，托运人与铁路承运人订立了"国际铁路货物联运运输合同"。此后，该批货物从西安某车站发出，并顺利通过满洲里，不久后抵达法国巴黎某车站。到达站通知收货人货物已到达，并要求收货人支付从阿拉山口运往法国巴黎区段运费，否则留置该批货物。经调查得知，运单第 20 栏关于俄罗斯区段运费支付人的记载因被涂抹而模糊不清。委托人（运输托运人）因此与该国际货运代理企业发生纠纷，欲通过诉讼解决。

（1）本案中货物的法律关系应如何确定？
（2）被告是否应赔偿原告的损失？如果赔偿，之后应向谁追偿？

Project 9 项目9 国际多式联运代理

思维导图

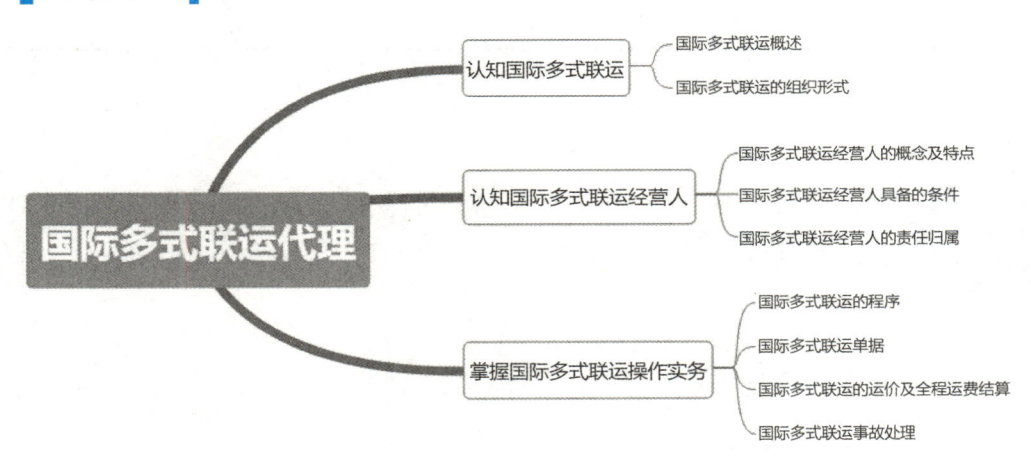

- 国际多式联运代理
  - 认知国际多式联运
    - 国际多式联运概述
    - 国际多式联运的组织形式
  - 认知国际多式联运经营人
    - 国际多式联运经营人的概念及特点
    - 国际多式联运经营人具备的条件
    - 国际多式联运经营人的责任归属
  - 掌握国际多式联运操作实务
    - 国际多式联运的程序
    - 国际多式联运单据
    - 国际多式联运的运价及全程运费结算
    - 国际多式联运事故处理

知识目标

1. 全面了解多式联运的基础知识及国际多式联运经营人。
2. 了解国际多式联运操作实务,包括单据的填写和解读、国际多式联运事故处理等。
3. 掌握国际多式联运全程运费的构成和结算。

技能目标

1. 能够解释多式联运的基本概念和国际多式联运的组织形式。
2. 能够管理国际多式联运的程序。
3. 能够处理和审核国际多式联运单据。

案例导入

"一带一路"多式联运智慧化转型

"一带一路"倡议正在缓解货运需求疲软的现状,同时加速了全球物流、货运行业的智慧化、数字化转型,推动了更加智慧化、数字化的全球物流和运输网络的形成。2019年,国际航空运输协会第十三届世界货运年会在新加坡举行,IATA理事长兼首席执行官Alexandre de Juniac于3月12日接受记者采访时表示,通过机场、港口与铁路网络相结合，"一带一路"倡议实现了一种新的物流"枢纽辐射"框架，从当前的"港到港"模式向着"端到端"模式进化；与此同时，中国不少物流企业、航空公司借助高水平的技术，打造出智能信息系统，对跨境货物的流动进行快捷、准确、实时管理。

同时，在"一带一路"倡议下建设的物流中心及其辐射模式，让定期交货更有保障，降低了库存水平和大型仓库仓储成本，使航空、船舶、铁路和公路的集装箱货运联运成为可能。例如，中国内陆城市义乌生产的袜子过去依赖海运，最长要45天才能交货。而在新的多式联运模式下，货运列车仅用大约14天，就可以把货物从义乌运往伦敦。

请回答：
我国多式联运的发展现状如何？在我国双循环的背景下，如何推动我国多式联运的发展？

Mission 任务 1 认知国际多式联运

一、国际多式联运概述

（一）多式联运的概念

虽然多式联运应用广泛，但国际上关于该概念的特定称谓尚未统一。

（1）在美国，Intermodal Transport 通常是指使用两种或两种以上运输方式之间的联合运输，而 Intramodal Transport 通常是指同一种运输方式之间的联合运输。显然，虽然 Intermodal Transport 与 Intramodal Transport 均可译为多式联运，但它们之间仍有一定差别。事实上，多式联运是指 Intermodal Transport。

（2）在欧洲，以及1980年《联合国国际货物多式联运公约》中，多式联运用 Multimodal Transport 表示。它是两种或两种以上运输方式之间的联合运输。

（3）在国际商会于1973年制定的《联合运输单证统一规则》中，多式联运运用 Combined Transport 表示，定义为"至少使用两种不同的运输方式，将货物从一国运往另一国的运输"。显然，它与 Multimodal Transport 的含义并无差别。不过，从字面上讲，Combined Transport 通常被译为联合运输或联运；单纯从语义上讲，联合运输也包括由单一运输方式组成的联运。在实务中，联合运输并非仅限于多式联运，如中国远洋运输公司的联合运输单据（Combined Transport Documents）便可用于由单一运输方式组成的联运。由此可见，在汉语中，联合运输与多式联运的含义并不完全相同。

（4）Through Transport 通常被译为联运，它通常指同一种运输方式之间的联合运输。也有人将其译成一贯运输，认为它表达的是一种将货物从"门到门"的不中断运输，联合运输、综合运输、多式联运都是实现这一理想的手段。因此，它是实践中用得很不严格的称谓。

（5）Container Transport 一般被译为集装箱运输。一般而言，集装箱运输本身就是多种运输方式的联合运输，而多式联运是集装箱运输的高级形式。目前，发达国家集装箱运输已经进入多式联运时代。因此，虽然集装箱运输并非一定由多种方式组成，多式联运也并非一定以集装箱为载体，但实务中人们常常将二者混同使用。

目前，在实践中主要采用 Multimodal Transport 和 Combined Transport 作为多式联运的术语。例如，UCP600 第十九条"涵盖至少两种不同运输方式的运输单据"[A transport document covering at least two different modes of transport（multimodal or combined transport document）]中仍将 Multimodal Transport 和 Combined Transport 作为多式联运的术语。不过，Multimodal Transport 一词因准确地描述了多式联运的特点而广泛被应用。

综上所述，广义的多式联运是指多式联运经营人按照多式联运合同，以至少两种不同的运输方式，将货物运送到目的地的过程。其主要强调各种运输方式之间的无缝衔接。其中，代表性的有国际商会的《联合运输单证统一规则》《联合国国际货物多式联运公约》、美国的《冰茶法案》和我国的《物流术语》所指向的多式联运。狭义的多式联运是指多式联运经营人按照多式联运合同，采用集装箱、拖车、公铁两用车等标准化的成组器或道路车辆，以至少两种不同的运输方式，将货物运送到目的地的过程。其强调两种或多种运输方式在接续转运中以某一种标准化的成组器或道路车辆为载体，从而更好地发挥多式联运的效率。其中，代表性的有欧盟的《组合运输术语》所指向的多式联运。

（二）多式联运的特点

（1）**以集装箱为运输单元的多式联运可以提高运输效率。**这样可以实现"门到门"运输，在运输途中不需要换装，减少中间环节及换装可能带来的货物损坏，缩短运输时间，降低运输成本，提高运输质量。

（2）**海运在国际多式联运中占主导地位。**在国际多式联运中必须由一个国际多式联运经营人承担或组织完成全程联运任务，对全程运输负总责。由于海运在国际多式联运中占主导地位，国际多式联运经营人多为有船承运人或无船承运人。

（3）**多式联运采用一次托运、一次付费、一单到底、统一理赔、全程负责的运输业务方法。**这样可以提高运输管理水平，最大限度地发挥现有设备的作用，选择最佳运输路线组织合理化运输。

对货主来讲，首先，可以得到优惠的运价；其次，在多式联运模式下，一般将货物交给第一（实际）承运人后即可取得运输单证，并可据此结汇，结汇时间比分段运输有所提前，有利于资金的周转；最后，由于采用集装箱运输，可以节省货物的运输费用和保险费用。此外，多式联运全程运输采用一张单证，实行单一费率，简化了制单和结算的手续，节约了货主的人力和物力，可以扩大运输经营人的业务范围、提高其运输组织水平、实现合理运输，各种运输方式的经营人一旦发展成多式联运经营人或成为多式联运的参加者（实际承运人），其经营的业务范围即可大大扩张。

（三）多式联运的起源和发展趋势

随着国际贸易和运输技术的发展，传统的海、陆、空等互不连贯的单一运输方式已不能适应人们的需求。在国际集装箱运输发展和集装箱国际标准化的基础上，出现了新型的运输方式，即多式联运。多式联运于20世纪60年代始于美国，其发展路径如图9-1所示。

```
多式联运的起源 → 驮背运输的出现 → 驮背运输的发展 → 集装箱的出现
```

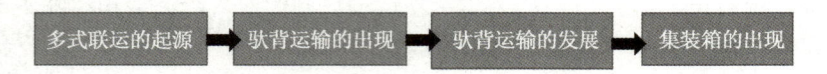

图9-1　多式联运的发展路径

1. 多式联运的起源

最初由于铁路公司发现自己并不能很好地组织零担运输，于是在第一次世界大战前后开始允许货运代理人协助开展运输业务。货运代理人先把不同的小批量货物集中起来，利用铁路托运到目的地城市，再把分散的货物交给那里的收货人。

2. 驮背运输的出现

20世纪20年代出现了将公路挂车放在铁路平板车上进行运输的驮背运输方式。随着公路网的日益完善，卡车也能提供远距离的运输服务，这使得铁路公司承受的竞争压力和威胁日益增大。铁路公司担心货主会把货物从铁路转到公路上去，于是制定了不少试图阻止这一运输形式发展的方法。这时的驮背运输在各方面都是受限制的。

3. 驮背运输的发展

20世纪50年代，洲际商务委员会开始允许"驮背运输"，并批准铁路公司与公路承运人之间的联运路径和联合定价，这些联运仍被限制在一些特别设定的计划中，每个计划都对可以提供的联运服务做了详细限定。

例如，计划1可能规定必须由公路运输公司提供箱挂车，计划2却规定这类公路挂车必须遵守承运货物的铁路公司提供的相关规定。这些刻板的管理规定严重限制了多式联运的发展，直到20世纪80年代放松管制以后这种情况才得到根本扭转。

4. 集装箱的出现

美国海陆轮船公司（Sea-Land）的Ideal X号轮船，于1956年4月第一次装载了58个集装箱从新泽西州纽华克港运至得克萨斯州的休斯敦，开辟了集装箱海运的先河。

（四）国际多式联运的构成要件

国际多式联运的构成要件可概括为"两种方式、两个国家、一份单证、一人负责"。

1. 两种方式

国际多式联运不仅需要通过两种或两种以上的运输方式，而且需要将这些不同的运输方式进行有机组合。而海海、铁铁或空空等运输方式，虽然有两种运输工具，但因为是同一种运输方式，所以不属于多式联运范畴。除此之外，即使涉及两种或两种以上的运输方式，但如果各种运输方式之间未能有机组合，则仍不能称之为国际多式联运。严格来讲，这里所称的运输方式是指铁路运输、公路运输、水路运输、航空运输、管道运输5种，不过在实践中，有时会根据需要对运输方式进行扩大或缩小。我国《海商法》仅将包含国际海运方式在内的多式联运纳入管辖范畴，因而排除了公铁、陆空等其他多式联运形式。1973年，国际商会发布的《联合运输单证统一规则》将"江海联运"视为多式联运，纳入其管理范畴。此外，为了履行单一方式运输合同而进行的该合同所规定的货物接送业务，如全程签发航空运输单证下机场两端的汽车接送货物运输业务，从形式上看已构成陆空组合形态,不过,作为航空运输的延伸,这种汽车接送习惯上被视为航空业务的一个组成部分,它虽然被称为陆空联运,但由于签发了包括全程运输在内的航空运输单据,因而即使货运事故发生在陆运区段,也会按航空运输方面的国际公约或法规处理。对此,《联合国国际货物多式联运公约》将这种全程适用某一运输方式法规的接送业务排除在国际多式联运之外,以避免国际多式联运法规同单一方式法规在这个问题上的矛盾。这再一次说明,基于不同法规适用的特定性,不同法规所界定的国际多式联运的内涵会有所差异。

2. 两个国家

两个国家,是指货物的接收地和交付地位于不同的国家,这是区别于国内运输和判断是否适用国际法规的限制条件。也就是说,在国际多式联运方式下货物运输必须是跨越国境的一种国家间的运输。此外,还应注意以下两点:一是因我国香港、澳门地区实行"一国两制",因而,我国内地与港澳之间的多式联运,按国际多式联运办理;二是我国东北地区经由俄罗斯水域运抵至南方的货物,因运输经停点在俄罗斯,故这种特殊的国内多式联运应作为一种特殊的国际多式联运,在运输、海关检疫、结算等方面实行特殊的管理。

3. 一份单证

一份单证,是指由国际多式联运经营人签发一份多式联运单证,明确规定国际多式联运经营人与托运人/收货人之间权利、义务、责任及豁免的合同关系和运输性质。在国际多式联运方式下,国际多式联运经营人根据国际多式联运合同的规定,负责完成或组织完成货物的全程运输并一次性收取全程运费。因此,国际多式联运合同是确定国际多式联运的性质的根本依据,也是区别国际多式联运和一般传统联运的主要依据。然而,在实践中,作为国际多式联运合同证明的国际多式联运单证往往取代了国际多式联运合同,成为国际多式联运不可缺少的必要条件。其原因在于:首先,就货主而言,买卖双方在贸易合同中大多将多式联运单证作为结汇、提货的必备单证;其次,现阶段双方大多不再签订国际多式联运合同,而是签署托运单。由于托运单并未规定承托双方的权利、义务与责任,这就需要签发国际多式联运单证,以证明国际多式联运合同的存在和明确合同的条款。

4. 一人负责

一人负责,是指由一个国际多式联运经营人作为当事人,承担全程货物运输责任。这意味着,国际多式联运经营人不仅应该负责提供全程运输组织、全程运输服务,如向货主提供"一次托运、一次付费、一票到底、统一理赔"的一站式服务,更应该实现"身份"的转变,成为国际多式联运合同的当事人和国际多式联运单证的签发人,负有履行国际多式联运合同的责任。

由于托运单并未规定承托双方的权利、义务与责任,这就需要签发国际多式联运单证,以证明国际多式联运合同的存在和明确合同的条款。

二、国际多式联运的组织形式

国际多式联运是采用两种或两种以上不同运输方式进行联运的运输组织形式。这里所指的至少两种运输方式可以是海陆、陆空、海空等。这与一般的海海、陆陆、空空等形式的联运有着本质的区别。后者虽然也是联运,但属于同一种运输工具之间的运输方式。众所周知，各种运输方式均有自身的优点。一般来说，水路运输的主要优点是运量大、成本低；公路运输的主要优点是机动灵活、便于实现货物"门到门"运输；铁路运输的主要优点是不受气候影响，可深入内陆和横贯内陆，从而实现货物长距离的准时运输；航空运输的主要优点是可实现货物的快速运输。由于国际多式联运严格规定必须采用两种或两种以上的运输方式进行联运，因此这种运输组织形式可综合利用各种运输方式的优点，充分体现了社会化大生产、大交通的特点。

由于国际多式联运具有其他运输组织形式无可比拟的优越性，因而这种国际运输形式已在世界各主要国家和地区得到广泛的推广及应用。

（一）海陆联运

海陆联运是国际多式联运的主要组织形式，也是远东/欧洲多式联运的主要组织形式之一。目前，组织和经营远东/欧洲海陆联运业务的主要有班轮公会的三联集团、北荷、冠航与丹麦的马士基等国际航运公司，以及非班轮公会的中国远洋运输公司、中国台湾长荣航运公司及德国那亚航运公司等。这种组织形式以航运公司为主体，签发联运提单，与航线两端的内陆运输部门开展联运业务，与大陆桥运输展开竞争。

（二）陆桥运输

在国际多式联运中，陆桥运输（Land Bridge Service）起着非常重要的作用，它是远东/欧洲地区国际多式联运的主要形式。陆桥运输是指采用集装箱专用列车或卡车，把横贯大陆的铁路或公路作为中间桥梁，将大陆两端的集装箱海运航线与专用列车或卡车连接起来的一种连贯运输方式。严格地讲，陆桥运输也是一种海陆联运形式，只是因为其在国际多式联运中的独特地位，故在此将其单独作为一种运输组织形式。

1. 大陆桥运输

亚欧大陆桥已运行的运输通道有 3 条。在亚洲的起始点分别为俄罗斯的符拉迪沃斯托克和中国的连云港、重庆，在欧洲的终点分别为荷兰的鹿特丹与德国的杜伊斯堡。

第一亚欧大陆桥，也称西伯利亚大陆桥（Siberian Land Bridge，SLB），是指使用国际标准集装箱，先将货物由远东海运到俄罗斯东部港口，再经跨越欧亚大陆的西伯利亚铁路运至波罗的海沿岸，如爱沙尼亚的塔林或拉脱维亚的里加等港口，然后采用铁路运输、公路运输或海运等方式运到欧洲各地，最后运到荷兰鹿特丹港的国际多式联运的运输线路。但是，西伯利亚大陆桥运输在经营管理上存在的问题，如港口装卸能力不足、铁路集装箱车辆不足、箱流严重不平衡及严寒气候的影响等，在一定程度上阻碍了它的发展。

第二亚欧大陆桥，又称新亚欧大陆桥。新亚欧大陆桥运输与西伯利亚大陆桥运输相比有着较大的优势。首先，它使亚欧之间的货运距离更短。从日本、韩国至欧洲，西至荷兰的世界第一大港鹿特丹港，通过新亚欧大陆桥，水陆全程仅为 12 000km，比经苏伊士河短约 8000km，比经巴拿马运河短约 11 000km，比绕道好望角短约 15 000km，同时将大幅缩短东亚与中亚、西亚之间的货运距离。从神户、釜山等港口至中亚、西亚国家，通过西伯利亚大陆桥和新亚欧大陆桥，海上距离相近，陆上距离相差很大。由于货运距离的缩短，它在运输时间和运费上也将比西伯利亚大陆桥有所减少，更有利于同海运竞争。它的东端桥头堡的自然条件好，一年四季可不间断作业。其次，新亚欧大陆桥有很大一部分路程在中国境内,便于运输和安全管理。它东起中国黄海之滨的连云港,向西经陇海铁路的徐州、商丘、开封、郑州、洛阳、三门峡、渭南、西安、宝鸡、天水等站,兰新铁路的兰州、武威、金昌、张掖、酒泉、嘉峪关、哈密、吐鲁番、乌鲁木齐等站。

第三亚欧大陆桥,从重庆始发,经达州、兰州、乌鲁木齐,向西过北疆铁路到达中国边境阿拉山口,进入哈萨克斯坦,再转俄罗斯、白俄罗斯、波兰,至德国的杜伊斯堡,全程达 11179km。

大陆路桥运输中有不同的集装箱多式联运方式,可分为国际公路集装箱多式联运和国际铁路集装箱多式联运。

1)国际公路集装箱多式联运

在这里,我们仅讨论国际公路集装箱多式联运(国内段)的货运形式和业务范围,如下所述。

(1)货运形式。

① 整箱的"港到门"直达运输。
② 整箱的"港到站"至堆场运输。
③ 整箱的"门到港"直达运输。
④ 整箱的"门到场"或站运输。
⑤ 空箱的"场到门"或"站到门"运输。
⑥ 空箱的"站到场"或"场到站"运输。
⑦ 空箱的"站到站"或"场到场"运输。

(2)进口货运业务。

① 编制进口货运量计划。集卡公司应根据港务局提供的船期动态表及船公司或货运代理提供的进口箱数,结合本公司运力编制进口货运量计划。

② 接受汽车托运。货主或其代理向集卡公司提出进口集装箱陆上运输申请,集卡公司在了解箱内货物和卸货地点情况后,对于符合条件的接受托运。

③ 申请整箱放行计划。集卡公司在接受托运之后,应向联合运输营业所申请整箱放行计划,拆箱货应由陆上运输管理处批准。

④ 安排运输作业计划。集卡公司应根据"先重点后一般"原则,合理安排运输作业计划,如遇超重箱或超标准箱应向有关部门申请超限证,跨省运输则应开具路单等。

⑤ 向港区申请机械和理货、卫检等。无论是整箱还是拆箱,均应及时向港区提出作业申请,由港区根据需要配备机械和人力。另外,集卡公司还应代收货人提出理货、卫生检查或一些特殊需要的申请。

⑥ 从堆场提取重箱。集卡公司在取得放行单和设备交接单后,应到指定地点提取重箱,并办理出场设备交接单。

⑦ 交箱。集装箱送至收货人处拆箱时,须由外理派人理货。收货人接收货物并在交接单上签收,集卡运输责任才告结束。

⑧ 空箱回运。空箱应按指定时间、地点送回,并凭设备交接单办理空箱交接。

(3)出口货运业务。

① 掌握货源。集卡公司应广泛开展货源组织工作,掌握船公司和货运代理近期内待装

运的货源，预先做好运力安排。

② 接受托运。集卡公司在了解掌握待装货物和装箱地点情况后，符合条件的予以承运并订立运输契约。

③ 安排作业计划。接受托运后，应及时编制作业计划。超重、超限、跨省运输应向有关部门申请。

④ 根据所承运的货物应在前一天向码头申请机械。

⑤ 领取空箱。集卡公司凭签发的出场设备交接单和搬运单到指定地点提取空箱。

⑥ 装箱和送交重箱。空箱在托运人处装箱，经过外理理货，由装箱人提供装箱单，集卡公司将重箱连同装箱单、设备交接单送到指定港区交付，并办理集装箱设备交接。

2）国际铁路集装箱多式联运

国际铁路集装箱联运是指在两个或两个以上国家之间进行铁路集装箱货物运输时只使用一份统一的国际联运票据，由一国铁路向另一国铁路移交货物时无须托运人、收货人参加的一种运输方式。

国际铁路集装箱货物联运的手续简单，从始发站至终点站，无论经过几个国家，全程运输可使用同一张运单。货物在国境站办理换装或直通、过轨运输时，不需要托运人参加和重新办理托运手续，免除了国境站重新填制票据、核收运送费用、办理车皮计划等手续，可以加速货物运送，方便货主，也为国际贸易的发展创造了有利条件。

目前国家间的铁路合作组织主要有 3 个：一是总部设在伯尔尼，以国家为成员的国际铁路运输政府间组织；二是总部设在华沙的铁路合作组织；三是总部设在巴黎，具有民间性质的铁盟。这些国际组织的主要任务就是发展和协调国际铁路货物联运，共同解决运输中存在的经济、技术、商务及法律等方面的问题，制定和修改有关国际公约。我国在 1956 年加入了铁路合作组织，1976 年 6 月参加了铁盟。

（1）运单的填制。

托运人在填写运单时，必须对运单内容的准确性负责。托运人填写不准确、不完整和漏写等引起的一切后果，均由托运人负责。

铁路承运人有权检查托运人在运单中所记载的事项是否准确，但此项检查仅限于在海关和其他规章规定的情况下，以保证运输中的行车安全和货物完整。

此外，托运人必须将货物运输全程中为履行运输合同和海关及其他规章所需要的文件牢固地附在运单上，并将文件名称和份数记入运单的"托运人添附的文件"栏内。托运人所附文件应随同运单一起交到国境站，不得采取邮寄的方式。货物在国境站的报关手续，由托运人委托外运公司或其他代理人代为办理。如果托运人未履行此项规定，则始发站可拒绝接收该项货物。同时，铁路承运人不对托运人所附文件的准确性负责。

（2）铁路承运人的责任。

铁路承运人应从承运货物时起，至在到达站交付货物时止，对货物全部或部分灭失或毁损或逾期运到所发生的损失负责。托运人在运单内所记载并添附的文件由于铁路承运人的过失而遗失的，铁路承运人应负责。铁路承运人还应对因其过失未能执行有关要求变更运输合同的申请的后果负责。

按运单承运货物的各铁路承运人，应对货物负连带责任。按《国际货协》运单进行货物运输的铁路承运人,应负责完成货物的全程运输,直到在到达站交付货物时止。每一续运铁路承运人自接收附有运单的货物时起,即视为参加这一运输合同,并承担由此而产生的义务。

对由于下列原因造成的货物损失,铁路承运人不负责任。

① 铁路不能预防和不能消除的情况。
② 货物的自然特性引起的货物自燃、生锈、内部腐坏或类似的后果。
③ 由于托运人或收货人的过失或由于其要求,而不能归咎于铁路的原因。
④ 托运人、收货人的装卸过失。
⑤ 路运规章许可使用敞车类货车运送货物所致。
⑥ 包装不牢、标志不清,铁路在承运时无法从其外部发现。
⑦ 托运人或收货人的押运员未采取保证货物完整的必要措施。
⑧ 货物自然损耗。
⑨ 托运人申报内容不准确、不完全。

2. 小陆桥运输

小陆桥运输是指集装箱的海陆或陆海联运方式,从运输组织方式上看其与大陆桥运输并无大的区别,只是其运送货物的目的地为沿海港口。例如,货物以国际标准规格集装箱为容器,从日本港口海运至美国、加拿大西部港口卸下,再由西部港口换装铁路集装箱专列或汽车运至北美东海岸和加勒比海区域及相反方向。目前,北美小陆桥承运的主要是日本经北美太平洋沿岸到大西洋沿岸和墨西哥湾地区港口的集装箱货物,当然也承运从欧洲到美国西海岸及海湾地区各港的大西洋航线的转运货物。

小陆桥运输是在美国大陆桥运输业务开始萎缩后产生的,其具体做法是由远东把货物运至美国西海岸港口,再以铁路运输或公路运输方式运至美国东海岸港口或墨西哥湾靠近最后目的地的港口,卸车后再转运至目的地。这种运输由于不必通过巴拿马运河,所以可以节省时间。小陆桥运输全程使用一张海运提单,由海运承运人支付陆上运费,由美国东海岸或墨西哥湾港口转运至目的地的费用由收货人负担。

3. 微陆桥运输

微陆桥运输是在小陆桥运输的基础上产生的。因为它只利用了大陆桥的一部分,不通过整个陆桥,比小陆桥还短一段,因此也称半陆桥运输。

比如,日本到美国内陆地区的货物,在西海岸港口上陆后,直接由陆上运输运到美国内陆地区的城市。这样既可免去收货人到港口去办理报关、提货等进口手续,又方便了货主,这便是微陆桥运输。

微陆桥运输与小陆桥运输基本相似,只是其交货地点在内陆地区。例如,北美微陆桥运输是指经北美东、西海岸及墨西哥湾沿岸港口到美国、加拿大内陆地区的联运服务。随着北美小陆桥运输的发展,出现了新的矛盾。比如,货物由靠近东海岸的内地城市运往远东地区(或反向),首先要通过国内运输,以国内提单运至东海岸交船公司,然后由船公司另外签发由东海岸出口的国际货运单证,再通过国内运输运至西海岸港口,最后通过海运运至远东。

（三）海空联运

海空联运又称空桥运输（Air-Bridge Service）。在运输组织方式上，海空联运与陆桥运输有所不同：陆桥运输在整个货运过程中使用的是同一个集装箱，不用换装，而海空联运的货物通常要在航空港换入航空集装箱。不过，二者的目标是一致的，即以低费率提供快捷、可靠的运输服务。

海空联运始于20世纪60年代，但到20世纪80年代才获得较大的发展。采用这种运输方式，运输时间比全程海运少，运输费用比全程空运省。20世纪60年代，将远东船运至美国西海岸的货物，再通过航空运至英国内陆地区或美国东海岸，从而出现了海空联运。当然，这种联运组织形式以海运为主，只是最终交货运输区段由空运承担。1960年年底，苏联航空公司开辟了经由西伯利亚至欧洲的航线。1968年，加拿大航空公司参加了国际多式联运。20世纪80年代，出现了经由中国香港、新加坡、泰国等至欧洲的空运航线。目前，国际海空联运线主要有如下几条。

1. 远东—欧洲

目前，远东与欧洲间的航线有以温哥华、西雅图、洛杉矶为中转地的，也有以中国香港、曼谷为中转地的。此外，还有以旧金山、新加坡为中转地的。

2. 远东—中南美

近年来，远东至中南美的海空联运发展得较快，因为此处港口和内陆运输不稳定，所以对海空运输的需求很大。该联运线以迈阿密、洛杉矶、温哥华为中转地。

3. 远东—中近东、非洲、大洋洲

这是以中国香港、曼谷为中转地，至中近东、非洲的运输服务。在特殊情况下，还有经马赛至非洲、经曼谷至印度、经中国香港至澳洲等联运线，但这些线路的货运量较小。

总的来讲，运输距离越长，采用海空联运的优越性就越大，因为与完全采用海运相比，其运输时间要短；与直接采用空运相比，其费率要低。因此，从远东出发，将欧洲、中南美及非洲作为海空联运的主要市场是合适的。

（四）江海联运

江海联运也称河海联运，是指利用发达的内陆水系进行的集装箱运输，能耗最低、污染最小的联运方式。江海联运把海运和内河运输连接起来，能方便地把货物运至内河水系的广大地区。目前世界范围内最典型的江海联运是利用莱茵河进行欧洲内河连通海运的多式联运。莱茵河沿岸一些重要的工商业中心都联通了水路，并建设了先进、高效的内河集装箱码头，开通了各内陆工商业中心到鹿特丹、安特卫普等海港的定期航班。我国较典型的是长江经济带的江海联运。长江经济带江海联运是海运与内河运输高效衔接、内贸与外贸协同发展的关键集疏运体系，是在现代化流通领域落实"以国内大循环为主体、国内国际双循环相互促进的新发展格局"的具体实践，是长江经济带实体经济连接全球，实现双循环的重要纽带。《长江经济带江海联运发展指数报告（2020）》显示，长三角地区沿海、内河港口联动，已形成分工协作、高效衔接的江海联运新发展格局。上海与宁波舟山、苏州、南京、南通等港口，优势互补、协同发展，形成了紧密的业务联系与健康的竞合关系。

(五)公铁联运

有效的公铁联运集公路、铁路为一体,不仅可以最大限度地满足现代物流发展的需要,还可以有效地结合铁路运输准时、安全、费用低,以及公路运输快速、灵活、服务到门的优势;同时,克服铁路运输速度慢、网点少、服务差,以及公路运输安全系数低、费用高和交通拥挤等缺点。因而,公铁联运已发展成快速、准时、安全、高效、费用相对较低的"门到门"的物流服务体系。

其中,中欧班列运营商能向多式联运承运人成功转型的一个重要前提在于,政府主导的国家建设与企业主导的市场建设在运营中的默契配合。在交通运输体系多头制的管理模式下,国际多式联运可以实现高效整合多种运输工具,为货主提供"一票到底"的运输模式。另外,中欧班列全部采用标准集装箱运输,实现了各国间海关检查检疫的协作机制,一票到底、中途免检,大大节省了运行的成本和时间。

(六)陆空联运

陆空(陆)联运相比海空联运而言,是更普遍采用的运输方式,尤其是在工业发达、高速公路较多的国家,这种方式更显其效能。陆空联运具有到货迅速、运费适中、安全保质、手续简单和可以提前结汇等优点。陆空联运主要有空陆空联运、陆空陆联运(Train-Air-Truck,TAT)和陆空联运(Train-Air/Truck-Air,TA)等形式。目前,接受这种联运方式的国家遍及欧洲、美洲和大洋洲。

(七)海铁联运

海铁联运是指进出口货物由铁路运到沿海海港直接由船舶运出,或是货物由船舶运输到达沿海海港之后由铁路运出的只需"一次申报、一次查验、一次放行"就可完成运输全程的运输方式。海铁联运已有 50 多年的历史,成熟的国际港的海铁联运的比例可以达到 20%~40%,例如,荷兰鹿特丹港有直接通入码头的铁路集装箱编组中心(RSC),便利的铁水联运衔接使海铁联运占吞吐总量的比例超过了 20%。

Mission 任务 2 认知国际多式联运经营人

一、国际多式联运经营人的概念及特点

国际多式联运经营人是指本人或通过其代表订立国际多式联运合同,并且承担履行合同的责任的人。他是事主,而不是发货人的代理人,或者参加国际多式联运的承运人的代理人或代表。

从概念中,可看出国际多式联运经营人具有如下特点。

1. 国际多式联运经营人是国际多式联运合同的主体

国际多式联运经营人是"本人"而非代理人。他既对全程运输享有承运人的权利,又负有履行国际多式联运合同的义务,并对责任期间所发生的货物的灭失、损害或迟延交付承担责任。

2. 国际多式联运经营人的职能在于完成国际多式联运提单,并签发国际多式联运合同

国际多式联运经营人既可以拥有运输工具从事一个或几个区段业务,也可以不拥有任何运输工具,仅负责全程运输组织工作。当国际多式联运经营人以拥有的运输工具从事某一区段运输时,其既是契约承运人,又是该区段的实际承运人。

3. 国际多式联运经营人是"中间人"

国际多式联运经营人具有双重身份,其既以契约承运人的身份与货主(托运人或收货人)签订国际多式联运合同,又以货主的身份与负责实际运输的各区段运输的承运人(通常称为实际承运人)签订分运运输合同。

由此可见,国际多式联运经营人不同于无船承运人、传统货运代理,三者间的比较如表 9-1 所示。

表 9-1　国际多式联运经营人、无船承运人和传统货运代理的比较

	比较项目	国际多式联运经营人	无船承运人	传统货运代理
	相同之处	它们均属于运输中间商,主要业务都是为供需双方提供运输服务或代理服务,以求赚取运费或代理费		
不同之处	涉及运输方式	至少两种运输方式	海运	海、陆、空
	法律地位	对货主而言是承运人,对各区段承运人而言是货主	对货主而言是承运人,对船公司而言是货主	代理人
	资金占用	很大	较大	很少
	是否拥有船舶	必要时可以拥有	禁止拥有	禁止拥有
	是否拥有陆运与空运工具	必要时可以拥有	必要时可以拥有	禁止拥有
	是否有自己的提单	有	有	无
	是否有自己的运价表	有	有	无
	收入性质	运费(差价)	运费(差价)	代理费或佣金

二、国际多式联运经营人具备的条件

在实务中,几乎所有的货运代理企业都曾有过以国际多式联运经营人身份签发国际多式联运单据的经历。我国的《国际集装箱多式联运管理规则》曾经对申请经营国际多式联运业务的企业要达到的条件有明确规定,但对其经营人资格没有明确的法律规定。根据国际多式联运经营人的经营特性和承担的责任,它必须具备以下条件:①承担全程运输责任;②使用全程联合运输提单;③实行全程的单一运费率。因此,国际多式联运经营人也需要具备经营所需的一些非法律强制性的条件,列举如下。

(一)与有关的实际承运人、场站经营人建立长期合作关系

作为国际多式联运经营人,需要与有关的实际承运人、场站经营人签订长期合作的协

议，以便在开展国际多式联运业务的过程中，根据具体情况获得订舱、仓储优先权和享受运杂费优惠等。

（二）构建国际多式联运线路及相应的经营网络

国际多式联运经营人通过广泛的合作或自己开辟国际多式联运线路，以构建国内外联运的经营网络。其往往在国内外的沿海、沿江港口有自己的分支机构或代理，而且在国内外的大城市也有自己的分支机构或代理。

（三）拥有必要的运输设备，尤其是场站设施和短途运输工具

开展国际多式联运必然会涉及中转环节，货物中转就需要有仓库、货场及必要的运输设备等。集装箱货运站是为拼箱货装箱和拆箱的船、货双方办理交接的场所。承运人在此处办理拼箱货的交接、配载、积载后，将集装箱送往指定的堆场并接收堆场交来的进口货箱，进行拆箱、理货、保管，最后拨给各收货人。集装箱货运站具有货物交接、储存、中转功能，在国际多式联运业务中发挥着非常重要的作用。

（四）拥有雄厚的资金和良好的资信

国际多式联运具有一定的风险性，面对运输全过程中所发生的货物灭失或损害，国际多式联运经营人首先对货物受损人负责，并应具有足够的赔偿能力。这就要求经营国际多式联运业务的国际多式联运经营人必须拥有雄厚的资金和良好的资信作为保障。

（五）拥有符合要求的国际多式联运单据

作为国际多式联运经营人必须拥有自己的国际多式联运单据或提单。国际多式联运单据是经营人与货主之间运输合同的证明，具有有价证券的性质，具有进行转让和向银行抵押贷款的作用。

（六）具备自己所经营的国际多式联运线路运价表

国际多式联运的基本特征之一就是采用单一费率，因此经营国际多式联运业务的国际多式联运经营人需要制定单一的联运包干费率。由于国际多式联运涉及的环节多，而费率会直接影响到业务经营的成效，所以国际多式联运经营人要在确定单一费率的基础上制定出自己的线路运价表，综合权衡各种因素，使制定的线路运价表具有竞争性，以利于国际多式联运业务的高效开展。

三、国际多式联运经营人的责任归属

（一）国际多式联运经营人的主要负责范围

（1）托运人委托国际多式联运经营人负责装箱、计数的，国际多式联运经营人应对箱内货物不是由于商品自身包装和质量问题而造成的污损和灭失负责。

（2）托运人委托装箱时，未按托运人要求，结果因积载不当或衬垫捆扎不良而造成串味、污损、倒塌、碰撞等，这些货损应由国际多式联运经营人负责。

（3）在责任期间因责任事故，致使货物损坏或灭失的，应由国际多式联运经营人负责。

（4）国际多式联运经营人应对货物延迟交付负责。

(二)国际多式联运经营人的免责范围

(1) 托运人所提供的货名、种类、包装、件数、重量、尺码及标志不实,或由于托运人的过失和疏忽而造成的货损或灭失。
(2) 由托运人或其代理装箱、计数或封箱的货物的损失。
(3) 货物品质不良,外包装完好而内装货物短缺变质。
(4) 货物装载于托运人自备的集装箱内的损坏或短少。
(5) 运输标志不清造成的损失。
(6) 对危险品等特殊货物的说明及注意事项不清或不正确而造成的损失。
(7) 对有特殊装载要求的货物未加标明而引起的损失。
(8) 由于海关、商检、承运人等行使检查权所引起的损失。

Mission 任务 3 掌握国际多式联运操作实务

一、国际多式联运的程序

国际多式联运经营人是全程运输的组织者。国际多式联运的程序包括以下几个环节。

1. 接受托运申请,订立国际多式联运合同

发货人或其代理人根据双方就货物交接方式、时间、地点、付费方式等达成协议填写场站收据(货物情况可暂空),并把其送至联运经营人处编号。国际多式联运经营人编号后留下货物托运联,将其他联交还给发货人或其代理人。

2. 空箱的发放、提取及运送

国际多式联运使用的集装箱一般应由国际多式联运经营人提供。这些集装箱的来源可能有如下 3 个。

① 国际多式联运经营人自己购置使用的集装箱。
② 向租箱公司租用的集装箱。这类集装箱一般在货物的起运地附近提箱,在交付货物地点附近还箱。
③ 由全程运输中的某一分运人提供的集装箱。这类集装箱一般需要在国际多式联运经营人为完成合同运输与该分运人(一般是海上区段承运人)订立分运合同后获得使用权。

如果双方协议由发货人自行装箱,则国际多式联运经营人应签发提箱单或将租箱公司或分运人签发的提箱单交给发货人或其代理人,由他们在规定日期到指定的堆场提箱并自行将空箱拖运到货物装箱地点,准备装货。如发货人委托,亦可由国际多式联运经营人办理从堆场到装箱地点的空箱拖运(对于这种情况需要加收空箱拖运费)。

如是拼箱货(或是整箱货,但发货人无装箱条件不能自装),则由国际多式联运经营人

将所用空箱调运至接收货物的集装箱货运站,做好装箱准备。

3. 出口报关

若联运从港口开始,则在港口报关;若从内陆地区开始,则在附近的内陆地区海关办理报关。出口报关事宜一般由发货人或其代理人办理,也可委托国际多式联运经营人代为办理(对于这种情况需要加收报关手续费,并由发货人负责海关派员所产生的全部费用)。报关时,国际多式联运经营人应提供场站收据、装箱单、出口许可证等有关单据和文件。

4. 货物装箱及接收货物

若发货人自行装箱,则发货人或其代理人提取空箱后在自己的工厂和仓库组织装箱,装箱工作一般要在报关后进行,并请海关派员到装箱地点监装和办理加封事宜。如需理货,还应请理货人员现场理货并与之共同制作装箱单。

如是拼箱货,则发货人应负责将货物运至指定的集装箱货运站,由货运站按国际多式联运经营人的指示装箱。

无论装箱工作由谁负责,装箱人均需制作装箱单,并办理海关监装与加封事宜。对于由货主自装箱的整箱货,发货人应负责将货物运至双方协议规定的地点,国际多式联运经营人或其代理(包括委托的堆场业务员)在指定地点接收货物。如是拼箱货,则国际多式联运经营人应在指定的货运站接收货物。验收货物后,代表国际多式联运经营人接收货物的人应在场站收据正本上签章并将其交给发货人或其代理人。

5. 订舱及安排货物运送

国际多式联运经营人在合同订立之后,即应制订该合同涉及的集装箱货物的运输计划。该计划应包括货物的运输路线、区段的划分、各区段实际承运人的选择确定,以及各区段间衔接地点的到达、起运时间等内容。这里所说的订舱泛指国际多式联运经营人要按照运输计划安排、洽定各区段的运输工具,与选定的各实际承运人订立各区段的分运合同。这些合同的订立既可以由国际多式联运经营人本人(派出机构或代表)或委托的代理人(在各转接地)办理,也可以请前一区段的实际承运人作为代表向后一区段的实际承运人订舱。货物运输计划的安排必须科学并留有余地。各方在工作中应相互联系,根据实际情况调整计划,避免彼此脱节。

6. 办理保险

在发货人方面,应投保货物运输险。该保险由发货人自行办理,或由发货人承担费用、由国际多式联运经营人代为办理。货物运输保险既可以是全程的,也可以分段投保。

在国际多式联运经营人方面,应投保货物责任险和集装箱保险,由国际多式联运经营人或其代理人向保险公司或以其他形式办理。

7. 签发多式联运提单,组织完成货物的全程运输

在国际多式联运经营人或其代理人收取货物后,国际多式联运经营人应向发货人签发多式联运提单。在把提单交给发货人前,国际多式联运经营人应注意按双方议定的付费方式及内容、数量向发货人收取全部应付费用。

8. 运输过程中的海关业务

按照惯例,国际多式联运的全程运输(包括进口国内陆段运输)均应被视为国际货物

运输。因此，该环节的工作主要包括货物及集装箱进口国的通关手续、进口国内陆段保税（海关监管）运输手续及结关等内容。当陆上运输要通过其他国家海关和内陆运输线路时，还应包括这些海关的通关及保税运输手续。这些涉及海关的手续一般由国际多式联运经营人的派出机构或代理人办理，也可由各区段的实际承运人作为国际多式联运经营人的代表代为办理。由此产生的全部费用应由发货人或收货人负担。

如果货物在目的港交付，则结关应在港口所在地海关进行。如果在内陆地交货，则应先在口岸办理保税（海关监管）运输手续，海关加封后方可运往内陆目的地，然后在内陆海关办理结关手续。

9. 全程运输的协调管理

1）不同运输方式之间的转运

国际多式联运是以至少两种不同运输方式组成的连贯运输，不同运输方式之间的转运衔接是保证运输连贯性、及时性的关键。由于运输工具不同、装卸设备设施不同、转运点的选择不同，以及各国的规定和标准不同，国际多式联运经营人或其代理人事前应有充分的了解，以便根据各种不同具体情况和要求实现快速顺利的转运。

2）各运输区段的单证传递

国际多式联运经营人作为全程运输的总负责人，通常要与各运输区段实际承运人订立分运输合同，在运输区段发送地以托运人的身份托运货物，在运输区段的目的地又以收货人的身份提领货物。为了保证各运输区段货物运输的顺利进行，多式联运经营人或其代理人在托运货物后要将有关运输单证及时寄给区段目的地代理人。同时，如果该实际运输区段不是最后一程运输，则国际多式联运经营人的代理人在做好接货准备的同时，还要做好下一程运输的托运准备。

3）货物的跟踪

为了保证货物在国际多式联运全程运输中的安全，国际多式联运经营人要及时跟踪货物的运输状况，如通过电报、电传、EDI、互联网在各节点的代理人之间传递货物信息，必要时还可通过GPS进行实时控制。

10. 货物交付

当货物运至目的地后，由国际多式联运经营人在目的地的代理人通知收货人提货。收货人须凭国际多式联运提单提货，国际多式联运经营人或其代理人须按合同规定，收取收货人应付的全部费用。收回提单，签发提货单（交货记录）后，提货人凭提货单到指定堆场和地点（CFS）提取货物。

对于以FCL交货的，如CY条款，货物卸船、收货人在办妥进口清关手续后，委托集装箱码头整箱交货；对于以DOOR交货的，则以公路运输方式运至收货人的工厂或仓库交货，交接双方以箱体外表状况良好、封志完整为条件。对于以LCL交货的，交货地为合同指定的集装箱货运站，由集装箱货运站代表多式联运经营人拆箱、分票、堆存于仓库，收货人在办妥进口清关手续后，以散件方式提运。

二、国际多式联运单据

（一）国际多式联运单据概述

国际多式联运单据有广义与狭义之分，广义上的国际多式联运单据是指国际多式联运运作中涉及的所有货运单证，狭义上的国际多式联运单据是指多式联运经营人向货主签发的国际多式联运单据。除非特殊说明，否则通常所称的多式联运单据均是指狭义上的国际多式联运单据。

1. 多式联运经营人签发的国际多式联运单据

《联合国国际货物多式联运公约》对国际多式联运单据的定义如下：国际多式联运单据（Multimodal Transport Document，MTD 或 Combined Transport Document，CTD）是指证明国际多式联运合同及证明国际多式联运经营人接管货物并负责按照合同条款交付货物的单证。

《1991年联合国贸易和发展会议/国际商会多式联运单证规则》对国际多式联运单据的定义如下：国际多式联运单据是指证明国际多式联运合同的单据，该单据可以在适用法律的允许下，以电子数据交换信息取代，既可以以可转让方式签发，也可以表明记名收货人，以不可转让方式签发。

2. 区段承运人签发的运输单据

国际多式联运经营人以托运人的名义向各区段承运人办理委托并交付货物后，可取得各区段承运人签发的运输单据。从是否具有物权凭证功能来划分，海陆空承运人所签发的运输单据可分成两大类：①提单类，包括提单（Bill of Lading）、租船提单（Charter party Bill of Lading）；②运单类，包括不可转让海运单（Non-negotiable Sea Waybill），航空货运单（Air Transport Document），公路、铁路或内河运单（Road, Rail or Inland Waterway Transport Documents），以及快递收据（Courier Receipt）、邮政收据（Post Receipt）或投邮证明书专递（Certificate of Posting）。

3. 托运业务单证

托运业务单证是指托运人向国际多式联运经营人，以及国际多式联运经营人向区段承运人办理出口订舱业务时所涉及的货运单证。

4. 交付业务单证

交付业务单证是指收货人向国际多式联运经营人，以及国际多式联运经营人向区段承运人办理进口换单业务时所涉及的货运单证。

5. 箱管业务单证

箱管业务单证是指办理集装箱发放、交接等手续时所涉及的单证。

6. 口岸监管业务单证

口岸监管业务单证是指办理货物、集装箱或载运工具监管手续时向口岸监管机关提交的单证。

（二）国际多式联运单据的内容

在实践中，国际多式联运单据除应满足多式联运方面的要求外，还应该能够为国际贸易服务。国际多式联运单据一般包括以下15项内容。

① 货物品类、标志、危险特征的声明、包数或者件数、重量。
② 货物的外表状况。
③ 多式联运经营人的名称与主要营业地。

④ 托运人名称。
⑤ 收货人名称。
⑥ 国际多式联运经营人接管货物的时间、地点。
⑦ 交货地点。
⑧ 交货日期或期间。
⑨ 国际多式联运单据可转让或不可转让的声明。
⑩ 国际多式联运单据签发的时间、地点。
⑪ 国际多式联运经营人或其授权人的签字。
⑫ 每种运输方式的运费、用于支付的货币、运费由收货人支付的声明。
⑬ 航线、运输方式和转运地点。
⑭ 关于国际多式联运遵守公约或法律规定的声明。
⑮ 双方商定的其他事项。

显然,国际多式联运提单与海运提单的最大不同在于,前者是收货待装船提单,后者是已装船提单,因此,多式联运提单的运输栏增加以下 4 项。

① 前程运输工具(Pre-carriage by)。在国际多式联运的情况下,在该栏内注明铁路(Rail)、卡车(Truck)、空运(Air)或江河(River)等运输方式。

② 收货地(Place of Receipt)。在国际多式联运的情况下,此栏填写国际多式联运经营人开始接收货物的地点。

③ 交货地(Place of Delivery)。在国际多式联运的情况下,此栏填写国际多式联运经营人最终交货的地点。

④ 目的地(Final Destination for The Merchant's Reference,Final Destination of The Goods-not The Ship)。此栏仅做进出口商参考使用,应填写货物实际将到达目的地。

(三)国际多式联运单据及各区段运输单证的制作

国际多式联运单据与各区段承运人签发的运输单据(提单或运单等)在缮制与流转上既有一定的联系,又有一定的差别(见表 9-2)。

表 9-2　国际多式联运单据与各区段承运人签发的运输单据的区别与联系

项目	国际多式联运单据	各运输区段承运人签发的运输单据(提单、运单)
收货地	起始收货地点	区段运输工具实际收货地
装货港	一程船的装货港	区段运输工具(船)的实际装货港
卸货港	最末程船卸货港	区段运输工具(船)的实际卸货港
交货地	最终交货地点	区段运输工具的实际交货地
签单地	起始收货地点	区段运输工具的收货地(港)
托运人	依贸易合同而定	国际多式联运经营人或其代理人
通知人	依贸易合同而定	国际多式联运经营人或其代理人
收货人	依贸易合同而定	国际多式联运经营人或其代理人(有些国家规定铁路联运运单上的收货人只能写实际收货人)
签发人	国际多式联运经营人或其代理人	区段承运人或其代理人
责任区间	承担全程责任	承担各自所负责区段的责任
主要用途	结汇与提货	货物交接与提取

有以下两点需要注意。

① 各区段运输单据的"托运人"及"收货人"栏应填入国际多式联运经营人或其代理人的名称，以便各区段承运人掌控各区段运输的中止权与提货权。如果无法做到，则可考虑签发不可转让的多式联运单据。

② 确保单单一致。应确保相关栏目的记载相互一致，尤其不要发生加重国际多式联运经营人的责任或减轻、免除区段承运人的责任的情况，否则，国际多式联运经营人在赔偿货主货损、货差后，无法向造成货损、货差责任的区段承运人追偿。

【任务】

一批电子产品已装船，货物从任何欧洲港口发运至中国上海，并允许转船。由于地理上的关系，该批货物先由支线船 A 在丹麦哥本哈根装船运至德国汉堡，然后转到远洋船 B 运至中国上海。假设选用多式联运提单制作上述海运提单，试问以下 4 种形式所制作的提单是否为银行所接受？

1. 第一种制单

前程运输工具：A　　　收货地：哥本哈根　　　装货港：汉堡
船名：B　　　　　　　卸货港：上海　　　　　交货地：
另在装船批注上加注汉堡的装船日期。

2. 第二种制单

前程运输工具：　　　　收货地：　　　　　　　装货港：汉堡
船名：B　　　　　　　卸货港：上海　　　　　交货地：
另在装船批注上加注汉堡的装船日期。

3. 第三种制单

前程运输工具：　　　　收货地：　　　　　　　装货港：哥本哈根
船名：A　　　　　　　卸货港：汉堡　　　　　交货地：上海
卸货港：汉堡另批注在汉堡转船（Via Hamburg）。

4. 第四种制单

前程运输工具：　　　　收货地：　　　　　　　装货港：哥本哈根
船名：A　　　　　　　卸货港：上海　　　　　交货地：
另在装船批注上加注哥本哈根的装船日期。

三、国际多式联运的运价及全程运费结算

（一）国际多式联运的运价

虽然目前在有些国际班轮航线上，如泛太平洋航线及泛大西洋航线，班轮公会实际上实行的是"点到点"运价，但是，大多数国际集装箱海上承运人还没有真正采用"门到门"[①]运价形式。然而，随着国际集装箱运输及多式联运的迅速发展，采用"门到门"运价的人

---

① "门"指的是比"点"更靠近收货方的收货的地方，通俗地讲就是"送货上门"中的"门"。而"点"多指"站点"，并不"送货上门"。

变得越来越多。

作为国际多式联运经营人的两种主要类型——无船承运人和有船承运人在很多方面具有不同的特征。然而，从国际多式联运运价表的内容结构来讲，这两种国际多式联运经营人并无大的区别。任何一个国际多式联运经营人，在制定国际多式联运运价表之前，首先必须确定具体的运输线路，并就有关各运输区段的单一运输方式做好安排，在此基础上，依据各单一运输方式的运输成本及其他有关运杂费，估算出各条运输线路的实际成本，从而制定出一个真正合理的国际多式联运运价表。

国际多式联运运价表从结构上讲，可采用以下两种形式。一种是城市间的"门到门"费率。这种费率结构既可以是以整箱货或拼箱货为计费单位的货物等级费率，也可以是按 TEU 或 FEU 计费的包箱费率。这是一种真正意义上的国际多式联运运价。另一种形式与海运运价表相似，是港到港间的费率加上内陆运费率。这种费率结构形式较为灵活，但从竞争的角度来看，由于这种形式将海运运价与内陆运价分开，因而对竞争不利。

在国际多式联运运价分为海运运价和内陆运价两部分的情况下，应注意国际多式联运运价表的内陆运价部分必须包括以下这些内容。

① 一般性条款，如关税及清关费用、货物的包装、无效运输，以及更改运输线路与方向等。

② 公路、铁路及内河运输的装箱时间及延滞费。

③ 额外服务及附加费的计收，如因货主原因而使用有关设备等。

内陆运价应真实反映各种运输方式的成本状况及因采用集装箱运输而增加的成本项目。同时，在确定内陆运价时，国际多式联运经营人既要考虑集装箱的装载能力，也要考虑运输工具的承载能力。因为在有些时候会发生货主与承运人利益冲突的情况。例如，由于集装箱载重能力或内容积的限制，承运人在运输集装箱货物时不能达到运输工具允许的最大承载能力，进而给承运人造成一定的亏载损失。

由于目前国际多式联运运价的制定多针对一些特定的运输线路，即从海港到内陆消费中心或生产中心，因此在制定内陆运价时可以考虑在不影响整个费率结构及其水平的情况下，采用较为优惠的内陆集装箱运输费率，对处于区位劣势的港口给予一定的补偿，从而提高这些港口的竞争力，促进这些港口腹地的国际多式联运的发展。

根据国际多式联运市场运价的变化及时调整费率水平，确保国际多式联运的运价始终处于一种最新的状态，是国际多式联运经营人的一项十分重要的任务。通常，内陆运费率及有关费用的变化，相比海上运费率要频繁得多。因此，当内陆运费率及有关费用发生变化时，国际多式联运运价必须尽快做出相应的变化。如果内陆运输成本上升而国际多式联运运价仍保持原有的水平，那么国际多式联运经营人的盈利就会减少。相反，如果内陆运输费用降低，而国际多式联运运价不相应降低，那么国际多式联运经营人的竞争地位就会受影响。

为充分发挥国际多式联运的优越性，国际多式联运运价应该比分段运输的运价对货主更具吸引力，而绝对不能是各单一运输方式运费率的简单相加，因为这将使国际多式联运经营人毫无竞争力可言。众所周知，运输时间和运输成本是与国际多式联运经营人竞争力密切相连的两个因素。对于组织、管理水平较高的国际多式联运经营人来说，运输时间是比较容易控制的，因此，重要的是如何降低运输成本。目前，国际多式联运经营人（主要是无船承运人）大多采用"集并运输"（Consolidation）方式来减少运输成本。集并运输有时也被称为"组装化运输"（Groupage），它是指作为货运代理人的无船承运人将起运地的几个发货人运往同一目的地的几个收货人处的小批量、不足一箱的货物汇集起来，拼装成整箱货托运。货物运往目的地后，由当地集并运输代理人将它们分别交付各收货人。其主要目的是从海上承运人较低的整箱货运费率中获益，从而降低海运成本。国际多式联运经营人降低海运成本的另一个途径是采用运量折扣费率形式，通过与海上承运人签订运量折扣费率合同，获取较低的海运运费率。此外，国际多式联运经营人还可以通过向非班轮公会会员船公司托运货物的方式来降低海运成本。因为相比之下，非班轮公会会员船公司的费率水平通常要比班轮公会会员船公司的低。

除海运外，国际多式联运经营人也可采用类似的方法来降低内陆运输（包括航空运输）成本，如采用运量折扣费率。此外，国际多式联运经营人还可以通过加强与公路、铁路等内陆运输承运人之间的相互合作，获得较低的优惠费率。实际上，这种有效的合作对双方都是有利的。对于公路或铁路运输承运人来说，由于采用集装箱运输，车辆在一定时期内完成的周转次数比散件运输要多得多；或者说，运输同样数量的货物，采用集装箱运输所需的车辆数量要少得多，因而可以降低公路或铁路运输承运人的成本。

（二）国际多式联运全程运费结算

国际多式联运全程运费是由国际多式联运经营人向货主一次性计收。目前，国际多式联运运费的计收方式主要有单一运费制、分段运费制和混合运费制。

1. 按单一运费制计算运费

单一运费制是指集装箱从托运到交付，所有运输区段均按照同一费率计算运费。在西伯利亚大陆桥运输中采用的就是这种计费方式。苏联从1986年起修订了原来的7级费率，采用了不分货种的以箱为计费单位的FAK统一费率。陆桥运输开办初期，从日本任何一个港口到布列斯特（苏联西部边境站）的费率为385卢布/TEU，陆桥运输的运费比班轮公会的海运运费低20%～30%。

2. 按分段运费制计算运费

分段运费制是指按照组成多式联运的各运输区段，先分别计算海运、陆运（铁路、汽车）、空运及港站等各项费用，然后合计为国际多式联运的全程运费，由多式联运经营人向货主一次计收。各运输区段的费用，由国际多式联运经营人与各区段的实际承运人分别结算。目前大部分国际多式联运的全程运费均采用这种计费方式，如欧洲到澳大利亚的国际集装箱多式联运、日本到欧洲内陆或北美内陆的国际集装箱多式联运等。

【任务】

甲国有8个车辆的整车货物随旅客列车挂运经乙国运往丙国，已知车辆标重为20t，按过境里程和运价等级，该货物在《统一货价》中的基本运价为7美元/t，而根据运价里程和运价号查得该货物在我国《铁路货物运价规则》中的运价折合美元为6美元/t，若两个运价的计费重量均为货车标重，我国应向甲国发货人收取多少运费？（根据《统一货价》的规定，随旅客列车挂运的整车货物的加成率为200%。）

3. 按混合运费制计算运费

理论上讲，国际多式联运经营人应制定全程运价表，且应采用单一费率。然而，由于制定单一费率是一个较为复杂的问题，因此，作为过渡方法，目前有的国际多式联运经营人尝试采取混合计收办法：从国内接收货物地点至到达国口岸采取单一费率，向发货人收取（预付运费）；从到达国口岸到其内陆目的地的费用按实际成本确定，另向收货人收取（到付运费）。

当然，也有采取分段累加计收，或者根据分段累加的总费用换算出单一费率计收的。

四、国际多式联运事故处理

（一）国际多式联运货损事故处理概述

国际多式联运在运输组织、实际运输过程等方面与传统的分段运输有较大区别。国际多式联运货损事故处理与传统的分段运输货损事故处理的不同之处，主要体现在索赔与理赔的多重性（多层次性）。

国际多式联运具有简单化的特点，货方通过与国际多式联运经营人订立一份全程的运输合同就可完成货物的全程运输。根据这份合同，国际多式联运经营人承担货物全程运输任务，对全程运输中发生的货物损害负责。而国际多式联运经营人为了完成全程的运输任务，又需要与各区段的实际承运人（国际多式联运经营人如具有某种运输工具，亦可充当某一区段的实际承运人）订立分运合同，并通过与各区段之间衔接地点的代理人订立代理合同来实现各区段的运输和各区段间的衔接工作。各实际承运人及代理人根据其与国际多式联运经营人订立的合同，分别对自己承担区段的运输与服务负责。

如果把各实际承运人与装卸公司订立的装卸作业合同，以及代理人与其他第三者订立的货物保管、储存等合同与国际多式联运合同相比，则国际多式联运中各当事人之间的合同关系则表现出多重性的特点。

在国际多式联运中，各当事人的责任、义务和权利是根据他们之间订立的合同确定的，因此国际多式联运的货损事故处理也明显具有多重性，与传统分段运输有很大的区别。

国际多式联运中的货损事故一般发生在货物保管、运输、装卸过程中，造成这些事故的直接责任人可能是货方、国际多式联运经营人及其其代理人，以及各区段实际承运人及其代理人。货方在目的地接收货物时（后）发现货物发生了灭失、损害和延误，发货人（或收货人）只能根据国际多式联运合同向国际多式联运经营人提出索赔，而国际多式联运经营人根据该合同规定应承担全程运输中任何时期、任何区段发生的货损的责任。这就形成了货损事故处理中的第一层索赔和理赔。国际多式联运经营人在做出适当的赔偿，取得了这部分货物的所有权后，还要根据相应的合同向造成该货损事故的直接责任人（各区段的实际承运人等）索赔。而直接责任人应进行理赔，这是多式联运货损事故处理中的第二层业务。第二层业务的处理依据不再是国际多式联运合同，而是国际多式联运经营人与责任人之间订立的分合同。

在货方投保全程运输险和国际多式联运经营人投保运输责任险的情况下，货损事故处理中索赔和理赔的次数还会增加。如果货方已投保全程货物运输险，则国际多式联运经营人应根据国际多式联运合同向受损人承担责任后，向保险人（根据保险合同）索赔。保险人赔偿后,再根据分运合同向责任人索赔。

(二) 国际多式联运经营人的责任形式

在传统的分段运输下,各种运输方式的国际公约对承运人的责任形式、责任基础和责任限制都有明确的规定。在货损事故处理中,承运人只要根据所在国家加入的国际公约规定的责任限额对自己应承担的责任进行赔偿即可。但在国际多式联运中,情况要复杂得多。国际多式联运经营人采用的责任形式有两种:统一责任制和网状责任制。在这两种责任形式下,确定国际多式联运经营人责任的原则和赔偿额都有很大区别,如表9-3所示。

表9-3 不同责任形式下确定国际多式联运经营人责任的原则和赔偿额

责任形式	确定国际多式联运经营人责任的原则和赔偿额
统一责任制	国际多式联运经营人要对运输全程负责。各区段的实际承运人要对自己承担的区段负责。无论事故发生在哪一个区段,都按统一规定的责任限额进行赔偿
网状责任制	国际多式联运经营人对全程运输负责,各区段的实际承运人对自己承担的区段运输负责。在确知事故发生区段的情况下,国际多式联运经营人或实际承运人都按事故发生区段适用的国际公约或地区法律规定和责任限额进行赔偿

在国际多式联运中采用统一责任制,一般规定的统一赔偿限额比航空、铁路和公路运输公约规定得要低,但比海运公约规定得要高,因此各方式下的实际承运人出于长期的习惯难以接受这一限额,特别是海运段的承运人更难以接受这一较高的标准。这就会造成在能确知货损事故发生区段和实际责任人的情况下,国际多式联运经营人按统一限额做出赔偿后,向实际责任人追偿时得不到与已赔额相同的赔偿,特别是在事故发生在海运区段,而事故原因又符合海运公约规定的免责规定时,甚至得不到任何赔偿的局面,造成不应有的损失。

在国际多式联运中采用网状责任制,则在可以确定事故发生区段和实际责任人的情况下,国际多式联运经营人对货方的赔偿与实际承运人向国际多式联运经营人的赔偿,都可按相同的责任基础和责任限额进行。由于目前的保险业也是以各种单一方式运输法规和地方性法规为基础的,因此在投保的情况下,可以有效地避免上述问题的发生。这也是目前在国际多式联运中大多采用网状责任制的原因。但采用这种责任形式会给货方索赔带来一定的麻烦,与国际多式联运的初衷有所抵触。

我国《海商法》对国际多式联运责任有特别规定,其中第一百零五条明确了网状责任制的适用,即"货物的灭失或者损坏发生于多式联运的某一运输区段的,多式联运经营人的赔偿责任和责任限额,适用调整该区段运输方式的有关法律规定"。同时,第一百零六条规定:"货物的灭失或者损坏发生的运输区段不能确定的,多式联运经营人应当依照本章关于承运人赔偿责任和责任限额的规定负赔偿责任。"

(三) 国际多式联运事故处理的索赔对象

国际贸易、运输中货物索赔的提出一般有这样几种情况:货物数量或件数的缺少或货物残损、灭失;货物的质变或货物实际状况与合同规定的要求不符;承运人在货物运输途中没有适当地保管和照料货物;货物的灭失、损害属于保险人承保的责任范围等。因此,根据货物发生灭失或损害的不同原因,受损方提出索赔的对象也是不同的。

1. 向发货人索赔

如果货物是由于下列原因造成灭失或损坏的:

① 原装货物数量不足。
② 货物的品质与合同规定不符。
③ 包装不牢致使货物受损。
④ 未在合同规定的装运期内交货等。

在上述情况下，由收货人凭有关部门、机构出具的鉴定证书向发货人（卖方）提出索赔。

2. 向承运人索赔

如果货物是由于下列原因造成灭失或损坏的：
① 在卸货港交付的货物数量少于提单中所记载的货物数量。
② 收货人持有正本清洁提单提取货物时，货物发生残损、缺少，且系承运人的过失。
③ 货物的灭失或损害是由于承运人免责范围以外的责任所致等。

在上述情况下，由收货人或其他有权提出索赔的人凭有关部门、机构出具的鉴定证书向承运人提出索赔。

3. 向保险公司索赔

如果货物的灭失或损害属于下列范围：
① 在承保责任范围内，保险人应予赔偿的损失。
② 在承保责任范围内，由于自然灾害或意外原因等事故使货物遭受损害。
③ 在保险人责任期限内。

在上述情况下，由受损方凭有关证书、文件向保险公司提出索赔。表 9-4 显示了保险公司可能面临的索赔人及其法律依据。

表 9-4 主要索赔人及法律依据

索赔人	法律依据	主要单据
货主（托运人或收货人）	国际多式联运合同	国际多式联运单据
国际多式联运经营人或其代理人	委托代理合同	委托协议或委托书
区段承运人	区段运输合同	订舱单
场站经营人	场站作业合同	作业合同或作业委托书
保险公司	基于代位求偿权	权益转让书
被侵权人	基于侵权起诉	损失清单

在实践中，一旦发生货损或面临索赔，如果国际多式联运经营人已投保责任险，则应立即通知保险公司或保赔协会，由其进行理赔处理。只有在没有投保责任险或者所发生的货运事故不在承保范围内的情况，才需要由国际多式联运经营人自己处理。

【任务】

中国义乌某出口商委托国际多式联运经营人将一批半成品服装经上海运至越南。为货物由国际多式联运经营人在其集装箱货运站装入两个集装箱，并签发了记载内装 200 箱、毛重为 20t 的托运单。集装箱从中国上海港经海路运至越南，在卸船时，发现其中 1 个集装箱外表损坏。国际多式联运经营人在该港的代理将此情况于铁路运输前告知了铁路承运人。当集装箱在目的地越南开启时，发现其中 1 个集装箱所装货物严重受损；其他集装箱外表完好、铅封无损。后经检查发现，由于天气原因导致货物受损。

那么，应找何人索赔？赔偿责任如何确定？可获得多少赔偿？

（四）合理的索赔原则

不论是哪一种原因导致的索赔案，也不管是向谁提出索赔，一项合理的索赔必须遵循下列原则。

1. 提赔人要有正当的提赔权

提出货物索赔的人原则上是货物所有人，或者提单上记载的收货人或合法的提单持有人。此外，还可能是货运代理人或其他有关当事人。

2. 责任方必须负有实际赔偿责任

事实上，索赔方提出的索赔并非都能得到赔偿，如属于承运人免责范围之内的，或属保险人承保责任外的货损，在很大程度上是不能得到赔偿的。

确定或证明责任方负有实际赔偿责任的文件通常有卸货记录、检验报告、交货记录、残损报告、合同责任条款等。

3. 索赔时应具备的单证

（1）索赔申请书。索赔申请书用于表明受损方向责任方提出的赔偿要求，主要内容包括：索赔人的名称和地址；船名、抵港日期、装船港及接货地点名称；货物有关情况；短缺或残损损失情况；索赔日期、索赔金额、索赔理由。

（2）提单。提单是划分责任方与受损方责任的主要依据，在提出索赔时，索赔人应出具提单正本或其影印本。

（3）货物残损检验证书。该证书是受损方针对所发生的货损原因不明或不易区别的情况，向检验机构申请对货物进行检验后出具的单证。

（4）货物残损单。该单是对货物运输、装卸过程中货物残损所做的实际记录，受损方应依据经责任方签署的货物残损单提出索赔。

（5）索赔清单。索赔清单主要列明货损事故所涉及的金额，通常按货物的到岸价计算。另外，提出索赔时应出具的单证还有商业发票、短损单、修理单等。

4. 赔偿的金额必须是合理的

合理的赔偿金额是以货损实际程度为基础的。但是，在实际业务中责任方往往受赔偿责任限额的保护，如承运人的赔偿可享受提单中的赔偿责任限额，保险人的赔偿以保险金额为基础。

5. 在规定期限内提出索赔

一项有效的索赔必须在规定期限内提出，这就是通常所说的"索赔时效"。否则，货物的损害即使确由责任方的过失所致，索赔人提出的索赔在时效过后也很难得到赔偿。

案例：

> **多式联运承运人**
>
> 2012年9月，新加坡长荣海运公司接受订舱出运一批电脑，签发的国际多式联运提单载明，货物接收地和装货港为上海，卸货港为墨西哥曼萨尼亚，交货地为墨西哥城。涉案货物在曼萨尼亚至墨西哥城的运输过程中发生灭失，实际损失为2 129 297.74美元。该案于2013年由上海海事法院一审，于2015年由上海市高级人民法院二审，于2018年由最高人民法院再审。最终判决认为：因涉案货物灭失于曼萨尼亚至墨西哥城的陆路运输过程中，关于承运人责任及责任限制等问题应适

用墨西哥当地陆路运输民商事法律。根据墨西哥《联邦道路桥梁和车辆运输法》第六十六条的规定，除非具有该条规定的免责情形，公路承运人原则上应对运输期间的货物损失负责；委托人如没有申报货物的价值，赔偿一般按每吨货物计算，责任限制为相当于墨西哥联邦区一般最低工资15天的金额。新加坡长荣公司根据上述墨西哥法律的规定可以主张赔偿责任限制。案涉货物的提单载明货物重量合计23.9t，根据上述墨西哥法律的规定，计算该国内公路运输承运人对案涉货物损失的赔偿金额。（限额标准为每吨934.95墨西哥比索）。

思政园地

本章重点学习国际多式联运代理相关知识。教师应结合专业知识学习，从以下多方面引导学生形成正确的职业价值观。在认知国际多式联运时，可引导学生关注国际运输服务体系中的创新点，培育学生的职业创新能力；在认知国际多式联运经营人时，注重学生对国际多式联相关国际规则的理解，培育学生的开放精神和责任感，使学生树立多式联运风险管理意识，提升学生对事故的应急处理能力；在掌握国际多式联运操作实务时，引导学生关注成本意识下的业务创新并养成认真、严谨的工作态度。

学习小结

本项目清楚阐述了国际多式联运的基本知识；介绍了国际多式联运经营人在国际多式联运中发挥的作用；进一步地讲解了国际多式联运操作实务，包括国际多式联运的程序、国际多式联运单据和国际多式联运的运价及全程运费结算，以及国际多式联运事故处理。

课后练习

一、单选题

1. 国际多式联运经营人是（　　）。
   A．发货人代理人　B．收货人代理人　C．承运人代理人　D．总承运人
2. 不具有物权凭证功能的单证是（　　）。
   A．国际货协运单　　　　　　　　　B．可转让的国际多式联运单据
   C．CMR运单　　　　　　　　　　　D．不可转让的国际多式联运单据
3. 对国际多式联运事故承担连带责任的是（　　）。
   A．多式联运经营人　　　　　　　　B．最后区段承运人
   C．第一区段承运人　　　　　　　　D．造成货损事故的承运人
4. 在国际多式联运中处理货损事故时 多采用（　　）。
   A．统一责任制　　B．网状责任制　　C．责任限额制　　D．单一责任制
5. 在国际多式联运分承运人出具的各种承运单据中，"托运人"一栏应填写（　　）的名称和地址。

A．国际多式联运经营人 　　　　　B．第一程承运人
C．货主 　　　　　　　　　　　　D．货运代理人

6．如果多式联运全程运输中发生了货物灭失、损害和运输延误，无论是否能确定损害发生的区段，发（收）货人均可向（　　）提出索赔。

A．多式联运经营人 　　　　　　　B．发生事故区段的为实际承运人
C．保险公司 　　　　　　　　　　D．船公司

二、多选题

1．国际多式联运的构成要件是（　　）。
　　A．两种运输方式　　B．两个国家　　C．一份全程单据　　D．一人全程负责

2．国际多式联运的内涵是（　　）。
　　A．责任　　　　　B．两种方式　　　C．效率　　　　　　D．两个国家

3．申请经营国际多式联运业务的国际多式联运经营人，应当具备的条件有（　　）。
　　A．具有相应的国内、国外代理网络
　　B．拥有在商务部登记备案的国际货运代理提单
　　C．从事国际货运代理企业经营范围有关的业务3年以上
　　D．从事国际货运代理企业经营范围有关的业务6年以上

三、简答题

1．国际多式联运的概念与特征是什么？
2．国际多式联运的特点和优势有哪些？
3．国际多式联运与一般国际货物运输的区别是什么？
4．简述国际多式联运的业务流程。
5．国际多式联运经营人的性质和责任范围是什么？

项目实训

2020年，陕西某贸易有限公司从新西兰进口一批奶粉，委托我国乙货运代理公司负责全程运输。乙货运代理公司以委托人的身份向海运承运人订舱，装、卸港口分别为a和b。这批奶粉从新西兰港口起运前，陕西某贸易有限公司向丙财产保险股份有限公司投保海洋货物运输一切险，保险单上的起运港和目的港分别为a和b。

10天后，这批奶粉被海运至我国b港口后，乙货运代理公司又转委托中国丁运输有限公司将其运至甲公司在c地的仓库并向其支付陆运运费。这批奶粉在公路运输途中，从丁运输有限公司的车上侧移跌落地面，严重受损。

（1）陕西某贸易有限公司的货损应向谁索赔？为什么？
（2）中国丁运输有限公司是否需要承担赔偿责任？为什么？
（3）丙财产保险股份有限公司是否需要承担责任？为什么？

Project 项目 10 报关与报检实务

思维导图

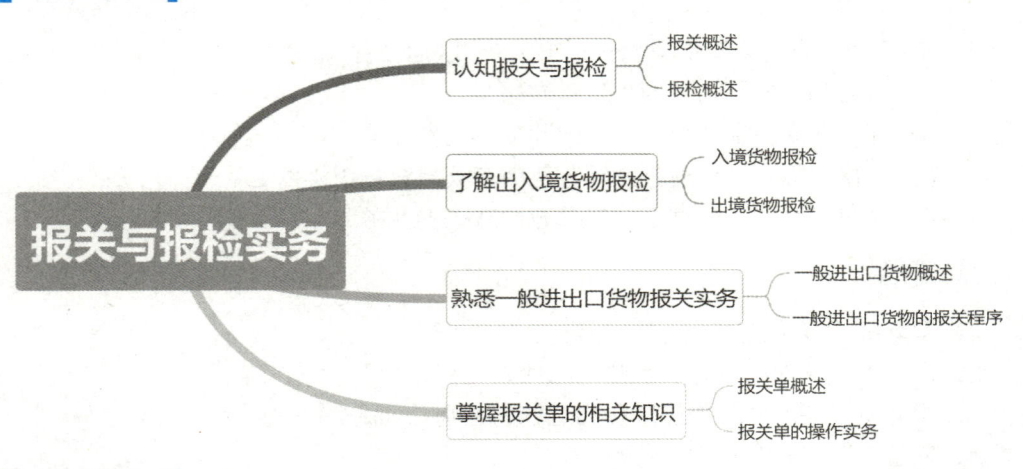

报关与报检实务
- 认知报关与报检
  - 报关概述
  - 报检概述
- 了解出入境货物报检
  - 入境货物报检
  - 出境货物报检
- 熟悉一般进出口货物报关实务
  - 一般进出口货物概述
  - 一般进出口货物的报关程序
- 掌握报关单的相关知识
  - 报关单概述
  - 报关单的操作实务

知识目标

1. 掌握报关和报检的概念、报关的程序、电子报关、出入境检验检疫。
2. 掌握一般进出口货物申报程序中的进出口申报实务。
3. 掌握出入境货物报检的分类、时限和地点、相关单据。

技能目标

1. 能够完成进出口货物报关程序的操作。
2. 能够进行报关单的填制。

案例导入

进口货物报关程序

2020年6月，北京一个市场在切割进口三文鱼的案板中检测出了一种传染性病毒，这引发了人们对进口食品检疫检验的关注。货运代理企业进口三文鱼，一般需要经历以下3个步骤。

第一步，做好报关前的准备工作。货运代理企业在申报进口水产品前，应先完成进口水产品收货人及境外出口商、代理商的备案工作，并取得备案编号。另外，货运代理企业还应向海关申请查询，其进口的水产品是否被列入了《符合评估审查要求及有传统贸易的国家或地区输华食品目录》。

第二步，准备报关资料。货运代理企业除应提供一般报关资料外，还应提交与海关总署下发版本一致的输出国家或地区官方机构出具的检验检疫证书，证书上所注境外生产企业须列入海关总署公布的境外水产品生产企业在华注册名单内。另外，货运代理企业还应提交原产地证书、同一收货人上一批报关食品的进口和销售记录，以及该批进口水产品的货物清单。

第三步，进行清关流程操作。前期准备工作完成以后，货运代理企业还需要经历海鲜收发货人备案、处理进口海鲜标签问题、国外客户海鲜备货、国外客户海鲜发货、换单、报检、报关、客户缴税款、海关查验、动卫检、海关放行、提货等多个环节。

案例分析：

这是进口国货运代理企业办理进口货物报关、报检过程的案例，涉及进口货物报关、报检的基本程序，即三文鱼进口的报关、报检准备工作和相关的报关、报检流程等。

请思考：

1. 报关的具体流程和操作是怎样的？
2. 报检与报关会涉及哪些单证？

Mission 任务 1 认知报关与报检

一、报关概述

海关是国家进出境的监督管理机关，代表国家依法独立行使监督管理权，是国家上层建筑的组成部分，海关的权力由国家授予。海关是一个行政执法部门，实施监督管理的范围是进出境的活动。

海关的基本任务是监管进出境的运输工具、货物、行李物品、邮递物品和其他物品，征收关税和其他税费，查缉走私，并编制海关统计。海关具有行政审批权、税费征收及减免权、行政强制权、行政处罚权、佩带和使用武器权，以及其他行政处理权等。

（一）报关的相关概念

1. 报关的定义

从广义上讲，报关是指进出境运输工具负责人、进出口货物收发货人、进出境物品的所有人或其代理人向海关办理运输工具、货物、物品进出境手续及相关手续的全过程。

2. 报关的范围

进出关境的运输工具、货物、物品都需要办理报关手续。

1）进出境运输工具

进出境运输工具是指用以载运人员、货物、物品进出境，在国际运营的各种境内或境外船舶、车辆、航空器和驮畜。

2）进出境货物

进出境货物主要包括一般进口货物，一般出口货物，保税货物，暂时（准）进出口货物，特定减免税货物，过境、转运和通运货物及其他进出境货物。

3）进出境物品

进出境物品是指进出境的行李物品、邮递物品和其他物品。以进出境人员携带、托运等方式进出境的物品为行李物品；以邮递方式进出境的物品为邮递物品；其他物品主要包括享有外交特权和豁免的外国机构或人员公务用品或自用物品，以及通过国际速递进出境的部分快件等。

3. 报关的分类

1）按报关的主体分类

① 专门从事报关服务的企业，即专业报关企业的报关。

② 经营对外贸易仓储运输、国际运输工具、国际运输工具服务及代理等业务，兼营报关服务业务的企业，即代理报关企业的报关。

上述二者均为代理报关单位的报关。

③ 自理报关企业的报关。有进出口经营权的企业可自行办理报关手续，即根据规定，自理报关企业只为本单位办理进出口货物报关手续，但其必须具有对外贸易经营权和报关权。

小贴士

一地注册，全国报关

我国已全面取消报关企业异地申报限制，报关企业可"一地注册，全国报关"。报关企业在一个直属海关注册登记后，无须再设立跨关区分支机构，就可以到全国所有海关、所有口岸和海关监管集中的地点，从事报关服务。报关企业使用异地海关报关单号码资源申报的，由报关单号码所属海关负责接单、理单和单证档案管理工作。报关后，企业可通过"中国海关网上服务大厅"和海关"12360"服务热线，查询通关、舱单状态、疑难咨询等内容。

2）按报关对象分类

按报关对象的不同，报关可分为进出境运输工具的报关、进出境货物的报关、进出境物品的报关3类。

4. 报关注册登记

报关注册登记制度，又称海关注册登记制度，是指进口货物的收货人、出口货物的发货人或其代理人向海关提供规定的法律文书、申请报关资格，经海关审查核实，准予办理报关业务的管理制度。

5. 报关人员的管理

报关员是指依法取得相关资格证书，经海关批准注册、向海关办理进出口货物报关业务的人员。海关总署实行报关员资格全国统一考试。通过资格考试意味着获得报关员的资格，但要成为正式的报关员，还必须经过海关批准注册。

6. 异地报关备案制度

异地报关备案制度是指已经在所在地海关办理了报关注册登记的企业，为取得在其他海关所辖关区报关的资格，而在有关海关办理报关备案审批手续的海关管理制度。该制度一般只适用于自理报关单位。

经批准异地报关备案的企业，除在企业所在地海关所辖关区各口岸办理进出口货物的报关外，还可以在备案地海关所辖关区内各口岸办理报关手续。

7. 海关年审制度

海关年审制度是指报关单位和报关员每年在海关规定的期限内，向海关递交规定的文件资料，并由海关对其报关资格进行年度审核，以确定其是否具备继续开展报关业务条件的海关管理制度。

(二) 报关程序概述

报关程序是指进出口货物的收发货人、运输工具负责人、物品所有人或其代理人按照海关的规定，办理货物、物品、运输工具进出境及相关海关事务的手续和步骤。

1. 前期阶段

在前期阶段，根据海关对保税货物、特定减免税货物、暂准进出境货物、其他进出境货物的监管要求，进出口货物的收发货人或其代理人在货物进出境以前，要向海关办理备案手续，主要包括以下环节。

① 在保税货物中除出口加工区和保税区外的保税加工货物进口之前，进口货物的收货人或其代理人应当办理加工贸易备案手续，申请建立加工贸易电子账册或申领加工贸易纸质手册。

② 在特定减免税货物在进口之前，进口货物的收货人或其代理人应当办理企业的减免税申请，申领减免税证明手续。

③ 在暂准进出境货物中的展览品实际进境之前，进境货物的收货人或其代理人应当办理展览品进境备案申请手续。

④ 其他进出境货物中的出料加工货物实际出境之前，出境货物的发货人或其代理人应当办理出料加工的备案手续。

2. 进出境阶段

在进出境阶段，根据海关对进出境货物的监管制度，进出口货物的收发货人或其代理人要在一般进出口货物、保税加工货物、保税物流货物、特定减免税货物、暂准运出境货物、其他进出境货物进出境时，向海关办理进出口申报、配合查验、缴纳税费、提取或装运货物手续。

在进出境阶段，进出口货物的收发货人或其代理人应当按照步骤完成以下4个环节的工作。

（1）进出口申报。

进出口申报是指进出口货物的收发货人或其代理人在海关规定的期限内，按照海关规定的形式，向海关报告进出口货物的情况，并提请海关按其申报的内容放行进出口货物的工作环节。

（2）配合查验。

配合查验是指申报进出口的货物经海关决定查验时，进出口货物的收发货人或办理进出口申报具体手续的报关员到达查验现场，配合海关查验货物，按照海关要求搬移货物、开拆包装及重新封装货物的工作环节。

（3）缴纳税费。

缴纳税费是指进出口货物的收发货人或其代理人在接到海关发出的税费缴纳通知书后，向海关指定的银行办理税费款项的缴纳手续，通过银行将有关税费款项汇入海关专门账户的工作环节。

（4）提取或装运货物。

提取货物是指进口货物的收货人或其代理人，在办理了进口申报、配合查验、缴纳税费等手续，海关决定放行后，凭海关加盖放行章的进口提货凭证或海关通过计算机发送的放行通知书，提取进口货物的工作环节。

装运货物是指出口货物的发货人或其代理人，在办理了出口申报、配合查验、缴纳税费等手续，海关决定放行后，凭海关加盖放行章的出口装货凭证或海关通过计算机发送的放行通知书，通知港区、机场、车站及其他有关单位装运出口货物的工作环节。

3. 后续阶段

在后续阶段，根据海关对保税货物、特定减免税货物、暂准进出境货物、部分其他进出境货物的监管要求，进出口货物的收发货人或其代理人要在货物进出境储存、加工、装配、使用、维修后，在规定期限内，按照规定的要求，向海关办理上述进出口货物核销、销案、申请解除监管等手续的过程。

① 保税货物：无论是保税加工货物还是保税物流货物，进口货物的收货人或其代理人都应在规定期限内办理申请核销的手续。

② 特定减免税货物：进口货物的收货人或其代理人应在海关监管期满，或者在海关监管期内经海关批准出售、转让、退运、放弃并办妥有关手续后，向海关申请办理解除海关监管的手续。

③ 暂准进境货物：进口货物的收货人或其代理人应当在暂准进境规定期限内，或者在经海关批准延长暂准进境期限到期前，先办理复运出境手续或正式进口手续，然后申请办理销案手续。

④ 暂准出境货物：出口货物的发货人或其代理人应当在暂准出境规定期限内，或者在经海关批准延长暂准出境期限到期前，办理复运进境手续或正式出口手续，然后申请办理销案手续。

⑤ 其他进出境货物中的出料加工货物、修理货物、部分租赁货物等：进出口货物的收发货人或其代理应当在规定期限内办理销案手续。

（三）电子报关概述

1. 电子报关

电子报关是指进出口货物的收发货人或其代理人通过计算机系统，按照《中华人民共和国海关进出口货物报关单填制规范》(简称《报关单填制规范》)的有关要求,向海关传送电子数据报关单,并备齐随附单证的申报方式。

《海关法》规定:"办理进出口货物的海关申报手续,应当采用纸质报关单和电子数据报关单的形式。"这一规定确定了电子报关的法律地位,使电子数据报关单和纸质报关单具有同等的法律效力。

在一般情况下,进出口货物的收发货人或其代理人应当采用纸质报关单形式和电子数据报关单形式向海关申报,即进出口货物的收发货人或其代理人先向海关计算机系统发送电子数据报关单,在接收到海关计算机系统发送的表示接受申报的电子报文后打印纸质报关单,附必需的其他单证,然后提交给海关。

在某些特殊情况下,进出口货物的收发货人或其代理人可以单独使用纸质报关单向海关申报;在特定条件下,进出口货物的收发货人或其代理人可以单独使用电子数据报关单向海关申报。

2. 电子边关系统

我国海关已经在进出境货物通关作业中全面使用计算机进行信息化管理,成功地开发运用了多个电子通关系统。

1)海关 H883/EDI 通关系统

H883/EDI 通关系统是中国海关报关自动化系统的简称,是我国海关利用计算机对进出口货物进行全面信息化管理,实现监管、征税、统计三大海关业务一体化管理的综合性信息利用项目。

2)海关 H2000 通关系统

H2000 通关系统是对 H883/EDI 通关系统的全面更新换代项目。

H2000 通关系统在集中式数据库的基础上建立了全国统一的海关信息作业平台,不仅提高了海关管理的整体效能,而且使进出口企业真正享受到简化报关手续的便利。进出口企业可以在其办公场所办理加工贸易登记备案、特定减免税证明申领、进出境报关等各种海关手续。

3)中国电子口岸系统

中国电子口岸系统又称口岸电子执法系统,简称电子口岸,是利用现代计算机信息技术,将与进出口贸易管理有关的各部委分别管理的进出口业务信息电子底账数据集中存放在公共数据中心,为政府管理机关提供跨部门、跨行业联网数据核查服务,以及为企业提供网上办理各种进出口业务的服务的国家信息系统。

二、报检概述

(一)出入境检验检疫概述

出入境检验检疫是指出入境检验检疫机构依照国家检验检疫法律、行政法规和国际惯例等要求,对进出境的货物、交通运输工具、人员等进行检验检疫、认证及签发官方检验检疫证明等监督管理工作。

1. 检验检疫机构

过去,我国出入境检验检疫工作的主管机构是原国家质量监督检验检疫总局,其主管全国质量、计量、出入境商品检验、出入境卫生检疫、出入境动植物检疫、进出口食品安全和认证认可、标准化等工作，并行使行政执法职能。

2018年，国务院进行机构改革，明确将原国家质量监督检验检疫总局的出入境检验检疫管理职责和队伍划入海关总署。因此，我国出入境检验检疫工作的主管机构变成了海关总署，卫生检疫、动植物检疫、商品检验、进出口食品安全等职责的实施主体由原出入境检验检疫机构调整为海关。海关总署在各地的直属出入境检验检疫机构负责办理出入境检验检疫业务，负责所辖区域报检企业的管理工作。

另外，目前在国际上比较有名望和权威的国外商品检验检疫机构有瑞士通用公证行（SGS）、英国英之杰检验集团（IITS）、日本海事检定协会（NKKK）、新日本检定协会（SK）、日本海外货物检查株式会社（OMIC）、美国安全试验所（UL）、美国材料与试验学会（ASTM）、加拿大标准协会（CSA）、国际羊毛局（IWS）等。

2. 出入境检验检疫的工作内容

我国出入境检验检疫机构主要履行经济调节、市场监督、口岸把关、公共服务等职能。其主要工作内容是出入境卫生检疫、动植物检疫、商品检验、鉴定、认证和监督管理。其主要业务内容包括法定检验检疫、进出口商品检验、动植物检疫、卫生检疫与处理、进口废物原料与旧机电产品装运前检验、进口商品认证管理、出口商品质量许可和卫生监督管理、出口危险货物运输包装检验、外商投资财产鉴定、货物装载和残损鉴定、进出口商品质量认证等。

3. 出入境货物检验检疫程序

1）出境货物检验检疫程序

出境货物检验检疫的总体程序是报检—实施检验检疫—放行通关。

① 对产地和报关地相一致的货物。

具体程序如下：报检人在规定期限内持相关单证向检验检疫机构报检；检验检疫机构审核单证，符合要求的受理报检并计收费用，转施检部门实施检验检疫。经检验检疫合格，检验检疫机构出具出口货物通关单供报检人在海关办理通关手续；经检验不合格，检验检疫机构出具出境货物不合格通知单。

② 对产地和报关地不一致的货物。

具体程序如下：报检人向产地检验检疫机构报检；检验检疫机构审核单证；符合要求的受理报检并计收费用，转施检部门实施检验检疫。同时，产地检验检疫机构出具出境货物换证凭单，或将电子信息发送至口岸检验检疫机构，并出具出境货物换证凭条。报检人员凭出境货物换证凭单或出境货物换证凭条向口岸检验检疫机构报检。口岸检验检疫机构验证或查核货证合格后，出具出口货物通关单供报检人在海关办理通关手续；否则，检验检疫机构出具出境货物不合格通知单。

2）入境货物检验检疫程序

入境货物检验检疫总体程序是报检—放行通关—实施检验检疫。具体程序如下：报检人向卸货港口或到达站地检验检疫机构报检；检验检疫机构审核单证；符合要求的受理报检并计收费用，签发入境货物通关单供报检人在海关办理通关手续。货物通关后，报检人应及时与检验检疫机构联系检验检疫事宜；检验合格的，检验机构签发入境货物检验检疫证明，准予销售、使用；检验不合格的，检验检疫机构签发检验检疫处理通知书，做相应处理；未经检验的货物不准销售、使用。

（二）报检的相关概念

报检是指有关当事人根据法律、行政法规的规定，以及对外贸易合同的约定或证明履约的需要，向检验检疫机构申请检验、检疫、鉴定，以获准出入境或取得销售使用的合法凭证及某种公证证明所必须履行的法定程序和手续。

1. 报检单位

报检单位是根据法律、法规有关规定在出入境检验检疫机构登记备案或注册登记的境内企业法人、组织或个人。报检单位分为自理报检单位和代理报检单位。

2. 报检范围

凡法定须进行检验检疫的进出口商品，进出境动植物、动植物产品及其他检疫物，动植物、动植物产品和其他检疫物的装载容器、包装物，来自动植物疫区的运输工具，出入境人员、交通工具、运输设备，以及可能传播检疫传染病的行李、货物、邮包等都必须向检验检疫机构报检。

报检的货物可以分为5类：第一类是国家法律法规规定必须由检验检疫机构检验检疫的货物，第二类是输入国家或地区规定必须凭检验检疫机构出具的证书方准入境的货物，第三类是国际条约规定必须检验检疫的货物，第四类是外贸合同中约定必须凭检验检疫机构证书办理交接、结算的货物，第五类是需要出具原产地证明书的货物。

3. 报检方式

出入境货物的收发货人或其代理人向检验检疫机构报检，可以采用书面报检或电子报检两种方式。书面报检是指报检当事人按照检验检疫机构的规定，填制纸质"出/入境货物报检单"，备齐随附单证，向检验检疫机构当面递交的报检方式。电子报检是实施"电子申报、电子转单、电子通关"的检验检疫新"三电工程"中的重要组成部分。

4. 复检

报检人对检验检疫机构的检验结果有异议的，既可以向做出检验结果的检验检疫机构或其上级检验检疫机构申请复检，也可以向海关总署申请复检。

Mission 任务 2 了解出入境货物报检

一、入境货物报检

（一）入境货物报检的分类

1. 入境一般报检

入境一般报检是指法定检验检疫入境货物的货主或其代理人，持有关单证向报关地检验检疫机构申请对入境货物进行检验检疫以获得入境通关放行凭证，并取得入境货物销售、使用合法凭证的报检。对于入境一般报检业务而言，对货物实施检验检疫和签发"入境货物通关单"都由报关地检验检疫机构完成。货主在取得入境货物通关单后，凭入境货物通关单向报关地海关报关。

2. 入境流向报检

入境流向报检又称口岸清关转异地进行检验检疫的报检，指法定入境检验检疫货物的收货人或其代理人持有关单证在卸货口岸向口岸检验检疫机构报检，获取"入境货物通关单"并通关后，由入境口岸检验检疫机构进行必要的检疫处理，货物调往目的地后，法定入境检验检疫货物的收货人或其代理人再向目的地检验检疫机构申报，由目的地检验检疫机构进行检验检疫监管的报检。申请入境流向报检货物的报关地与目的地属于不同辖区。

3. 异地施检报检

异地施检报检是指已在口岸完成入境流向报检，货物到达目的地后，该批进境货物的货主或其代理人在规定的时间内（海关放行后 20 日内），向目的地检验检疫机构申请对入境货物实施检验检疫的报检。

（二）入境货物报检的时限和地点

1. 入境货物报检的时限

输入微生物、人体组织、生物制品、血液及其制品或种畜、禽及其精液、胚胎、受精卵的，应当在入境前 30 天报检；输入其他动物的，应在入境前 15 天报检；输入植物、种子、种苗及其他繁殖材料的，应在入境前 7 天报检；入境货物需要对外索赔出证的，应在索赔有效期前不少于 20 天内向到货口岸或货物到达地的检验检疫机构报检。除上述列明的入境货物报检时限外，法律、行政法规及部门规章另有特别规定的从其规定。

2. 入境货物报检的地点

审批、许可证等有关政府批文中已规定检验检疫地点的，在规定的地点报检；大宗散装商品、易腐烂变质的商品、可用作原料的固体废物，以及卸货时已发现残损、数量短缺的商品，必须在卸货口岸检验检疫机构报检；需要结合安装调试进行检验的成套设备、机电仪产品，以及在口岸拆开包装后难以恢复包装的货物，应在收货人所在地检验检疫机构报检并检验；输入动植物、动植物产品和其他检疫物的，应向入境口岸检验检疫机构报检，并由口岸检验检疫机构实施检验检疫。

入境后需要办理转关手续的检疫物，除活动物和来自动植物疫情流行国家或地区的检疫物须在入境口岸报检和实施检疫外，其他均应到指运地检验检疫机构报检，并实施检疫。过境的动植物、动植物产品和其他检疫物，在入境口岸报检的，出境口岸不再报检；其他入境货物，应在入境前或入境时向报关地检验检疫机构办理报检手续。

（三）入境货物报检时应提供的单据

1. 入境货物报检单及随附单据

在进行入境货物报检时，货主或其代理人应填写入境货物报检单，并提供外贸合同、发票、提（运）单、装箱单等有关单据。

2. 其他相关特殊证据

① 凡实施安全质量许可、卫生注册或其他需审批审核的货物，应提供有关证明。

② 申请品质检验的，应提供国外品质证书或质量保证书、产品使用说明书及有关标准和技术资料。

③ 凭样成交的，须附成交样品。

④ 以品级或公量计价结算的，应同时申请重量鉴定。

⑤ 入境废物，应提供国家环保部门签发的"进口废物批准证书"和经认可的检验检疫机构签发的装运前检验合格证书等。

⑥ 申请残损鉴定的，应提供理货残损单、铁路商务记录、空运事故记录或海事报告等证明货损情况的有关单位。

⑦ 申请数/重量鉴定的，应提供数/重量明细单、磅码单、理货清单等。

⑧ 货物经收、用货部门验收或其他单位检测的，应随附验收报告或检测结果及数/重量明细单等。

⑨ 入境动植物及其产品，必须提供产地证、输出国家或地区官方的检疫证书。

⑩ 需要办理入境检疫审批的，应提供入境动植物检疫许可证。

⑪ 过境动植物及其产品，应提供货运单和输出国家或地区官方出具的检疫证书。

⑫ 运输动物过境的，应提供海关总署签发的动植物过境许可证。

⑬ 入境旅客、交通员工携带伴侣动物的；应提供入境动物检疫证书及预防接种证明。

⑭ 因科研等特殊需要，输入禁止入境物的，须提供海关总署签发的特许审批证明。

⑮ 入境特殊物品的，应提供有关批件规定的文件。

⑯ 开展检验检疫工作要求提供的其他特殊证单。

二、出境货物报检

（一）出境货物报检的分类

1. 出境一般报检

出境一般报检是指法定检验检疫出境货物的货主或其代理人，持有关单证向产地检验检疫机构申请检验检疫以取得出境放行证明及其他单证的报检。对于出境一般报检的货物，检验检疫合格后，在当地海关报关的，由产地检验检疫机构签发出境货物通关单，货主或其代理人凭此向当地海关报关。在异地海关报关的，由产地检验检疫机构签发出境货物换证凭单或换证凭条，货主或其代理人凭此向报关地检验检疫机构申请换发出境货物通关单。

对经检验检疫合格的、符合出口直通放行条件的货物，产地检验检疫机构直接签发出境货物通关单，货主或其代理人凭此直接向报关地海关办理通关手续，无须再凭产地检验检疫机构签发的出境货物换证凭单或换证凭条到报关地检验检疫机构换发出境货物通关单。

2. 出境换证报检

出境换证报检是指经产地检验检疫机构检验检疫合格的法定检验检疫出境货物的货主或其代理人，持产地检验检疫机构签发出境货物换证凭单或换证凭条向报关地检验检疫机构申请换发出境货物通关单的报检。对于出境换证报检的货物，报关地检验检疫机构按照有关部门规定的抽查比例进行查验。

3. 出境预检报检

出境预检报检是指货主或其代理人持有关单证向产地检验检疫机构申请对暂时还不能出口的货物预先实施检验检疫的报检。预检报检的货物经检验检疫合格的，检验检疫机构签发标明"预检"字样的出境货物换证凭单，正式出口时，货主或其代理人可在检验检疫有效期内持此单向检验检疫机构申请办理换证放行手续。申请预检报检的货物须是经常出口的、非易腐烂变质的、非易燃易爆的商品。

（二）出境货物报检的时限和地点

1. 出境货物报检的时限

出境货物最迟应在出口报关或装运前 7 天报检，对于个别检验检疫周期较长的货物，应留出相应的检验检疫时间；需要隔离检疫的出境动物在出境前 60 天预报，隔离前 7 天报检；出境观赏动物应在动物出境前 30 天到出境口岸检验检疫机构报检。除上述列明的出境货物报检时限外，法律、行政法规及部门规章另有特别规定的从其规定。

2. 出境货物报检的地点

法定检验检疫货物，除活动物需要由口岸检验检疫机构检验检疫外，原则上应实施产地检验检疫，在产地检验检疫机构报检；法律法规允许在市场采购的货物应向采购地的检验检疫机构办理报检手续；异地报关的货物，在报关地检验检疫机构办理换证报检，实施出口直通放行制度的货物除外。

（三）出境货物报检应提供的单据

1. 出境货物报检单及随附单据

出境货物报检时，货主或其代理人应填写出境货物报检单，并提供外贸合同（销售确认书或函电）、信用证、发票、装箱单等有关单据。

2. 其他相关特殊单据

① 凡实施质量许可、卫生注册或须经审批的货物，应提供有关证明。

② 生产者或经营者检验的结果单和数/重量明细单或磅码单。

③ 凭样成交的，应提供经买卖双方确认的样品。

④ 出境危险货物，必须提供出境货物运输包装性能检验结果单和出境危险货物运输包装使用鉴定结果单。

⑤ 有运输包装、与食品直接接触的食品包装，应提供检验检疫机构签发的出入境货物包装性能检验结果单。

⑥ 出境特殊物品的，根据法律法规规定应提供有关的审批文件。

⑦ 预检报检的，应提供生产企业与出口企业签订的贸易合同；尚无合同的，须在报检单上注明检验检疫的项目和要求。

⑧ 预检报检货物换证放行时，应提供检验检疫机构签发的标明"预检"字样的出境货物换证凭单。

⑨ 一般报检出境货物在报关地检验检疫机构办理换证报检时，应提供产地检验检疫机

构签发的标明"一般报检"的出境货物换证凭单或换证凭条。

⑩ 开展检验检疫工作要求提供的其他特殊证单。

Mission 任务 3　熟悉一般进出口货物报关实务

一、一般进出口货物概述

（一）含义

一般进出口货物是一般进口货物和一般出口货物的合称，是指在进出境环节缴纳了应缴纳的进出口税费并办结了所有必要的海关手续，海关放行后不再进行监管，可以直接进入生产和流通领域的进出口货物。

一般进出口货物并不完全等同于一般贸易货物。一般贸易货物中的"一般贸易"是指国际贸易中的一种交易方式，按一般贸易交易方式进出口的货物即一般贸易货物，而一般进出口货物是指按照海关一般进出口监管制度监管的进出口货物。二者之间有很大的区别。一般贸易货物在进口时可以按一般进出口监管制度办理海关手续，这时它就是一般进出口货物；符合条件的也可以享受特定减免税优惠，按特定减免税监管制度办理海关手续，这时它就是特定减免税货物；经海关批准保税，也可以按保税监管制度办理海关手续，这时它就是保税货物。

（二）特征

一般进出口货物有以下特征。

① 进出境时缴纳进出口税费。一般进出口货物的收发货人应按照《海关法》和其他有关法律、行政法规的规定，在货物进出境时向海关缴纳应缴纳的税费。

② 进出口时提交相关的许可证件。货物进出口应受国家法律、行政法规管制的，进出口货物收发货人或其代理人应向海关提交相关的进出口许可证件。

③ 海关放行即办结了海关手续。海关征收了全额的税费、审核了相关的进出口许可证件，并对货物进行实际查验（或做出不予查验的决定）以后，按规定签章放行。这时，进出口货物的收发货人或其代理人才能办理提取进口货物或者装运出口货物的手续。

对一般进出口货物来说，海关放行就意味着海关手续已经全部办结，海关不再监管，可以直接进入生产和消费领域流通。

二、一般进出口货物的报关程序

一般进出口货物的报关程序由 4 个环节构成，即进出口申报、配合查验、缴纳税费、提取或装运货物。

（一）进出口申报

1. 概述

1）申报的含义

申报是指进出口货物的收发货人、受委托的报关企业，依照《海关法》以及有关法律法规的要求，在规定的期限、地点，采用电子数据报关单和纸质报关单形式，向海关报告实际进出口货物的情况，并接受海关审核的行为。

2）申报地点

进口货物应当由收货人或其代理人在货物的进境地海关申报；出口货物应当由发货人或其代理人在货物的出境地海关申报。

经收发货人申请海关同意，进口货物的收货人或其代理人可以在设有海关的货物指运地申报，出口货物的发货人或其代理人可以在设有海关的货物起运地申报。

以保税、特定减免税和暂准进境申报进口或进境的货物，因故改变使用目的从而将货物性质转为一般进口时，进口货物的收货人或其代理人应当在货物所在地的主管海关申报。

3）申报期限

进口货物的申报期限为自装载货物的运输工具申报进境之日起 14 日内。申报期的最后一天是法定节假日或休息日的，顺延至法定节假日或休息日后的第一个工作日。

出口货物的申报期限为货物运抵海关监管区后、装货的 24 小时以前。经海关批准准予集中申报的进口货物，自装载货物的运输工具申报进境之日起 1 个月内办理申报手续。

经电缆、管道或其他特殊方式进出境的货物，进出口货物的收发货人或其代理人应当按照海关的规定定期申报。

进口货物自装载货物的运输工具申报进境之日起超过 3 个月仍未向海关申报的，货物由海关提取并依法变卖处理。对于不宜长期保存的货物，海关可以根据实际情况提前处理。

4）申报日期

申报日期是指申报数据被海关接收的日期。

进出口货物的收发货人或其代理人的申报数据自被海关接受之日起，其申报的数据就产生了法律效力，即进出口货物的收发货人或其代理人应当向海关承担"如实申报""如期申报"等法律责任。因此，海关接受申报数据的日期非常重要。无论是以电子数据报关单方式申报还是以纸质报关单方式申报，海关接受申报数据的日期即接受申报的日期。

以电子数据报关单方式申报的，申报日期为海关计算机系统接受申报数据时记录的日期，该日期将被反馈给原数据发送单位，或公布于海关业务现场，或通过公共信息系统发布。电子数据报关单经过海关计算机检查被退回的，应视为海关不接受申报，进出口货物的收发货人或其代理人应当按照要求修改后重新申报，申报日期为海关接受重新申报的日期。

在先使用电子数据报关单申报，后提交纸质报关单申报的情况下，海关接受申报的日期以海关接受电子数据报关单申报的日期为准。

在不使用电子数据报关单，只提供纸质报关单申报的情况下，海关工作人员在报关单上做登记处理的日期为海关接受申报的日期。

2. 步骤

1）准备申报单证

准备申报单证是报关员开始进行申报工作的第一步，是整个报关工作能否顺利进行的关键一步。申报单证可以分为主要单证和随附单证两大类，其中随附单证包括基本单证、特殊单证和预备单证。

主要单证就是报关单（证）。报关单（证）是由报关员按照海关规定格式填制的申报单。

基本单证是指进出口货物的货运单据和商业单据，主要有进口提货单据、出口装货单据、商业发票、装箱单等。

特殊单证主要有进出口许可证件、加工贸易登记手册（包括纸质手册和电子手册）、特定减免税证明、作为某些货物进出境证明的原进出口货物报关单证、出口收汇核销单、原产地证明书等。

预备单证主要是指贸易合同、进出口企业的有关证明文件等。对于这些单证，海关主审单、征税时可能需要调阅或收取备案。

进出口货物的收发货人或其代理人应向报关员提供基本单证、特殊单证、预备单证，报关员审核这些单证后据此填制报关单。

准备申报单证的原则：基本单证、特殊单证、预备单证必须齐全、有效、合法；填制报关单必须真实、准确、完整；报关单与随附单证数据必须一致。

2）申报前看货取样

进口货物的收发货人或其代理人，在向海关申报前，为了确定货物的品名、规格、型号等，可以向海关提出查看货物或者提取货样的书面申请。海关审核同意的，应派员到场监管。

涉及动植物、动植物产品及其他须依法提供检疫证明的货物，如需提取货样，则应当按照国家有关法律法规的规定，事先取得主管部门签发的书面批准证明。提取货样后，到场监管的海关工作人员与进口货物的收发货人或其代理人应在海关开具取样记录并在取样清单上签字确认。

3）申报

① 电子数据申报。进出口货物的收发货人或其代理人可以选择终端申报方式、委托EDI方式、自行EDI方式、网上申报方式4种电子申报方式中适用的一种，将报关单内容录入海关电子计算机系统，生成电子数据报关单。

进出口货物的收发货人或其代理人在委托录入或自行录入报关单数据的计算机上接收到海关发送的"不接受申报"报文后，应当根据报文提示修改报关单内容后重新申报。一旦接收到海关发送的"接受申报"报文、"现场交单"或"放行交单"通知，即表示电子申报成功。

② 提交纸质报关单及随附单证。海关审结电子数据报关单后，进出口货物的收发货人或其代理人应当自接到海关"现场交单"或"放行交单"通知之日起10日内，持打印的纸质报关单，备齐规定的随附单证并签名盖章，到货物所在地海关提交书面单证，并办理相关海关手续。

③ 修改申报内容或撤销申报。在海关接受进出口货物申报后，电子数据和纸质报关单不得修改或者撤销；确有正当理由的，经海关审核批准，可以修改或撤销。

小贴士

海关对虚假申报的处罚规定

根据《中华人民共和国海关行政处罚实施条例》(国务院令第 420 号)第十五条:"进出口货物的品名、税则号列、数量、规格、价格、贸易方式、原产地、启运地、运抵地、最终目的地或者其他应当申报的项目未申报或者申报不实的,分别依照下列规定予以处罚,有违法所得的,没收违法所得。

"(一)影响海关统计准确性的,予以警告或者处 1000 元以上 1 万元以下罚款。

"(二)影响海关监管秩序的,予以警告或者处 1000 元以上 3 万元以下罚款。

"(三)影响国家许可证件管理的,处货物价值 5%以上 30%以下罚款。

"(四)影响国家税款征收的,处漏缴税款 30%以上 2 倍以下罚款。

"(五)影响国家外汇、出口退税管理的,处申报价格 10%以上 50%以下罚款。"

(二)配合查验

1. 海关查验

1)含义

海关查验是指海关为确定进出境货物的收发货人或其代理人向海关申报的内容是否与进出口货物的真实情况相符,或者为确定商品的归类、价格、原产地等,依法对进出口货物进行实际核查的执法行为。

海关通过查验,检查报关单位是否伪报、瞒报、申报不实,同时为海关的征税、统计、后续管理提供可靠的资料。

2)查验地点

查验应当在海关监管区内实施。

因货物易受温度、静电、粉尘等自然因素影响,不宜在海关监管区内实施查验,或者因其他特殊原因需要在海关监管区外查验的,经进出口货物的收发货人或其代理人书面申请,海关可以派员到海关监管区外实施查验。

3)查验方法

海关在实施查验时既可以彻底查验,也可以抽查。彻底查验是指对一票货物逐件拆开包装、验核货物的实际状况;抽查是指按照一定比例有选择地对一票货物中的部分货物验核实际状况。

查验操作可以分为人工查验和设备查验。

① 人工查验。人工查验包括外形查验、开箱查验。外形查验是指对外部特征直观、易于判断基本属性的货物的包装、运输标志和外观等状况进行验核的方法;开箱查验是指将货物从集装箱、货柜车厢等箱体中取出并拆除外包装后,对货物的实际状况进行验核的方法。

② 设备查验。设备查验是指以技术检查设备为主,对货物的实际状况进行验核的方法。

海关可以根据货物情况及实际执法需要,确定具体的查验方法。

4)查验时间

当海关决定查验时,即将查验的决定以书面通知的形式通知进出口货物的收发货人或其代理人，约定查验的时间。查验时间一般约定在海关正常工作时间内。

在一些进出口业务繁忙的口岸，海关也可接受进出口货物的收发货人或其代理人的请求，在海关正常工作时间以外安排实施查验。

对于危险品或者鲜活、易腐、易烂、易失效、易变质等不宜长期保存的货物，以及因其他特殊情况需要紧急验放的货物，经进出口货物的收发货人或其代理人申请，海关可以优先实施查验。

5）复验

海关可以对已查验货物进行复验。有下列情形之一的，海关可以复验。

① 经初次查验未能查明货物的真实属性，需要对已查验货物的某些性状做进一步确认的。

② 货物涉嫌走私违规，需要重新查验的。

③ 进出口货物收发货人对海关查验结论有异议，提出复验要求并经海关同意的。

④ 其他海关认为必要的情形。

已经参加过查验的查验人员不得参加对同一票货物的复验。

6）径行开验

径行开验是指海关在进出口货物的收发货人或其代理人不在场的情况下，对进出口货物进行开拆包装查验。有下列情形之一的，海关可以径行开验。

① 进出口货物有违法嫌疑的。

② 经海关通知查验，进出口货物的收发货人或其代理人届时未到场的。

海关径行开验时，存放货物的海关监管场所经营人、运输工具负责人应当到场协助，并在查验记录上签名确认。

2. 配合查验

海关查验货物时，进出口货物的收发货人或其代理人应当到场，配合海关查验。进出口货物的收发货人或其代理人配合海关查验应当做好如下工作。

（1）负责按照海关要求搬移货物，开拆包装及重新封装货物。

（2）预先了解和熟悉所申报货物的情况，如实回答查验人员的询问并提供必要的资料。

（3）协助海关提取需要做进一步检验、化验或鉴定的货样，收取海关出具的取样清单。

（4）查验结束后，认真阅读查验人员填写的"海关进出境货物查验记录单"，注意以下情况的记录是否符合实际。

① 开箱的具体情况。

② 货物残损情况及造成残损的原因。

③ 提取货样的情况。

④ 查验结论。

查验记录准确、清楚的，应签名确认。配合查验人员如不签名的，海关查验人员应当在查验记录中予以注明，并由货物所在监管场所的经营人签名证明。

3. 货物损坏赔偿

因进出口货物所具有的特殊属性，容易因开启、搬运不当等原因导致货物损毁，需要查验人员在查验过程中予以特别注意的,进出口货物的收发货人或其代理人应当在海关实施查验前声明。

在查验过程中,或者证实海关在径行开验过程中,因查验人员的责任造成被查验货物损坏的,进出口货物的收发货人或其代理人可以要求海关赔偿。海关赔偿的范围仅限于在实施查验过程中,因查验人员的责任造成被查验货物损坏的直接经济损失。直接经济损失的金额根据被损坏货物及其部件的受损程度确定,或者根据修理费确定。

以下情况不属于海关赔偿范围。

(1)进出口货物的收发货人或其代理人搬移、开拆、封装货物或保管不善造成的损失。

(2)易腐、易失效货物在海关正常工作程序所需时间内(含扣留或代管期间)所发生的变质或失效。

(3)海关正常查验时产生的不可避免的磨损。

(4)在海关查验之前已发生的损坏和海关查验之后发生的损坏。

(5)由于不可抗拒的原因造成的货物损坏、损失。

进出口货物的收发货人或其代理人在海关查验时对货物是否受损坏未提出异议,事后发现货物有损坏的,海关不负赔偿责任。

(三)缴纳税费

进出口货物的收发货人或其代理人将报关单及随附单证提交给货物进出境地指定海关,海关先对报关单进行审核,再对需要查验的货物进行查验,然后核对由计算机计算出的税费,并开具税款缴款书和收费票据。进出口货物的收发货人或其代理人在规定时间内,持税款缴款书或收费票据向指定银行办理税费交付手续;在试行中国电子口岸网上缴税和付费的海关,进出口货物的收发货人或其代理人可以通过电子口岸接收海关发出的税款缴款书和收费票据,在网上向指定银行进行电子支付税费。一旦收到银行缴款成功的信息,进出口货物的收发货人或其代理人即可报请海关办理货物放行手续。

(四)提取或装运货物

1. 海关进出境现场放行和货物结关

(1)海关进出境现场放行是指海关在接受进出口货物的申报、审核电子数据报关单和纸质报关单及随附单证、查验货物、征免税费或接受担保后,对进出口货物做出结束海关进出境现场监管决定,允许进出口货物离开海关监管现场的工作环节。

海关进出境现场放行一般由海关在进口货物提货凭证或出口货物装货凭证上加盖海关放行章。进出口货物的收发货人或其代理人签收进口提货凭证或出口装货凭证,凭该凭证提取进口货物或将出口货物装运到运输工具离境。

在实行"无纸通关"申报方式的海关,海关做出现场放行决定时,通过计算机将海关决定放行的信息发送给进出口货物的收发货人或其代理人和海关监管货物保管人。进出口货物的收发货人或其代理人从计算机上自行打印海关通知放行的凭证,凭该凭证提取进口货物或将出口货物装运到运输工具上离境。

(2)货物结关是进出境货物办结海关手续的简称。进出境货物由收发货人或其代理人向海关办理完所有的海关手续,履行了法律规定的与进出口有关的一切义务,就办结了海关手续,海关不再进行监管。

(3) 海关进出境现场放行有两种情况:一种情况是货物已经结关,对于一般进出口货物,放行时进出口货物的收发货人或其代理人已经办理了所有海关手续,因此,海关进出境现场放行即等于结关;另一种情况是货物尚未结关,对于保税货物、特定减免税货物、暂准进出境货物、部分其他进出境货物,放行时进出境货物的收发货人或其代理人并未全部办完所有的海关手续,海关在一定期限内还需要进行监管,所以该类货物被海关进出境现场放行不等于结关。

2. 提取货物或装运货物

进口货物的收货人或其代理人签收海关加盖海关放行章戳记的进口提货凭证,可以用于到货物进境地的港区、机场、车站、邮局等地的海关监管仓库办理提取进口货物的手续。

出口货物的发货人或其代理人签收海关加盖海关放行章戳记的出口装货凭证,可以用于到货物出境地的港区、机场、车站、邮局等地的海关监管仓库,办理将货物装上运输工具离境的手续。

3. 申请签发报关单证明联

进出口货物的收发货人或其代理人,办理完提取进口货物或装运出口货物的手续以后,如需海关签发有关货物进口、出口证明联的,均可向海关提出申请。常见的证明主要有如下几种。

1) 进口付汇证明联

对于需要在银行或国家外汇管理部门办理进口付汇核销的进口货物,报关员应当向海关申请签发进口货物报关单付汇证明联。海关经审核,对符合条件的,即在进口货物报关单上签名、加盖海关验讫章,作为进口付汇证明联签发给报关员。同时,海关要通过电子口岸执法系统向银行和国家外汇管理部门发送进口付汇证明联的电子数据。

2) 出口收汇证明联

对于需要在银行或国家外汇管理部门办理出口收汇核销的出口货物,报关员应当向海关申请签发出口货物报关单收汇证明联。海关经审核,对符合条件的,即在出口货物报关单上签名、加盖海关验讫章,作为出口收汇证明联签发给报关员。同时,海关要通过电子口岸执法系统向银行和国家外汇管理部门发送出口收汇证明联的电子数据。

3) 出口收汇核销单

对于需要办理出口收汇核销的出口货物,报关员应当在申报时向海关提交由国家外汇管理部门核发的出口收汇核销单。海关放行货物后,由海关工作人员在出口收汇核销单上签字、加盖海关单证章。出口货物的发货人或其代理人凭出口收汇证明联和出口收汇核销单办理出口收汇核销手续。

4) 出口退税证明联

对于需要在国家税务机构办理出口退税的出口货物,报关员应当向海关申请签发出口货物报关单退税证明联。海关经审核,对符合条件的,予以签发并在出口退税证明联上签名、加盖海关验讫章,交给报关员。同时,海关要通过电子口岸执法系统向国家税务机构发送出口退税证明联电子数据。

5) 进口货物证明书

对于进口汽车、摩托车等,报关员应当向海关申请签发进口货物证明书,进口货物的收货人或其代理人凭进口货物证明书向国家交通管理部门办理汽车、摩托车的牌照申领手续。海关放行汽车、摩托车后,向报关员签发进口货物证明书。同时,海关要将进口货物证明书上的内容先通过计算机发送给海关总署,再传输给国家交通管理部门。

Mission 任务 4 掌握报关单的相关知识

一、报关单概述

(一)定义

报关单是指进出口货物的收货人向海关申报其货物进出口情况,海关进行审查、征收关税,以及放行货物的重要法律文件。根据我国《海关法》,进出口货物的收发货人或其代理人应当向海关如实申报,交验进出口许可证和有关单证,并对报关单的真实性和准确性承担法律责任。

(二)法律效力

① 报关单是海关对进出口货物进行监管、征税、统计、稽查和统计的重要依据。
② 报关单是加工贸易中进出口货物核销,以及出口退税和外汇管理的重要凭证。
③ 报关单是海关处理走私、违规案件及税务、外汇管理部门查处骗税和套汇犯罪活动的重要凭证。
④ 报关单是法院受理走私案件及行政诉讼案件的有力证据。

(三)报关单的种类及数量

为便于海关进行统计和监管,根据货物的贸易性质不同,所使用的报关单种类及数量也有所不同。

1)报关单的种类
① 进料加工货物使用粉红色报关单。
② 来料加工、补偿贸易货物使用浅绿色报关单。
③ 外商投资企业进出口货物使用淡蓝色报关单。
④ 转关运输货物使用进口转关运输货物申报单。
⑤ 过境货物使用过境货物报关单。
⑥ 一般贸易性质货物使用白色报关单。
⑦ 出口后需要退税的货物使用浅黄色报关单。

2)报关单的数量
一般的进出口货物应填制报关单一式三联,俗称基本联。第一联为海关留存联,第二联为海关统计联,第三联为企业留存联。在已实行自动化报关的口岸,报关员只需要填写一份报关单,交指定的预录入中心将数据输入计算机。其他贸易方式进出口的货物,根据贸易方式的不同填制不同份数的报关单。

二、报关单的操作实务

(一)《报关单填制规范》的相关规定

为统一报关单的填报要求,保证报关单数据质量,海关总署根据《海关法》及有关法规,修订了《报关单填制规范》,于1998年12月15日由各地海关对外公布,并自1999年1月1日起执行。

2019年,海关总署又公布了新版的《报关单填制规范》(海关总署公告2019年第18号)。各报关单位、预录入单位应严格按照《报关单填制规范》的要求填制报关单,凡不符合《报关单填制规范》要求的报关单,海关将不接受申报。

(二)有关术语的解释

依据《报关单填制规范》,在一般情况下采用"报关单"或"进口报关单/出口报关单"的提法,需要分别说明不同要求时,可以采用以下用语。

① 报关单录入凭单:是指申报单位按海关规定的格式填写的凭单,可作为报关单预录入的依据(可将现行报关单放大后使用)。

② 预录入报关单:是指由预录入公司录入、打印,并联网将录入数据传送到海关,由申报单位向海关申报的报关单。

③ EDI报关单:是指申报单位采用EDI方式向海关申报的电子报文形式的报关单及事后打印、补交备核的书面报关单。

④ 报关单证明联:是指海关在核实货物实际出入境后按报关单格式提供的,用作企业向税务部门、外汇管理部门办理有关手续的证明文件。

(三)具体填制规范

报关单各栏的填制规范如下所述。

1. 预录入编号

预录入编号是指申报单位或预录入单位对该单位填制、录入的报关单的编号,用于该单位与海关之间引用其申报后尚未批准放行的报关单。

报关单录入凭单的编号规则由申报单位自行决定。预录入报关单的预录入编号由接受申报的海关决定编号规则,计算机自动打印。其编号规则应符合海关编号的要求。

2. 海关编号

海关编号是指海关接受申报时给予报关单的编号。海关编号由各海关在接受申报环节确定,应标识在报关单的每一联上。

报关单海关编号为9位数码,其中前两位为分关(办事处)编号,第三位由各关自定义,后6位为顺序编号。各直属海关对进口报关单和出口报关单应分别编号,并确保在同一公历年度内,能按进口和出口标识本关区的每一份报关单。

各直属海关的理单岗位可以对归档的报关单另行编制理单归档编号。理单归档编号不得在部门以外用于报关单标识。

3. 境内收发货人

境内收发货人指在海关备案的对外签订并执行进出口贸易合同的中国境内的法人、其他组织。此栏应填报境内收发货人的名称及编码。编码填报 18 位法人和其他组织统一社会信用代码，没有统一社会信用代码的，填报其在海关的备案编码。

"境内收发货人"栏在特殊情况下的填报要求如下所述。

① 进出口货物合同的签订者和执行者非同一企业的，此栏填报执行合同的企业。

② 外商投资企业委托进出口企业进口投资设备、物品的，此栏填报外商投资企业，并在"标记唛码及备注"栏注明"委托某进出口企业进口"，同时注明被委托企业的 18 位法人和其他组织统一社会信用代码。

③ 有代理报关资格的报关企业在代其他进出口企业办理进出口报关手续时，此栏填报委托的进出口企业。

④ 海关特殊监管区域的收发货人应在此栏填报该货物的实际经营单位或海关特殊监管区域内经营企业。

⑤ 免税品经营单位经营出口退税国产商品的，此栏应填报免税品经营单位的名称。

4. 进出境关别

报关单中的"进出境关别"特指根据货物实际进出境的口岸海关，此栏应填报海关规定的"关区代码表"中相应口岸海关的名称及代码。

"进出境关别"栏在特殊情况下的填报要求如下所述。

① 进口转关运输货物填报货物进境地海关的名称及代码，出口转关运输货物填报货物出境地海关的名称及代码。按转关运输方式监管的跨关区深加工结转货物，出口报关单填报转出地海关的名称及代码，进口报关单填报转入地海关的名称及代码。

② 在不同海关特殊监管区域或保税监管场所之间调拨、转让的货物，填报对方海关特殊监管区域或保税监管场所所在地的海关名称及代码。

③ 其他无实际进出境的货物，填报接受申报的海关的名称及代码。

5. 进出口日期

进口日期指运载所申报货物的运输工具申报进境的日期。出口日期指运载所申报货物的运输工具办结出境手续的日期。

进口日期填报运载进口货物的运输工具申报进境的日期。出口日期指运载出口货物的运输工具办结出境手续的日期，在申报时免予填报。无实际进出境的货物，填报海关接受申报的日期。进出口日期为 8 位数字，顺序为年（4 位）、月（2 位）、日（2 位）。

6. 申报日期

申报日期指海关接受进出口货物的收发货人、受委托的报关企业申报数据的日期。以电子数据报关单方式申报的，申报日期为海关计算机系统接受申报数据时记录的日期。以纸质报关单方式申报的，申报日期为海关接受纸质报关单并对报关单进行登记处理的日期。此栏在申报时可以不填报。

申报日期为 8 位数字，顺序为年（4 位）、月（2 位）、日（2 位）。

7. 备案号

备案号是指进出口企业在海关办理加工贸易合同备案或征、减、免税审批备案等手续时，海关给予《进料加工登记手册》、《来料加工及中小型补偿贸易登记手册》、《外商投资企业履行产品出口合同进口料件及加工出口成品登记手册》（简称《登记手册》）、《中华人民共和国进出口货物征免税证明》（简称《征免税证明》）或其他有关备案审批文件的编号。

一份报关单只允许填报一个备案号，具体填报要求如下所述。

① 加工贸易项下的货物，除了少量低值辅料按规定不使用《加工贸易手册》及以后续补税监管方式办理内销征税的，填报《加工贸易手册》的编号。

② 使用异地直接报关分册和异地深加工结转出口分册在异地口岸报关的，填报分册号；本地直接报关分册和本地深加工结转分册限制在本地报关的，填报总册号。

③ 加工贸易成品凭《征免税证明》转为减免税进口货物的，进口报关单填报《征免税证明》的编号，出口报关单填报《加工贸易手册》的编号。

④ 对于加工贸易设备、使用账册管理的海关特殊监管区域内减免税设备之间的结转，转入和转出企业分别填制进、出口报关单，在报关单的"备案号"栏中填报《加工贸易手册》的编号。

⑤ 涉及征、减、免税审核确认的报关单，填报《征免税证明》的编号。

⑥ 减免税货物退运出口的，填报《中华人民共和国海关进口减免税货物准予退运证明》的编号；减免税货物补税进口的，填报《减免税货物补税通知书》的编号；减免税货物进口或结转进口（转入）的，填报《征免税证明》的编号；相应的结转出口（转出），填报《中华人民共和国海关进口减免税货物结转联系函》的编号。

⑦ 免税品经营单位经营出口退税国产商品的，免予填报。

8. 境外收发货人

境外收货人通常指签订并执行出口贸易合同中的买方或合同指定的收货人，境外发货人通常指签订并执行进口贸易合同中的卖方。

此栏填报境外收发货人的名称及编码。名称一般填报英文名称，检验检疫要求填报其他外文名称的，在英文名称后填报，以半角括号分隔；对于 AEO 互认国家（地区）企业的，编码填报 AEO 编码，填报样式为"国别（地区）代码+海关企业编码"，如新加坡 AEO 企业 SG123456789012（新加坡国别代码+12 位企业编码）；非互认国家（地区）AEO 企业等其他情形，编码可以不填报。

特殊情况下无境外收发货人的，名称及编码填报"NO"。

9. 运输方式

运输方式是指载运货物进出关境所使用的运输工具的分类。

此栏应根据实际运输方式，按海关规定的"运输方式代码表"选择填报相应的运输方式。

"运输方式"栏在特殊情况下运输方式的填报原则如下所述。

① 对于以非邮政方式进出口的快递货物，按实际运输方式填报。

② 对于进出境旅客随身携带的货物，按旅客所乘运输工具填报。

③ 对于进口转关运输货物，按载运货物抵达进境地的运输工具填报，出口转关运输货物，按载运货物驶离出境地的运输工具填报。

④ 对于不复运出（入）境而留在境内（外）销售的进出境展览品、留赠转卖物品等，填报"其他运输"（代码9）。

⑤ 对于以固定设施（包括输油、输水管道和输电网等）运输的货物，填报"固定设施运输"（代码G）。

10. 运输工具名称及航次号

运输工具名称指载运货物进出境的运输工具的名称或运输工具编号。航次号指载运货物进出境的运输工具的航次编号。

在填报载运货物进出境的运输工具名称及航次号时，填报内容应与运输部门向海关申报的舱单（载货清单）所列相应内容一致。

1）运输工具名称的具体填报要求

（1）直接在进出境地或采用全国通关一体化通关模式办理报关手续的报关单中的"运输工具名称"字段的填报要求如下所述。

① 水路运输：填报船舶编号（来往港澳小型船舶为监管簿编号）或者船舶英文名称。

② 公路运输：在启用公路舱单前，填报该跨境运输车辆的国内行驶车牌号；对于深圳提前报关模式下的报关单，填报国内行驶车牌号+"/"+"提前报关"。在启用公路舱单后，免予填报。

③ 铁路运输：填报车厢编号或交接单号。

④ 航空运输：填报航班号。

⑤ 邮件运输：填报邮政包裹单号。

⑥ 其他运输：填报具体的运输方式名称，如管道、驮畜等。

（2）转关运输货物的报关单中的"运输工具名称"字段的填报要求如下所述。

① 对于进口。

a. 水路运输：在直转、提前报关方式下，填报"@"+16位转关申报单预录入号（或13位载货清单号）；在中转方式下，填报进境英文船名。

b. 铁路运输：在直转、提前报关方式下，填报"@"+16位转关申报单预录入号；在中转方式下，填报车厢编号。

c. 航空运输：在直转、提前报关方式下，填报"@"+16位转关申报单预录入号（或13位载货清单号）；在中转方式下，填报"@"。

d. 公路及其他运输：填报"@"+16位转关申报单预录入号（或13位载货清单号）。

另外，在以上各种运输方式下使用广东地区载货清单转关的、提前报关货物的，填报"@"+13位载货清单号。

② 对于出口。

a. 水路运输：在非中转方式下，填报"@"+16位转关申报单预录入号（或13位载货清单号）。如多张报关单需要通过一张转关单转关的，填报"@"。

b. 中转货物：境内水路运输填报驳船船名；境内铁路运输填报车名（主管海关4位关

区代码+"TRAIN");境内公路运输填报车名(主管海关 4 位关区代码+"TRUCK")。

c. 铁路运输:填报"@"+16 位转关申报单预录入号(或 13 位载货清单号),如多张报关单需要通过一张转关单转关的,填报"@"。

d. 航空运输:填报"@"+16 位转关申报单预录入号(或 13 位载货清单号),如多张报关单需要通过一张转关单转关的,填报"@"。

e. 其他运输方式:填报"@"+16 位转关申报单预录入号(或 13 位载货清单号)。

(3)采用"集中申报"通关方式办理报关手续的,填报"集中申报"。

(4)免税品经营单位经营出口退税国产商品的,免予填报。

(5)无实际进出境的货物,免予填报。

2)航次号的具体填报要求

(1)直接在进出境地或采用全国通关一体化通关模式办理报关手续的报关单中的"航次号"字段的填报要求如下所述。

① 水路运输:填报船舶的航次号。

② 公路运输:启用公路舱单前,填报运输车辆的 8 位进出境日期[顺序为年(4 位)、月(2 位)、日(2 位),下同];启用公路舱单后,填报货物运输批次号。

③ 铁路运输:填报列车的进出境日期。

④ 航空运输:免予填报。

⑤ 邮件运输:填报运输工具的进出境日期。

⑥ 其他运输方式:免予填报。

(2)转关运输货物的报关单中的"航次号"字段的填报要求如下所述。

① 对于进口。

a. 水路运输:在中转转关方式下,填报"@"+进境干线船舶航次;在直转、提前报关方式下,免予填报。

b. 公路运输:免予填报。

c. 铁路运输:"@"+8 位进境日期。

d. 航空运输:免予填报。

e. 其他运输方式:免予填报。

② 对于出口。

a. 水路运输:非中转货物免予填报;中转货物中,境内水路运输填报驳船航次号,境内铁路、公路运输填报 6 位起运日期[顺序为年(2 位)、月(2 位)、日(2 位)]。

b. 铁路拼车拼箱捆绑出口:免予填报。

c. 航空运输:免予填报。

d. 其他运输方式:免予填报。

(3)免税品经营单位经营出口退税国产商品的,免予填报。

(4)无实际进出境的货物,免予填报。

11. 提运单号

提运单号是指进出口货物提单或运单的编号。

此栏填报的内容应与运输部门向海关申报的载货清单所列相应内容一致。一份报关单只允许填报一个提运单号,当一票货物对应多个提运单时,应分单填报。"提运单号"栏的具体填报要求如下所述。

1) 直接在进出境地或采用全国通关一体化通关模式办理报关手续的

① 水路运输:填报进出口提单号。如有分提单的,则应填报进出口提单号+"*"+分提单号。

② 公路运输:在启用公路舱单前,免予填报;在启用公路舱单后,填报进出口总运单号。

③ 铁路运输:填报运单号。

④ 航空运输:填报总运单号+"_"+分运单号,无分运单的仅填报总运单号。

⑤ 邮件运输:填报邮运包裹单号。

2) 转关运输的货物

(1) 进口。

① 水路运输:在直转、中转方式下,填报提单号;提前报关的,免予填报。

② 铁路运输:在直转、中转方式下,填报铁路运单号;提前报关的,免予填报。

③ 航空运输:在直转、中转方式下,填报总运单号+"_"+分运单号;提前报关的,免予填报。

④ 其他运输方式:免予填报。

另外,以上运输方式下的进境货物,在广东省内使用公路运输转关的,应填报车牌号。

(2) 出口。

① 水路运输:对于中转货物,填报提单号;对于非中转货物,免予填报;对于广东省内汽车运输提前报关的转关货物,填报承运车辆的车牌号。

② 其他运输方式:免予填报。对于广东省内汽车运输提前报关的转关货物,填报承运车辆的车牌号。

3) 采用"集中申报"通关方式办理报关手续的

填报归并的集中申报清单中的进出口起止日期[按年(4位)月(2位)日(2位)年(4位)月(2位)日(2位)]。

4) 无实际进出境的货物

无实际进出境的货物,免予填报。

12. 货物存放地点

"货物存放地点"栏填报货物进境后存放的场所或地点,包括海关监管作业场所、分拨仓库、定点加工厂、隔离检疫场、企业自有仓库等。

13. 消费使用单位/生产销售单位

消费使用单位是指已知的进口货物在境内的最终消费、使用单位的名称,包括自行从境外进口货物的单位、委托进出口企业进口货物的单位等。生产销售单位是指出口货物在境内的生产或销售单位,包括自行出口货物的单位、委托进出口企业出口货物的单位等。

(1) "消费使用单位"填报已知的进口货物在境内的最终消费、使用单位的名称,如下所述。

① 自行进口货物的单位。

② 委托进出口企业进口货物的单位。

(2)"生产销售单位"填报出口货物在境内的生产或销售单位的名称,如下所述。
① 自行出口货物的单位。
② 委托进出口企业出口货物的单位。
③ 免税品经营单位经营出口退税国产商品的,填报该免税品经营单位统一管理的免税店。
(3)减免税货物报关单的"消费使用单位/生产销售单位"栏应与《征免税证明》的"减免税申请人"一致;保税监管场所与境外之间的进出境货物,"消费使用单位/生产销售单位"栏填报保税监管场所的名称[保税物流中心(B型)填报中心内企业名称]。
(4)海关特殊监管区域的"消费使用单位/生产销售单位"栏填报区域内经营企业("加工单位"或"仓库")的名称。
(5)编码填报要求。
① 填报18位法人和其他组织统一社会信用代码。
② 无18位统一社会信用代码的,填报"NO"。
(6)进口货物在境内的最终消费或使用,以及出口货物在境内的生产或销售的对象为自然人的,填报身份证号、护照号、台胞证号等有效证件号码及姓名。

14. 监管方式

监管方式是以国际贸易中进出口货物的交易方式为基础,结合海关对进出口货物的征税、统计及监管条件综合设定的海关对进出口货物的管理方式。其代码由4位数字构成,前两位是按照海关监管要求和计算机管理需要划分的分类代码,后两位是参照国际标准编制的贸易方式代码。

在"监管方式"栏中,根据实际对外贸易情况,按海关规定的《监管方式代码表》选择填报相应的监管方式简称及代码。一份报关单只允许填报一种监管方式。

特殊情况下加工贸易货物监管方式的填报要求如下所述。

① 进口少量低值辅料(5000美元以下,78种以内的低值辅料)按规定不使用《加工贸易手册》的,填报"低值辅料";使用《加工贸易手册》的,按《加工贸易手册》上的监管方式填报。

② 加工贸易料件转内销货物,以及按料件办理进口手续的转内销制成品、残次品、未完成品,在填制进口报关单时填报"来料料件内销"或"进料料件内销";加工贸易成品凭《征免税证明》转为减免税进口货物的,分别填制进、出口报关单,出口报关单填报"来料成品减免"或"进料成品减免",进口报关单按照实际监管方式填报。

③ 加工贸易出口成品因故退运进口及复运出口的,填报"来料成品退换"或"进料成品退换";加工贸易进口料件因换料退运出口及复运进口的,填报"来料料件退换"或"进料料件退换";加工贸易过程中产生的剩余料件、边角料退运出口,以及进口料件因品质、规格等原因退运出口且不再更换同类货物进口的,分别填报"来料料件复出""来料边角料复出""进料料件复出""进料边角料复出"。

④ 加工贸易边角料内销和副产品内销的,在填制进口报关单时填报"来料边角料内销"或"进料边角料内销"。

⑤ 企业销毁处置加工贸易货物未获得收入,销毁处置货物为料件、残次品的,填报"料

件销毁";销毁处置货物为边角料、副产品的,填报"边角料销毁"。企业销毁处置加工贸易货物获得收入的,填报"进料边角料内销"或"来料边角料内销"。

⑥ 免税品经营单位经营出口退税国产商品的,填报"其他"。

15. 征免性质

征免性质是指海关对进出口货物实施征、减、免税管理的性质类别。

此栏应按照海关核发的《征免税证明》中批注的征免性质填报,或根据实际情况按海关规定的《征免性质代码表》选择填报相应的征免性质简称或代码。

在加工贸易报关单中,此栏应按照海关核发的《登记手册》中批注的征免性质填报相应的征免性质简称或代码。特殊情况下的填报要求如下所述。

① 保税工厂经营的加工贸易,根据《登记手册》填报"进料加工"或"来料加工"。

② 三资企业按内外销比例为加工内销产品而进口料件,填报"一般征税"或其他相应征免性质。

③ 加工贸易转内销货物,按实际应享受的征免性质填报(如一般征税、科教用品、其他法定等)。

④ 料件退运出口、成品退运进口货物填报"其他法定"。

⑤ "加工贸易结转货物"栏为空。

一份报关单只允许填报一种征免性质。

16. 许可证号

应申领进(出)口许可证的货物,必须在此栏填报商务部及其授权发证机关签发的进(出)口货物许可证的编号,不得为空。

一份报关单只允许填报一个许可证号。

17. 起运港

此栏填报进口货物在运抵我国关境前的第一个境外装运港。

此栏应根据实际情况,从海关规定的《港口代码表》中选择相应的港口名称及代码填报,未在《港口代码表》列明的,填报相应的国家名称及代码。货物从海关特殊监管区域或保税监管场所运至境内区外的,填报《港口代码表》中相应海关特殊监管区域或保税监管场所的名称及代码;未在《港口代码表》中列明的,填报"未列出的特殊监管区"及代码。

其他无实际进境的货物,填报"中国境内"及代码。

18. 合同协议号

此栏填报进出口货物合同(包括协议或订单)编号。未发生商业性交易的免予填报。

免税品经营单位经营出口退税国产商品的,免予填报。

19. 贸易国

在此栏中,发生商业性交易进口的填报购自国(地区),发生商业性交易出口的填报售予国(地区);未发生商业性交易的填报货物所有权拥有者所属的国家(地区)。

此栏应在海关规定的《国别(地区)代码表》中选择相应的贸易国(地区)中文名称及代码填报。

20. 起运国(地区)/运抵国(地区)

起运国(地区)指进口货物起始发出的国家(地区);运抵国(地区)指出口货物直接

运抵的国家（地区）。

对发生运输中转的货物，如中转地未发生任何商业性交易，则起运/运抵国不变；如中转地发生商业性交易，则以中转地作为起运/运抵国（地区）填报。

此栏应从海关规定的《国别（地区）代码表》中选择相应的起运国（地区）或运抵国（地区）的中文名称或代码填报。

无实际进出境的，此栏填报"中国"（代码"142"）。

21. 经停港/指运港

"经停港"填报进口货物在运抵我国关境前的最后一个境外装运港。

"指运港"填报出口货物运往境外的最终目的港；最终目的港不可预知的，按尽可能预知的目的港填报。

根据实际情况，从海关规定的《港口代码表》选择相应的港口名称及代码填报。经停港/指运港在《港口代码表》中无港口名称及代码的，可选择相应的国家名称及代码填报。

无实际进出境的货物，填报"中国境内"及代码。

22. 入境口岸/离境口岸

"入境口岸"填报进境货物从跨境运输工具卸离的第一个境内口岸的中文名称及代码；采取多式联运跨境运输的，填报多式联运货物最终卸离的境内口岸的中文名称及代码；过境货物填报货物进入境内的第一个口岸的中文名称及代码；从海关特殊监管区域或保税监管场所进境的，填报海关特殊监管区域或保税监管场所的中文名称及代码。其他无实际进境的货物，填报货物所在地的城市名称及代码。

"离境口岸"填报装运出境货物的跨境运输工具离境的第一个境内口岸的中文名称及代码；采取多式联运跨境运输的，填报多式联运货物最初离境的境内口岸的中文名称及代码；过境货物填报货物离境的第一个境内口岸的中文名称及代码；从海关特殊监管区域或保税监管场所离境的，填报海关特殊监管区域或保税监管场所的中文名称及代码。其他无实际出境的货物，填报货物所在地的城市名称及代码。

"入境口岸/离境口岸"的类型包括港口、码头、机场、机场货运通道、边境口岸、火车站、车辆装卸点、车检场、陆路港、坐落在口岸的海关特殊监管区域等。此栏应按海关规定的《国内口岸编码表》选择填报相应的境内口岸名称及代码。

23. 包装种类

此栏应填报进（出）口货物的实际外包装种类，如木箱、纸箱、铁桶、散装等。

24. 件数

此栏应填报有外包装的进（出）口货物的实际件数。特殊情况下的填报要求如下所述。

① 舱单件数为集装箱（TEU）的，填报集装箱个数。

② 舱单件数为托盘的，填报托盘数。

此栏不得填报"0"，裸装货物填报"1"。

25. 毛重（kg）

毛重是指货物及其包装材料的重量之和。

此栏填报进（出）口货物实际毛重，计量单位为kg，不足1kg的填报"1"。

26. 净重（kg）

净重指货物的毛重减去外包装材料后的重量，即商品本身的实际重量。

此栏填报进（出）口货物的实际净重，计量单位为 kg，不足 1kg 的填报"1"。

27. 成交方式

此栏应根据实际成交价格条款从海关规定的《成交方式代码表》中选择相应的成交方式代码填报。

无实际进出境的货物，进口时填报 CIF 价，出口时填报 FOB 价。

28. 运费

此栏填报进口货物运抵我国境内输入地点起卸前的运输费用，出口货物运至我国境内输出地点装载后的运输费用。

此栏可按运费单价、总价或运费率 3 种方式之一填报，同时注明运费标记，并从海关规定的《货币代码表》中选择相应的币种代码填报。

免税品经营单位经营出口退税国产商品的，免予填报。

29. 保费

在此栏中，成交价格中不包含保险费的进口货物或成交价格中含有保险费的出口货物，应填报报关单所含全部货物国际运输的保险费用。此栏可按保险费总价或保险费率两种方式之一填报，同时注明保险费标记，并从海关规定的《货币代码表》中选择相应的币种代码填报。

运保费合并计算的，运保费填报在"运费"栏中。

30. 杂费

杂费指除成交价格外的、应计入完税价格或应从完税价格中扣除的费用，如手续费、佣金、回扣等，可按杂费总价或杂费率两种方式之一填报，同时注明杂费标记，并从海关规定的《货币代码表》中选择相应的币种代码填报。

应计入完税价格的杂费填报为正值或正率，应从完税价格中扣除的杂费填报为负值或负率。

杂费标记"1"表示杂费率，"3"表示杂费总价。例如，应计入完税价格的 1.5% 的杂费率填报"1.5"。

应从完税价格中扣除的"1%"的回扣率填报"1"。

应计入完税价格的 500 英镑杂费总价填报"303/500/3"。

31. 随附单证及编号

此栏应从海关规定的《监管证件代码表》和《随附单据代码表》中选择除本规范第十六条规定的许可证件外的其他进出口许可证件或监管证件、随附单据代码及编号填报。

此栏分为"随附单证代码"和"随附单证编号"两栏，其中"随附单证代码"栏从海关规定的《监管证件代码表》和《随附单据代码表》中选择相应证件代码填报；"随附单证编号"栏填报证件编号。

（1）加工贸易内销征税报关单（使用金关二期加贸管理系统的除外）："随附单证代码"栏填报"c"，"随附单证编号"栏填报海关审核通过的内销征税联系单号。

（2）一般贸易进出口货物：只能使用原产地证书申请享受协定税率或者特惠税率（以下统称优惠税率）的（无原产地声明模式），"随附单证代码"栏填报原产地证书代码"Y"，"随附单证编号"栏填报"优惠贸易协定代码"和"原产地证书编号"；可以使用原产地证书或者原产地声明申请享受优惠税率的（有原产地声明模式），"随附单证代码"栏填写"Y"，"随附单证编号"栏填报"优惠贸易协定代码"、"C"（凭原产地证书申报）或"D"（凭原产地声明申报），以及"原产地证书编号（或者原产地声明序列号）"。一份报关单对应一份原产地证书或原产地声明。

海关特殊监管区域和保税监管场所内销货物申请适用优惠税率的，有关货物进出海关特殊监管区域和保税监管场所及内销时，已通过原产地电子信息交换系统实现电子联网的优惠贸易协定项下的货物报关单，按照上述一般贸易要求填报；未实现电子联网的优惠贸易协定项下货物报关单，"随附单证代码"栏填报"Y"，"随附单证编号"栏填报"<优惠贸易协定编号>"和"原产地证据文件备案号"。"原产地证据文件备案号"为进出口货物的收发货人或其代理人录入原产地证据文件电子信息后，系统自动生成的号码。

向中国香港或者中国澳门出口用于生产中国香港 CEPA 或者中国澳门 CEPA 项下货物的原材料时，按照上述一般贸易填报要求填制报关单，中国香港或中国澳门的生产厂商在中国香港工贸署或者中国澳门经济局登记备案的有关备案号填报在"关联备案"栏。

"单证对应关系表"中填报报关单上的申报商品项与原产地证书（原产地声明）上的商品项之间的对应关系。报关单上的商品序号与原产地证书（原产地声明）上的项目编号应一一对应，不要求顺序对应。同一批次进口货物可以在同一报关单中申报，不享受优惠税率的货物序号不填报在"单证对应关系表"中。

（3）各优惠贸易协定项下，免提交原产地证据文件的小金额进口货物"随附单证代码"栏填报"Y"，"随附单证编号"栏填报"<优惠贸易协定编号>XJE00000"，"单证对应关系表"享惠报关单项号按实际填报，对应单证项号与享惠报关单项号相同。

32．标记唛码及备注

此栏下部用于打印随附单据栏中监管证件的编号，上部用于打印以下内容。

① 标记唛码中除图形外的文字、数字。
② 一票货物有多个集装箱的，在此栏打印其余的集装箱号。
③ 一票货物有多个提运单的，在此栏打印其余的提运单号。
④ 受外商投资企业委托代理其进口投资设备、物品的外贸企业的名称。
⑤ 加工贸易结转货物，其对应的备案号应填报在"备注"栏中。如出口报关单应填报"转出至××××××××××××号手册"，经批准转内销的边角料、废次料，应在此栏注明"残次料"。
⑥ 其他申报时必须说明的事项。

33．项号

此栏分两行填报及打印。第一行打印报关单中的商品排列序号，第二行专用于加工贸易等已备案的货物，填报和打印该项货物在《登记手册》中的项号。

加工贸易合同项下的进出口货物，必须填报与《登记手册》一致的商品项号，所填报的项号用于核销对应项号下的料件或成品数量。在特殊情况下，"项号"栏的填报要求如下所述。

① 深加工结转货物，分别按《登记手册》中的进口料件项号和出口成品项号填报。

② 料件结转货物，出口报关单按转出《登记手册》中进口料件的项号填报；进口报关单按照转进《登记手册》中进口料件的项号填报。

③ 料件复出货物，出口报关单按《登记手册》中进口料件的项号填报。

④ 成品退运货物，退运进境报关单和复运出境报关单按《登记手册》中原出口成品的项号填报。

⑤ 成品转内销货物，进口报关单填报《登记手册》中出口成品的项号；料件转内销货物，填报《登记手册》中进口料件的项号。

⑥ 加工贸易成品经批准转内销货物，出口报关单填报《登记手册》中原出口成品的项号，进口报关单填报《征免税证明》中的项号（转为享受减免税货物的）或为空。

34. 商品编号

这是指按海关规定的商品分类编码规则确定的进（出）口货物的商品编号。

加工贸易《登记手册》中的商品编号与实际商品编号不符的，应按实际商品编号填报。

35. 商品名称、规格型号

此栏分两行填报及打印。第一行打印进（出）口货物规范的中文商品名称，第二行打印规格型号，必要时可加注原文。具体填报要求如下所述。

① 商品名称及规格型号应据实填报，并与所提供的商业发票相符。

② 商品名称应当规范，规格型号应当足够详细，以能满足海关归类、审价及监管的要求为准，禁止、限制进出口等实施特殊管制的商品，其名称应与交验的批准证件上的商品名称相符。

③ 对于加工贸易等已备案的货物，此栏填报、录入的内容必须与已在海关备案登记的同项号下货物的名称、规格型号一致。

36. 数量及单位

这是指进（出）口商品的实际数量及计量单位。此栏分 3 行填报及打印。具体填报要求如下所述。

① 进出口货物必须按《海关法》规定的计量单位填报。法定第一计量单位及数量打印在此栏第一行。

② 凡海关列明第二计量单位的，必须报明该成品第二计量单位及数量，打印在此栏第二行；无第二计量单位的，此栏第二行为空。

③ 当成交计量单位与海关法定计量单位不一致时，此栏还需要填报成交计量单位及数量，打印在商品名称、规格型号栏下方（第三行）。当成交计量单位与海关法定计量单位一致时，此栏第二行为空。

对于加工贸易等已备案的货物，成交计量单位必须与备案登记中同项号下货物的计量单位一致，不一致时必须修改备案或转换一致后填报。

37. 单价

此栏应填报同一项号下进（出）口货物实际成交的商品单价。无实际成交价格的，此栏填报货值。

38. 总价

此栏应填报同一项号下进（出）口货物实际成交的商品总价。无实际成交价格的，此栏填报货值。

39. 币制

币制是指进（出）口货物实际成交价格的币种。此栏应根据实际成交情况从海关规定的《货币代码表》中选择相应的货币名称或代码填报。如《货币代码表》中无实际成交币种，则需要转换后填报。

40. 原产国

此栏依据《中华人民共和国进出口货物原产地条例》《中华人民共和国海关关于执行〈非优惠原产地规则中实质性改变标准〉的规定》，以及海关总署关于各项优惠贸易协定原产地管理规章规定的原产地确定标准填报。同一批进出口货物的原产地不同的，分别填报原产国（地区）。进出口货物原产国（地区）无法确定的，填报"国别不详"。

此栏应从海关规定的《国别（地区）代码表》中选择相应的国家（地区）名称及代码填报。

41. 最终目的国（地区）

此栏填报已知的进出口货物的最终实际消费、使用或进行进一步加工制造的国家（地区）。不经过第三国（地区）转运的直接运输货物，以运抵国（地区）为最终目的国（地区）；经过第三国（地区）转运的货物，以最后运往国（地区）为最终目的国（地区）。同一批进出口货物的最终目的国（地区）不同的，分别填报最终目的国（地区）。当进出口货物不能确定最终目的国（地区）时，以尽可能预知的最后运往国（地区）为最终目的国（地区）。

此栏从海关规定的《国别（地区）代码表》中选择相应的国家（地区）名称及代码填报。

42. 境内目的地/境内货源地

境内目的地指已知的进口货物在国内的消费、使用地或最终运抵地。境内货源地指出口货物在国内的产地或原始发货地。

此栏应根据进口货物的收货单位、出口货物生产厂家或发货单位所属国内地区，并从海关规定的《国内地区代码表》中选择相应的国内地区名称或代码填报。

43. 征免

征免指海关对进（出）口货物进行征税、减税、免税或特案处理的实际操作方式。

此栏应按照海关核发的《征免税证明》或有关政策规定，对报关单所列每项商品选择填报海关规定的《征减免税方式代码表》中相应的征减免税方式。

加工贸易报关单应根据《登记手册》中备案的征免规定填报。

44. 特殊关系确认

填报确认进出口行为中买卖双方是否存在特殊关系时，根据《中华人民共和国海关审定进出口货物完税价格办法》（简称《审价办法》）第十六条，有下列情形之一的，应当认为买卖双方存在特殊关系，填报"是"，反之则填报"否"。

① 买卖双方为同一家族成员的。

② 买卖双方互为商业上的高级职员或者董事的。
③ 一方直接或者间接地受另一方控制的。
④ 买卖双方都直接或者间接地受第三方控制的。
⑤ 买卖双方共同直接或者间接地控制第三方的。
⑥ 一方直接或者间接地拥有、控制或者持有对方5%以上（含5%）公开发行的有表决权的股票或者股份的。
⑦ 一方是另一方的雇员、高级职员或者董事的。
⑧ 买卖双方是同一合伙的成员的。
⑨ 买卖双方在经营上相互有联系，一方是另一方的独家代理、独家经销或者独家受让人，如果符合前款的规定，也应当视为存在特殊关系。

出口货物免予填报，加工贸易及保税监管货物（内销保税货物除外）免予填报。

45. 价格影响确认

根据《审价办法》第十七条，填报确认纳税义务人是否可以证明特殊关系未对进口货物的成交价格产生影响，纳税义务人能证明其成交价格与同时或者大约同时发生的下列任何一款价格相近的，应视为特殊关系未对成交价格产生影响，填报"否"，反之则填报"是"。

① 向境内无特殊关系的买方出售的相同或者类似进口货物的成交价格。
② 按照《审价办法》第二十三条的规定所确定的相同或者类似进口货物的完税价格。
③ 按照《审价办法》第二十五条的规定所确定的相同或者类似进口货物的完税价格。

出口货物免予填报，加工贸易及保税监管货物（内销保税货物除外）免予填报。

46. 支付特许权使用费确认

根据《审价办法》第十一条和第十三条，填报确认买方是否存在向卖方或者有关方直接或者间接支付与进口货物有关的特许权使用费，且未包括在进口货物的实付、应付价格中。

买方存在需要向卖方或者有关方直接或者间接支付特许权使用费，且未包含在进口货物实付、应付价格中，并且符合《审价办法》第十三条的，在"支付特许权使用费确认"栏填报"是"。

买方存在需要向卖方或者有关方直接或者间接支付特许权使用费，且未包含在进口货物实付、应付价格中，但纳税义务人无法确认是否符合《审价办法》第十三条的，填报"是"。

买方存在需要向卖方或者有关方直接或者间接支付特许权使用费且未包含在实付、应付价格中，纳税义务人根据《审价办法》第十三条，可以确认需支付的特许权使用费与进口货物无关的，填报"否"。

买方不存在向卖方或者有关方直接或者间接支付特许权使用费的，或者特许权使用费已经包含在进口货物实付、应付价格中的，填报"否"。

出口货物免予填报，加工贸易及保税监管货物（内销保税货物除外）免予填报。

47. 自报自缴

进出口企业、单位采用"自主申报、自行缴税"（自报自缴）模式向海关申报时，填报"是"；反之则填报"否"。

48. 申报单位

此栏指报关单左下方用于填报申报单位有关情况的总栏目。

申报单位指对申报内容的真实性直接向海关负责的企业或单位。自理报关的，应填报进（出）口货物的经营单位名称及代码；委托代理报关的，应填报经海关批准的专业或代理报关企业名称及代码。

此栏还包括报关单位地址、邮编和电话等分项目，由申报单位的报关员填报。

49. 海关批注及签章

供海关作业时签注。

中华人民共和国海关进口货物报关单和中华人民共和国海关出口货物报关单如表10-1、表10-2所示。

表 10-1 中华人民共和国海关进口货物报关单

预录入编号：		海关编号：			页码/页数：
境内收货人	进境关别	进口日期		申报日期	备案号
境外发货人	运输方式	运输工具名称及航次号		提运单号	货物存放地点
生产销售单位	监管方式	征免性质		许可证号	起运港
合同协议号	贸易国（地区）	起运国（地区）		经停港	入境口岸
包装种类	件数 毛重（kg）	净重（kg） 成交方式	运费	保费	杂费
随附单证及编号					
标记唛码及备注					
项号 商品编号 商品名称及规格型号 数量及单位 单价/总价/币制 原产国（地区） 最终目的国（地区） 境内目的地 征免					
特殊关系确认： 价格影响确认： 支付特许权使用费确认： 自报自缴：					
报关人员 报关人员证号 电话 兹声明对以上内容承担如实申报、依法纳税之法律责任				海关批注及签章	
申报单位 申报单位 （签章）					

表 10-2　中华人民共和国海关出口货物报关单

预录入编号：		海关编号：		页码/页数：
境内发货人	出境关别	出口日期	申报日期	备案号
境外收货人	运输方式	运输工具名称及航次号	提运单号	
生产销售单位	监管方式	征免性质	许可证号	
合同协议号	贸易国（地区）	运抵国（地区）	指运港	离境口岸
包装种类	件数　毛重（kg）　净重（kg）		成交方式　运费　保费　杂费	
随附单证及编号				
标记唛码及备注				
项号　商品编号　商品名称及规格型号　数量及单位　单价/总价/币制　原产国（地区）　最终目的国（地区）　境内货源地　征免				
特殊关系确认：　　　价格影响确认：　　　支付特许权使用费确认：　　　自报自缴：				
报关人员　报关人员证号　电话　兹声明对以上内容承担如实申报、依法纳税之法律责任			海关批注及签章	
申报单位（签章）		申报单位		

案例 1：

通关速度和通关模式创新

　　丹佛斯自动控制（上海）有限公司的叶普申总经理来信反映："在 2003 年的有关部门会议上，海关部门人员曾承诺：空运 12 小时通关；海运 24 小时通关，但是现在的通关速度仍然是 3~4 天。"

　　为提高企业的通关速度，上海海关、上海出入境检验检疫局等部门联合推出了"提前报检、提前报关、实货放行"等多种通关模式，以适应各类企业的不同需求。据有关部门的介绍，目前部分企业的货物通关速度达到空运 12 小时、海运 24 小时，但前提条件是必须采用"提前报检、提前报关、实货放行"通关模式（货物查验等情况除外）。

据了解，该公司的报检报关业务均委托货运代理公司办理，由于种种原因，目前尚未采用"提前报检、提前报关、实货放行"通关模式，所以未能达到空运12小时、海运24小时的通关速度。

案例2：

通关与检验检疫管理

某年2月25日下午，口岸办会同上海海关、上海检验检疫局召开专题恳谈会。会上，部分汽车行业企业和IT企业反映了如下问题。

（1）海关方面：①在机场和外高桥等口岸现场海关以值班为主，不提供查验和放行的服务。②采取无纸报关后，仍然需要办理出库和放行手续，手续烦琐。③有时办理完通关手续提货时发现货还在货站上，没进监管仓库。④部分办理提前报关的海运货物，因仓单信息滞后而影响了报关速度。

海关的答复：①试行"5+2天"工作制后，双休日海关在口岸现场与平时一样办理查验和放行业务，且卡口是24小时运行的，企业可能是由于部分货运代理公司或仓库没有实行"5+2"工作制，所以无法提货。②各口岸海关和检验检疫局各分局的管辖范围不一致，且仓库与海关的业务操作系统没有联网，因此不是所有联网企业在所有手续上都可以实现无纸通关。③无法提货的原因在于货站的理货能力出现瓶颈了，同时说明了通关手续的便捷、快速。④对于近洋运输货物，舱单信息无法提前很长时间到达；对于远洋运输但须中途停靠的货物，海关已要求船公司分港口发送信息。

（2）检验检疫局方面：①双休日，上海检验检疫局在空港只办理鲜活货物业务。②部分企业需要进口的车灯开关商品归类属于3C强制性认证范围，由于开关低电压、低电流，可以不认证，但须办理其他申报手续，办理时间长，希望简化手续。③外高桥的动植物检验检疫业务在下午5点就停止办理。④货物的商检退运许可证办理时间过长，需要一周以上。

上海检验检疫局的答复：①"5+2天"工作制试行后，上海检验检疫局共有6个局、十几个站点在双休日提供服务，在全市的三大检测中心也安排了人员加班。由于试行一阶段以来，发现双休日尤其是星期天的业务量很少，因此目前双休日现场办公人数比试行初期有所减少，但提供的是一条龙的完整服务。②国家总局对涉及商品3C认证的申报工作有明确规定，为了方便企业，可采取网上申报的方法，只要资料齐全，半个多小时就可办理完。目前绝大部分企业都采取网上申报的方式。③外高桥办公人员5点乘坐班车，但只要事先预约登记，就会有值班人员办理查验。④对于退运许可证的问题，请待我们进一步了解之后再做沟通。

思政园地

本章重点学习与国际货运代理相关的报关报检实务知识。教师可将法律规范、社会责任和行业规范等知识融入专业知识学习中，帮助学生树立诚信守法的法律意识、"为国把关"的社会责任和公德意识，培养学生在进行报关报检相关单据和业务操作时认真谨慎的工作作风和职业素养。

学习小结

本项目主要介绍了报关和报检的相关概念、出入境货物报检的相关内容、一般进出口货物报关实务，以及报关单的相关知识。

课后练习

一、单选题

1. 出境货物的检验检疫流程一般为（　　）。
   A. 签发单证—实施检验检疫—报检　　B. 报检—签发单证—实施检验检疫
   C. 签发单证—报检—实施检验检疫　　D. 报检—实施检验检疫—签发单证

2. 下列关于报关行为规范的表述正确的是（　　）。
   A. 报关企业应在海关规定的业务范围内进行报关活动
   B. 报关企业可以接受任务企业、单位的委托办理报关纳税事宜
   C. 报关员的报关行为所引起的法律和经济责任由报关员自行承担
   D. 禁止报关企业开展异地报关业务

3. 某外贸公司以一般贸易方式出口货物，在海关放行后，该公司应凭（　　）到海关监管仓库，办理将货物装上运输工具离境的手续。
   A. 由海关签发的"出口货物证明书"
   B. 由海关加盖了"放行章"的出口装货凭证
   C. 由海关签发的"税款缴纳证"
   D. 由海关签发的"出口收汇证明"

4. 某保税工厂办理属许可证管理商品进料加工料件进口申报手续时，在向海关提交相关的单据和证明文件中，不必递交的单据和证明文件是（　　）。
   A. 登记手册
   B. 加盖保税工厂货物戳记的报关单
   C. 进口货物许可证
   D. 进口该批料件的随附单据

二、多选题

1. （　　）是报关行为的承担者，即报关人。
   A. 进出境运输工具负责人　　　　B. 进出口货物的收发货人
   C. 进出境物品的所有人　　　　　D. 以上3种人的代理人

2. 关于一般进出口货物的特征，（　　）是正确的。
   A. 报关单位在向海关申报时应提交相应的进出口许可证件

B. 报关单位在向海关办理进出口手续时应按照海关规定缴纳进出口税款

C. 进口货物海关签印放行后即结束海关监管

D. 出口货物在出口货物装货单上由海关签印放行后即结束海关监管

3. 入境货物检验检疫的一般工作程序是（　　）。

　　A. 报检　　　　B. 通关　　　　C. 卫生处理　　　　D. 检验检疫

4. 入境货物报检分为（　　）。

　　A. 进境一般报检　　　　　　　B. 进境流向报检

　　C. 异地施检报检　　　　　　　D. 进境特殊报检

三、简答题

1. 什么是报关？报关企业注册登记的要求是什么？
2. 一般进出口货物申报前需要做哪些准备？
3. 一般进出口货物申报的单证有哪些？
4. 出入境货物检验检疫程序有哪些？
5. 请简述出入境报检的分类。

四、案例分析题

1. 中国矿产钢铁有限责任公司订购了一批热拔合金无缝钢管（属于法定检验商品、自动进口许可管理），委托辽宁抚顺锅炉厂有限责任公司制造锅炉内销。载货运输工具于2019年10月10日申报进境。应如何确定该笔生意的贸易方式？应怎样根据贸易方式决定相关的报关程序？

2. 山东某纺织品进出口有限公司先从韩国进口混纺面料加工成男式风衣销往瑞士，后又从韩国进口尼龙面料加工成滑雪衣销往国内。这两次报关手续一样吗？

3. 某服装进出口公司（加工贸易一般认证企业）于2018年12月与美国公司签订了来料加工合同项下的服装加工业务，合同规定由外商免费提供全棉印花布料，该服装进口公司根据外商要求加工5000件女式内衣（该料件属加工贸易限制类商品），该服装进口公司收取加工费。合同签订后，该服装进出口公司应怎样办理报关手续？

项目实训

星火公司是一家专门从事进料加工集成电路块出口的外商投资企业，适用海关对B类企业的监管措施。该公司于2021年5月对外签订了主料硅片（非限制类商品）等原料的进口合同。按合同，企业30%的加工成品内销，70%的加工成品外销，原料于6月底交货。2017年8月，星火公司与境外商人订立集成电路块出口合同，交货期为12月底。11月底产品全部出运。

（1）如果你是星火公司的报关员，该怎样办理这笔进料加工业务的报关手续？

（2）如果你是星火公司的代理报关员，该怎样办理这笔进料加工业务的报关手续？

Project 11 项目 国际货物运输保险

思维导图

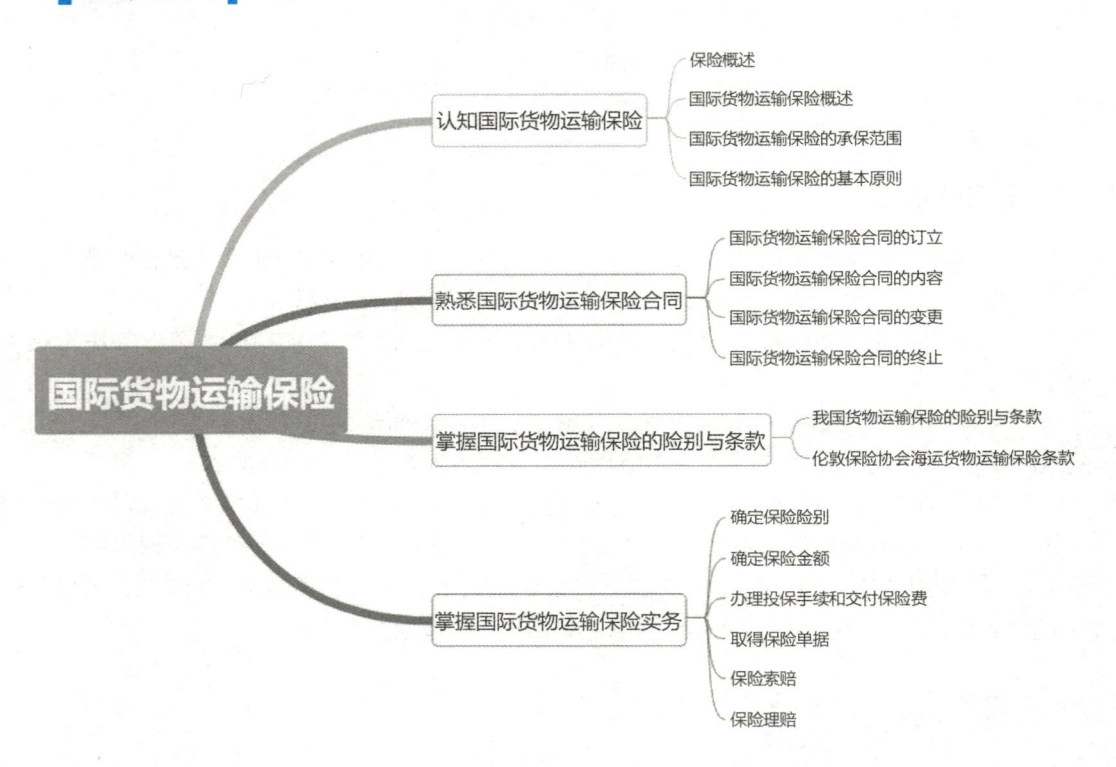

- 国际货物运输保险
  - 认知国际货物运输保险
    - 保险概述
    - 国际货物运输保险概述
    - 国际货物运输保险的承保范围
    - 国际货物运输保险的基本原则
  - 熟悉国际货物运输保险合同
    - 国际货物运输保险合同的订立
    - 国际货物运输保险合同的内容
    - 国际货物运输保险合同的变更
    - 国际货物运输保险合同的终止
  - 掌握国际货物运输保险的险别与条款
    - 我国货物运输保险的险别与条款
    - 伦敦保险协会海运货物运输保险条款
  - 掌握国际货物运输保险实务
    - 确定保险险别
    - 确定保险金额
    - 办理投保手续和交付保险费
    - 取得保险单据
    - 保险索赔
    - 保险理赔

知识目标

1. 了解国际货物运输保险的发展过程。
2. 掌握国际货运保险的基本业务、基本分类和险别。
3. 理解保险合同的签订过程。
4. 了解我国运输保险条款和伦敦保险协会条款。

技能目标

1. 了解进出口货物的投保方法、保险金额的计算方法,了解保险单据的种类及要求。

Project 11 项目

国际货物运输保险

2. 掌握保险赔偿的过程。

案例导入

货物运输的保险与出险

某年 4 月 27 日，广东富虹油品有限公司（简称富虹公司）就其从巴西进口的一批大豆向中国平安财产保险股份有限公司深圳分公司（简称深圳平保公司）发出货物运输险投保单。该投保单载明投保险别为一切险加战争险、罢工险等，但没有载明险别内容。同年 4 月 28 日，深圳平保公司签发了货物运输保险单，以邮政快递方式寄送富虹公司。保险单载明：被保险人为富虹公司；被保险货物为 60 500MT 散装巴西大豆，货物单价为 396.09 美元/MT；货物由韩进大马轮于同年 5 月 4 日从巴西桑托斯（Santos）起运至中国湛江，该轮船旗为巴拿马旗；保险金额为 23 963 445 美元。保险单没有记载保险价值。

同年 5 月 13 日，富虹公司支付了保险费 168 587.51 元。同年 6 月 16 日，韩进大马轮抵达湛江港，开始抛锚等泊位。随后韩进大马轮开始陆续卸货，中途因下雨、移泊、挑选红豆等原因暂停卸货，于同年 9 月 3 日卸货完毕。

同年 8 月 1 日，富虹公司的检验人员对韩进大马轮所载大豆抽样时发现大豆有霉变、受损现象。富虹公司立即向深圳平保公司发出出险通知书，告知货损情况；并书面通知韩进大马轮的船长金锡现货物有霉变情况。

请问：
1. 什么是货物运输保险？
2. 什么是一切险？货物运输涉及哪些险种？
3. 此案中的保险公司该向货主赔偿损失吗？
4. 赔偿额如何计算？保险金额和保险价值之间有什么关系？
5. 在讨论过程中，是否有一些保险原则？

Mission 任务 1　认知国际货物运输保险

一、保险概述

（一）保险的定义

"保险"是一个在我们的日常生活中出现频率很高的名词，一般是指办事稳妥或有把握的意思。但是在保险学中，"保险"一词有其特定的内容和深刻的含义。在我国，保险是一个外来词，是由英语"Insurance"一词翻译而来的。西方保险业最先进入我国广东省，人们习惯称保险为"燕梳",这也正是其英文的音译。保险作为一种客观事物,经历了萌芽、产生、成长和发展的历程,从形式上看表现为互助保险、合作保险、商业保险和社会保险。

无论是何种形式的保险,就其自然属性而言,都可以将其概括为:保险是集合具有同类风险的众多单位和个人,以合理计算风险分担金的形式,向少数因该风险事故发生而受到经济损失的成员提供保险经济保障的一种行为。通常,我们所说的保险是狭义的保险,即商业保险。《中华人民共和国保险法》(简称《保险法》)将保险定义为:投保人根据合同约定,向保险人支付保险费,保险人对于合同约定的可能发生的事故因其发生所造成的财产损失承担赔偿保险金责任,或者当被保险人死亡、伤残、疾病或者达到合同约定的年龄、期限等条件时承担给付保险金责任的商业保险行为。

可以看出,保险的定义可以从两个角度来理解。一是从法律角度出发,保险是投保人和保险人之间的经济合同行为,保险合同明确规定了双方各自享有的权利和所应承担的义务。其中投保人应按合同规定缴纳保险费。保险人应在合同约定的事故或案件发生时履行损失赔偿或给付保险金的责任。在保险制度中,保险费率的高低,以及建立保险基金的大小,是根据风险程度,用概率论和大数法则的原理计算出来的。二是从经济角度出发,保险可被定义为一种经济补偿制度,保险人通过集中众多投保人所缴纳的保险费形成保险基金,并集中管理风险损失资料,用统计方法预测风险带来的损失,通过科学的数理计算,将个别被保险人可能遭受的损失在所有参加保险的被保险人中予以分摊,从而得以进行经济损失补偿。

(二)保险的功能

保险具有经济补偿、资金融通和社会管理功能,这三大功能是一个有机联系的整体。经济补偿功能是保险的基本功能,也是保险区别于其他行业的最鲜明的特征。资金融通功能是在经济补偿功能的基础上发展起来的,社会管理功能是保险业发展到一定程度并深入社会生活诸多层面之后产生的一项重要功能,它只有在经济补偿功能和资金融通功能实现以后才能发挥作用。

1. 经济补偿功能

经济补偿功能是保险的立业之基,最能体现保险业的特色和核心竞争力。具体体现在以下两个方面。

① 财产保险的补偿:保险是在特定灾害事故发生时,在保险的有效期和保险合同约定的责任范围及保险金额内,按其实际损失金额给予补偿。通过补偿使已经存在的社会财富因灾害事故所致的实际损失在价值上得到补偿,在使用价值上得以恢复,从而使社会再生产过程得以连续进行。这种补偿既包括对被保险人因自然灾害或意外事故遭受的经济损失的补偿,也包括对被保险人依法应对第三者承担的经济赔偿责任的经济补偿,还包括对商业信用中违约行为造成的经济损失的补偿。

② 人身保险的给付:人身保险的保险数额是由投保人根据被保险人对人身保险的需要程度和投保人的缴费能力,在法律允许的情况下,与被保险人协商后确定的。

2. 资金融通的功能

资金融通的功能是指将形成的保险资金中的闲置部分重新投入社会再生产。保险人为了使保险经营稳定,必须保证保险资金的增值与保值,这就要求保险人对保险资金进行运用。保险资金的运用不仅有其必要性,而且是有可能实现的。一方面,由于保险保费收入与赔付支出之间存在时间差;另一方面,保险事故不都是同时发生的,保险人收取的保险费不可能一次全部赔付出去,也就是保险人收取的保险费与赔付支出之间存在数量差。这些都为保险资金的融通提供了可能。保险资金融通要坚持合法性、流动性、安全性、效益性的原则。

3. 社会管理的功能

社会管理是指对整个社会及各个环节进行调节和控制的过程。其目的在于正常发挥各系统、各部门、各环节的功能,从而实现社会关系和谐、整个社会的良性运行和有效管理。

① 社会保障管理:保险作为社会保障体系的有效组成部分,在完善社会保障体系方面发挥着重要作用。一方面,保险通过为没有参与社会保险的人群提供保险保障,扩大社会保障的覆盖面;另一方面,保险通过灵活多样的产品,为社会提供多层次的保障服务。

② 社会风险管理:保险公司具有风险管理的专业知识、大量的风险损失资料,为社会风险管理提供了有力的数据支持。同时,保险公司大力宣传、培养投保人的风险防范意识;帮助投保人识别和控制风险,指导其加强风险管理;进行安全检查,督促投保人及时采取措施消除隐患;提取防灾资金,资助防灾设施的添置和灾害防治的研究。

③ 社会关系管理:通过保险应对灾害损失,不仅可以根据保险合同中的约定对损失进行合理补充,而且可以提高事故处理效率,减少当事人可能出现的事故纠纷。另外,保险介入灾害处理的全过程,参与社会关系的管理,改变了社会主体的行为模式,为维护良好的社会关系创造了有利条件。

④ 社会信用管理:保险以最大诚信原则为其经营的基本原则之一,而保险产品实质上是一种以信用为基础的承诺,对保险双方当事人而言,信用至关重要。保险合同履行的过程实际上为社会信用体系的建立和管理提供了大量重要的信息来源,促进了社会信息资源的共享。

(三)保险的作用

1. 保险在微观经济中的作用

① 有利于受灾企业及时地恢复生产。

② 有利于企业加强经济核算。

③ 有利于企业加强危险管理。

④ 有利于安定人民的生活。

⑤ 有利于民事赔偿责任的履行。

2. 保险在宏观经济中的作用

① 保障社会再生产的正常进行。

② 推动商品的流通和消费。

③ 推动科学技术向现实生产力转化。

④ 有利于财政和信贷收支平衡的顺利实现。

⑤ 增加外汇收入,增强国际支付能力。

⑥ 动员国际范围内的保险基金。

(四) 保险的起源与发展

在人类社会的各个历史阶段，人们都会遇到自然灾害和意外事故，为了弥补损失，人们就萌生了应对灾害事故的保险思想和原始形态的保险方法，并采取了一些补救措施。

目前，《汉谟拉比法典》被公认为全世界最早的保险法典。公元前1792年是汉谟拉比时代，当时商业繁荣，为了援助商业、补偿商队的骡马和货物损失，《汉谟拉比法典》增加了共同分摊、补偿损失的条款。

1. 海上保险的起源

在各类保险中，海上保险（Marine Insurance）的历史最为悠久，近代保险业首先是从海上保险发展而来的。海上保险是指以海上财产，如船舶、货物及与之有关的租金、运费等作为保险标的的保险，对自然灾害或其他意外事故造成海运损失的一种补偿方法。保险方与被保险方订立保险契约，根据契约被保险方应付一定费用给承保方，发生损失后则可得到承保方的补偿。学术界普遍认为，海上保险的起源与共同海损和船货抵押贷款制度有关。

海上保险主要分以下5种。

① 船舶保险。其以船舶为保险标的，当船舶在航行或其他作业中受到损失时，予以赔偿。

② 运费保险。其以运费为保险标的，海损后船舶所有人无法收回的运费由保险人补偿。

③ 保障赔偿责任保险。这是船舶所有人之间相互保障的一种保险形式，主要承保保险单不予承保的责任险，对船舶所有人在营运过程中因各种事故引起的损失、费用、罚款等均予保险。

④ 海洋运输货物保险。其以海运货物为保险标的。

⑤ 石油开发保险。其以承保海上石油开发全过程风险为标的，属于专业性的综合保险。这种保险的保险期很长，因开发周期的原因，可达10余年。

2. 国际货物运输保险的发展

自13世纪末起，意大利商人逐渐控制了东方和西方的中介贸易。这时，意大利北部地中海沿岸的各个城市，如伦巴第、热那亚、佛罗伦萨、比萨、威尼斯等，逐渐成为海上贸易中心，海上保险便首先在这些地区得到发展。1316年，商人们在布鲁日成立了保险商会，并订立了货物海运的保险费率。现存世界上最古老的保险单就是1347年10月23日由热那亚商人乔治·勒克维出立的，承保"圣克勒拉"号航船从热那亚到马乔卡的航程。

15世纪以后，随着资本主义的萌芽，有关海上保险的法律开始出现。1435年，西班牙的巴塞罗那颁布法规对海上保险做出规定，这是最早的海上保险法。其他海运国家随后颁布了类似的法律。英国到了伊丽莎白女王时代，海上保险已得到普遍推广和使用，1575年首次成立了保险协会。

17世纪，伦敦的保险人养成了一种习惯——聚集在他们当时经常光顾的咖啡馆内进行商业交往，讨论共同关心的问题。于是这里便逐渐发展成一大保险中心，之后成为当代世界保险市场最大的保险垄断组织之一的"劳合社"。

1720年，英国女王颁布法令，规定除个人经营外，禁止任何其他公司和商业团体从事海上保险业，授予皇家交易所和伦敦保险公司经营海上保险的专利权。1824年，英国政府撤销了1720年的保险经营专利权，大量资金开始涌入海上保险市场，新的保险公司纷纷成立。至1884年，经营海上保险业务的保险公司共同组织了伦敦保险人协会，制定了海上保险通用的协会条款及处理共同事项。

二、国际货物运输保险概述

（一）国际货物运输保险的概念

国际货物运输保险是指保险人与被保险人双方约定由被保险人将国际运输中的货物作为保险标的物向保险人投保，当保险标的物遭到意外损失时，保险人按照保险单的规定给予被保险人经济赔偿的一种补偿性措施。

（二）国际货物运输风险的类型

国际货物运输风险主要来自海洋货运，海洋运输货物保险风险主要分为以下两类。

1. 海上风险

海上风险（Perils of The Sea）又称海难，一般是指船舶或货物在海运过程中发生的或随附海运所发生的风险，包括自然灾害和意外事故。在保险业务中，海上风险有特定的内容。

1）自然灾害

自然灾害（Natural Calamity）是指不以人的意志为转移的自然界力量所引起的灾害，如恶劣气候、雷电、海啸、地震、洪水、火山爆发、浪击落海等。这些灾害在保险业务中都有其特定的含义。

2）意外事故

意外事故（Fortuitous Accidents）是指由偶然的、难以预料的原因造成的事故。例如，船舶搁浅、触礁、沉没、焚毁、互撞或遇到流冰或其他固体物体（如与码头碰撞），以及失火、爆炸等原因造成的事故。

需要指出的是，按照国际保险市场的一般解释，海上风险并非局限于海上发生的灾害和事故，那些与海上航行有关的发生在陆上或海陆、海河或与驳船相连接之处的灾害和事故，如地震、洪水、火灾、爆炸、海轮与驳船或码头碰撞等也属于海上风险。

2. 外来风险

外来风险（Extraneous Risks）是指除海上风险外的其他外来原因引起的风险。外来风险又可分为一般外来风险和特殊外来风险两种。例如，雨淋、短量、偷窃、渗漏、破碎、受潮、受热、串味、锈损和钩损等为一般外来风险；战争、罢工、交货不到、拒收等则为特殊外来风险。

三、国际货物运输保险的承保范围

国际货物运输保险因运输方式不同可分为海洋运输货物保险、陆上运输货物保险、航空运输货物保险和邮包运输货物保险。在各种运输货物保险中，起源最早、历史最久的是海洋运输货物保险，后来才陆续开办陆运、空运、邮运货物保险。对于不同运输方式的货物保险，保险公司承保的责任有所不同，但所保障的范围都是相似的。由于国际货物买卖大部分通过海洋运输，而且，陆运、空运、邮运货物保险都是借鉴海洋运输货物保险的基本原则和做法并在此基础上发展起来的，所以海洋运输货物保险在国际贸易中占有重要地位。准确掌握海洋运输货物保险保障的风险、损失，以及不同险别的责任范围、保险期限等基本概念，不仅对于人们在国际贸易中正确处理海洋运输货物投保和保险索赔事宜是必要的，而且对于人们理解和掌握其他各种运输方式下的货物保险也具有重要意义。

（一）海洋运输货物保险损失

海上损失和费用是指被保险人因被保险货物在运输途中遭遇海上风险而造成的损失和引起的费用，通常表现为两种形式：一种是货物本身遭到损坏或灭失的损失；另一种是为营救货物而支出的费用。按各国保险业习惯，海上损失和费用也包括与海运相连接的陆上或内河运输中所发生的损失和费用。

运输途中被保险货物本身遭到损坏或灭失的损失，按其损失程度可分为全部损失或部分损失。

1）全部损失

全部损失（Total Loss）简称全损，是指整批或不可分割的一批被保险货物在运输途中全部灭失或损失。全部损失又分为实际全损和推定全损。

① 实际全损（Actual Total Loss）是指该批被保险货物在运输途中完全灭失，或者受到严重损坏完全失去原有的形体、效用，或者不能再归被保险人所拥有。例如，载货船舶失踪，经过一定时间（如两个月）后仍没有获知其消息的，视为实际全损。被保险货物在遭到实际全损时，被保险人可按其投保金额获得保险公司全部损失的赔偿。

② 推定全损（Constructive Total Loss）是指被保险货物在运输途中受损后，实际全损已经不可避免，或者为避免发生实际全损所需支付的费用与继续将货物运抵目的地的费用之和超过保险价值，也就是恢复、修复受损货物并将其运送到原定目的地的费用将超过该目的地的货价。

被保险货物发生推定全损时，被保险人既可以要求保险人按部分损失赔偿，也可以要求按全部损失赔偿。如果要求按全部损失赔偿，则被保险人必须向保险人发出委付通知（Notice of Abandonment）。所谓委付，就是被保险人表示愿意将保险标的的一切权利和义务转移给保险人，并要求保险人按全部损失赔偿的一种行为。委付必须经保险人同意后方能生效，但是保险人应当在合理的时间内将接受委付或不接受委付的决定通知被保险人。委付一经保险人接受，不得撤回。

2）部分损失

部分损失（Partial Loss）是指不属于实际全损和推定全损的损失，即没有达到全部损失程度的损失。在保险业务中，按照造成损失的原因不同，部分损失又分为共同海损与单独海损两种。

① 共同海损（General Average）是指在同一海上航程中，船舶、货物和其他财产遭

遇共同危险，为了共同安全，有意且合理地采取措施所直接造成的特殊牺牲、支付的特殊费用。

构成共同海损，必须具备以下条件：第一，导致共同海损的危险必须是真实存在的或不可避免的；第二，船方所采取的措施，必须是为了解除船和货物的共同危险，有意识且合理的；第三，所做的牺牲具有特殊性，支出的费用是额外的，是为了解除危险，而不是由危险直接造成的；第四，牺牲和费用的支出最终必须是有效的，也就是说经过采取某种措施后，船舶和/或货物的全部或一部分最后安全抵达航程的终点港或目的港，从而避免了船、货同归于尽的局面。

根据惯例，共同海损的牺牲和费用，应由受益方，即船舶、货物和运费三方按最后获救的价值多寡，按比例进行分摊。这种分摊被称为共同海损分摊（General Average Contribution）。

② 单独海损（Particular Average）是指除共同海损外的部分损失，即被保险货物遭遇海上风险受损后，其损失未达到全损程度，而且该损失应由受损方单独承担的部分损失。

共同海损与单独海损均属于部分损失，二者的主要区别如下：单独海损是由海上风险直接造成的货物损失，没有人为因素在内，而共同海损是因采取人为的、故意的措施而导致的损失；单独海损的损失由受损方自行承担，而共同海损的损失是由各受益方按获救财产价值的多少，按比例共同分摊。

（二）外来风险的损失

外来风险的损失是指除海上风险外的其他外来风险所造成的损失。按不同的原因，外来风险的损失又可分为一般外来风险的损失和特殊外来风险的损失。前者是指在运输途中由偷窃、短量、钩损、碰损、雨淋、玷污等一般外来风险导致的损失。后者是指由军事、政治、国家政策法令及行政措施所导致的损失。例如，由于战争、罢工、交货不到、拒收等特殊外来风险所造成的损失。

（三）海洋运输货物保险费用

海上货运保险的费用是指为营救被保险货物所支出的费用，主要有以下两种。

（1）施救费用（Sue and Labour Expenses）：指保险标的在遭遇保险责任范围内的灾害事故时，被保险人或其代理人、雇佣人员和保险单受让人对保险标的所采取的各种抢救、防止或减少货损的措施而支出的合理费用。保险人对这种施救费用负责赔偿，并且独立于货物本身的损失之外再行赔付。

（2）救助费用（Salvage Charges）：指保险标的在遭遇保险责任范围内的灾害事故时，因除保险人和被保险人外的第三者采取了救助措施并获得成功而向其支付的报酬。保险人对这种费用也独立于货物本身的损失之外再行赔付。

四、国际货物运输保险的基本原则

1. 可保利益原则

可保利益又称保险利益，指投保人或被保险人对保险标的具有的法律上承认的利益。依我国《保险法》的规定，投保人对保险标的应当具有保险利益，投保人对保险标的不具有保险利益的，保险合同无效。可保利益原则（Principle of Insurable Interest）可以使被保险人无法通过不具有保险利益的保险合同获得额外利益，以避免将保险合同变为赌博合同。保险利益可以表现为现有利益、期待利益或责任利益。

2. 最大诚信原则

最大诚信原则（Principle of Utmost Good Faith）指国际货物运输保险合同的当事人应以诚实信用为基础订立和履行保险合同，该原则主要体现在订立合同时的告知义务和履行合同时的保证义务上。对保险人而言，履行告知义务即履行说明义务。依照我国《保险法》第十七条的规定，订立保险合同时，保险人应向投保人说明保险合同的条款内容；又依我国《海商法》第二百二十二条的规定，即合同订立前，被保险人应将其知道的或在通常业务中应当知道的有关影响保险人据以确定保险费率或确定是否承保的重要情况，如实告知保险人。违反告知义务的，可能会导致保险合同无效和保险人有权解除保险合同的后果。

3. 近因原则

近因是指引起损失的最直接、最有效、最有影响力的原因，而非指距离的远近或时间的先后。虽然我国《保险法》及《海商法》均没有对近因原则进行明文规定，但在国际货物运输保险实践中，近因原则（Principle of Proximate Cause）是常用的确定保险人对保险标的的损失是否负保险责任，以及负何种保险责任的一条重要原则。只有在近因是保险单的承保责任的情况下，保险公司才会对被保险人的损失进行赔付。

4. 补偿原则

补偿原则（Principle of Indemnity）指在保险事故发生而使被保险人遭受损失时，保险人必须在责任范围内对被保险人所受的实际损失进行补偿。国际货物运输保险合同属于补偿性的财产保险合同，因此，在发生超额保险和重复保险的情况下，保险人只赔偿实际损失，因为保险的目的是补偿，而不是通过保险得利。

损失补偿原则的派生原则是代位追偿原则和分摊原则。代位追偿权（Subrogation）是指当保险标的发生了保险责任范围内的由第三方责任造成的损失时，保险人向被保险人履行损失赔偿责任后，有权取得被保险人在该项损失中向第三责任方索赔的权利，保险人取得该项权利后，即可站在被保险人的地位上向责任方进行追偿。代位追偿原则可以避免被保险人就同一损失分别向第三责任方和保险公司进行追偿得到双份赔偿，从中获得额外利益。

分摊原则又称重复保险分摊原则，指在重复保险的情况下，被保险人所能得到的赔偿金由各保险人采用适当的方法进行分摊，从而使被保险人所得到的总赔偿金不超过实际损失额。重复保险分摊原则同样是为了防止被保险人就同一损失从多个保险人那里得到超出保险标的实际损失的赔偿，从而获得额外利益。

这4条原则是人们进行保险活动的准则，是处理保险合同双方权利义务关系的基本出发点。

Mission 任务 2 熟悉国际货物运输保险合同

一、国际货物运输保险合同的订立

合同的成立都要经过要约与承诺两个法律步骤,国际货物运输保险也不例外。国际货物运输保险合同的订立是由被保险人以填制投保单的形式向保险人提出保险要求(要约),经保险人同意承保,并就货物运输保险合同的条款达成协议(承诺)后,保险合同即成立。投保单中须列明货物名称、保险金额、运输路线、运输工具及投保险别等事项。保险人应当及时向被保险人签发保险单或者其他保险单证,并在保险单或其他保险单证中载明当事人双方约定的合同内容。

国际货物运输保险合同必须用保险人签发的书面文件来证明,一般为保险单(保险单是合同成立的证明),也包括其他书面凭证。

二、国际货物运输保险合同的内容

(一)当事人

国际运输货物保险合同的当事人为保险人和被保险人。保险人是保险合同中收取保险费,并在合同约定的保险事故发生时,对被保险人因此而遭受的约定范围内的损失进行补偿的一方当事人。被保险人是指在保险范围内的保险事故发生时受到损失的一方当事人。国际运输货物保险合同中的投保人一般也是被保险人。

① **保险人**,又称承保人,即收取保险费并按照合同规定负责赔偿损失或履行给付义务的人。通常指经营保险事业的各种组织。

② **投保人**,也称要保人,即对保险标的具有保险利益,同保险人签订保险合同并缴纳保险费的人。

③ **被保险人**,是指受保险合同保障的人,即有权按照保险合同向保险人取得赔款或期满给付的人。财产保险的被保险人,通常就是投保人,是对被保险财产具有利益的人。国际货物运输保险在实际出口业务中,由出口商办理投保(CIF条件下),投保人和被保险人都是出口商,但当货物的物权和风险转移给进口商后,进口商便拥有了可保利益,并且持有投保人背书转让给他的保险单,进口商即成为被保险人。

(二)保险标的

国际运输货物保险合同的保险标的主要是货物,包括贸易货物和非贸易货物。

(三)保险价值

保险价值是被保险人投保的财产的实际价值。投保人在投保时需要说明所要投保的标的的价值,而准确地确定标的的实际价值是很困难的,因此,保险价值通常是由被保险人与保险人协商确定的。这个价值是估算形成的,因此它既可能等同于标的的实际价值,也可能与实际价值存在一定的差距。

(四)保险金额

保险金额是指保险合同约定的保险人的最高赔偿数额。当保险金额等于保险价值时为足额保险,当保险金额小于保险价值时为不足额保险,当保险金额大于保险价值时为超额保险。财产保险中的保险金额通常以投保财产可能遭遇损失的金额为限,即不允许超额保险,因为保险是以损失补偿为原则的,如果允许超额保险就等于被保险人可以通过保险赚钱。正因为如此,法律规定保险金额不得超过保险价值,超过保险价值的,超过部分无效。

(五)保险责任和除外责任

保险责任是保险人对约定的危险事故造成的损失所承担的赔偿责任。"约定的危险事故"就是保险人承保的风险。保险人承保的风险可以分为保险单上所列举的风险和附加条款加保的风险两大类,前者为主要险别承保的风险,后者为附加险别承保的风险。

除外责任就是保险人不承保的风险。保险所承保的是一种风险,所谓风险就是可能发生,也可能不发生。如果该风险必然发生,则保险人是不承保的。因此,对于自然损耗这种必然发生的风险,保险人通常会约定不予承保。市价跌落引起的损失属于间接损失,保险人也往往将其列入除外责任的范围。此外,被保险人的故意行为或过失造成的损失,属于发货人责任引起的损失等不是由自然灾害、意外事故或约定的人为风险引起的损失,保险人也不予承保。

(六)保险期间

保险期间也就是保险责任的期间,保险责任的期间有以下3种确定方法。

① 以时间来确定。例如,规定保险期间为一年,自某年、某月、某日起至某年、某月、某日止。

② 以空间的方法来确定。例如,规定保险责任自货物离开起运地仓库起至抵达目的地仓库止。

③ 以空间和时间两方面来对保险期间进行限定。例如,规定自货物离开起运地仓库起至货物抵达目的地仓库止,如果在全部货物卸离海轮后60天内未抵达上述地点,则以60天期满为止。

(七)索赔、争议的解决及法律适用

国际货物运输保险合同的法律适用如下所述。

① 首先适用的是当事人意思自治原则,但法律选择权一般由保险人一方行使。

② 在个别情况下可按照最密切联系原则或特征履行方法来确定。

Project 11 国际货物运输保险

三、国际货物运输保险合同的变更

国际运输货物保险合同的变更指在运输货物保险合同主体不变的情况下,对合同中原约定的某些内容进行的改变。当国际货物运输保险合同的内容需要修改时,被保险人可以向保险人提出申请,由保险人出具保险批单,保险批单的效力大于保险单正文的效力。

四、国际货物运输保险合同的终止

保险合同的终止可以是由各种原因引起的。引起国际货物运输保险合同终止的原因主要有以下几种。

① 自然终止,指保险单的有效期限已届满。
② 义务已履行而终止,依保险单的规定,保险人已履行了赔偿责任,保险单的责任即告终止。
③ 违约终止,指保险人因被保险人的违约行为而终止保险合同。
④ 因危险发生变动而终止。
⑤ 保险标的因保险事故之外的原因而灭失,从而使保险合同终止。

Mission 任务 3 掌握国际货物运输保险的险别与条款

一、我国货物运输保险的险别与条款

在我国,进出口货物运输保险最常用的保险条款是"中国保险条款"(China Insurance Clause,C.I.C.)。该条款由原中国人民保险公司根据我国保险业务的实际情况,参照国际保险市场的习惯做法制定,并经中国人民银行及中国保险监督管理委员会审批颁布。"中国保险条款"按运输方式分为海洋、陆上、航空和邮包运输保险条款;对于某些特殊商品,还配备有海运冷藏货物、陆运冷藏货物、海运散装桐油及活牲畜、家禽的海陆空运输保险条款,以及适用于上述各种运输方式货物保险的各种附加险条款。

我国货物运输保险险别按照能否单独投保可分为基本险和附加险两类。基本险可以单独投保,而附加险不能单独投保,只有在投保某一种基本险的基础上才能加保附加险。

(一)海洋货物运输保险险别与条款

按照原中国人民保险公司于1981年1月1日修订的《海洋运输货物保险条款》(Ocean Marine Cargo Clauses)规定,海洋运输货物保险的基本险别分为平安险、水渍险和一切险3种。

1. 平安险

保险公司对平安险(Free From Particular Average)的承保责任范围如下所述。

① 被保险货物在运输途中由于恶劣气候、雷电、海啸、地震、洪水等自然灾害造成整批货物的全部损失或推定全损。当被保险人要求赔付推定全损时，须将受损货物及其权利委付给保险公司。被保险货物用驳船运往或运离海轮的，每一驳船所载货物可视作一个整批。

② 由于运输工具遭受搁浅、触礁、沉没、互撞、与流冰或其他物体碰撞，以及失火、爆炸等意外事故造成货物的全部或部分损失。

③ 在运输工具已经发生搁浅、触礁、沉没、焚毁等意外事故的情况下，货物在此前后又在海上遭受恶劣气候、雷电、海啸等自然灾害所造成的部分损失。

④ 在装卸或转运时，由一件或数件整件货物落海造成的全部或部分损失。

⑤ 被保险人对遭受承保责任内危险的货物采取抢救、防止或减少货损的措施而支付的合理费用，但以不超过该批被救货物的保险金额为限。

⑥ 运输工具遭遇海难后，在避难港由卸货所引起的损失，以及在中途港、避难港由于卸货、存仓和运送货物所产生的特别费用。

⑦ 共同海损的牺牲、分摊和救助费用。

⑧ 运输契约订有"船舶互撞责任"条款，根据该条款规定应由货方偿还船方的损失。

2. 水渍险

保险公司对水渍险（With Average 或 With Particular Average，W.A.或 W.P.A.）的承保责任范围，除包括上列平安险的各项责任外，还负责被保险货物由于恶劣气候、雷电、海啸、地震、洪水等自然灾害所造成的部分损失。

3. 一切险

一切险（All Risks）的责任范围是，除包括上列平安险和水渍险的各项责任外，还负责被保险货物在运输途中由一般外来风险造成的全部或部分损失。

投保人可根据货物的特点、运输路线等情况选择投保平安险、水渍险和一切险 3 种险别中的任意一种。

对海洋运输货物保险的 3 种基本险别，保险公司规定有下列除外责任（Exclusions）。

① 被保险人的故意行为或过失所造成的损失。

② 属于发货人责任所引起的损失。

③ 在保险责任开始前，被保险货物已存在的品质不良或数量短差所造成的损失。

④ 被保险货物的自然损耗、本质缺陷、特性，以及市价跌落、运输延迟所引起的损失或费用。

⑤ 属于海洋运输货物战争险条款和货物运输罢工险条款规定的责任范围及除外责任。

与国际保险市场的习惯做法一样，我国的海洋运输货物保险条款规定的保险责任起讫期限采用的是"仓至仓"条款（Warehouse to Warehouse Clause，W/W Clause），即保险公司的保险责任自被保险货物运离保险单所载明的起运地仓库或储存处所开始运输时生效，包括正常运输过程中的海上、陆上、内河和驳船运输在内，直至该项货物到达保险单所载明目的地收货人的最后仓库或储存处所或被保险人用作分配、分派或非正常运输的其他储存处所为止。如未抵达上述仓库或储存处所，则以被保险货物在最后卸载港全部卸离海轮后满 60 天为止。如在上述 60 天内被保险货物需要转运至非保险单所载明的目的地，则以该项货物开始转运时终止。

以上 3 种基本险别的索赔时效，自被保险货物在最后卸载港全部卸离海轮后起算，最多不超过两年。

（二）附加险

附加险是对基本险的补充和扩大。投保人只有在投保一种基本险的基础上才可加保一种或数种附加险。目前，《中国保险条款》中的附加险有一般附加险和特殊附加险两种。

1. 一般附加险

一般附加险（General Additional Risk）所承保的是由一般外来风险造成的全部或部分损失，其险别共有下列 11 种。

① 碰损、破碎险（Cash and Breakage）：承保被保险货物在运输过程中因震动、碰撞、受压所造成的破碎和碰撞损失。

② 串味险（Taint of Odour）：承保被保险的食用物品、中药材、化妆品原料等货物在运输过程中因受其他物品的影响而引起的串味损失。

③ 淡水雨淋险（Fresh Water and / or Rain Damage）：承保被保险货物因直接遭受雨淋或淡水所造成的损失。

④ 偷窃、提货不着险（Theft, Pilferage and Non-delivery，T.P.N.D.）：承保被保险货物因偷窃行为所致的损失和整件提货不着等的损失。

⑤ 短量险（Shortage）：承保被保险货物在运输过程中因外包装破裂或散装货物发生数量散失和实际重量短缺的损失，但不包括正常的途耗。

⑥ 渗漏险（Leakage）：承保被保险货物在运输过程中因容器损坏而引起的渗漏损失，或用液体储藏的货物因液体的渗漏而引起的货物腐败等损失。

⑦ 混杂、玷污险（Intermixture and Contamination）：承保被保险货物在运输过程中因混进杂质或被玷污所造成的损失。

⑧ 钩损险（Hook Damage）：承保被保险货物在装卸过程中因遭受钩损而引起的损失，并对包装进行修补或调换所支付的费用负责赔偿。

⑨ 受潮受热险（Sweat and Heating）：承保被保险货物在运输过程中因气温突变或因船上通风设备失灵致使船舱内水汽凝结、发潮或发热所造成的损失。

⑩ 锈损险（Rust）：对被保险的金属或金属制品一类货物在运输过程中发生的锈损负责赔偿。

⑪ 包装破裂险（Breakage of Packing）：承保被保险货物在运输途中因搬运或装卸不慎，致使包装破裂所造成的短少、玷污等损失。此外，为继续运输安全需要而产生的修补包装或调换包装所支付的费用也均由保险公司负责赔偿。

当投保险别为平安险或水渍险时，可加保上述 11 种一般附加险中的一种或数种险别。但如已投保了一切险，就不需要再加保一般附加险，因为保险公司对于承保一般附加险的责任已包含在一切险的责任范围内。

2. 特殊附加险

特殊附加险（Special Additional risk）承保由特殊外来风险造成的全部或部分损失，共有下列 8 种。

① 战争险（War Risks）：根据原中国人民保险公司《海洋运输货物战争险条款》，海运战争险负责赔偿直接由战争、类似战争行为和敌对行为、武装冲突或海盗行为所致的损失，以及由此引起的捕获、拘留、扣留、禁止、扣押所造成的损失。除此之外，战争险还负责赔偿各种常规武器（包括水雷、鱼雷、炸弹）所致的损失，以及由于上述责任范围而引起的共同海损的牺牲、分摊和救助费用。但对使用原子或热核武器所造成的损失和费用不负赔偿责任。战争险的保险责任起讫是以水上危险（Waterborne）为限，即自货物在起运港装上海轮或驳船时开始，直到目的港卸离海轮或驳船时为止。如不卸离海轮或驳船，则从海轮到达目的港的当日午夜起算满 15 天，保险责任自行终止；如在中途港转船，不论货物是否在当地卸货，保险责任以海轮到达该港或卸货地点的当日午夜起算满 15 天为止，等货物被装上续运海轮时恢复有效。

② 罢工险（Strike Risks）：对被保险货物由于罢工、工人被迫停工或参加工潮、暴动等人员的行动或任何人的恶意行为所造成的直接损失，以及上述行动或行为所引起的共同海损的牺牲、分摊和救助费用负责赔偿，但对在罢工期间由于劳动力短缺或不能使用劳动力所造成的被保险货物的损失，包括因罢工而引起的动力或燃料缺乏使冷藏机停止工作所致的冷藏货物的损失，以及无劳动力搬运货物，使货物堆积在码头淋湿受损，不负赔偿责任。罢工险对保险责任起讫的规定与其他海运货物保险险别一样，采取"仓至仓"条款。按国际保险业惯例，已投保战争险后另加保罢工险，不另增收保险费。如仅要求加保罢工险，则按战争险费率收费。

③ 黄曲霉素险（Aflatoxin）：对被保险货物因所含黄曲霉素超过进口国的限制标准，被拒绝进口、没收或强制改变用途而遭受的损失负责赔偿。

④ 交货不到险（Failure to Deliver）：对不论由于任何原因，从被保险货物装上船舶时开始，不能在自预定抵达目的地的日期起 6 个月内交货的，负责按全损赔偿。

⑤ 舱面险（On Deck）：对被保险货物存放舱面时，除按保险单所载条款负责外，还包括被抛弃或被风浪冲击落水在内的损失。

⑥ 进口关税险（Import Duty）：当被保险货物遭受保险责任范围以内的损失，而被保险人仍须按完好货物的价值完税时，保险公司对损失部分货物的进口关税负责赔偿。

⑦ 拒收险（Rejection）：当被保险货物在进口港被进口国的政府或有关当局拒绝进口或没收时，保险公司按货物的保险价值负责赔偿。

⑧ 货物出口到香港（包括九龙）或澳门存仓火险责任扩展条款（Fire Risk Extension Clause, F.R.E.C—for storage of Cargo at destination HongKong, including Kowloon or Macao）：被保险货物运抵目的地香港（包括九龙在内）或澳门卸离运输工具后，如直接存放于保单载明的过户银行所指定的仓库，本保险对存仓火险的责任至银行收回押款、解除货物的权益为止，或运输险责任终止时起满 30 天为止。

被保险人不论已投保何种基本险别，均可另行加保有关的特殊附加险别。

（三）海洋运输货物专门保险险别与条款

在我国海洋运输货物保险中，还有专门适用于海运冷藏货物的海洋运输冷藏货物保险、海运散装桐油的海洋运输散装桐油保险，以及活牲畜、家禽运输的保险。这 3 种保险均属于基本险。

1. 海洋运输冷藏货物保险

根据1981年1月1日修订的《海洋运输冷藏货物保险条款》的规定，海洋运输冷藏货物保险（Ocean Marine Insurance Frozen Products）险别分为冷藏险（Risks for Frozen Products）和冷藏一切险（All Risks for Frozen Products）两种。

1）冷藏险的责任范围

除负责水渍险承保的责任外，冷藏险还负责赔偿由于冷藏机器停止工作连续达24小时以上所造成的被保险货物的腐败或损失。

2）冷藏一切险的责任范围

除包括冷藏险的各项责任外，冷藏一切险还负责赔偿被保险货物在运输途中由于一般外来原因所造成的腐败或损失。

3）海洋运输冷藏货物保险的除外责任

除包括上述海洋运输货物保险的除外责任外，海洋运输冷藏货物保险还对下列损失不负赔偿责任。

① 被保险货物在运输过程中的任何阶段因未存放在有冷藏设备的仓库或运输工具中，或辅助运输工具没有隔湿设备所造成的腐烂。

② 在保险责任开始时被保险货物因未保持良好状态，包括整理加工和包装不妥，冷冻上的不合规定及肉食骨头变质引起的腐败和损失。

海洋运输冷藏货物保险的责任起讫与海洋运输货物3种基本险的责任起讫基本相同。然而，货物到达保险单所载明的最后目的港，如在30天内卸离海轮，并将货物存入岸上冷藏仓库后，保险责任继续有效，但以货物全部卸离海轮时起算满10天为限。在上述期限内货物一经移出冷藏仓库，保险责任即告终止。如果货物卸离海轮后不存入冷藏仓库，保险责任至卸离海轮时终止。

2. 海洋运输散装桐油保险

根据1981年1月1日修订的《海洋运输散装桐油保险条款》的规定，海洋运输散装桐油保险（Ocean Marine Insurance Woodoil Bulk）是保险公司承保不论何种原因造成被保险散装桐油的短少、渗漏或变质的损失。

海洋运输散装桐油保险的责任起讫也按"仓至仓"条款负责，但是，如果被保险散装桐油运抵目的港不及时卸载，则自海轮抵达目的港时起满15天，保险责任即行终止。

3. 活牲畜、家禽运输保险

根据我国《活牲畜、家禽的海上、陆上、航空运输保险条款》规定，活牲畜、家禽运输保险（Livestock & Poultry Insurance）对于活牲畜、家禽在运输途中的死亡负责赔偿，但对下列原因造成的死亡不负赔偿责任。

① 在保险责任开始前，被保险活牲畜、家禽健康状况不好，或被保险活牲畜、家禽因怀仔、防疫注射或接种所致的死亡。

② 因传染病、患病、经管理当局命令屠杀或因缺乏饲料所致的死亡，或因被禁止进口或出口或检验不符所引起的死亡。

活牲畜、家禽运输保险的责任起讫是自被保险活牲畜、家禽装上运输工具时开始，直至目的地卸离运输工具为止。如不卸离运输工具，最长的保险责任期限从运输工具抵达目的地当日午夜起算15天为限，但是在保险有效的整个运输过程中，被保险活牲畜、家禽必须妥善装运，专人管理，否则保险公司不负赔偿责任。

二、伦敦保险协会海运货物运输保险条款

长期以来，在世界保险业务中，英国所制定的保险法、保险条款、保险单等对世界各国影响很大。目前，国际上仍有许多国家和地区的保险公司在国际货物运输保险业务中直接采用经英国国会确认的、由英国伦敦保险业协会所制定的《伦敦保险协会货物保险条款》（Institute Cargo Clauses，I.C.C.），或者在制定本国保险条款时参考或部分参考采用了上述条款。在我国按CIF或CIP条件成交的出口交易中，国外商人有时要求按I.C.C.投保，我出口企业和保险公司一般均可接受。

I.C.C.最早制定于1912年。为了适应不同时期国际贸易、航运、法律等方面的变化和发展，该条款已先后经多次补充和修改。该条款是在S.G.保险单的基础上，随着国际贸易和运输的发展，不断增添有关附加或限制某些保险责任的条文，后来经过对这些加贴条文加以整理，从而成为一套伦敦协会货物保险条款，但因该条款条理不清，措辞难懂，又缺乏系统的文字组织，被保险人难以正确理解，因而不能适应日益发展的国际贸易对保险的需要。为此，英国伦敦保险业协会对此条款进行了修订。修订工作于1982年1月1日完成，修订后的条款简称I.C.C.（1982），于1983年4月1日起正式实行。同时，新的保险单格式代替原来的S.G.保险单格式，也自同日起使用。经过25年来的实践和发展，伦敦保险业协会于2009年对I.C.C.（1982）进行了修订，修订后的条款简称I.C.C.（2009）。

I.C.C.（1982）的伦敦保险业协会海运货物保险条款主要有6种险别，如下所述。

① 协会货物条款（A）[Institute Cargo Clauses A，I.C.C.（A）]；
② 协会货物条款（B）[Institute Cargo Clauses B，I.C.C.（B）]；
③ 协会货物条款（C）[Institute Cargo Clauses C，I.C.C.（C）]；
④ 协会战争险条款（货物）(Institute War Clauses-Cargo)；
⑤ 协会罢工险条款（货物）(Institute Strikes Clauses-Cargo)；
⑥ 恶意损害险条款（Malicious Damage Clauses）。

在上述6种险别中，除恶意损害险外，其余5种险别均按条文的性质统一划分为8个部分：承保范围（Risks Covered）、除外责任（Exclusions）、保险期限（Duration）、索赔（Claims）、保险利益（Benefit of Insurance）、减少损失（Minimizing Losses）、防止延迟（Avoidance of Delay）和法律惯例（Law and Practice）。各险别条款的结构统一，体系完整。因此，除I.C.C.（A）、I.C.C.（B）、I.C.C.（C）3种险别可以单独投保外，战争险和罢工险在需要时也可作为独立的险别进行投保。

这里主要介绍I.C.C.（A）、I.C.C.（B）、I.C.C.（C）3种险别。

I.C.C.（A）、I.C.C.（B）、I.C.C.（C）3种险别的承保风险，主要规定在各该险第一部分承保范围中所列的风险条款（Risks Clause）、共同海损条款（General Average Clause）和船舶互有过失碰撞责任条款（Both to Blame Collision Clause）之中；3种险别的区别，主要反映在风险条款中。

（一）I.C.C.（A）

I.C.C.（A）的承保责任范围较广，不便把全部承保的风险一一列出，因此对承保风险的规定采用"一切风险减除外责任"的方式，即除在除外责任项下所列风险所致损失不予负责外，其他风险所致损失均予负责。I.C.C.（A）的除外责任有下列4类。

① **一般除外责任**：是指由被保险人故意的不法行为所造成的损失或费用；保险标的自然渗漏、重量或容量的自然损耗或自然磨损；因包装或准备不足或不当所造成的损失或费用；因保险标的内在缺陷或特征所造成的损失或费用；直接因延迟所引起的损失或费用；因船舶所有人、经理人、租船人经营破产或不履行债务所造成的损失或费用；因使用任何原子或热核武器所造成的损失或费用。

② **不适航、不适货除外责任**：主要是指被保险人在保险标的装船时已知船舶不适航，以及船舶、运输工具、集装箱等不适货。

③ **战争除外责任**：是指由战争、内战、敌对行为等所造成的损失和费用；因捕获、拘留、扣留等（海盗除外）所造成的损失；由漂流水雷、鱼雷等所造成的损失或费用。

④ **罢工除外责任**：是指由罢工、被迫停工所造成的损失或费用；由罢工者、被迫停工工人等造成的损失或费用；任何恐怖主义者或出于政治动机而行动的人所致损失或费用。

（二）I.C.C.（B）

I.C.C.（B）对承保风险的规定采用"列明风险"的方式，即把所承保的风险一一列举，凡属承保责任范围内的损失，无论是全部损失还是部分损失，保险人按损失程度均负责赔偿。

I.C.C.（B）的承保风险把灭失或损害合理地归咎于以下几种原因。

① 火灾、爆炸。
② 船舶或驳船触礁、搁浅、沉没或者倾覆。
③ 陆上运输工具倾覆或出轨。
④ 船舶、驳船或运输工具同水以外的任何外界物体碰撞。
⑤ 在避难港卸货。
⑥ 地震、火山爆发、雷电。
⑦ 抛货。
⑧ 浪击落海。
⑨ 海水、湖水或河水进入船舶、驳船、运输工具、集装箱、大型海运箱或贮存处所。
⑩ 货物在装卸时落海或跌落造成整件的全损。I.C.C.（B）的除外责任方面，除对"海盗行为"和恶意损害险的责任不负责外，其余均与 I.C.C.（A）的除外责任相同。

（三）I.C.C.（C）

I.C.C.（C）的风险责任规定，也和ICC（B）一样，采用"列明风险"的方式，但是仅对"重大意外事故"（Major Casualties）所致损失负责，对非重大意外事故和自然灾害所致损失均不负责。

I.C.C.（C）的承保风险把灭失或损害合理归咎于以下几种原因。

① 火灾、爆炸。
② 船舶或驳船触礁、搁浅、沉没或倾覆。
③ 陆上运输工具倾覆或出轨。

④ 船舶、驳船或运输工具与水以外的任何外界物体碰撞。
⑤ 在避难港卸货。
⑥ 共同海损牺牲。
⑦ 抛货。

I.C.C.（C）的除外责任与I.C.C.（B）完全相同。

恶意损害险是新增加的附加险别，承保被保险人以外的其他人（如船长、船员等）的故意破坏行动所致被保险货物的灭失或损坏。但是，如果恶意损害是出于政治动机的行动，不属于恶意损害险承保范围，则应属罢工险的承保风险。由于恶意损害险的承保责任范围已被列入I.C.C.（A）的承保风险，所以只有在投保I.C.C.（B）和I.C.C.（C）的情况下才可以加保。

Mission 任务 4 掌握国际货物运输保险实务

在国际货物运输保险业务中，被保险人在选择确定投保的险别后通常涉及的工作包括：确定保险险别、确定保险金额、办理投保并交付保险费、领取保险单证，以及在货损时办理保险索赔等。

一、确定保险险别

在不同的险别下，保险人承保的责任范围是不同的，保险费率也不同。例如，按照我国海运货物基本险，平安险的责任范围最小，水渍险次之，一切险最大。相应地，平安险的费用率最低，水渍险次之，一切险最高。

因此，投保人在选择险别时，应该根据货物的特性和运输的实际情况加以全面衡量，既要考虑使货物得到充分的保障，又要尽量节约保险费的支出。投保人一般要考虑多种因素，如货物的性质和特点、运输路线、运输季节等。

下面对不同货物的保险进行阐述。

（一）海上货物运输保险的主要险别

① 平安险："单独海损不赔"，即保险人原则上只对保险标的物在承保范围内所发生的全部损失及共同海损承担赔偿责任，但也有某些例外。

② 水渍险："单独海损包括在内"，其责任范围除上述平安险的各项责任外，还包括自然灾害所造成的部分损失。

③ 一切险（综合险）：其责任范围除水渍险的各项责任外，还包括货物在运输途中因外来原因所造成的全部或部分损失，即包括所有一般附加险，但不包括特别附加险。

（二）航空货物运输保险的主要险别

① 航空运输险：承保被保险货物在运输途中因遭受雷电、火灾、爆炸或由于飞机遇难

被抛弃、飞机碰撞、倾覆、坠落、失踪等意外事故所造成的全部或部分损失、支付的合理费用等。

② 航空运输综合险:除承保上述运输险的责任外,还对被保险货物在运输途中因外来原因(偷窃、短少、破碎、渗漏)所造成的全部或部分损失承担赔偿责任。

(三)陆地货物运输保险的险别

① 陆运险:承保因自然灾害或意外事故所造成的全部或部分损失,以及被保险人为采取减少货损措施而支付的合理费用。

② 陆运综合险:承保除陆运险外的全部责任,以及由于外来原因所致的全部或部分损失。

(四)国际货物多式联运保险的主要险别

① 全损险:集装箱的全损或推定全损、共同海损和救助费用的分摊。

② 综合险:由运输工具的沉没、碰撞、火灾等意外事故造成的集装箱损失。

二、确定保险金额

保险金额(Insured Amount)是指保险人承担赔偿或者给付保险金责任的最高限额,也是保险人计算保险费的基础。投保人在投保货物运输保险时应向保险人申报保险金额。保险金额是根据保险价值(Insurable Value)确定的。保险价值一般包括货价、运费、保险费,以及预期利润等。如保险人与被保险人未约定保险价值,根据我国《海商法》第二百一十九条规定,货物的保险价值是保险责任开始时货物在起运地的发票价格或者非贸易商品在起运地的实际价格,以及运费和保险费的总和,即相当于 CIF 价格,不包括预期利润。我国《海商法》第二百二十条又规定:"保险金额由保险人与被保险人约定。保险金额不得超过保险价值;超过保险价值的,超过部分无效。"

在国际货物买卖中,凡按 CIF 或 CIP 条件达成的合同一般均规定保险金额,而且,保险金额通常还须在发票金额的基础上增加一定的百分率,即所谓"保险加成",这是由国际贸易的特定需要决定的。如合同对此未做规定,按照相关规定,卖方有义务按 CIF 或 CIP 价格的总值另加 10%作为保险金额。这部分增加的保险金额就是买方进行这笔交易所支付的费用和预期利润。如买方要求按较高的金额投保,而保险公司也同意承保,卖方亦可接受,但由此而增加的保险费原则上应由买方承担。

保险金额的计算公式:

$$\text{保险金额} = \text{CIF(或 CIP)价格} \times (1 + \text{投保加成率})$$

由于保险金额一般是以 CIF 或 CIP 价格为基础加成确定的,因此,在仅有货价与运费(已确定 CFR 或 CPT 价格)的情况下,CIF 或 CIP 价格可按下列公式计算:

$$\text{CIF(或 CIP)价格} = \frac{\text{CFR(或CPT)价格}}{1 - [\text{保险费} \times (1 + \text{投保加成率})]}$$

为简化计算程序,我国保险公司制定了保险费率常用表,将 CFR(或 CPT)价格直接乘以表内所列常数,便可算出 CIF 或 CIP 价格。

进口货物的保险金额,在原则上虽也按进口货物的 CIF 或 CIP 货值计算,但在目前,我国进口合同较多采用FOB（或FCA）条件。为简化手续，方便计算，一些企业可与保险公司签订预约保险合同，共同议定平均运费率（也可按实际运费计算）和平均保险费率。其计算保险金额的公式如下：

$$保险金额 = FOB（或FCA）价格 \times (1 + 平均运费率 + 平均保险费率)$$

这里的保险金额即估算的CIF（或CIP）价格而不另加成。若投保人要求在CIF（或CIP）价格的基础上加成投保，保险公司也可接受。

三、办理投保手续和交付保险费

出口合同采用CIF或CIP条件时，保险由我方办理。出口企业在向当地的保险公司办理投保手续时，应根据买卖合同或信用证规定，在备妥货物并确定装运日期和运输工具后，按规定格式逐笔填制投保单，具体列明被保险人名称、被保险货物名称、数量、包装及标志、保险金额、起讫地点、运输工具名称、起航日期、投保险别等，送交保险公司投保，并交付保险费。

投保人交付保险费，是保险合同生效的前提条件。在被保险人交付保险费前，保险人可以拒绝签发保险单据。保险费是保险人经营业务的基本收入，也是保险人所掌握的保险基金（损失赔偿的基金）的主要来源。

保险费率是计算保险费的依据。我国国际货物保险费率是我国保险公司在货物损失率和赔付率的基础上，参照国际保险费率水平，并根据我国对外贸易发展的需要制定的。

目前，我国的出口货物保险费率按照不同商品、不同目的地、不同运输工具和不同险别分别有"一般货物费率"与"指明货物加费费率"两大类。前者适用于所有的货物，后者仅指特别指明的货物。凡未列入"指明货物加费费率"中的货物，统属"一般货物费率"的范围。保险费率表中还有"货物运输战争险、罢工险费率"和"其他规定"，"其他规定"用于解决上述3项费率所不能解决的问题，如一般附加险和特殊附加险的收费标准、转运及联运货物计费方法、内陆运输和保险责任扩展加费等。

凡属"指明货物加费费率"表中所列的货物，如投保一切险，则在计算费率时，应先查出"一般货物费率"，然后加上"指明货物加费费率"。例如，从上海通过海运运往某港的某批货物投保一切险，一般货物费率为0.6%，指明货物加费费率为1.5%，则应收费率为2.1%。

保险公司收取保险费的计算方法如下：

$$保险费 = 保险金额 \times 保险费率$$

如按CIF或CIP加成投保，上述公式可改为

$$保险费 = CIF（或CIP）价格 \times (1 + 投保加成率) \times 保险费率$$

【案例分析】

一批货物由上海出口至某国某港口，CIF总金额为30 000美元，投保一切险（保险费率为0.6%）及战争险（保险费率为0.03%），保险金额按CIF总金额加10%，则投保人应付的保险费为

投保人应付的保险费 = 30000 × (1+10%) × (0.6%+0.03%)

= 33000 × (0.006 + 0.003)

= 33000 × 0.0063

= 207.90（美元）

进口货物保险有"进口货物保险费率"。"进口货物保险费率"分为"一般货物费率"和"指明货物加费费率"两项。"一般货物费率"按不同运输方式，分险别和地区制定，但不分商品，除"指明货物加费费率"中列出的商品外，还适用于其他一切货物。至于指明货物加费费率，则对一些指定的商品投保一切险时采用。

凡企业有长期国际货物运输业务，且准备在同一保险公司投保，可以与保险公司签订预约保险合同，将一年或更长时期的货物运输全部纳入保险范围，这样，可获得比单笔投保业务更优惠的保险费率。

四、取得保险单据

保险单据是保险人与被保险人之间订立保险合同的证明文件，它反映了保险人与被保险人之间的权利和义务关系，也是保险人的承保证明。当发生保险责任范围内的损失时，它又是保险索赔和理赔的主要依据。

（一）保险单

保险单（Insurance Policy）俗称大保单，是使用范围最广的一种保险单据。货运保险单是承保一个指定航程内某一批货物的运输保险。它具有法律上的效力，对双方当事人均有约束力。保险单上一般须载明：当事人的名称和地址；保险标的的名称、数量或重量、唛头；运输工具；保险险别；保险责任起讫时间和地点及保险期限；保险币别和金额；保险费；出立保险单的日期和地点；保险人签章；赔款偿付地点，以及经保险人与被保险人双方约定的其他事项等内容。保险单背面载明的保险人与被保险人之间权利和义务等方面的保险条款，也是保险单的重要内容。

（二）保险凭证

保险凭证（Insurance Certificate）俗称小保单，是一种简化的保险单据。这种凭证除背面不载明保险人与被保险人双方的权利和义务等保险条款外，其余内容均与保险单相同。保险凭证与上述保险单具有同等法律效力。但近年来，为实现单据规范化，不少保险公司已废弃此类保险凭证。

（三）联合凭证

联合凭证（Combined Certificate）是一种将发票和保险单相结合的，比保险凭证更为简化的保险单据。保险公司将承保的险别、保险金额及保险编号加注在投保人的发票上，并加盖印戳，其他项目均以发票上列明的为准。这种凭证曾在我国对某些特定地区的出口业务中使用，目前已不再使用。

（四）预约保单

预约保单（Open Policy）又称预约保险合同（Open Cover），它是被保险人（一般为进口商）与保险人之间订立的总合同。订立这种合同的目的是简化保险手续，使货物一经装运即可取得保障。合同中规定承保货物的范围、险别、费率、责任、赔款处理等条款，凡属合同约定的运输货物，在合同有效期内自动承保。在实际业务中，预约保单主要适用于进口货物的保险。凡属于预约保单规定范围内的进口货物，一经起运，保险公司即自动按预约保单所订立的条件承保。但被保险人在获悉每批货物装运时，应及时将装运通知书（包括货物名称、数量、保险金额、船名或其他运输工具名称、航程起讫地点、开航或起运日期等内容）送交保险公司，并按约定办法交付保险费，即完成了投保手续。事先订立预保合同，可以防止因漏保或迟保而造成的无法弥补的损失，因为货物在未投保前出险，再向保险公司投保，照例不能被接受，当发生损失时，就得不到赔偿。

（五）批单

保险单出立后，投保人如需要补充或变更其内容时，可根据保险公司的规定，向保险公司提出申请，经同意后即可另外出具一种凭证，注明更改或补充的内容，这种凭证被称为批单（Endorsement）。保险单一经批改，保险公司即按批改后的内容承担责任。其批改内容如涉及保险金额增加和保险责任范围扩大，保险公司只有在证实货物未发生出险事故的情况下才同意办理。批单原则上须粘贴在保险单上，并加盖骑缝章，作为保险单不可分割的一部分。

和海运提单一样，货运保险单和保险凭证可以经背书或其他方式进行转让。保险单据的转让无须取得保险人的同意，也无须通知保险人。即使在保险标的发生损失之后，保险单据仍可有效转让。在 CIF 或 CIP 条件下，保险单据的形式和内容，必须符合买卖双方约定的要求，特别是在信用证支付条件下，必须符合信用证的有关规定。保险单据的出单日期不得迟于运输单据所列货物装船或发运或承运人接受监管的日期。因此，办理投保手续的日期也不得迟于货物装运日期。

五、保险索赔

国际货物在保险责任有效期内发生属于保险责任范围内的损失，被保险人按照保险单的有关规定向保险公司提出赔偿要求，称为保险索赔。在索赔工作中，被保险人应做好下列工作。

（一）损失通知

当被保险人获悉或发现被保险货物已遭损失，应立即通知保险公司或保险单上所载明的保险公司在当地的检验、理赔代理人，并申请检验。保险公司或指定的检验、理赔代理人在接到损失通知后即应采取相应的措施，如检验损失、提出施救意见、核实损失原因、确定保险责任和签发检验报告等。检验报告是被保险人向保险公司申请索赔时的重要证件。

（二）向承运人等有关方面提出索赔

被保险人或其代理人在提货时发现被保险货物整件短少或有明显残损痕迹，除向保险公司报损外，还应立即向承运人或有关当局（如海关、港务当局等）索取货损货差证明。货损货差涉及承运人、码头、装卸公司等方面责任的，被保险人或其代理人还应及时以书面形式向有关责任方提出索赔，并留追偿权利，有时还要申请延长索赔时效。

（三）采取合理的施救、整理措施

被保险货物受损后，被保险人应迅速对受损货物采取必要合理的施救、整理措施，防止损失的扩大。被保险人收到保险公司发出的有关采取防止或者减少损失的合理措施的特别通知的，应当按照保险公司通知的要求处理。因抢救、阻止或减少货损的措施而支付的合理费用，可由保险公司负责，但以不超过该批被救货物的保险金额为限。

（四）备妥索赔单证

在被保险货物的损失经过检验，且办妥向承运人等第三者责任方的追偿手续后，被保险人应向保险公司或其代理人提出赔偿要求。被保险人在提出索赔时，除应提供检验报告外，通常还须提供其他单证：保险单或保险凭证正本；运输单据，包括海运提单、海运单、铁路或公路运单、航空运单、邮包收据、多式运输单据等；发票；装箱单或重量单；向承运人等第三者责任方请求赔偿的函电及其他必要的单证或文件；货损货差证明；海事报告（Sea Protest）摘录或海事声明书；列明索赔金额及计算依据，以及有关费用的项目和用途的索赔清单。对易碎和易短量货物的索赔，应了解是否有免赔的规定：不论损失程度（Irrespective of Percentage，I.O.P.）均予赔偿，或规定免赔率。免赔率有相对免赔率（Franchise）和绝对免赔率（Deductible）之分。如果损失额没有超过免赔率，则保险公司不予赔偿；如果损失额超过了免赔率，相对免赔率不扣除免赔率全部予以赔偿，绝对免赔率则要扣除免赔率，只赔超过部分。我国保险公司现在实行的是绝对免赔率，但现行的 I.C.C.无免赔率的规定。

（五）代位追偿

在保险业务中，为了防止被保险人双重获益，保险人在履行全损赔偿或部分损失赔偿后，在其赔付金额内，要求被保险人转让其对造成损失的第三者责任方要求全损赔偿或相应部分赔偿的权利。这种权利称为代位追偿权（Right of Subrogation）或称代位权。在实际业务中，保险人需要先向被保险人进行赔付，然后才能取得代位追偿权。其具体做法是，被保险人在获得赔偿的同时签署一份权益转让书，作为保险人取得代位权的证明。保险人便可凭此向第三者责任方进行追偿。

六、保险理赔

在保险理赔过程中，应重点关注以下几个环节。

（一）确定损失的原因

确定损失的原因对保险公司进行保险责任归属划分至关重要。保险人在进行损失原因确定时，通常根据近因原则，核定因承保风险导致的损失并进行赔付。在实务中，保险人应快速厘清错综复杂的货损原因，划分责任归属。常见的导致运输货物损失的原因有以下几种。

（1）货物发运前本身的内在品质缺陷。
（2）货物运输中因海上自然灾害和意外事故或者一般外来风险致损。

（二）保险责任的审定

在划分责任归属时，保险人应依据保险合同中投保险别的承保范围及保险期间的规定，结合损失原因和货损发生的时间来进行责任认定。同时，还应审查被保险人是否履行了保险合同中规定的应尽义务。

（三）赔偿金额的计算

保险货物发生承保责任范围内的损失，如果保险人核定属于保险责任，则应及时向保险人进行经济补偿。我国《保险法》对保险人的赔偿责任有明确的规定。如属保险责任，应在与被保险人或者受益人达成赔偿或者给付保险金的协议后 10 日内，履行赔偿或者给付保险金义务。保险人自收到赔偿或者给付保险金的请求和有关证明、资料之日起 60 日内，对其赔偿或者给付保险金的数额不能确定的，应当根据已有证明和资料可以确定的数额先予支付；保险人最终确定赔偿或者给付保险金的数额后，应当支付相应的差额。国际贸易货物保险赔偿的范围通常包括货物损失的赔偿和相关费用损失的赔偿两方面。

【任务】

某年 7 月，甲公司以 CFR 上海的价格从国外进口一批货物，并根据卖方提供的装船通知及时向保险公司投保水渍险。后来由于国内用户临时变更，甲公司通知承运人将该批货物改卸至太仓港。货物在由上海港装火车运往太仓港的途中遇到洪水，致使部分货物受损。甲公司向保险公司提出索赔。

问题：保险公司应如何处理？

案例 1：

共损案的处理及其启示

【案情介绍】

1999 年 7 月 2 日，"ARTI" 轮装载着共约 2.4 万 MT 生铁和钢材自印度某港口启航来我国，其中有中国人民保险公司海南省分公司（简称保方）保单 HN76/C P93－042 项下承保的 3849.65MT 钢材，保险金额为 1 509 753 美元，保险范围为平安险附加短量险、偷窃提货不着险、战争险。但该轮开航后不到 48 小时，船长就发现船壳板与骨架脱开，因而不得不将船就近挂靠印度另一港口避难，同时船方宣布共同海损。

案发后一个月，保方从有关方面获得了事故信息。鉴于案情重大，保方及时通过伦敦联络处委请律师处理此案，同时向买方了解合同执行过程的情况，并收集有关资料。由于买方在本合同下开出的是远期信用证，在卖方提交了全套装船单据并经审核无误之后，开证行已在汇票上签字承兑。鉴于此，就开证行本身而言，要想不支付此笔货款已不可能。而与此同时，印度洋海面上气候渐转恶劣，失去航行能力的 "ARTI" 轮漂泊于港外锚地的海面上，随时都有倾覆、沉船从而造成货物全损的危险。因此，保方紧急指示律师积极与船方接触，争取以较有利的条件使船方放货，并及时组织货物转运，以便尽早将货物运至目的港。但是，由于船方一再坚持以货方赔偿其数额巨大的共同海损损失、费用并放弃对其索赔的权利作为放货的先决条件，并且事事不合作，以至于保方经过几个月的努力也毫无结果。在此情况下，保方不得不采取法律手段解决问题。另外，相关方已经查明以下事实。

"ARTI" 轮 1993 年 5 月 27 日靠港，5 月 28 日开始装货，同时租船人的检验师登轮进行承租检验，检验结果及事故后的检验结果均证明该轮开航前已处于不适航状态。

该单货于 5 月 28 日开始装船，5 月 31 日装完。船方出具的收货单上批注："装船前所有货物均有锈蚀并曾被水浸泡，捆带和卡箍有不同程度的断裂，船方对货状况和质量概不负责。"这一批注也经由租船人保协检验师验货确认,船长也曾多次传真通知租船人及其代理。

该单货于5月31日装船完毕,由租船人代理签发了第一份清洁提单。该提单有租船人代理和托运人的正式签章和背书,并贴有印度官方契税。提单通知方为中国外运,卸货港为上海。

"ARTI"轮于7月2日启航,当日卖货人将买卖合同传给买方签署,合同中含有"表明'部分捆上有表面锈和风化锈'的提单是可接受的"这一条款。

"ARTI"轮于7月4日发生事故;7月6日进入避难港并宣布共同海损;7月7日租船人代理对该单货签发了第二份清洁提单提交议付,该提单与第一份清洁提单的明显不同之处是没有加贴印度官方契税,提单通知方则为我国汕头建筑材料企业集团公司,卸货港为汕头。

卖方事前未向买方提供租船合约,但从有关往来函件中可以确定,卖方同时是"ARTI"轮的期租人。

【案例分析】

从以上归纳的情况来看,本案例的焦点在于:第一,承运船开航前就已处于不适航状态;第二,提交议付的清洁提单不实;第三,买卖合同的签约过程有欺诈。

本案例中买方以贸易合同起诉卖方欺诈。从前面归纳的案情来看,收货单表明的货物状况是极差的,而作为卖货人兼租船人的卖方,事前对船舶不适航的状况和货物本身很差的状况应是了如指掌的。且不说其前后签发了两套提单是何意,但其于7月2日提供给买方签署的合同实际上隐瞒了货物的真实情况,是带有欺骗性的;其次,尽管船方一再要求在提单上加上经保协检验师同意确认的收货单上的批注,但兼为租船人的卖方仍利用其由期租合约取得的提单签发权令租船代理前后签发了两套清洁提单,而且第二套提单是船舶发生事故后于7月7日签发的,提单上又没加贴印度官方契税,实有伪造提单之嫌疑。且不说其是否会骗取两笔货款,但其行为已严重违反了《海牙规则》有关物权凭证的规定,损害了买方利益,同时在货物品质上欺骗了买方。由此看来,卖方实有合同欺诈和单证欺诈之嫌疑。鉴于开证行尚未履行付款义务,还有可能解除合同、终止付款并索赔保方的经济损失。保方认为,以这些事实来起诉卖方合同欺诈,其理由可以说是比较充分的。

在管辖权方面,由于买卖合同中无管辖权条款,合同的最终签约地又是海口,故此合同纠纷可适用我国法律,保方可选择在国内起诉,这对保方是有利的。同时,由于适用我国法律,根据我国《民法典》的规定,一方以欺诈、胁迫手段或者乘人之危,使对方在违背真实意思的情况下所为的行为,包括受欺诈一方开具信用证和支付货款的行为,都属于无效的民事行为;根据《汉堡规则》第十七条规定:"以欺诈手段签订的合同无效,无效合同对任何人都绝对无效"从上述事实出发,保方对卖方提出侵权诉讼是有充分的理由和根据的,胜诉的可能性也较大。

因此,原告、被告所签的贸易合同无效,被告所提交的海运提单无效;被告(卖方)应返还原告信用证项下的货款,并退回信用证。

案例2：

船舶碰撞损害赔偿纠纷案

【案情介绍】

原告人保海南公司诉称：2018年3月10日，椰树集团有限公司（简称椰树集团）将所属的14个集装箱货物交由沧海公司所属的"银虹"轮承运，由海口运往上海。3月13日，"银虹"轮与被告港信公司所属"穗港信202"轮在广州港沙角对开水域发生碰撞，"银虹"轮及其所载货物全部沉没。原告作为椰树集团的货物保险人，已根据保险合同支付了保险赔偿1 575 316.40元，依法取得了代位求偿权。原告人保海南公司还支付了处理货物的检验费和其他费用。请求法院判决两被告赔偿原告经济损失1 575 316.40元及按照中国人民银行同期贷款利率计算的利息。

原告提供了相关材料。原告提供的保险单记载了起运港、运输工具、运单号码、被保险人、投保人、货物、目的港、起运日期、保险金额、保险费、险种等信息。综合险的承保范围包括由于运输工具发生碰撞、搁浅、触礁等所造成保险货物的损失和费用；保险责任的起讫期，是自签发保险单（凭证）后，保险货物运离起运地发货人的最后一个仓库或储存处所时起，至该保险凭证上注明的目的地的收货人在当地的第一个仓库或储存处所时止。

被告以下理由请求法院驳回原告的诉讼请求：①没有证据证明其所提交的保单上记载的保险标的是"银虹"轮承运的货物；②原告对本案货物不具有所有权、不具有保险利益；③赔偿责任应按民事判决书确认的碰撞责任比例划分。

根据民事判决查明的事实，"银虹"轮与被告所属"穗港信202"轮在广州港沙角对开水域发生碰撞，"银虹"轮及其所载货物全部沉没。后"银虹"轮及其所载37个集装箱中的23个集装箱被打捞出水。本案所涉及的14个集装箱中除编号为PRSU2293210、UXXU2282874、SYMU2026755和SYMU2003600的集装箱被打捞出水外，其余的10个集装箱均未能被打捞出水。上述判决认为，"穗港信202"轮应承担60%的责任，"银虹"轮应承担40%的责任；"穗港信202"轮有权享受海事赔偿责任限制，其海事赔偿责任限额为216766计算单位（该计算单位指国际货币基金组织规定的特别提款权）。

【案例分析】

本案例的争议焦点在于：①保单上记载的保险标的是否为"银虹"轮承运的货物；②原告对本案货物是否具有所有权、保险利益。合议庭成员一致认为，原告提供的3份保险单记载的货物托运单编号与涉案货物的3份货物托运单编号一致。装箱单、货物运单、舱单一致。上述证据证明原告所承保的货物除编号为0001823的货物托运单注明的两票未运出货物外均装上了执行YH076N航次任务的"银虹"轮。"银虹"轮与"穗港信202"轮发生船舶碰撞，导致原告所承保的货物损失。

原告根据保险合同的约定，向被保险人支付保险赔偿后，在保险赔偿范围内可以代位行使被保险人对第三人请求赔偿的权利。而本案被告港信公司是船舶所有人和船舶经营人，是本案船舶碰撞事故的责任主体。原告有权根据因船舶碰撞产生的侵权法律关系向被告行使请求赔偿的权利。因此,被告提出的原告不是适合的主张,与本案事实不符,不予支持。根据已生效的(2003)广海法初字第246号民事判决,"穗港信202"轮应对本案所涉船舶碰撞承担60%的责任,"银虹"轮承担40%的责任。被告作为船舶碰撞责任主体应对本案货物损失承担60%的赔偿责任。被告应赔偿原告货物损失945 189.84元。

思政园地

本章重点学习国际货物运输保险相关知识。教师可培育学生在国际货运经营中的风险意识;注重风险规避和保险业务的职业素养。在介绍我国运输保险法规和相应国际规则时,教师应有意识地引导学生的商业法规意识;在学习保险合同签订时,可注重培育叙述一丝不苟的契约精神。

学习小结

本项目介绍了国际货物运输保险的基本内涵和承保范围,阐述如何订立国际货物运输合同,以及合同的变更和终止等行为;通过对多个案例的详细剖析,介绍了国际货物运输保险实务。

课后练习

一、单选题

1. 空运货物保险对货物在运达目的地后的保险责任终止日期规定为(　　)。
   A. 卸离飞机后满15天　　　　　　B. 卸离飞机后满10天
   C. 卸离飞机后满30天　　　　　　D. 卸离飞机后满160天

2. 陆上运输冷藏货物险最长保险责任的有效期限以被保险货物到达目的地车站后(　　)。
   A. 10天为限　　B. 15天为限　　C. 20天为限　　D. 30天为限

3. 邮包险和邮包一切险的保险责任是自被保险邮包离开保险单所载起运地寄件人的处所运往邮局时开始生效,直至被保险邮包运达保险单所载明的目的地邮局发出通知书给收件人当日午夜起算满(　　)天为止。
   A. 15　　　　　B. 20　　　　　C. 25　　　　　D. 30

二、多选题

1. I.C.C.(B)承保风险包括(　　)。
   A. 火灾、爆炸　　　　　　　　　B. 海盗行为
   C. 共同海损牺牲　　　　　　　　D. 地震、火山爆发

E．浪击落海

2．I.C.C.（A）予以承保，而我国海洋运输货物保险条款的基本险不保的风险是（　　）。

　　A．投弃　　　　　　　　　　　　B．浪击落海

　　C．恶意损害行为　　　　　　　　D．海盗行为

　　E．偷窃

3．伦敦保险协会海运货物保险险别中可以单独投保的有（　　）。

　　A．I.C.C.（A）　　B．I.C.C.（B）　　C．I.C.C.（C）　　D．战争险

4．属于海上货物运输承保的意外事故有（　　）。

　　A．投弃　　　　B．碰撞　　　　C．搁浅　　　　D．恶意损害行为

5．我公司以 CFR 条件进口一批货物，在海运途中部分货物丢失。要得到保险公司赔偿，我公司可投保（　　）。

　　A．平安险　　　　　　　　　　　　B．一切险

　　C．一切险加保偷窃、提货不着险　　D．平安险加保偷窃、提货不着险

6．根据我国现行《海洋运输货物保险条款》的规定，能够独立投保的险别有（　　）。

　　A．水渍险　　　B．一切险　　　C．平安险　　　D．战争险

7．一般附加险包括（　　）。

　　A．淡水雨淋险　　B．包装破裂险　　C．拒收险　　　D．舱面险

8．为防止海运途中货物被窃，可以投保（　　）。

　　A．水渍险加保偷窃、提货不着险　　B．平安险加保偷窃、提货不着险

　　C．一切险加保偷窃、提货不着险　　D．一切险

三、简答题

1．保险合同由哪些条件组成？

2．海洋运输货物保险包括哪些基本险？

3．平安险的主要内容是什么？

4．水渍险的主要内容是什么？

5．一切险的主要内容是什么？

6．货物附加险主要有哪几种？

7．国际货物运输保险的基本原则有哪些？

项目实训

保险人诉多式联运经营人代位求偿案

A 公司将 2000 吨货物从台中港经过上海、重庆运至自贡，并同时投保了 B 保险支公司的海洋货物运输保险和国内水路、陆路货物运输综合险。该批货物国内运输区段由 C 运输公司承揽，C 运输公司委托 D 船公司及其上海分公司所属"S"轮负责上海到重庆的江段运输，某年 7 月 4 日，船队运行到三峡一带，突遇上游普降暴雨导致涨水后发生断缆沉驳，

导致 1344 吨货物沉没灭失。

B 保险支公司支付某公司保险赔偿后，依据某港监的《关于三峡船队断缆沉驳重大事故的调查处理通知》，于某年 11 月 27 日在武汉海事法院起诉 D 船公司及其上海分公司、C 运输公司，要求赔偿损失共 7 361 197 元。次年 5 月 16 日，武汉海事法院一审判决称 A 公司作为托运人，将货物交给被告 C 运输公司承担水路和陆路全程运输，双方所签订的合同，其实质为多式联运合同。A 公司与 D 船公司之间构成多式联运经营人和区段承运人的关系。依照《民法典》关于多式联运合同的规定，多式联运经营人对货物全程运输享有承运人的权利，承担承运人的义务，因此 C 运输公司对本案的货损负有赔偿责任。原告与 D 船公司及其上海分公司之间无合同关系，其无权对 D 船公司及其上海分公司提出合同违约的索赔主张。判决 C 运输公司赔偿原告 B 保险公司的损失 5 977 799.62 元；驳回原告对 D 船公司及其上海分公司的诉讼请求。

C 运输公司和 D 船公司在一审判决后均向湖北省高级人民法院提出上诉。经对二审法院的开庭后，C 运输公司考虑到二审结果的不确定性，以及将来追偿 D 船公司的困难，最后进行了三方的庭后调解，本案最终得以在三方各自让步的基础上和解决。C 运输公司赔偿原告 50 万元，D 船公司赔偿原告 150 万元，原告 B 保险支公司自愿放弃其他诉讼请求。

请问：从该案中可以得到哪些经验教训？